设备压力管道及压力管道元件制造许可证、中国电力 600MW 火电机组入网许可证、中国船级社颁发的“船用阀门生产许可证”、球阀产品防火鉴定证书、英国劳埃德和挪威船级社的 ISO9001 质量认证证书、美国石油学会的 API 证书、欧盟承压设备 CE 安全证书和军工产品质量体系认证证书。

公司主要产品有闸阀、截止阀、止回阀、节流阀、球阀、旋塞阀、蝶阀、疏水阀、仪表阀、调节阀、波纹管阀、平板闸阀、真空阀、低温/超低温阀、抗硫阀、Y 形阀、核级阀门、军工阀门、特种阀门以及管路法兰、阀门操作机构等共 20 大类、500 多个型号、4 000 多个规格。产品被广泛地应用在石油、化工、船舶、电力、冶金、机械、轻纺、军工和核电系统等工业装置上。

公司一贯重视新产品、新技术的开发与应用，技术力量雄厚，在与科研院校广泛合作的基础上，拥有一大批具有丰富研发经验的工程技术人员，具有很强的自主研发能力，所研制开发的多项产品，填补了国内阀门行业的空白，在国家百万千瓦核电自主化过程中率先实现了核一级大口径锻造高压阀门国产化，核电阀门累计订货 4 亿多元。

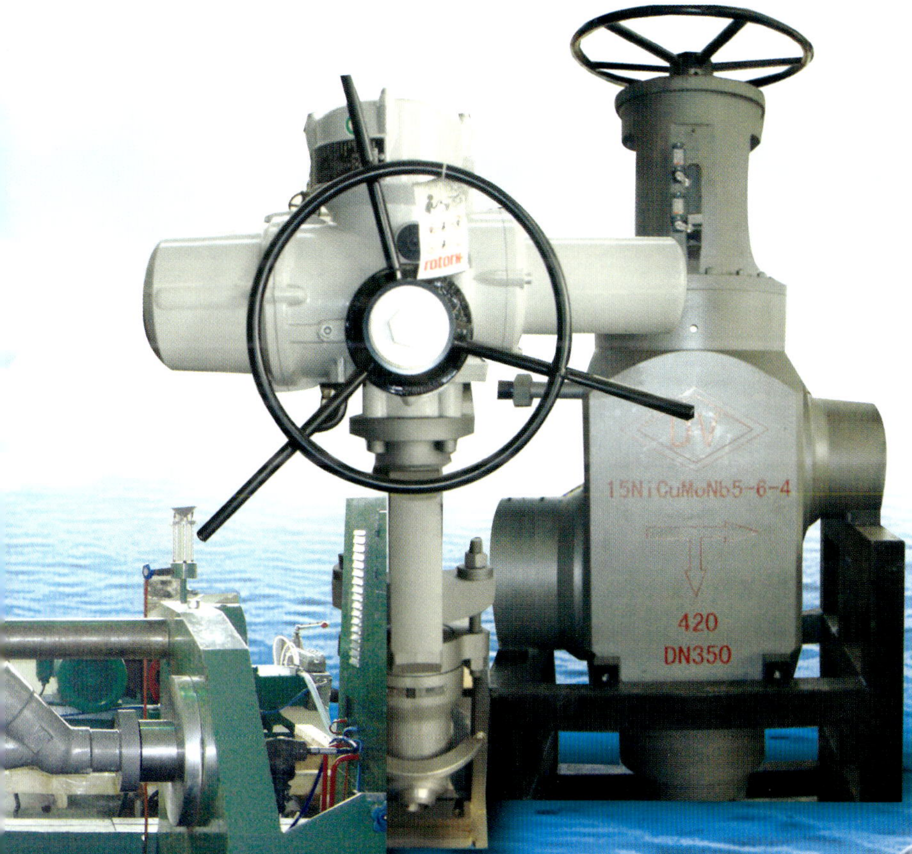

大连大高阀门股份有限公司

地址：辽宁省大连市甘井子区姚家路 272 号　邮编：116037
电话：0411-86422999　86422888
传真：0411-86422600　86422577
http://www.dldv.com.cn　E-mail:dvxiaoshou@dldv.com.cn

上海电力修造总厂有限公司

SHANGHAI POWER EQUIPMENT MANUFACTURE CO., LTD.

中国电建

精工良建　品臻致远
——致力于清洁能源发展

上海电力修造总厂有限公司是世界 500 强企业中国电力建设集团有限公司旗下集产品研发、设备制造、工程成套和技术服务四大功能为一体的全资子公司。现已成为全球专业制造高效清洁燃煤电站锅炉调速给水泵知名厂家和配套供应商。公司主导产品调速给水泵组、液力偶合器、高温高压电站阀门和“电力”牌焊接材料广泛运用于国内外各类大型火电站、核电站。公司肩负着创建精品、创造价值、创新发展、共赢未来的企业使命，积极实施“双百”战略、国际化战略、创新驱动战略、人才强企战略、品牌战略和企业文化战略，着力打造国际一流的先进电力装备制造现代企业。

公司现有员工 800 余名，拥有世界一流水平的各类制造加工设备、检测设备 600 多台；建立了完善的质量管理、安全生产和环境保护体系。以科学发展观为指导，按照集团化运作、精细化管理、精益化生产、标准化作业的要求，加快实现产品设计虚拟化、零件制造数控化、检验试验智能化、企业管理信息化和市场商务电子化建设。

上海电力修造总厂有限公司秉承精工良建、品臻致远，致力于清洁能源发展的理念，坚定不移地走集约型、创新型发展之路，努力为社会经济的可持续发展奉献高科技、高性能、高品质的产品，为我国电力建设的发展再续新的辉煌。

上海电力修造总厂有限公司

地址：上海市浦东新区航都路80号　　邮编：201316

电话：021-[illegible]　传真：021-[illegible]

http://www.spem.com.cn

中国机械工业年鉴系列

中国通用机械工业年鉴

2012

中国机械工业年鉴编辑委员会
中国通用机械工业协会 编

机械工业出版社
China Machine Press

《中国通用机械工业年鉴》2012年刊设置综述、专文、行业概况、产品进出口、企业概况、统计资料、产品与项目和大事记栏目，集中反映2011年通用机械行业的发展情况，详细记载了泵、风机、阀门、压缩机、减变速机及气体分离设备等分行业的发展情况，全面系统地提供了通用机械行业企业的经济指标。另外，本年鉴设置的“特别关注”着重介绍企业在火电阀门研发方面取得的成果。

《中国通用机械工业年鉴》主要发行对象为政府决策机构、机械工业相关企业决策者和从事市场分析、企业规划的中高层管理人员以及国内外投资机构、贸易公司、银行、证券、咨询服务部门和科研单位的机电项目管理人员等。

图书在版编目（CIP）数据

中国通用机械工业年鉴．2012/中国机械工业年鉴编辑委员会，中国通用机械工业协会编．—北京：机械工业出版社，2012.10

（中国机械工业年鉴系列）

ISBN 978-7-111-40040-0

Ⅰ．①中…　Ⅱ．①中…　②中…　Ⅲ．①机械工业—中国—2012—年鉴　Ⅳ．①F426.4-54

中国版本图书馆CIP数据核字（2012）第241749号

机械工业出版社（北京市西城区百万庄大街22号　邮政编码 100037）

责任编辑：魏素芳

北京画中画印刷有限公司印制

2012年10月第1版第1次印刷

210mm×285mm·13.75印张·36插页·568千字

定价：250.00元

凡购买此书，如有缺页、倒页、脱页，由本社发行部调换

购书热线电话（010）68326643、88379829

中国机械工业年鉴系列

作为『工业发展报告』

记录企业成长的每一阶段

中国机械工业年鉴

编辑委员会

中国通用机械工业年鉴

优化产品结构
发展自主品牌

中国通用机械工业年鉴
执行编辑委员会

中国通用机械工业年鉴

优化产品结构 发展自主品牌

中国通用机械工业年鉴编辑出版工作人员

地　　　址　北京市西城区百万庄大街22号（邮编100037）

编　辑　部　电话（010）88379829　传真（010）68997966

发　行　部　电话（010）68326643　传真（010）68326017

E-mail:cmiy@vip.163.com

http://www.cmiy.com　www.mepfair.com

中国通用机械工业年鉴

优化产品结构
发展自主品牌

中国通用机械工业年鉴
特约顾问单位特约顾问

特约顾问单位	特约顾问
沈阳鼓风机集团股份有限公司	苏永强
陕西鼓风机（集团）有限公司	印建安
上海鼓风机厂有限公司	蔡精毅
重庆通用工业（集团）有限责任公司	刘永刚
长沙鼓风机厂有限责任公司	刘润山
浙江开山压缩机股份有限公司	曹克坚
四川大川压缩机有限责任公司	罗解忠
国茂减速机集团有限公司	周华伟
江苏泰隆减速机股份有限公司	殷爱国
杭州制氧机集团有限公司	蒋　明
山东省德州市金宇（减速）机械有限公司	金泽荣
四川空分设备（集团）有限责任公司	单金铭
上海启元空分技术发展股份有限公司	俞　建
浙江真空设备集团有限公司	王西龙
大连大高阀门股份有限公司	于传奇
上海开维喜阀门集团有限公司	卓育成
上海耐莱斯·詹姆斯伯雷阀门有限公司	李仲光
中核苏阀科技实业股份有限公司	张宗列
上海冠龙阀门机械有限公司	李政宏
上海科科阀门集团有限公司	杨忠义
沈阳盛世高中压阀门有限公司	李　勇
上海凯士比泵有限公司	钱　俊
淄博真空设备厂有限公司	黄　毅
扬州电力设备修造厂	刘伟军
上海电力修造总厂有限公司	梁卫兵
耐驰（兰州）泵业有限公司	石永锋
大耐泵业有限公司	乔廷安
杭州兴源过滤科技股份有限公司	徐孝雅
上海连成（集团）有限公司	张锡淼
重庆江北机械有限责任公司	张剑鸣

中国通用机械工业年鉴

优化产品结构 发展自主品牌

中国通用机械工业年鉴
特约顾问单位特约编辑

特约顾问单位	特约编辑
沈阳鼓风机集团股份有限公司	王铁夫
上海鼓风机厂有限公司	吕群力
长沙鼓风机厂有限责任公司	周忠业
浙江开山压缩机股份有限公司	江　锐
四川大川压缩机有限责任公司	李伶俐
国茂减速机集团有限公司	路晓明
杭州制氧机集团有限公司	莫兆洋
山东省德州市金宇（减速）机械有限公司	金树森
四川空分设备（集团）有限责任公司	吴理君
上海启元空分技术发展股份有限公司	沈　镔
浙江真空设备集团有限公司	杨华飞
大连大高阀门股份有限公司	胡云金
上海开维喜阀门集团有限公司	李冬冬
上海耐莱斯·詹姆斯伯雷阀门有限公司	周玉虹
中核苏阀科技实业股份有限公司	冯莉莉
上海冠龙阀门机械有限公司	郁　嘉
上海科科阀门集团有限公司	翟亚新
沈阳盛世高中压阀门有限公司	张　宽
上海凯士比泵有限公司	潘再兵
淄博真空设备厂有限公司	徐法俭
扬州电力设备修造厂	梁　勇
上海电力修造总厂有限公司	金小谷
耐驰（兰州）泵业有限公司	杜　凡
大耐泵业有限公司	陈春艳
杭州兴源过滤科技股份有限公司	李　伟
上海连成（集团）有限公司	乐吉娜
重庆江北机械有限责任公司	席正超

前　言

2011 年，通用机械行业面对复杂多变的国际政治、经济形势和国内市场的新情况、新变化，坚持开拓创新，实践科学发展，转变经济发展方式，行业仍保持了较快稳定增长态势。

2011 年，通用机械行业规模以上企业 4 548 家，拥有资产总额 5 403.79 亿元，从业人员人数 93.42 万人。完成工业总产值 7 195.59 亿元，同比增长 27.17%；完成出口交货值 844.35 亿元，同比增长 17.7%。实现主营业务收入 7 013.53 亿元，同比增长 27.66%；实现利润总额 531.12 亿元，同比增长 29.53%。

2011 年，通用机械行业在重大技术装备国产化方面又取得多项标志性进展：6 万 m^3/h 大型空分设备已批量生产，10 万 m^3/h 大型空分设备已研制成功；百万吨级“乙烯三机”的乙烯压缩机出厂交货，实现了百万吨级“乙烯三机”全面国产化；为西气东输三线工程配套的大型天然气长输管线压缩机通过新产品鉴定并进入工业性试验阶段，40in（1 000mm）、48in（1 200mm）大口径全焊接球阀向西气东输三线西段工程供货；百万吨级 PTA 装置用压缩机投入运行，大型蒸汽回转干燥机通过新产品鉴定；又一批核级泵、阀产品研制成功，百万千瓦压水堆核电站用泵阀国产化率达到 75% 以上。

中国通用机械工业协会与中国机械工业年鉴编辑委员会希望通过《中国通用机械工业年鉴》，系统、广泛地宣传通用机械行业在经济发展、深化改革、新产品新技术开发以及推进重大技术装备国产化等方面取得的成绩，展望发展前景，进一步促进行业的技术进步和经济可持续发展。

在《中国通用机械工业年鉴》2012 年版的编撰过程中，得到了通用机械行业各有关企事业单位和相关用户的大力支持，中国通用机械工业协会与中国机械工业年鉴编辑委员会在此表示衷心的感谢，并将一如既往地为各界朋友和广大用户提供真诚的服务。

中国通用机械工业协会会长：隋永滨

2012 年 9 月

索引

优化产品结构

发展自主品牌

中国工业年鉴出版基地

广告索引

专题索引

《中国通用机械工业年鉴》创刊 10 周年

特别关注

智能型2SA8系列电动执行机构

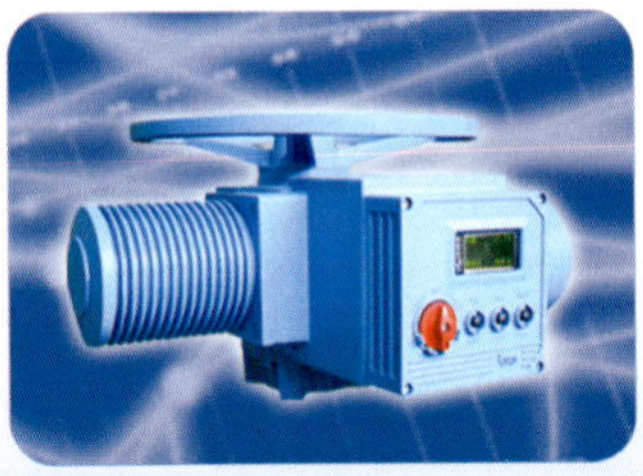

非侵入式2SA3系列电动执行机构

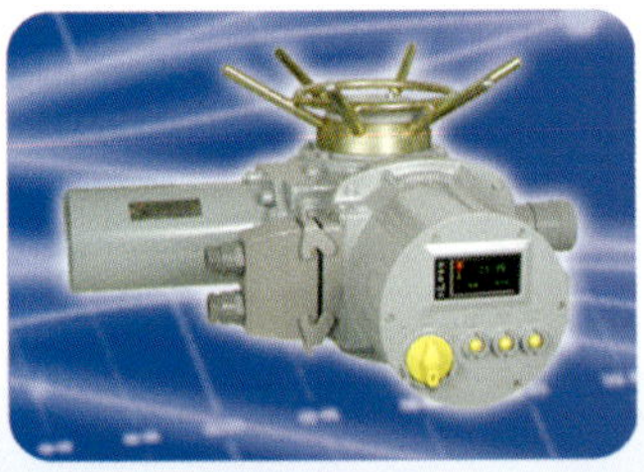

非侵入式DZW系列电动装置

2HA3系列核级电动执行机构

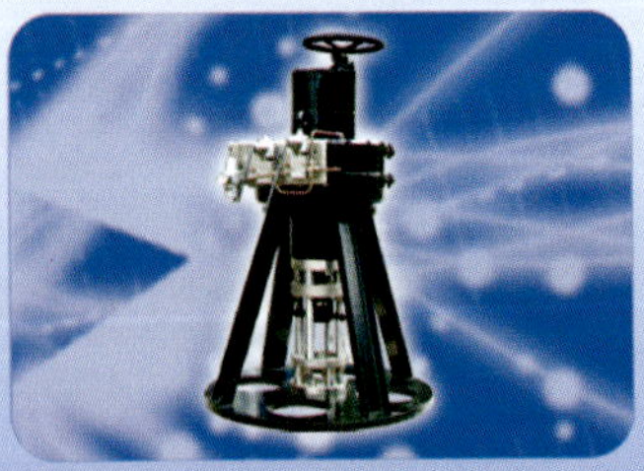

HQ系列核级气动执行机构

各类备品、备件及耐磨件

氢气去湿机

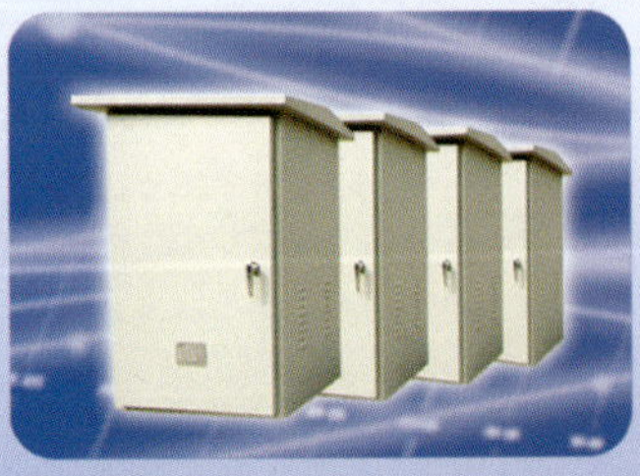

各类高低压开关成套设备

目录

优化产品结构
发展自主品牌

综述

专文

行业概况

产品进出口

企业概况

国工业年鉴出版基地

目录

优化产品结构 发展自主品牌

统计资料

耐驰（兰州）泵业有限公司
NETZSCH (Lanzhou) Pumps Co.,Ltd.

耐驰集团在全球已有50多年研究、生产和销售奈莫NEMO®泵（即单螺杆泵）的历史。于1993年在中国成立的全资子公司耐驰（兰州）泵业有限公司，负责整个亚太地区奈莫NEMO®泵的生产及销售。

▼ 奈莫NEMO® 单螺杆泵

奈莫NEMO®泵（即单螺杆泵）是一种容积式泵，具有输送平稳、脉动小的特点，适于输送腐蚀性、磨蚀性、高粘度以及含纤维、气体和固体颗粒的介质。广泛应用于食品、饮料、酿酒、电力、石油、化工、造纸、污水处理、冶金、建筑、水煤浆、矿山、制药和乳化炸药等众多行业。

▶ 耐驰自动计量涂布系统

耐驰抽桶清空泵系统配合耐驰自动计量涂布系统在汽车及其配件的生产上用于密封剂、粘结剂、润滑油等的涂布、填充作业中，高精度的吐出和控制性能，实现了涂布均匀，填充准确。自动化生产，帮助客户节省贵重物料，提高产品质量。

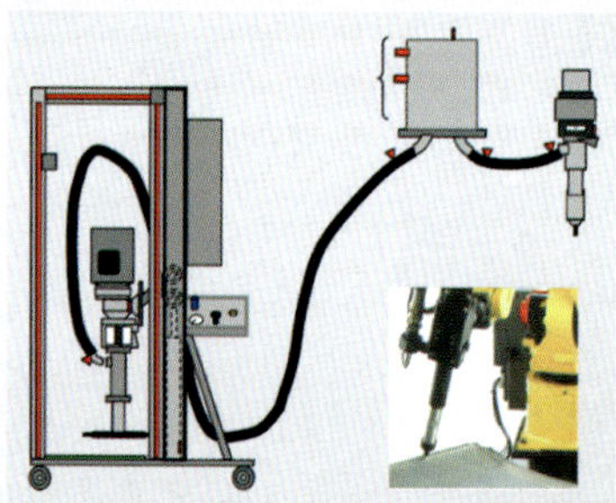

▼ 耐驰抽桶清空泵系统

具有可靠输送和计量桶内的高粘度介质特性，能够为有特殊需求的客户提供多种解决方案。抽空彻底，残留少，节省成本，效率高。

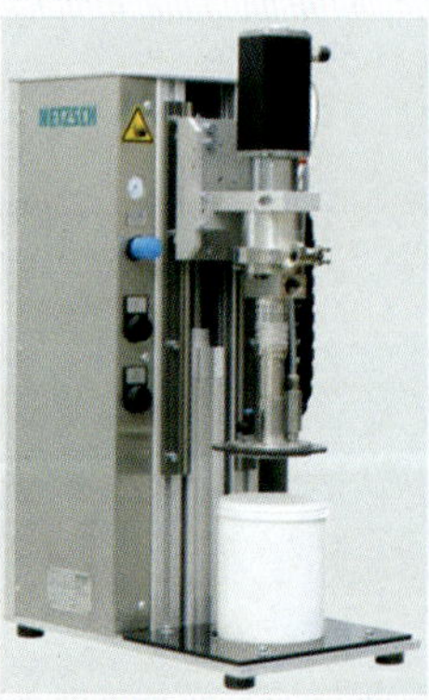

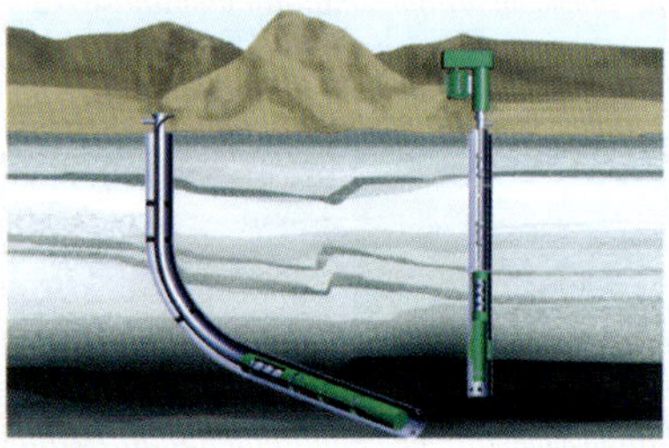

◀ 耐驰油田深井泵

完整的井下泵成套系统可用于抽吸稠油和含蜡及水量较高的井液，可向井下注入聚合物，并能安装于海洋平台上。用于原油、天然气及煤层气开采。

▼ 奈莫NEMO® 切碎机

用于切碎介质中的纤维、颗粒、毛发等杂物，确保大块固体被沉降或粉碎，防止管路堵塞、缠绕或损坏后续设备。

▼ 耐驰TORNADO® 工业转子泵

被普遍用于环保、化工及食品行业，用于输送各种酸碱浆液、乳胶漆、化工制剂、沼液、沼渣、污泥及石灰浆等。

耐驰TOPNADO®工业转子泵

耐驰不锈钢转子泵

NETZSCH

兰州总部地址：甘肃省兰州市高新技术产业开发区刘家滩506号
邮编：730010
电话(Tel)：0086-931-8555000
传真(Fax)：0086-931-8556650
http://www.netzsch.com.cn

北京分公司：010-82336421/22
上海分公司：021-52587990/1/2/3
广州分公司：020-87320711
西安分公司：029-87454946
天津分公司：022-26360318
武汉分公司：027-85448736
杭州办事处：0571-85215745
成都办事处：028-86283367
南京办事处：025-84721078
乌鲁木齐办事处：0991-4550617
长沙办事处：0731-88213209
郑州办事处：0371-60171260
南阳办事处：0377-63856786
延安办事处：0911-2125865
盘锦办事处：0427-2954986
济南办事处：0531-86933168
大连办事处：0411-84509991
苏州办事处：0512-62855436
贵阳办事处：0851-6571584
太原办事处：0351-5251745
大庆办事处：0459-5157529
东营办事处：0546-8777008
南宁办事处：0771-3854469
福州办事处：0591-83057432
南昌办事处：0791-83812367
哈尔滨办事处：0451-84623765

目录

产品与项目

大 事 记

优化产品结构
发展自主品牌

中国工业年鉴出版基地

目录

优化产品结构

发展自主品牌

中国工业年鉴出版基地

Overview

Feature

A Survey of Industry

Import & Export of Products

A Survey of Enterprises

目录

Statistical Data

目录

优化产品结构
发展自主品牌

Products & Items

Chronicle of Events

中国工业年鉴出版基地

SHK
严苛工况阀门技术服务与制造集成提供商
Integrated valve supplier Of Technical Service &Manufacture For Severe Working Conditions
20TH周年
1993—2012
感恩有您 一路相伴
上海开维喜阀门集团
SHK VALVE GROUP
SHK ,始于1993年,是世界知名的严苛工况阀门技术服务与制造集成提供商。SHK的阀门产品除满足一般工业工况对阀门性能的常规要求之外，更专注于为严苛工况的阀门系统提供卓越的技术服务与产品解决方案。
如需了解更多有关SHK严苛阀门解决方案的信息请登录 www. shkvalve. com。
地址：上海市奉贤区柘林北村路199号 邮编:201416
电话：021-57491111 传真：021-57492222 E-mail: sales@shkvalve. com
（上海开维喜阀门集团版权所有,未经许可,禁止全部及部分复制）

40in Class 600和48in Class 600、900 大口径高压全焊接管线球阀

SNJ为“国家能源部门和中国石油长输管道关键设备国产化项目”研制成功的大口径高压全焊接球阀

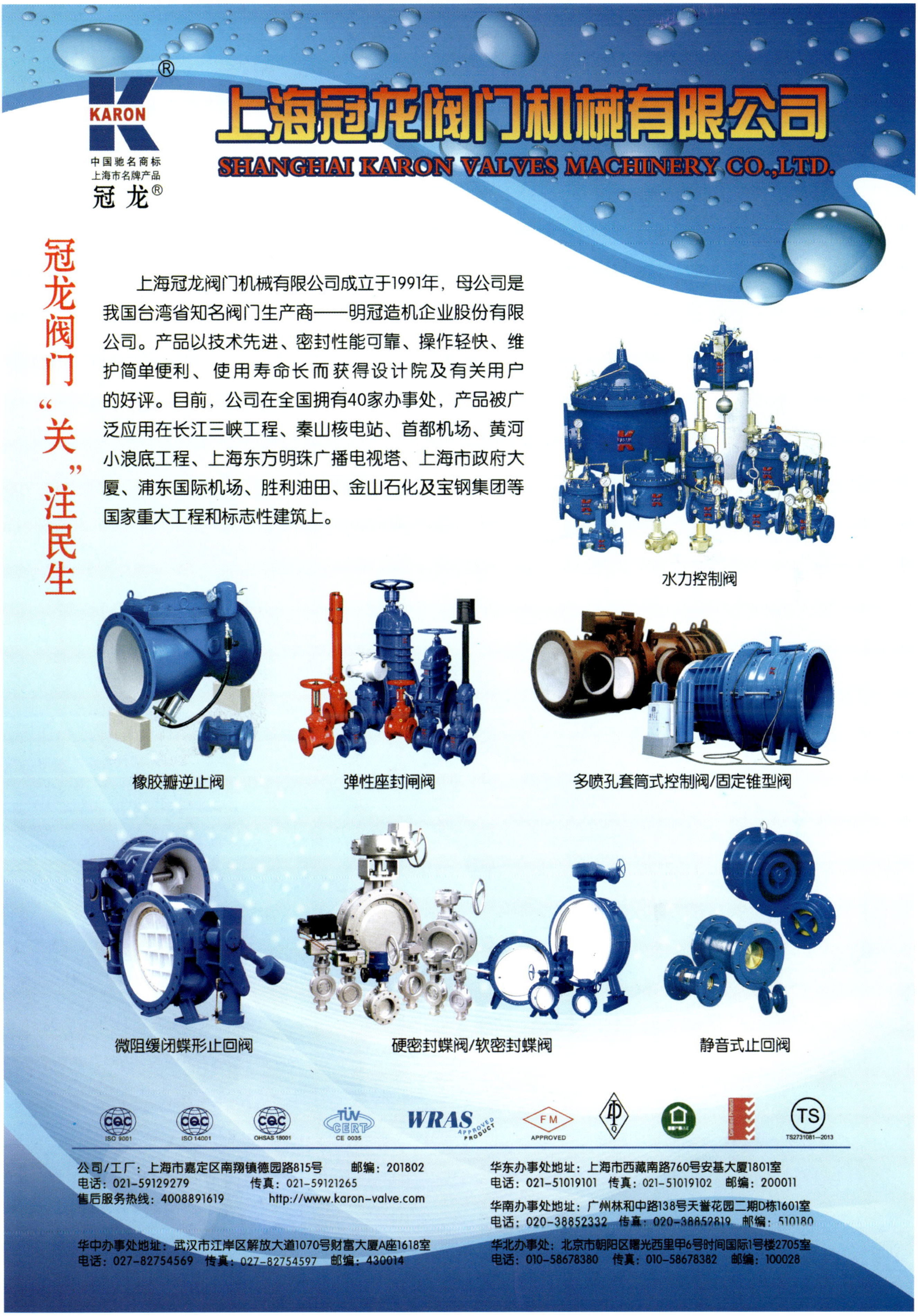
KARON
中国驰名商标
上海市名牌产品
冠龙®
上海冠龙阀门机械有限公司
SHANGHAI KARON VALVES MACHINERY CO.,LTD.
冠龙阀门“关”注民生
上海冠龙阀门机械有限公司成立于1991年，母公司是我国台湾省知名阀门生产商——明冠造机企业股份有限公司。产品以技术先进、密封性能可靠、操作轻快、维护简单便利、使用寿命长而获得设计院及有关用户的好评。目前，公司在全国拥有40家办事处，产品被广泛应用在长江三峡工程、秦山核电站、首都机场、黄河小浪底工程、上海东方明珠广播电视塔、上海市政府大厦、浦东国际机场、胜利油田、金山石化及宝钢集团等国家重大工程和标志性建筑上。
水力控制阀
橡胶瓣逆止阀
弹性座封闸阀
多喷孔套筒式控制阀/固定锥型阀
微阻缓闭蝶形止回阀
硬密封蝶阀/软密封蝶阀
静音式止回阀
ISO 9001
ISO 14001
OHSAS 18001
CE 0035
WRAS APPROVED PRODUCT
FM APPROVED
TS2731081—2013
公司/工厂：上海市嘉定区南翔镇德园路815号 邮编：201802
电话：021-59129279 传真：021-59121265
售后服务热线：4008891619 http://www.karon-valve.com
华东办事处地址：上海市西藏南路760号安基大厦1801室
电话：021-51019101 传真：021-51019102 邮编：200011
华南办事处地址：广州林和中路138号天誉花园二期D栋1601室
电话：020-38852332 传真：020-38852819 邮编：510180
华中办事处地址：武汉市江岸区解放大道1070号财富大厦A座1618室
电话：027-82754569 传真：027-82754597 邮编：430014
华北办事处：北京市朝阳区曙光西里甲6号时间国际1号楼2705室
电话：010-58678380 传真：010-58678382 邮编：100028

沈阳盛世高中压阀门有限公司

Shenyang Shengshi High & Medium Pressure Valve Co.,Ltd.

沈阳盛世高中压阀门有限公司（原沈阳高中压阀门厂）1955 年开始专业生产高中压阀门，是国内实力雄厚的阀门科研和生产基地，行业重点骨干企业。

公司占地面积6.5万m^2,建筑面积4.5万m^2。现有员工400余人,其中,工程技术人员130人,质量管理及计量、无损检测等人员33人。

公司拥有完备的阀门科研、制造和试验检测体系。沈阳阀门研究所设在本公司，是国内阀门行业二类研究所，拥有研发中心、试验中心、检测中心，阀门科研开发水平国内一流。各类阀门加工制造设备齐全，主要有大型立式／卧式数控车床、加工中心、大型球体加工机床及法国进口的结构焊机等。试验检测设备设施主要有大型阀门试验台架、理化检验设备、无损检测设备及三坐标测量仪等。

公司的产品以高温高压、大口径阀门为主。主要品种为闸阀、截止阀、止回阀、球阀、蝶阀、减压阀、真空阀及各种特殊阀门。主要技术参数：公称通径 5 ~ 2 600mm，公称压力 0.06 ~ 200MPa，温度 −269 ~ 860℃。产品满足包括国家标准和行业标准在内的常用技术标准的要求，主要服务于核工业、石油化工、电力及军工等领域。

公司已取得国家民用核承压设备设计、制造资格许可证，特种设备（压力管道）制造许可证，GB/T19001、GJB9001B、API 及 CE 等质量体系认证。

公司将以崭新的精神风貌，丰富的阀门研制经验，科学严谨的工作态度，为广大新老用户提供精良的阀门产品和优质的服务。

核一级电动闸阀

燃油速关装置

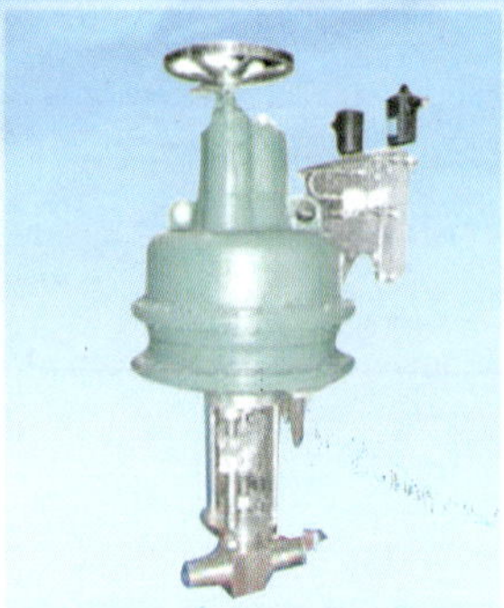

核一级气动截止阀

核二级电动蝶阀

地　址：辽宁省沈阳市经济技术开发区开发大路 15 号　　邮　编：110142
电　话：024-89303378　89303336（市场部）
传　真：024-89303387　25131969（市场部）
http：//www.syssfm.cn　　E-mail：sysscb@163.com

OKUMA

国茂减速机集团
GUOMAO REDUCERS GROUP

江苏泰隆减速机股份有限公司
Jiangsu Tailong Machinery Group Company Co.,Ltd.
http://www.tailong.com
掌握未来， 突破创新， 勇于挑战， 超越更高的目标， 挑战无处不在
减速传动 当选泰隆
江苏泰隆减速机股份有限公司地处江苏中部扬子江畔的泰兴市区，是泰兴人引以为豪的国家大型企业。公司在全国优秀企业家、江苏省劳动模范殷根章董事长的领导下，经过 20 多年的悉心经营，昂首迈进了中国机械工业 500 强，成为全国减变速机行业排头兵企业。近几年，从美国、德国、日本、俄罗斯及奥地利等国家引进的大型数控磨齿机、大型数控镗铣床、蜗杆磨床、加工中心和碳氮共渗炉等一批高精尖的生产和检测设备在总设备中占 48%。建立了全国同行业中检测功能齐全、技术水平先进的 2 000kW 测试中心，创建了省级工程技术中心，建立了博士后科研工作站。公司的主打产品减速机在原有十几个系列、几十万种规格的基础上，采用先进的模块化、点线啮合等技术开发出了 TL 模块化齿轮减速电机、TXP 行星模块化减速器、重载模块化齿轮减速器、点线啮合减速器、立式磨机及边缘传动磨机齿轮箱、铝冶金行业的联合开卷卷取齿轮箱、三环减速器、星轮减速器、风电齿轮箱、水力发电变速装置和核电齿轮箱等高新技术产品，以及各类特殊非标齿轮箱。泰隆工业园区已经成为国内较大的钢帘线设备生产基地，双叶、三叶罗茨风机及高温风机批量出口东南亚及欧美地区。
公司现为全国减速机标准化技术委员会秘书处单位，“泰隆”牌商标被认定为中国驰名商标，“泰隆”牌减速机被评为中国名牌产品。
调质生产线。该生产线为奥地利爱协林公司制造，数字控制温度均匀性达 ±1 ℃
箱体加工生产，采用德国海科特、韩国大宇等卧式加工中心，机床重复定位精度达到 ±0.003mm
大型磨齿机，该机是德国纳尔斯公司制造，可加工 3 000mm 齿轮的内外齿，精度达到 DIN3 级，为国内稀有设备
TAI LONG GROUP
泰隆集团
TAILONG GROUP
地址：江苏省泰兴市大庆东路 88 号 邮编：225400
电话：0523-87668018 87668028 传真：0523-87665426 87665000

山东省德州市金宇
SHANDONGSHENG DEZHOUSH
专业的平面二次包络
蜗轮副生产厂家
我们专注于
轧机压下
减速机
连铸机用环面
包络减速机
替代(德国)进口二次
包络蜗轮蜗杆减速机
进口数控二次包络专机
平面二次包络蜗杆
江苏旋力集团常熟益成特
殊钢有限公司定做中厚板
按图加工中心距800mm
二次包络蜗轮副
PWU、TPU、
TPS、TPG二次
包络减速机
K系列斜齿轮-锥齿轮减速机

减速）机械有限公司

NYU JIANSU JIXIE YOUXIAN GONGSI

减速机机械行业，我们追求创新永无止境。

山东省德州市金宇（减速）机械有限公司是国内先进的平面二次包络减速机制造企业。

专业的设备是生产高精尖产品的前提保证。目前公司拥有二次包络环面专用机床 10 台，大型 Y31125 滚齿机 3 台，中捷 T611B 大型镗床 5 台，汉江 S7732 蜗杆磨床 1 台，精密数控车床 5 台，还有精密线切割机。2007 年又引进大型数控 GJK75 二次包络环面专用加工中心，最大可加工中心距 800mm 蜗轮蜗杆。数控加工精度高，磨削精度可达 5 级。加工过程与成型原理高度吻合，加工齿形和理论齿形完全重合。

公司开发了二次包络环面蜗杆 CAD 软件，CAD 软件对环面二次包络蜗杆副齿形不断进行优化设计，可实现蜗轮与蜗杆行进和成型原理完全一致的加工，不需任何修正的高精度磨削。仅此一项技术的研发和二次包络滚刀的制作，就获得 3 项国家专利。填补了中国二次包络减速机制造技术的空白。滚刀专利号(200720159844.6)。公司采用专用双蜗杆对消间隙生产的精密蜗轮蜗杆副，主要用于大型机床工作台的驱动、高精密分割器等无间隙圆周运动精确定位场合。该蜗轮副中心距最大可做到 2 000mm，单节最大速比可做到 1/365 同时不产生回程间隙。

公司专业生产 PWU、PWS 系列，TPG、TPU、TPS 系列，HWB、HWT 系列平面二次包络环面蜗杆减速机；煤矿猴车配套用减速机；WHX、WHC 系列，CWU、CWS 系列圆弧圆柱蜗杆减速机；SCWS 系列轴装式、GCW 系列双级蜗杆减速机；KWU 系列锥面包络圆柱蜗杆减速机；MC、MSC 多面安装圆弧圆柱减速机；SWL 系列蜗轮丝杆升降机；LCW 立式圆弧圆柱蜗杆搅拌器。新研发替代进口二次包络蜗轮蜗杆减速机及蜗杆副的 DC 系列。

▶ 丝杆升降机

▶ 承接二次包络蜗轮副加工

▶ 平面二次包络滚刀(专利)

▶ RD系列连铸机

山东省德州市金宇(减速)机械有限公司

地　址：山东省德州市湖滨北路888号（前赵工业园）　邮　编：253000

电　话：0534-2745032 2745033 2745001　手　机：13905342183

联系人：金树森　http：//www.jyjsj.com　E-mail：dzjinyu@163.com

上海启元空分技术发展股份有限公司

SHANGHAI QIYUAN AIR SEPARATE TECHNOLOGY DEVELOPMENT CO., LT

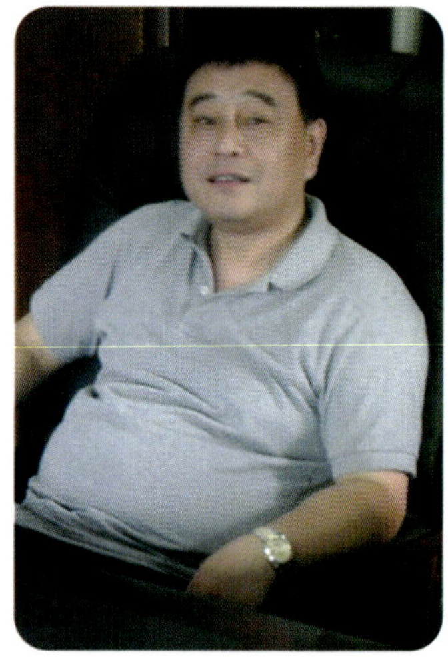

董事长兼总经理 俞 建

上海启元空分技术发展股份有限公司是一家以深冷技术为基础，自行设计、制造气体分离设备的专业公司。公司拥有一、二类压力容器设计及制造许可证，ASME“U”型钢印认证证书、ISO9001 质量体系认证证书，企业资信等级为 AAA 级，是上海市高新技术企业。公司拥有高纯氮精馏塔、透平膨胀机转子、静压切通气圆环气腔式轴承、全精馏制备纯氮和纯氙装置等 11 项授权发明专利、22 项实用新型专利以及 9 项软件著作权证书。

公司专长 170 ~ 1 5000m³/h 中小型空分设备，为用户“量身定制 ”不同性能和类型的空分设备。公司生产的高纯氮设备市场占有率名列前茅，载誉阿尔及利亚、巴基斯坦、印度等国家，成为我国玻璃行业浮法玻璃线出口的优选设备。随着富氧燃烧技术、全氧燃烧技术的推广，公司与时俱进，设计制造了新颖带压高纯氮同时生产不同压力氧气的空分设备，深获南玻、信义、洛玻、耀华及旗滨等公司的好评。公司率先在国内推出了以 1 000m³/h 液氧为原料，提取 99.9995% 高纯氪、99.9995% 高纯氙的设备。公司为有色冶炼、煤化工行业提供更节能、更高效的低纯氧空分设备。

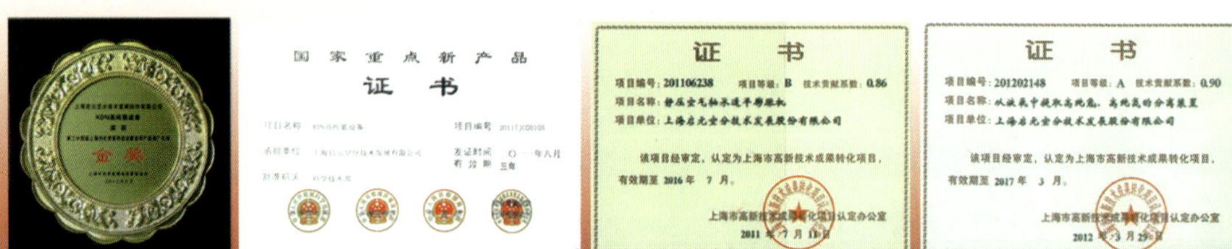

地址：上海市嘉定区南翔镇蓝天经济开发区和裕路中段　邮编：201802　电话：021-39170110　39170116　39170

液氧中提取高纯氮、高纯氩设备
在日照盈德气体公司正常运行

KDON-800/2600-50Y 带氧和压力高
纯氮设备在吴江南玻稳定运行

上海启元设计提供的 100 多套
空分设备的 PLC 和 DCS 控制
系统在用户设备上高效运行

KDON-300-1500Y/1500-400Y 液体设备
已在盐城华瑞环保科技公司稳定运行三年多

上海启元投资的 KDN 高纯氮兼
产高纯液氧装置在正常工作

专真：021-39170130　http://www.shqiyuan.com　E-mail:qiyuan@shqiyuan.com

四川大川压缩机有限责任公司

SICHUAN DACHUAN COMPRESSOR CO., LTD.

四川大川压缩机有限责任公司是国内三大压缩机生产企业之一，地处四川省简阳市成渝高速简阳出口处，占地面积 32 万 m²，总资产 3.1 亿元。现有职工 782 人，各类专业技术人员 305 人，其中，享受国家津贴专家 8 人。

一直以来，公司始终坚持并实践“大企业、大市场、大品牌”的整合思想和发展方向，并于 1999 年被四川省列为“四川省科技产业型企业”，2003 年被列入四川省“8+1”重大装备链企业。2003～2008 年，公司连续 6 年被资阳市评为“年度目标考核先进企业”。2006～2008 年，连续 3 年被市相关部门评为“纳税大户”。2005 年，董事长兼总经理罗解忠在全国优秀企业家表彰会上荣获“四川省优秀创业企业家”称号；2009 年，董事长兼总经理罗解忠再次荣获“四川省杰出企业家”称号。

公司拥有包括大型 CAD 工作站在内的技术创新中心（该技术中心于 2006 年被评为省级技术中心），A1、A2 级压力容器设计和制造资格许可证，CG1 压力管道设计资格证。拥有国内一流的大型铸造、锻造、热处理、机械加工设备和压力容器焊接设备等，共 664 台（套）。其中包括西班牙加工中心、数控龙门铣床、数控 160 镗床、200 落地镗床及曲轴磨床等。

公司产品质量优良、安全可靠，通过了 GB/T19000—2000 质量体系认证。其中，2MT10-2.8～11.4/45 型天然气变工况增压压缩机、4M8-36/320B 型氮氢气压缩机被评为四川省和机械行业优质产品。公司近年开发了低温进气压缩机设计制造技术，并于 2009 年 5 月交付用户使用。自行开发设计的 CNG 压缩机荣获国家科技进步奖三等奖。出口北欧 CE 认证 MW-2.9/79-0.6/78-79 合成气循环气联合压缩机，利用工业排放废气制新能源。作为我国 F 级重型燃气轮机配套产品，我公司生产的 4MW-46/4-27 型无油天然气压缩机对东方—三菱 F 级重型燃气轮机空负荷试车一次性点火成功起到了巨大的推动作用。

公司拥有强大的设计和制造能力，已为化肥、化工、石油、煤炭、军工、塑料、建材、水电等行业提供了数万台套的大型压缩机、发电机，并有多种产品出口欧洲、非洲、东南亚，实现了美誉与荣誉的双赢。

四川大川压缩机有限责任公司的发展谱写了一部我国民族工业不断求新图存的演进史！凭着“不求最大，但求最强，打造百年企业”的经营理念，“以科技进步为突破口，培育核心竞争力”的经营方针，“以人为中心”的管理模式，公司正朝着产业结构多元化、跨地域大型集团企业的方向发展。

6M50-340-314氮氢气压缩机

MW-2.4-16-200-DC型天然气压缩机

6M40-225-314型氮氢气压缩机

DW-8.7-24型丙烯气压缩机

6M25-185-314型氮氢气压缩机

MW-2.9-79～0.6-75-79 CE认证合成气压缩机，出口到北欧冰岛

4MW46-4-27 天然气增压压缩机

M-7.0-1.0-250 CNG压缩机

2D氢气压缩机

陕西鼓风机（集团）有限公司（以下简称陕鼓集团）始建于1968年，1975年建成投产。1996年由陕西鼓风机厂改制为陕西鼓风机（集团）有限公司。目前，集团下设西安陕鼓动力股份有限公司、陕西备件辅机制造有限公司、西仪集团股份有限公司、陕西鼓风机集团西安锅炉有限公司、西安陕鼓实业有限责任公司及西安市临潼区陕鼓水务有限公司6家子公司以及陕鼓能源动力与自动化工程研究院。其中，陕鼓动力已于2010年4月28日登陆资本市场成功上市。

集团拥有雄厚的技术研发能力，建有国家1993年先期认定的国家技术中心和相关部门2004年批准设立的博士后科研工作站，2011年2月，陕鼓院士专家工作站成立，首批4位院士进站，为陕鼓技术研发能力的进步与突破带来持续活力。

陕西鼓风机(集团)有限公司

SHAANXI BLOWER (GROUP) CO., LTD.

陕鼓集团以为人类文明创造绿色动力为企业使命，定位于为用户提供全方位绿色动力系统的解决方案商和服务商。集团产品广泛应用于冶金、石油、化工、电力(包括核电)、城建、环保、制药和国防等国民经济的支柱产业领域。产品销往美国、韩国、德国、俄罗斯、印度和巴西等部分国家和地区，成为近十年来全球轴流压缩机年产量较大的供应商。

从2010年开始，陕鼓集团根据市场及客户的需求，结合科学发展观讨论，立足于传统产品，强化系统服务能力，逐步向运行管理的目标进发，按照科学发展、和谐发展两个维度发展的思路，提出了发展能量转换设备制造、工业服务、能源基础设施运营三大业务板块规划，并取得了较好业绩。2001~2011年，企业营业收入从3.78亿元迅速增长到53.24亿元，增幅达十几倍之多，成为我国机械行业发展快、经营业绩好的企业之一。

在取得巨大经济效益的同时，陕鼓的经营管理得到了各方面的肯定和认可。企业近年先后荣获国家、机械工业、省、市各级奖励200多项。2005年开始，陕鼓集团连续7年当选中国工业企业排头兵企业。2006年6月1日，陕鼓牌图形商标被国家相关部门授予“中国驰名商标”称号；2007年被评为“在振兴装备制造业工作中做出重要贡献”的单位，并获得“全国五一劳动奖状”。2009年10月26日，陕鼓动力获得“全国质量奖”荣誉，是风机行业和陕西省优先获此荣誉的企业。2011年，陕鼓动力被中国企业联合会授予“全国企业文化示范基地”，同年，还获得《WTO经济导刊》颁发的“金蜜蜂2011优秀企业社会责任报告•成长型企业奖”。2012年初，陕鼓集团在中国新闻社主办的具有责任感企业评选中荣获“2011具有责任感企业”称号，多项荣誉的获得进一步提升了企业品牌形象，为企业进一步发展奠定了坚实的基础。

陕西鼓风机（集团）有限公司
地址：陕西省西安市莲湖区大庆路233号 邮编：710082
总机：029-81392801　传真：029-88626571
http://www.shaangu-group.com

CQGI
中国机械500强企业
国家高新技术企业
具有市场竞争力品牌
离心式高温水源热泵机组
地址：重庆市南岸区机电路18号　邮编：401336　电话：023-67661176
传真：023-67659553　E-mail：ct-fx@163.com　http：//www.cqgic.com

重庆通用工业（集团）有限责任公司是我国制冷和风机行业重点骨干企业，是我国以研发、设计、制造透平机械为核心，具有独立自主知识产权和自主创新能力的大型国有企业，是国家高新技术企业、重庆市技术创新示范企业、重庆市为国建功立业功勋企业。先后被评为中国工业企业500强和中国机械500强。

公司占地面积超过 18 万 m^2，注册资本 7.56 亿元，员工 1 400 余人。公司主要设计、制造、销售离心式制冷机组及系统、离心式压缩机、鼓风机、通风机、环保成套设备及工程、风力发电叶片等零部件及一、二类压力容器。“重通”牌产品荣获“重庆名牌产品”称号，“重通”商标荣获国家商务部门颁发的“具有市场竞争力品牌”等荣誉。

公司技术实力雄厚，产品研发和自主创新能力处于行业领先水平。拥有 57 项专利技术，引进有世界先进水平的透平机械设计制造技术和高温风机设计制造技术，建有完善的信息工程系统、计算机工作站及先进的产品研发平台；拥有德国五轴加工中心、意大利帕玛数控落地镗铣加工中心、德国申克动平衡机和超转速试验机等 200 余台世界先进水平的各类生产装备以及国内先进的制冷机、离心压缩机、工业通风机测试、试验室。先进、完备的设计、加工、检测、试验设施和手段，确保公司产品先进、可靠。

在半个多世纪的发展过程中，公司凭借强大的产品创新开发能力和雄厚的制造实力，长期承担国家重点项目的产品研制工作，为国防工业以及钢铁、冶金、建材、化工等行业提供了大量技术先进、质量稳定、性能可靠的重大装备，产品多次荣获国家、部、省、市级各种奖励和荣誉，为国民经济和国防现代化建设做出了重要贡献。

面向未来，重庆通用将继续秉承“坚韧、坚定、创新、创造”的企业精神，以“装备中国、走向世界”为理想，践行“诚信、敬业、共赢”的企业价值观和经营宗旨，向国内外广大客户提供性价比更高、资源消耗更少的精良装备和优质服务。

工业高温风机

离心式低温制冷机组

重庆通用工业（集团）有限责任公司

四川空分设备（集团）有限责任公司

SICHUAN AIR SEPARATION PLANT (GROUP)CO.,LTD.

$2\times50000m^3/h$ 空分设备

出口土耳其 $2X10000m^3/h$ 空分设备

5 000m^3 低温液体贮槽

30 万 m^3/d 天然气液化装置

53m^3LNG 运输车

四川空分设备（集团）有限责任公司系全国大一型企业，国家机械行业骨干企业，我国深冷设备主要设计研发、制造基地之一，四川省重大装备制造行业重点骨干企业，具有自主知识产权的高新技术企业，是四川省具有广阔发展前景的大企业大集团之一。

公司工艺装备精良，技术力量雄厚，检测手段完善。拥有省级技术中心、四川深冷设备研究所、焊接研究所等研究机构，具有很强的研发、设计和制造能力，主要产品技术水平和性能均达到当代先进水平，已取得了 A1、A2、C2、C3 级压力容器设计、制造许可证和 B3 级气瓶制造许可证，美国 ASME 授权证书和 U、U2 钢印，通过了 ISO 9001:2008 质量体系认证，获得了军工质量体系认证。

经过多年的发展，公司形成了成套空分设备、天然气成套设备、低温液体贮运设备及工业气体四条主线，还有既能为四条主线配套、又能独立开拓市场谋求发展的多方面的产品群，形成了“四条主线，多足发展”的产品格局。

公司重视科研开发，不断加大技改投入，提高工艺装备水平，引进国际一流的设计和制造工艺软件，提高了产品质量，取得了骄人的成绩。公司的产品领域扩展为低温和非低温近 200 个品种、1 500 多个规格的产品体系。

公司设计、制造的大、中型空分设备及低温液体贮运设备系列产品已连续十余年保持“四川省名牌产品”称号。

公司在全国范围内拥有成熟完善的营销和服务网络，为冶金、石化、能源、化工、机械、电子、轻工、国防、航空航天和卫生等部门提供了一批高效、节能产品。20 多项产品填补了国内空白，十多种产品进入国际市场，连续在国内空分行业中保持领先地位。公司拥有自营进出口权和专业进出口公司，产品远销 30 多个国家和地区，在国内外广大用户中建立了良好的信誉。

公司主要研发、设计、制造、销售：

- 大、中、小型空分设备；
- 天然气（油田气）液化分离设备；
- 低温液体（液态氧、氮、氩、二氧化碳、乙烯、液化天然气、液氢等）贮槽、集装槽、槽车及汽化设备；
- 空分设备、贮槽用低温阀门和常温专用阀门；
- 各类透平膨胀机、中小型活塞压缩机、低温液体泵；
- 超级绝热气瓶、输液管道、LNG加注系统；
- 铝制板翅式换热器、天然气液化冷箱、乙烯冷箱以及多组分气体分离及液化设备；
- 溶解乙炔设备、环保设备；
- 医用集中供氧装置和中心吸引装置、洁净手术室系统；
- 工业气体的生产和销售。

四川空分设备(集团)有限责任公司
SICHUAN AIR SEPARATION PLANT (GROUP) CO.,LTD.

地址：四川省简阳市建设中路239号
邮编：641400
电话：028-23186011
传真：028-27016546
http://www.saspg.com
E-mail:kfweb@saspg.com

浙江真空设备集团有限公司
Zhejiang Vacuum Equipment Group Co., Ltd.

公司创建于1952年，是一家有60年历史的国有独资企业，于1996年1月正式成立浙江真空设备集团有限公司至今。公司现为中国真空学会副理事长单位、中国通用机械工业协会常务理事单位、中国真空设备行业分会副理事长单位、全国真空技术标准化技术委员会副主任单位、浙江省AAA级“守合同重信用”单位和高新技术企业。1997年通过ISO9001质量体系认证。

公司建有浙江真空技术省级高新技术研究中心和省级企业技术中心，是国内真空设备及真空成套设备技术开发能力较强、产品品种规格较为齐全的真空设备重点骨干企业，是行业的排头兵。现集开发、设计、制造和销售于一体，主要生产滑阀式真空泵、罗茨式真空泵、液环式真空泵、往复式真空泵及各类真空机组，产品广泛应用于航空航天、电子信息、光学产业、镀膜、冶金、医药、化工、石油、变压吸附及国防科研等部门，并为国家重点工程建设提供配套装备。

公司以“追求卓越超群，提升品牌价值，增进顾客满意”为质量方针，坚持“立足真空，发展应用”的发展战略，致力于真空技术的开发和应用。公司热忱欢迎国内外用户前来建立技术和商务关系，竭诚为新老客户提供一流的服务。

JZQ10000-4222

气冷式直排大气罗茨机组

大抽气，高使用压力，高效节能

广泛应用于航天航空及需大抽速且高效节能的场合

2H型滑阀真空泵

H型滑阀真空泵

ZJP型罗茨真空泵

ZJQ型气冷式罗茨真空泵

W型往复真空泵

水环真空泵系列

地址：浙江省台州市椒江轮渡路389号

电话：0576-88223511 88224051　传真：0576-88224056

E-mail：zvew@mail.tzptt.zj.cn　http://www.zvew.com

全国统一客服热线：400-600-9720
最具市场竞争力品牌
BRAND CHINA
长沙鼓风机厂有限责任公司以 50 多年专业生产罗茨鼓风机（真空泵）的技术积淀和品质保证经验，致力于为客户提供个性化和创新要求的产品，以贴心周到的服务为客户创造更大的价值。
专注成就专业 创新决定高度
TAS、TAR 系列双级高压罗茨鼓风机
S系列高效节能型罗茨鼓风机
AR 系列标准型罗茨鼓风机
长沙鼓风机厂有限责任公司
CHANGSHA BLOWER CO.,LTD.
总部地址：湖南省长沙市树木岭路 388 号
邮　　编：410014
业务咨询：0731-85593271 85306006
售后服务：0731-85306092 85306093
图文传真：0731-85584765
http://www.chinablowers.com
E-mail:xs@chinablowers.com

大耐泵业有限公司
DANAIPUMPS CO.,LTD.

公司简介
Company Profile

大耐泵业有限公司的前身为大连耐酸泵厂，始建于 1953 年。公司是中国石油化工流程泵和各类耐腐蚀泵领域的开创者，是中国较为领先的泵设计和制造者，是中国颇具规模的耐腐蚀泵生产和出口基地。在核电领域率先于其他泵厂，早在 1996 年就获得了国家相关部门颁发的核二级、核三级泵设计、制造资格证书。企业拥有辽宁省省级企业技术中心、大连市工程实验室，并连续数年蝉联中国机械工业 500 强。旗下商标荣膺“中国驰名商标”认证。

公司拥有石油化工流程泵、各类耐腐蚀泵及核级泵产品的核心技术，通过与国外先进泵业企业的合资、并购，逐步形成了拥有世界前沿技术水平的产品设计构架。

目前，公司可以生产 90 多个系列、2 000 多个品种的产品。广泛应用于石油、石油化工、天然气、冶金、化学工业、电厂、核电站、食品、环保、制药、造纸、城市供水和污水处理等行业的高低温、强腐蚀、易燃易爆、剧毒、含悬浮物等特殊介质的输送。产品覆盖国内 29 个省、市，远销 30 多个国家和地区。

PC石油化工流程泵

VP立式管线泵

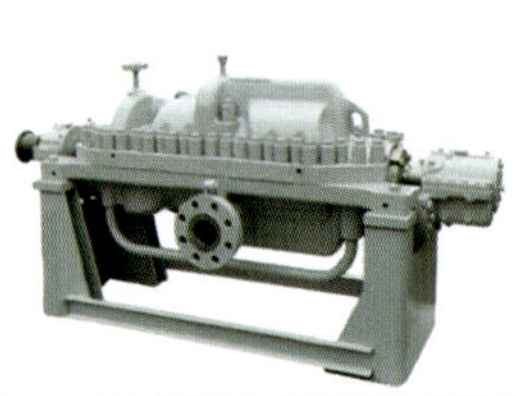
ASDM水平中开多级泵

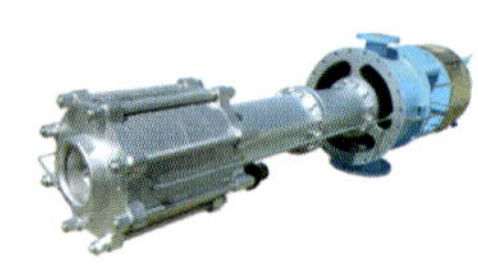
VB立式筒袋泵

DS卧式高压多级泵
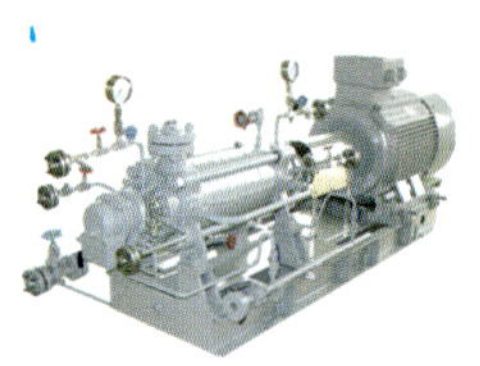

HB卧式多级筒形泵

ASDR重工位石油化工流程泵

YW长轴液下泵

地址：辽宁省大连市双 D 港辽河东路 86 号
邮编：116620
电话：0411-87581600
传真：0411-87581650
E-mail：pumps@danaipumps.com
http：//www.danaipumps.com

综合索引

优化产品结构
发展自主品牌

中国工业年鉴出版基地

中国机械工业年鉴系列

《中国机械工业年鉴》

《中国电器工业年鉴》

《中国工程机械工业年鉴》

《中国机床工具工业年鉴》

《中国通用机械工业年鉴》

《中国机械通用零部件工业年鉴》

《中国模具工业年鉴》

《中国液压气动密封工业年鉴》

《中国重型机械工业年鉴》

《中国农业机械工业年鉴》

《中国石油石化设备工业年鉴》

《中国塑料机械工业年鉴》

《中国齿轮工业年鉴》

《中国磨料磨具工业年鉴》

《中国机电产品市场年鉴》

中国工业年鉴出版基地

编辑说明

一、《中国机械工业年鉴》是由中国机械工业联合会主管、机械工业信息研究院主办、机械工业出版社出版的大型资料性、工具性年刊，创刊于1984年。

二、根据行业需要，中国机械工业年鉴编辑委员会于1998年开始出版分行业年鉴，逐步形成了中国机械工业年鉴系列。该系列现已出版了《中国电器工业年鉴》、《中国工程机械工业年鉴》、《中国机床工具工业年鉴》、《中国通用机械工业年鉴》、《中国机械通用零部件工业年鉴》、《中国模具工业年鉴》、《中国液压气动密封工业年鉴》、《中国重型机械工业年鉴》、《中国农业机械工业年鉴》、《中国石油石化设备工业年鉴》、《中国塑料机械工业年鉴》、《中国齿轮工业年鉴》、《中国磨料磨具工业年鉴》和《中国机电产品市场年鉴》。

三、《中国通用机械工业年鉴》由中国通用机械工业协会和中国机械工业年鉴编辑委员会共同编撰，自2002年开始出版以来，已经出版了2004版、2006版、2007版、2008版、2009版、2010版和2011版。2012版设置综述、专文、行业概况、产品进出口、企业概况、统计资料、产品与项目和大事记栏目，集中反映2011年通用机械行业的发展情况，详细记载了泵、风机、阀门、压缩机、减变速机及气体分离设备等分行业的发展情况，全面系统地提供了通用机械行业企业的经济指标。

四、统计资料中的数据由中国通用机械工业协会及其分会提供，数据截至2011年12月30日。

五、《中国通用机械工业年鉴》主要发行对象为政府决策机构、机械工业相关企业决策者和从事市场分析、企业规划的中高层管理人员以及国内外投资机构、贸易公司、银行、证券、咨询服务部门和科研单位的机电项目管理人员等。

六、在年鉴编撰过程中得到了中国通用机械工业协会及各分会、行业专家和企业的大力支持和帮助，在此深表感谢。

八、由于水平有限，难免出现错误及疏漏，敬请批评指正。

中国机械工业年鉴编辑部

2012年10月

回顾通用机械行业十年来取得的成就，分析2011年通用机械行业经济运行情况

Review of the achievements made by general machinery industry over the past ten years, analysis on the economic operation of general machinery industry in 2011

综述

中国通用机械行业十年发展回顾

2012年是《中国通用机械工业年鉴》创刊十周年，借此机会将我国通用机械行业十年来取得的成就与各位读者分享，也是对广大关心与支持我国通用机械行业发展的各界朋友的回报。

通用机械行业是装备制造业的重要组成部分，担负为石油、化学和石油化工等行业提供系统成套技术装备，为电力、冶金、船舶、军工、轻工、纺织、医药等行业提供辅机的重要任务，在国民经济建设中具有十分重要的作用。通用机械产品涉及泵、压缩机、风机、阀门、分离机械、干燥设备、气体净化设备、气体分离设备、真空设备、减变速机以及各种专用设备。其产品技术水平决定着化工、石化、电力、冶金、船舶、军工、轻工、纺织及医药等行业生产装置的运行水平。

一、我国通用机械行业的发展机遇

我国通用机械行业经历了几十年的曲折发展，自2002年以来迎来了振兴的转机。国家先后出台了《国务院关于加快振兴装备制造业的若干意见》等文件，并研究制定了振兴装备制造业的有关法律法规。国家加大对装备制造业的支持力度，依托国家重点工程，支持企业进行技术改造和科技攻关，大力推进重大技术装备自主化，为我国通用机械行业的发展提供了良好的机遇和市场空间。

《国务院关于加快振兴装备制造业的若干意见》中指出，大力振兴装备制造业是党的十六大提出的一项重要任务，是树立和落实科学发展观，走新型工业化道路，实现国民经济可持续发展的战略举措。我国国民经济和社会发展“十一五”规划纲要、国家中长期科学和技术发展规划纲要(2006～2020年)以及国务院6号文等对振兴装备制造业和增强装备制造业的创新能力，作出了明确部署。党中央、国务院高度的重视，为装备制造业振兴创造了有利的政策环境。

十年来，国务院有关部门不断出台相关政策，并加以指导执行，逐步解决了我国长期存在的国产化首台(套)设备应用、风险担保和重点工程的采购问题，装备制造业在利好政策环境的推动下得到快速发展。

振兴装备制造业同时引起各级政府的重视，各级政府都将支持装备制造业发展列为规划的重点，在支持企业自主创新，发展优势产业和产业集群，加快国企转制和园区建设等方面，进一步加大了组织协调、财税政策等的支持力度，并相继成立了省级重大技术装备协调办公室，推进全民对重大技术装备国产化重要性的认识，为通用机械行业的发展提供了良好的政策环境。

二、坚持高端产品的发展之路

沈阳鼓风机集团股份有限公司(以下简称沈鼓集团)、陕西鼓风机(集团)有限公司(以下简称陕鼓集团)、杭州制氧机集团有限公司(以下简称杭氧集团)作为我国通用机械行业的龙头骨干企业，长期以来一直坚持发展高端产品，引领行业技术进步。

(一)沈鼓集团——高端产品的引领者

2002年以来，沈鼓集团致力于为国民经济各部门，特别是为能源领域，开发与制造高端离心式压缩机产品。十年间，沈鼓集团开发出数百台套高端压缩机，为国民经济各部门的发展提供了装备支撑。

沈鼓集团为本溪北台钢铁公司1830化肥改造项目提供的原料气离心压缩机，填补了四缸联动机组的国内空白。为中石化上海石化股份公司330万t/a柴油加氢精制装置提供的循环氢离心压缩机，是柴油加氢精制装置中首台最大型的国产化循环氢离心压缩机。该压缩机输送介质相对分子质量轻，压比大，叶轮级数多，转速高，跨距长，机壳端盖等部件皆为全新设计。为天津渤海化工有限责任公司天津碱厂50万t/a甲醇装置、30万t/a合成氨装置、20万t/a醋酸装置、20万t/a丁辛醇装置等提供了大型离心式压缩机。为青岛炼油化工公司年产1 000万t/a大炼油装置成功研制的大型循环氢离心压缩机，是最大型的国产化筒型压缩机，实现了大型炼油装置用压缩机国产化的重大突破，氢气压缩机的设计和制造水平上了新台阶，填补了国内该项技术的空白。为宁夏宝塔石化集团60万t/a重油催化裂化装置提供的MA100型轴流压缩机一次性并网投产成功。这是沈鼓集团在引进技术基础上自主生产的首台轴流压缩机。用户评价该机组在机械运转、负荷试车与生产调试过程中均运转正常，机组振动指标达到API617标准，性能指标完全符合设计要求。为内蒙古煤化工有限公司30万t/a甲醇、15万t/a二甲醚项目提供了合成气压缩机、原料气压缩机、氨冷冻压缩机、空压机、氧压机、氮压机6台(套)压缩机组。为河南省“十一五”重点工程中原大化集团公司50万t/a甲醇项目提供的为空分装置配套的大型国产化空气压缩机，在用户现场实现了从为4万m^3/h空分装置配套，到4.8万m^3/h再到5.2万m^3/h装置的“三级跳”。为陕西神木化学工业有限公司二期40万t/a煤制甲醇装置提供了氨压机。为山西晋丰煤化工有限公司二期工程30万t/a大颗粒尿素装置提供了二氧化碳压缩机。为中石化四川维尼纶厂20万t/a合成氨项目提供的3台离心压缩机，均一次投料试车成功。为大连福佳大化石油化工有限公司大型芳烃联合建设项目提供的连续重整循环氢压缩机组，是沈鼓集团自主设计、自行制造的国产化超级垂直剖分筒型压缩机，也是当前沈鼓集团生产的最大的筒型双缸压缩机组。为江苏海伦公司成功研制的大型精对苯二甲酸(PTA)装置用空气压缩机组，创造了多项"沈鼓之最"：第一次设计、制造的最大多轴压缩机；第一次设计、制造的最大多级膨胀机机组；试车技术方案难度最大，电动机起动方案最复杂；机组采用精确的调节方法和科学的测试回路，使压缩机和膨胀机同时进行试验，成为最高效的气动性能试验；第一次真正独立完成总成套项目，即"交钥匙工程"，这对沈鼓集团今后开拓 PTA 市场和大型空分设备市场具有深远的历史意义。

2010 年，沈鼓集团又完成多个重大技术装备研制任务，实现了多个重大装备国产化。其中，百万吨级乙烯装置用乙烯制冷压缩机组国产化研制，是沈鼓集团继百万吨级乙烯装置丙烯制冷压缩机组、裂解气压缩机组之后的第三台国产化百万吨级乙烯压缩机组。至此，沈鼓集团已经完全具备百万吨级"乙烯三机"的设计、制造能力。

沈鼓集团为天然气长输管道成套研制的 20MW 电驱压缩机组，是我国西气东输项目的重要组成部分。沈鼓集团于 2011 年完成了压缩机组的相应检验、性能试验，通过了出厂验收鉴定，2012 年正式投入运行。

沈鼓集团往复机事业部在大型往复式压缩机方面，十年迈出了三大步：第一大步是 4M80 型新氢压缩机实现了国产化，进口流量达到 34 000m^3/h，进出口压力分别为 2.2MPa、19.6MPa，轴功率达到 3 250 kW。该机应用在茂名 200 万 t/a 渣油加氢脱硫装置中。第二步是 2D125 新氢压缩机研制成功，并应用到金陵石化 260 万 t/a 蜡油加氢装置，设备长期运行平稳，得到用户首肯。当前又迈开第三大步，研制成功 1 500kN 大型活塞推力压缩机。大型往复压缩机组的研制成功，打破了国外厂商长期垄断我国炼油化工用大型往复压缩机市场的局面，标志着我国已迈进大型往复式压缩机国际高端制造行列。

（二）陕鼓集团——高效节能产品的践行者

陕鼓集团长期以来坚持发展高效节能产品，为用户节能减排提供装备支持。

1. 先进高效的轴流压缩机

陕鼓集团通过技术引进、消化吸收及二次开发，拥有世界先进的效率高、省功节能、调节范围宽的轴流压缩机技术，产品国内市场占有率达到 95% 以上，并出口国外，广泛用于高炉鼓风、石油炼化、制药、化肥、风洞实验、硫磺制酸等机组，以及硝酸生产工艺"四合一"机组、煤气联合循环发电 CCPP 装置、化工 PTA 机组等。陕鼓集团当前已经设计制造 700 多台(套)各类型轴流压缩机组。其特点如下：

(1)效率高，高效率区范围宽，节能效果显著。轴流压缩机的流道相对短和平直，流动损失和分离损失小。另外，轴流压缩机的设计得益于航空工业比较成熟的空气动力学理论，基本性能可靠、优良，因而比离心压缩机效率高 8% ~10%。

(2)调节范围宽。全部静叶可调，流量调节可达60% ~ 115%，能够满足催化裂化、高炉鼓风等工艺装置不同季节、不同工况所需要的风量、风压要求。

(3)气动性能准确、可靠。以实验数据为设计基础，有整套严格的设计规范，对偏离试验状态的各种因素，进行全面修正，设计制造的轴流压缩机气动性能准确、可靠。

(4)结构设计合理。采用三层缸结构，有利于降低噪声、减小振动，运行稳定性好，同时还可防止灰尘和腐蚀性气体等对内部调节机构的侵蚀；稳定的机组支撑和完善的滑销系统，安全灵活的叶片调节机构，可确保机组运行平稳、可靠。合理的结构使机组的安装、调试和日常维护简单方便。

(5)三化(系列化、标准化、通用化)程度高。有利于缩短制造周期，降低制造成本。

(6)安全性好。主要零部件的强度、刚性在系列化、标准化、通用化时都按照系列中最苛刻的条件进行核算。现代设计方法结合大量试验结果，提高了叶片的强度和振动安全性。先进的转子动力学设计方法可保证转子弯曲、扭曲临界转速计算分析准确可靠，保证了机组运行安全、可靠、平稳。

2. 高炉煤气余压透平发电装置

高炉煤气余压透平发电装置(简称 TRT)，主要用于高炉冶炼过程中产生的副产品(高炉煤气)的压力能和热能的回收，属节能环保装置。陕鼓集团是国内最早研制成功 TRT 的企业，结合国内高炉条件开发出具有我国特色的湿式、干式及干湿两用型 TRT，获得多项成果和专利，使国内的 TRT 技术达到了世界先进水平。当前，陕鼓集团 TRT 可用于 300 ~ 5 500m^3 高炉煤气的能量回收。该装置主要技术特点有：

(1)一级静叶可调和全静叶可调。高炉煤气余压透平发电装置静叶可调，不仅能够扩大调节工况范围、减少噪声，提高效率和回收功率，而且可以更好地控制炉顶压力，减少压力波动。两级静叶可调：采用双伺服油缸力偶同步调节机构，可以改善传动机构受力状况，使其传动灵活平稳，两侧调节同步，变工况范围中运行稳定，有效延长零部件使用寿命。第一级静叶可实现全关闭，且具有足够强度能在 250kPa 差压下打开。在入口蝶阀、紧急切断阀全开时，利用静叶可使透平平稳起动和停机，并完成自动升速、自动并网、自动升功率和自动控制炉顶压力。

国外一般采用第一级静叶可调的调节方式。陕鼓集团不仅拥有一级静叶可调技术，同时研究开发的全静叶可调的技术获国家专利，增加了技术含量，进一步拓宽了高炉煤气余压透平发电装置的调节范围，提高了透平机效率，拓宽了市场。

(2)干法和干湿两用型。高炉煤气的含尘量高达 10 ~ 60g/m^3，对其必须经过净化、除尘转变为净煤气才能使用。传统的煤气除尘采用湿法除尘，除尘后的煤气不但含尘量随炉顶压力波动，而且喷水净化过程损失了大量有用的热能，同时大大增加了煤气中的含水量。随着高炉向高压炉顶方向发展及干式除尘装置的推广应用，高炉煤气余压透平发电装置除尘由湿式向干式、干湿两用型发展是一种趋势。

干法高炉煤气余压透平发电装置是为了适应高炉干式除尘系统而研制的新一代产品，由于采用干式除尘，煤气压力损失和温降小，有效提高了进入膨胀机的煤气压力和温度。与湿法相比，透平功率提高25%～45%，并可节约大量的除尘用水，该装置的节能效果更为显著。针对湿法改干法的除尘要求，陕鼓集团还研制出干湿两用型高炉煤气余压透平发电装置，此装置可以实现干法、湿法运行的转换。该项技术已在市场上得到广泛应用，分别配套于400～2 500m^3高炉，发电功率达3 000～20 000kW。

3. 硝酸"三合一"机组、"四合一"机组

硝酸的生产方法根据氨氧化和吸收两部分的压力不同可分为常压法、综合法、全中压法、全高压法和双加压法。硝酸装置用透平机组的配置依生产方法的不同而不同。全中压法和全高压法中透平机组采用"三合一"机组，主要由汽轮机（或电机）、空压机和尾气透平膨胀机组成。双加压法中透平机组采用"四合一"机组，主要由汽轮机、氧化氮压缩机、空气压缩机和尾气透平膨胀机组成。该机组是关联工艺前后过程、向系统提供和从系统回收能量的核心设备，技术含量高。硝酸装置中透平机组的选择虽然从属于硝酸生产工艺流程的要求，但机组的性能决定和影响整个硝酸装置的整体性能，代表装置的整体水平，是装置的标志性产品。

4. 空分装置压缩机组研制

近年来，冶金、石化企业装置规模大型化，以及新兴煤化工及绿色煤电等行业的迅猛发展，对空分装置的数量需求不断增加，对装置的规模要求日益增大。空分流程中装置的规模和能源消耗几乎全部取决于离心压缩机机组的能力和运行效率。因此，空气离心压缩机组的效率直接决定了空分装置的规模和运行成本。陕鼓集团通过合作制造、自主研发拥有了系统机组技术，并得到市场的认可，该机组主要应用于2万～5万m^3/h空分装置中。从2002年起，陕鼓集团在空分装置压缩机组的市场占有率稳步提高。

5. BPRT同轴机组、共用型TRT机组

TRT装置和高炉鼓风机组被设置为两个独立的系统，高炉鼓风机组向高炉鼓风，TRT装置则回收煤气能量发电。陕鼓集团结合多年"三合一"机组、"四合一"机组成功运行经验，创造性地开发研制出TRT和高炉鼓风机同轴系的高炉能量回收机组（Blast Furnace Power Recovery Turbine，简称BPRT）。BPRT机组以新的思路将TRT和鼓风机作为同一系统来设计，简化了配置，降低了投资。此项技术开创了轴流压缩机与高炉煤气透平机组同轴的先例，为世界首创，填补了国内外空白。该技术获国家发明专利，主要应用于1 500m^3以下高炉鼓风装置中。

TRT发展至今几乎都为单炉单机模式，这种配置较为合理，系统简单，操作方便。但如果企业有两座以上的高炉，仍采用单炉单机的模式，回收功率较小，系统繁琐，配置复杂，辅助设备较多，同时也受到资金、场地、投资回收期等条件的限制。为此，陕鼓集团进行了大量研究论证，于2004年开发研制出两座高炉共用一套的共用型TRT装置并获国家专利。共用型TRT与单炉单机模式相比，配套和控制集中，设备成本低，投资减少，占地面积小，机械损失小，投资回收期较短，经济性更好，可应用于1 500m^3以下高炉煤气的能量回收。

6. CCPP装置用轴流＋离心串联式压缩机组

燃气－蒸汽联合循环发电装置（Combined Cycle Power Plant，简称CCPP），一般由原料气压缩机、燃气轮机、汽轮机、余热锅炉、热交换器和发电机等组成。CCPP装置具有热效率高、造价低、起动快等优点，在各国电力行业应用较为普遍。炼铁行业煤气量充足，利用煤气作为CCPP装置原料气，既可进一步提高能量回收效率，又能较好地解决煤气造成污染的问题。煤气压缩机组为CCPP装置中的关键设备。陕鼓集团开发的"50MW煤气联合循环发电CCPP装置用轴流＋离心串联式压缩机组"为国产化第一套机组，技术达到世界先进水平，填补了国内轴流与离心串联式压缩机的技术空白，获得国家科技进步奖二等奖，获得专利4项。

7. 真实气体离心压缩机

陕鼓集团开发的真实气体离心压缩机是石化工艺流程的心脏，主要应用于煤制油、煤制甲醇、煤制烯烃、二甲醚、炼油深加工、合成氨等制造领域，以及CCPP联合循环发电领域。真实气体压缩机的技术特点是：介质多为混合介质，易燃易爆；工作压力高，按照排气压力一般分为低压（10MPa以下）、中压（10～20MPa）、高压（20MPa以上）；介质的真实气体特性明显，压缩过程中介质物性变化较大，必须按照真实气体作气动计算；要求压缩机必须有较宽的工况范围（70%～110%），与工艺系统的匹配性要好；对机组的可靠性要求高，机组采用筒型结构，运转平稳，密封性能好，选材合理，连续运转3～5年。

（三）杭氧集团——空分装备制造业的领军者

杭氧集团坚持走技术创新、国际化的道路，根据空分产品大型化、国际化、节能型的发展趋势，提出了"国际化技术水准，全球化经营战略"的新构想。

一方面，通过建立欧洲公司及加强与国际著名公司的合作，紧密跟踪国际空分技术的发展态势，主动参与国际性竞争。2004年12月，德国机械制造巨头、世界著名的工业气体生产商——德国梅塞尔集团与杭氧集团签署了联合促销与发展协议。业内评价这次"牵手"的意义是：站在巨人的肩膀上，杭氧实现自己的快速发展。也正是此次合作，成就了我国大型空分设备大规模出口欧洲的第一单。2009年，杭氧集团自主创新的32 000m^3/h大型空分设备远销空分设备诞生地德国。截至2011年上半年，国内外多家企业已向杭氧集团订购了6万m^3/h等级的空分成套设备达17大套，这充分显示了杭氧集团参与国际竞争的实力，以及在

国际舞台上担当的重要角色。

另一方面，在引进消化吸收的基础上，加大技术投入，走自主创新的道路，在激烈的国际竞争中频频胜出。2007年2月8日，杭氧集团与神华包头煤化工有限公司签订了4套60 000m^3/h空分设备合同，这是迄今为止国内最大的空分装置订单。2008年9月25日，由杭氧集团自行设计制造的60 000m^3/h空分设备在宝钢一次开车成功，各项技术指标达到国际先进水平，打破了国外企业垄断6万m^3/h等级及以上空分设备市场的局面。2011年伊始，杭氧集团又与国外公司签订了120 000m^3/h特大型空分设备销售订单，这不仅是国内的首套超过10万m^3/h等级的空分设备订单，也是国际上最大的特大型空分设备设计制造订单，标志着我国空分设备制造向着特大型方向迈出了一大步。当前，杭氧集团已经具有年设计、生产大中型空分设备50套以上的能力，大、中型空分设备已出口40多个国家（包括欧洲发达国家），成为亚洲最大的空分设备生产制造企业，并跻身国际空分设备“五强”。

三、民营企业技术创新能力不断增强

随着市场竞争的加剧，通用机械行业民营企业对技术创新的重要性有了更高的认识，提高了技术创新的积极性，加快了产业结构调整，推动了行业技术进步。

1. 沈阳远大压缩机股份有限公司

沈阳远大压缩机股份有限公司是1997年组建的民营企业，公司长期围绕能源深加工、能源产品的低碳化，坚持科技创新，积极开发新产品，不断适应市场需求，产品主要用于制氢装置、加氢精制装置、重整装置、汽油/柴油/煤油环保升级装置、天然气液化装置、煤层气制甲醇装置、焦炉煤气制甲醇装置、乙烯装置、丙烯装置、煤制烯烃装置、煤制油装置、化工废气回收装置、多晶硅装置以及空分装置等。该公司为这些装置提供配套的压缩机均属工艺气用压缩机，是根据不同的工艺流程进行新的设计，在性能、配置、安全、环保等方面完全符合国际标准。

公司通过不断创新，当前已成功研发了氢气、氧气、硫化氢、烷烃、烯烃、炔烃、氮氢气、一氧化碳、二氧化碳、天然气、氯甲烷、氟甲烷、三氯氢硅等单一介质和混合介质的压缩机，形成了M、D、Z、P、L、V、W型40余种基础件系列及十余种迷宫系列的压缩机。其中，首次开发的火驱采油压缩机，已成功投入应用；2K－140MG迷宫低温乙烯压缩机是国内首台替代进口产品，其吸入温度为－103°C，用于国内石化装置的低温乙烯的生产、贮存和运输；2K300/375MG迷宫压缩机为国内KD300/375最大型系列基础件迷宫压缩机，最大行程375mm。这些产品广泛应用于石油、化工、化肥、冶金、矿业、电力、科研等国民经济各领域。

公司拥有一支技术创新团队，与高等学校联合创办压缩机工程技术中心。在产品研发设计过程中，充分运用CAE等高新技术软件，对产品的每个零部件按照实际尺寸借助计算机进行三维仿真，并且施加载荷模拟实际工况进行有限元分析，有效降低了废品率，加快了产品研发设计进度，保障了供货周期。在创新过程中，已拥金属表面非晶态硬化处理新工艺、铝制活塞阳极硬化处理技术、金属陶瓷涂层新工艺、十字头电弧喷涂巴氏合金等设计、工艺、结构、材料等10项专利技术，其中，发明专利2项、实用新型专利6项、外观设计专利2项。这些创新技术成功应用于各种复杂介质的气体压缩机，提高了压缩机整机运行的先进性和可靠性，获得2项辽宁省科技进步奖二等奖和1项辽宁省自主创新名优产品称号。

为了保障产品研发和制造的顺利实施，公司购置了精、大、稀专用数控加工设备和超声速喷涂、等离子喷涂、高频淬火等特种工艺设备130余台，建造了80t以上大型专业压缩机试车平台及PLC试车监控系统，有效地保障了新产品研制所需的铸件和零部件的加工质量及装配质量。当前，企业又将天然气液化中的BOG压缩机作为技术创新目标。

2. 沈阳申元气体压缩机有限公司

沈阳申元气体压缩机有限公司成立于2001年，是一家民营企业，主要从事往复活塞式压缩机的设计、制造等业务，其产品全部为自行设计，拥有自主知识产权。产品广泛应用于石油、煤炭、化工等行业，产品全国市场占有率为10%。

2009年，公司成为辽宁省省级企业技术中心。公司拥有强大的技术队伍，与西安交通大学、沈阳农业大学等大学和科研院所合作开发先进的压缩机，企业的技术实力、创新能力不断增强。

为满足市场的需求，公司在研制成功7M50系列氮氢气压缩机组的基础上，2009年又成功开发出8M80系列氮氢气压缩机组。8M80系列氮氢气压缩机采用8列对称布置。开发过程中，对大型机身加工、分体式曲轴设计与强度、刚度计算、大流量气流振动消除等多个领域的7项难题，进行了具体而细致的分析、讨论，采用特殊的铸造工艺和加工工艺确保了零部件的加工精度。该机组的研制成功，标志着我国往复活塞式压缩机的设计、制造等技术有了长足的进步，不仅提高了化肥生产企业的产能，还为用户企业实现节能降耗提供了技术保障。

3. 辽宁恒星泵业有限公司

辽宁恒星泵业有限公司是工业用容积泵、离心泵、机械密封的专业生产企业，产品广泛应用于油田钻井、石油炼化、化工、城市污水处理、市政、交通、航运及电力等行业。公司与清华大学、江苏理工大学、兰州理工大学、沈阳工业大学、沈阳水泵研究所、大庆油田设计院及辽河油田设计院等20多所高校和科研院所保持长期稳定的技术合作关系。

为提高产品的科技含量，适应石油化工行业发展的需要，公司率先开发大排量输油泵。该泵泵体为中开式结构，最高压力为6.0MPa，配用功率为2MW，承受压力高，流道截面变化复杂，铸件要求精度高。公司采用先进的三维水力设计软件，对泵体、叶轮流道进行优化设计，使泵体、叶轮水力部分设计准确。为了保证该产品在生产制造过程中得到有效控制，制定了详细的铸造、机加工、热处理、组装等加工工艺。该泵在沈阳输油分公司铁岭泵站一次开车成功。其流量、扬程、效率等指标均达到德国进口泵标准，机组噪声、泵振动值则低于德国进口泵，完全可以满足用户要求。该泵的研制成功，标志着我国大流量高转速、高效输油泵实现了国产化，提升了我国泵行业的整体技术水平，有力地带动了水泵行业的技术进步和产业结构优化升级，打破了大功率高转速管线输送泵长期依赖进口的局面。

四、重大技术装备国产化能力明显提高

（一）行业整体实力显著提升

自2002年以来，十年间，石化、电力、冶金等国民经济各部门的快速发展和基础设施建设投资力度的加大，为通用机械行业提供了巨大的市场和发展机遇。通用机械行业的工业总产值、主营业务收入和利润连续10年保持高速增长，增幅超过同期工业及国民经济的增长速度。

据统计，2005年，通用机械行业规模以上企业3 747家，其中民营企业2 845家，占企业总数的75.93%。全行业拥有资产总额1 556.2亿元，从业人员62.7万人，完成工业总产值1 705.66亿元，实现主营业务收入1 645.9亿元，实现利润总额105.27亿元，累计完成出口交货值53.21亿元。

2011年，通用机械行业规模以上企业达4 548家，拥有资产总额5 403.79亿元，完成工业总产值7 195.59亿元，实现利润总额531.12亿元，完成出口交货值844.35亿元。

十年间，通用机械行业企业进行了现代公司制改造，公司治理得到改善，建立了符合自身条件的奖惩机制，管理人员、技术研发人员和产业工人队伍的素质有了明显提升，企业经营能力明显增强。体制进步带动了企业经营模式的转换和企业间的重组。例如，陕鼓集团通过从生产型向系统集成和服务商的转变，大大提高了设备成套与工程承包能力，市场份额逐年提高，主营业务收入、利税、利润分别以年均47%、64%、69%的速度递增，企业净资产5年翻了三番。沈阳鼓风机集团有限公司通过与沈阳气体压缩机有限公司、沈阳水泵有限公司的整合重组，显著提升了集团的整体实力和市场竞争力。

十年间，通用机械重点企业利用国债项目、技改专项和自身投入，在设备更新改造方面取得了明显进展，为企业发展奠定了坚强的物质基础。地方政府的园区建设和支持搬迁土地置换措施，使一大批通用机械制造企业的厂房、工艺装备大为改观。沈阳铁西新区、大连高新技术开发区和四川以成都为中心的三大装备制造业产业园区发展成为新型的重大装备产业集中地。如重组后的沈鼓集团，在沈阳铁西新区建设的具有世界先进水平的透平机械、泵和压缩机制造基地，为重大技术装备研制提供了重要基础。

在宏观经济扩展引发的需求拉动下，我国通用机械行业迅速扩张，企业效益明显提升，技术与管理水平快速提高，通用机械行业已进入发展的新时期。根据行业情况调查，我国通用机械行业在掌握核心技术和高端产品研发制造方面与先进国家相比只有5～10年的差距，并且呈逐步缩小趋势。

十年间，“天时、地利、人和”为我国通用机械行业提供了历史上最好的发展机遇，全行业的整体实力显著提升。

（二）重大技术装备国产化率进一步提高

自2002年以来，通用机械行业以石油化工、西气东输、核电等重大工程项目为依托，开展重大技术装备攻关，取得了丰硕成果。

十年间，我国通用机械行业根据市场需求的不断优化，加快产品结构调整，大力开发中高端装备，中高端产品在产值产量中的占比逐年提高，产品品种、规格、数量基本满足了国民经济各领域的需求；通过引进消化吸收、自主创新和集成创新，取得了一系列重大技术装备研究成果，逐步满足了大型石化、煤化工、电力、冶金等领域重大成套技术装备的需求。部分产品的设计制造技术已接近或达到国际同类产品先进水平。国产通用机械国内市场占有率当前已达到85%以上。

以石油化工、西气东输、电力、化肥等重大工程项目为依托的主导产品国产化率不断提高。其中，年产1 000万t炼油装备的国产化率已由10年前的70%提高到85%～90%，包括1 000万t/a常减压蒸馏装置、350万t/a催化裂化装置、300万t/a加氢精制和加氢裂化装置、200万t/a渣油加氢脱硫装置、100万t/a延迟焦化装置和100万t/a连续重整装置；100万t/a乙烯、60万～100万t/a PTA装置国产化率已由10年前的40%提高到75%～80%；50万t/a合成氨、80万t/a尿素装置国产化率已由10年前的60%提高到90%。

为60万～100万kW超临界、超超临界发电机组，百万千瓦核电机组配套的通用机械产品的国产化率已由10年前的6%～10%提高到50%～65%；为冶金、环保等重点工程配套的通用机械产品国产化率已由10年前的65%提高到85%；为煤制油(气、烯烃)装置、天然气输送和天然气液化装置配套的成套通用机械设备的国产化率也在不断提高。为重大装备配套的通用机械产品国产化率的提高，在很大程度上减少了我国对国外装备的依存度，扭转了我国成套技术装备长期依赖进口的局面。

（三）重大技术装备国产化取得新突破

1. 压缩机

沈鼓集团、陕鼓集团两大集团公司生产的透平压缩机，主要为炼油、石化、煤化工等行业服务。随着百万吨级乙烯、千万吨级炼油、大型PTA、西气东输等项目的建设，我国透平压缩机设计、制造技术得到迅速的提高，特别是近十年，我国乙烯、炼油等装置中的国产透平压缩机已经占绝对的主导地位。

(1)乙烯“三机”。百万吨乙烯项目是国家重大项目，俗称乙烯“三机”的裂解气压缩机、丙烯制冷压缩机和乙烯制冷压缩机又是百万吨乙烯装置中最关键、最核心设备，发展乙烯装置必须突破“三机”的门槛。该技术长期以来一直为世界少数几大公司垄断，乙烯“三机”国产化是百万吨乙烯装备国产化的重要标志。

在百万吨乙烯裂解气压缩机、丙烯制冷压缩机和乙烯制冷压缩机的研制过程中，沈鼓集团采用多项自主开发的科研成果，进行产品设计，攻克了大型机壳组焊、叶轮铣制、转子高速平衡、机械运转试验、性能试验等关键技术。在整机优化设计等方面进行了创新：一是采用新开发软件进行整体优化设计计算，满足了整机各个工艺段运行工况的设计要求，具有宽广流量调节范围及各级性能的完美匹配；二是在加抽气蜗室的结构设计中搭建模型级数值平台，研究其流量特性及多股气混合特点，对设计模型级进行数值计算和优化；三是利用数值模拟方法对排气蜗室进行流场分析，从结构上进行优化，提高了机组的运转稳定性和可靠性；四是按 ASME - PTC10 标准的规定，编制了气动性能试验方案，进行了热力性能试验，验证了产品设计、加工制造质量和气动性能指标，为用户提供了可靠满意的产品。

沈鼓集团在研制过程中，攻克了裂解气压缩机、丙烯制冷压缩机和乙烯制冷压缩机高压缸机壳水压试验和大直径叶轮加工制造等技术难题，完成了低压缸、中压缸、高压缸性能试验，各项机械性能指标远远优于国际石油协会标准的规定。在运行过程中，各项参数均在规定指标范围之内，整机功率偏差和机械运转振幅远远低于 ASME PTC - 10 标准和 API617 标准规定值，执行机构动作灵敏，电气及仪表自动控制系统及各配套设备动作准确，机组的油、水系统工作正常。在机组的气动性能、效率及机械性能等方面均与国外进口机组相当，整体技术达到了国际先进水平，打破了该类产品长期依赖进口的局面。

(2)大型 PTA 装置压缩机。100 万 t/a 以上 PTA 装置主要由压缩机、尾气透平和汽轮机组成，其中尾气透平回收装置反应的化工尾气，实现机组能量平衡。

由陕鼓集团研制生产的我国首台 PTA 压缩机组在重庆市蓬威石化有限责任公司 PTA 生产现场，一次性开车成功，投入运行，各项性能指标均满足用户要求。该机组作为 PTA 装置的核心设备之一，为对二甲苯的氧化反应提供空气，并能回收氧化反应的热能和尾气中的压力能，具有效率高、性能稳定等特点，各项运行指标接近国际先进水平。

陕鼓集团通过对工艺系统和多机组流程工艺的潜心研究，已经掌握了与轴流压缩机、离心压缩机、尾气透平机等有关的系统技术和多机组的成套技术，当前已成功设计了千余套大型机组。重庆市蓬威石化有限责任公司 PTA 装置空压机组采用了单轴布置设计方案，由轴流压缩机、离心压缩机、双分流冷凝式汽轮机和尾气膨胀机组成，全部设备均为国产设备，由陕鼓集团提供成套供货。

在该机组的研制过程中，陕鼓集团充分发挥在透平机械设计、制造方面的专业优势和大型复杂机组总成设计的优势，保证机组稳定、可靠地提供满足工艺要求(1.5MPa)的空气，同时有效地回收装置副产蒸汽的能量和尾气中的压力能量。这是我国在进口 20 多套大型 PTA 装置工艺空气压缩机组后，首次实现该装置的国产化，改变了该装置长期以来依赖进口的局面，对推进国家新型工业化和重大技术装备国产化、参与国际市场竞争等都具有深远的意义。

(3)天然气长输管线压缩机。2009 年，沈鼓集团承接的“天然气长输管线压缩机”，成为首台(套)20MW 电驱压缩机组成套研制国产化项目。压缩机是西气东输项目的重要关键设备，用于天然气沿途输送过程中增压，保障天然气的使用压力。当前，天然气长输管线压缩机已完成相应的设计、制造、检验、性能试验，通过了验收鉴定并交付用户，完成了现场安装。该项目的完成，打破了多年来外国在长输管线压缩机领域的垄断局面，推动了我国压缩机行业的发展和西气东输工程的进展。

另外，六列迷宫式压缩机、800 ~ 1 500kN 活塞力大型往复式压缩机、天然气压缩机等都实现了国产化，其技术已进入国际先进水平行列。

2. 乙烯冷箱

乙烯冷箱由数组铝制板翅式换热器组成，是乙烯生产中最主要的流程设备之一，又是乙烯装置节能降耗的关键设备。

由杭氧集团承担的“百万吨级乙烯冷箱的开发与研制”项目，以天津 100 万 t/a 乙烯项目和镇海炼化 100 万 t/a 乙烯项目为依托工程，并根据两套装置的不同特点，采用了不同的方案。

天津 100 万 t/a 乙烯冷箱采用美国鲁姆斯公司二元冷剂制冷流程技术，分为一大二小共 3 台冷箱，其最高设计压力达到 5.4MPa，其中最大的冷箱外形尺寸为 6 500mm × 4 200mm × 33 000mm，总重量约 265t，能满足 14 股流体同时换热。

镇海炼化 100 万 t/a 乙烯冷箱采用美国鲁姆斯公司二元冷剂制冷流程技术，分为一大三小共 4 台冷箱，其最高设计压力达到 6.0MPa，其中最大的冷箱外形尺寸为 7 400mm × 4 000mm × 30 000mm，总重量约 300t，能满足 16 股流体同时换热。

杭氧集团依托“十一五”乙烯建设工程，自主开发“百万吨级乙烯冷箱”项目，完成了百万吨级乙烯冷箱国产化研制工作，掌握了百万吨级乙烯冷箱的核心技术，整套技术具有自主知识产权。在开发研制的过程中，杭氧集团解决了百万吨级乙烯冷箱技术方案优化、多组分两相流的物性计算、多组分有相变流体的传热计算优化、同层多股流流道的优化和整台换热器通道排列优化、二相流体均匀分布结构技术的进一步开发、新型高效翅片的开发、超大型换热器钎焊工艺的完善和优化等多个技术难题，研制成功可满足流程工艺性能要求的冷箱。该冷箱总体技术指标达到当前国际先进技术水平。当前，该项目已形成具有自主知识产权的新装置 2 个，申请国家专利 2 项，完成相关标准的制修订 11 项。

百万吨级乙烯冷箱的研制成功，打破了国外少数公司在该市场上的垄断局面，不仅对提高我国乙烯行业的装备水平有着重大意义，而且对天然气液化、大型化肥、CO 深冷分离等其他行业的冷箱设备的研制也具有指导意义。

3. 大型空分设备

随着我国大型转炉炼钢和石化、煤化工工业的发展，大型空分设备的需求急速增长。从2002年起，国内空分装备制造行业用不到10年的时间跨越了3万 m^3/h、4万 m^3/h、5万 m^3/h、6万 m^3/h、12万 m^3/h 大型空分设备的门槛，取得了巨大成功。以杭氧集团为例，2003年，为宝钢研制首台3万 m^3/h 空分设备，实现国产化，使我国空分设备的设计制造水平前进了一大步。2004年，为辽宁北台钢集团设计制造的5万 m^3/h 空分设备，是一个上等级、上水平的高、精、尖项目，也是当时国内自行设计制造的最大等级的空分设备。2006年，为山东华鲁恒升化工公司研制的48 000m^3/h空分设备一次开车成功。该套空分设备是第一套由国内自主研发、拥有自主知识产权的5万 m^3/h 等级化工型高压内压缩流程的空分设备，具有安全性好、可靠性高、能耗低、操作运行稳定的特点，荣获2008年度中国机械工业科学技术奖一等奖。2008年，又承接了宝钢6万 m^3/h 空分设备。这套空分设备采用了杭氧具有自主知识产权的流程设计计算软件包，计算效率和精度极佳，各项性能指标达到国际同期先进水平。之后，又承制了多套冶金和煤化工工程用的6万 m^3/h 空分设备。

2011年，杭氧集团与伊朗卡维集团签订了12万 m^3/h 等级的特大型空分设备供货合同。这是国内当前承接的最大等级，也是世界上最大的空分设备。该空分设备由空气压缩系统、特大型空气预冷系统、特大型分子筛纯化系统、空气增压系统、增压透平膨胀机制冷系统、特大型精馏塔系统、仪控系统、电控系统等组成。

我国从6万 m^3/h 空分设备到12万 m^3/h 空分设备的跨越，并不是一蹴而就，而是实力储备积累和自主创新的必然。

当前，杭氧集团、四川空分设备(集团)有限责任公司和开封空分集团有限公司是国内空分设备行业的领军企业，也是世界知名企业。我国的深冷技术和设备制造已达到世界先进水平。

4. 关键泵、阀

泵、阀是国民经济各领域中应用最广的产品。多年来，我国泵、阀生产企业始终徘徊在中、低端产品的设计制造上，大量的高端产品一直依赖进口。随着大型火电、核电、石化、西气东输等重大工项目的启动，在首台首套国产化政策的推动下，我国高端泵、阀的设计制造技术得到长足的进步。

十年间，我国泵、阀制造业通过自主开发和消化吸收引进技术，依托国家重点工程落实首台首套，同时积极进行技术改造，我国泵、阀的研发能力、设计制造水平和产品质量都有了较大的提高。特别是核电泵、阀国产化取得重大进展，成效显著，研制出一大批拥有自主知识产权的新产品，如核电站用核二级/三级泵、阀基本实现了国产化，打破了国外的技术封锁和市场垄断。核电泵、阀国产化率已达到75%以上。

(1)上充泵。上充泵是涉及压水堆核电站安全的关键设备，俗称为核电站的一个重要"安全阀"。当前该产品仅有美国、法国、日本等少数国家能够制造。

上充泵在结构设计中需确保泵组在事故工况时，能够承受介质温度从7℃瞬间上升到120℃的热冲击工况考验；上充泵在额定流量为160 m^3/h 时，要求能够在5 m^3/h 的极限小流量工况下运行1h以上；上充泵在事故工况下，其轴承部件能够在不预先提供润滑油的情况下实现泵组紧急起动，突破了传统高速(4 720r/min)回转机械设备强制润滑轴承部件正常运行的极限；上充泵必须进行抗震计算和分析，以确保泵组在地震时能够正常运行。上述特殊要求给上充泵的总体结构设计带来极大的难度，设计中必须在确保泵满足各种特殊工况安全可靠运行的前提下，兼顾结构对泵性能和效率指标的影响。

面对诸多技术难点，重庆水泵厂有限责任公司在充分论证各种技术方案的基础上，确定以自有高压自平衡多级离心泵成熟结构为基础，并针对上充泵的特殊要求，将企业在长期经历各种复杂工况考验中所积累的独有技术和成功经验运用在上充泵的研制中。公司充分把握了多重可靠性冗余设计理念，运用有限元分析和三维模拟仿真分析等先进技术和方法，通过进行转子部件临界转速计算分析、泵组抗震计算、重要零部件的可靠性分析等，从材料选用到各种回转零件间隙值的优化，开展了大量的试验研究和技术攻关；针对试验中出现的难点逐一进行改进，确保样机制造精度和运行平稳可靠。上充泵样机不仅顺利通过了由核电专家全程现场见证的各项试验考核，而且泵组在经历各项试验的苛刻考核和多次解体重新组装后，其运行振动值依然低于技术规格书规定值的1/2，其运行平稳性和可靠性优于国外产品，其技术性能可满足百万千瓦级压水堆核电站使用要求，产品达到了国际同类产品先进水平。

(2)前置泵。上海电力修造总厂有限公司研制成功百万千瓦级常规岛前置泵。该项目以山东海阳核电站一期工程为依托，工程建设采用美国西屋公司AP1000技术，装机容量为2×1 250MW压水堆核能发电机组，给水系统配置三台电动定速给水泵组。

上海电力修造总厂有限公司在消化吸收引进的日本三菱重工卧式高速单级双吸离心泵技术的基础上，结合企业多年积累的600～1 000MW火电机组泵技术和经验，完成了前置泵的设计、制造。公司成为国内首个掌握设计和制造当前世界上最先进的第三代AP1000核电站常规岛主给水泵组前置泵产品的厂家，产品达到日本三菱重工的技术水平，可替代进口。首批产品用于山东海阳核电站一期工程2×1 250MW压水堆核能发电机组。

另外，喷淋泵、安注泵、余热排出泵、水压试验泵等核二级泵，常规岛主给水泵及常规岛循环水泵等产品也都实现了国产化。核级泵的国产化率已由10年前的6%提高到75%以上。

上海凯泉泵业(集团)有限公司为满足核电机组的相关

要求，建造了核泵试验台架，可进行核二级安全壳喷淋泵、高压安全注射泵、低压安全注射泵、余热排出泵及上充泵的水力性能试验、耐久试验、热冲击试验、杂质试验等。

在高端泵产品方面，百万千瓦超超临界锅炉给水泵、长输管线输油泵（2 000kW 以上）、化工流程泵、高速泵等也实现了国产化。

（3）核一级比例喷雾阀。比例喷雾阀位于压水堆核电站反应堆冷却剂系统中，是压力控制设备之一。该阀门技术要求高，国内长期不具备设计、制造能力，一直依赖于国外进口，是发达国家对我国技术封锁、以昂贵价格赚取高额利润的产品。

中核苏阀科技实业股份有限公司与国家核电上海核工程研究设计院经多年努力，共同开发研制的"核一级比例喷雾阀"样机已通过专家鉴定。这标志着我国已经具备核一级比例喷雾阀的自主设计、制造、安装、调试的能力。该阀门的研制成功，填补了国内空白，打破了国外企业在核电站关键设备上的技术垄断。

除了核一级比例喷雾阀，相关阀门制造企业还相继研制成功核一级/二级高 *Cv* 值止回阀、核一级截止阀、核一级上装式电动球阀、闸阀、隔膜阀、调节阀、核级蝶阀、主蒸汽隔离阀及爆破阀等。同时，阀门制造企业按照国家核能开发计划建造了核电阀门高温高压试验台架，可进行高压高温热态水的热循环试验、热冲击试验、热态动作寿命试验、热态流体阻断性能试验等。我国核级阀门的国产化率已由 10 年前的 6% 提高到 75%。

（4）天然气长输管道阀门。十年来，行业组织阀门企业开发成功 40in（1 000mm）和 48in（1 200mm）Class600 及 Class900 全焊接球阀。国内研制的数十台样机经过严格的试验，已经通过出厂鉴定和验收，所有技术性能指标均满足西气东输二线主干线的要求。西气东输二、三线所需的大型球阀已主要由国内供货，彻底改变了天然气长输管道阀门依赖进口的局面。

（5）超超临界火电机组阀门。十年间，我国在超临界、超超临界火电机组阀门研究和制造方面已取得可喜业绩。国内研制的 F92（马氏体类耐热钢）、F91（合金高温钢）电动闸阀和截止阀，WB36（合金钢）电动闸阀和三通截止阀，F22（珠光体耐热钢）堵阀、止回阀及 C12A（合金钢）闸阀、调节阀、大口径锻钢快速电动节流阀和主蒸汽管道锻钢焊接水压试验堵阀等已在超临界和超超临界火电机组中成功应用。这表明国内已完全具备为 1 000MW 火力发电机组配套主蒸汽、主给水、热再热、冷再热、凝汽系统提供关断类阀门和部分调节阀、安全阀等设计制造能力。

在阀门高端产品方面，石化、煤化工装置中的各种耐腐蚀、耐磨损、耐高温、耐低温的各种球阀、截止阀、闸阀等也已基本实现国产化，大多数产品的技术达到国际先进水平。

通用机械行业经过十年的不懈努力，承担重大技术装备的实力明显提高，取得上百项新成果，在国家重点工程中得到成功应用。

随着以沈鼓集团、陕鼓集团、杭氧集团、无锡压缩机有限公司、重庆水泵厂有限责任公司、中核苏阀科技实业股份有限公司等骨干企业为龙头的通用机械重大装备国产化基地的逐步建成，将引领我国由通用机械制造大国向制造强国迈进。

〔撰稿人：中国通用机械工业协会钱家祥〕

2011 年通用机械行业经济运行分析

2011 年，面对国际复杂多变的政治、经济形势和国内市场的新情况、新变化，通用机械行业坚持抓住科学发展这个主题和加快转变经济发展方式这条主线，全行业仍保持了快速稳定发展态势，取得了可喜的成绩。

一、行业总体情况

据统计，2011 年，通用机械行业规模以上企业 4 548 家，其中，泵及真空设备行业企业 1 116 家、风机行业企业 406 家、压缩机行业企业 388 家、阀门行业企业 1 486 家、气体分离及液化设备行业企业 395 家、其他通用设备行业企业 757 家。通用机械行业拥有资产总额 5 403.79 亿元，其中，泵及真空设备行业资产总额 1 099.22 亿元，风机行业资产总额 715.15 亿元，压缩机行业资产总额1 013.82亿元，阀门行业资产总额 1 285.3 亿元，气体分离及液化设备行业资产总额 544.49 亿元，其他通用设备行业资产总额 745.81 亿元。从业人员达 93.42 万人，其中，泵及真空设备行业从业人员 21.68 万人，风机行业从业人员 9.61 万人，压缩机行业从业人员 13.64 万人，阀门行业从业人员 29.41 万人，气体分离及液化设备行业从业人员 7.11 万人，其他通用设备行业从业人员 11.97 万人。

2011 年，通用机械行业完成工业总产值 7 195.59 亿元，同比增长 27.17%。其中，泵及真空设备行业工业总产值 1 568.03亿元，同比增长 27.75%；风机行业工业总产值 761.21 亿元，同比增长 20.06%；压缩机行业工业总产值 1 305.37亿元，同比增长 26.98%；阀门行业工业总产值 1 895.56亿元，同比增长 27.77%；气体分离及液化设备行业工业总产值 665.76 亿元，同比增长 27.83%；其他通用设备行业工业总产值999.66亿元，同比增长30.76%。

2011年，通用机械行业实现主营业务收入7 013.53亿元，同比增长27.66%。其中，泵及真空设备行业主营业务收入1 530.67亿元，同比增长28.62%；风机行业主营业务收入711.23亿元，同比增长24.29%；压缩机行业主营业务收入1 335.15亿元，同比增长28.7%；阀门行业主营业务收入1 843.68亿元，同比增长26.86%；气体分离及液化设备行业主营业务收入628亿元，同比增长25.07%；其他通用设备行业主营业务收入964.8亿元，同比增长30.58%。

2011年，通用机械行业实现利润总额531.12亿元，同比增长29.53%。其中，泵及真空设备行业利润总额123.52亿元，同比增长45.79%；风机行业利润总额50.47亿元，同比增长9.43%；压缩机行业利润总额86.11亿元，同比增长17.34%；阀门行业利润总额137.63亿元，同比增长32%；气体分离及液化设备行业利润总额53.19亿元，同比增长28.6%；其他通用设备行业利润总额80.2亿元，同比增长33.29%。

2011年，泵产量9 739万台，同比增长26.96%（其中真空泵产量739.96万台，同比增长12.6%）；风机产量1 085.27万台，同比下降9.06%（其中鼓风机产量30万台，同比增长50.77%）；压缩机产量19 250.68万台，同比增长12.59%（其中制冷设备用压缩机产量15 055.75万台，同比增长4.97%）；阀门产量595.87万t，同比增长14.5%；气体分离及液化设备产量2.72万台，同比增长4.19%；减速机产量557.9万台，同比增长21.61%。

2011年通用机械行业主要经济指标完成情况见表1。

表1 2011年通用机械行业主要经济指标完成情况

行业名称	工业总产值		工业销售产值		出口交货值	
	数值（亿元）	同比增长（%）	数值（亿元）	同比增长（%）	数值（亿元）	同比增长（%）
全行业	7 195.59	27.17	6 990.01	28.03	844.35	17.70
泵及真空设备	1 568.03	27.75	1 520.98	27.72	195.36	19.51
风机	761.21	20.06	730.81	24.55	58.36	10.34
压缩机	1 305.37	26.98	1 272.33	27.27	207.84	31.54
阀门	1 895.56	27.77	1 851.04	28.57	290.78	19.66
气体分离及液化设备	665.76	27.83	647.07	26.13	42.31	24.86
其他通用设备	999.66	30.76	967.78	32.65	49.70	-24.87

二、行业经济运行特点

1. 产销同步高速增长

2011年，通用机械行业完成工业总产值7 195.59亿元，同比增长27.17%，增速较上年回落3.85个百分点，较年初回落4.96个百分点。其中，泵及真空设备行业工业总产值增幅较上年回落2.44个百分点，较年初回落4.6个百分点；风机行业工业总产值增幅较上年回落4.55个百分点，较年初回落5.4个百分点；压缩机行业工业总产值增幅较上年回落10.10百分点，较年初回落9.27个百分点；阀门行业工业总产值增幅较上年回落1.81个百分点，较年初回落1.1个百分点；气体分离及液化设备行业工业总产值增幅较上年提升1.47百分点，较年初回落0.07个百分点；其他通用设备行业工业总产值增幅较上年回落6.6百分点，较年初回落9.98个百分点。从分行业情况看，阀门行业全年运行较平稳，气体分离及液化设备运行稍有波动，但全年产值增幅仍呈小幅上升态势，其他分行业产值增幅均呈回落态势。2010～2011年通用机械行业工业总产值增速走势见图1。

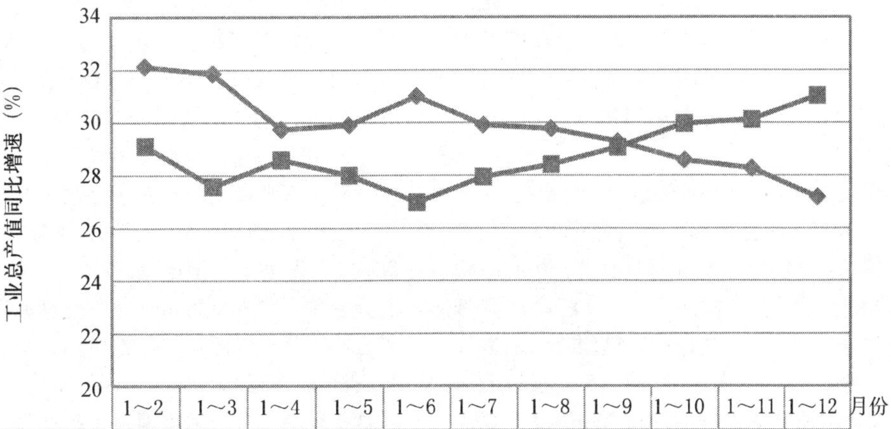

	1～2	1～3	1～4	1～5	1～6	1～7	1～8	1～9	1～10	1～11	1～12
2011年	32.12	31.85	29.73	29.89	31.00	29.90	29.76	29.28	28.57	28.26	27.17
2010年	29.10	27.57	28.58	28.00	26.97	27.94	28.40	29.06	29.95	30.11	31.02

图1 2010～2011年通用机械行业工业总产值增速走势

从图1看出,2011年,工业总产值增速全年呈现前高后低走势,主要原因是2010年同比增速呈现前低后高走势,1~6月以后同比增速逐渐提升,2010年底达到峰值。由于2011年下半年同比基数较高,造成2011年的同比增速呈现前高后低走势。

2. 进出口保持两位数增长,增速放缓

2011年,全球经济环境不确定因素很多,国际市场持续低迷,但是通用机械行业前8个月的产品出口仍保持平稳增长态势,9月开始同比增幅呈现回落态势。

2011年,通用机械行业完成出口交货值844.35亿元,同比增长17.7%,较上年回落12.7个百分点(由于受国际金融危机的影响,2009年通用机械行业出口为负增长,2010年出口为恢复性增长,全年呈前低后高态势,2010年末同比增速为高点)。另外,由于国内持续紧缩的货币政策,进口增速较年初大幅放缓,贸易顺差逐月增大。

据对62个税号的通用机械产品进出口统计,2011年,累计进口额156.3亿美元,同比增长14.68%;累计出口额171.05亿美元,同比增长21.79%。进出口顺差14.75亿美元,比上年增加10.61亿美元。

3. 经济运行质量良好,利润增长高于产销增长

2011年,通用机械行业实现主营业务收入7013.53亿元,同比增长27.66%;利润总额531.12亿元,同比增长29.53%。资本保值增值率126.85%,流动资金周转率0.52次,资产负债率53.48%,成本费用利润率8.29%。各项效益指标都保持较好的水平,企业风险控制能力增强。资产负债率呈下降趋势,主要原因是:紧缩的货币政策,企业贷款难;经济预期增速放缓,市场需求在降温,企业订货额下降,资金使用成本较高,对资金的需求有所减弱。

通用机械行业亏损企业数同比增长18.7%,亏损面5.16%;亏损额11.08亿元,同比增长15.6%。2011年通用机械行业经济效益指标完成情况见表2。

表2　2011年通用机械行业经济效益指标完成情况

行业名称	主营业务收入		利润总额		成本费用利润率		产品销售率	
	数值(亿元)	同比增长(%)	数值(亿元)	同比增长(%)	数值(%)	同比增加百分点	数值(%)	同比增加百分点
全行业	7013.53	27.66	531.12	29.53	8.29	0.11	97.14	0.66
泵及真空设备	1530.67	28.62	123.52	45.79	9.03	1.16	97.00	-0.02
风机	711.23	24.29	50.47	9.43	7.71	-1.22	96.01	3.46
压缩机	1335.15	28.70	86.11	17.34	6.94	-0.72	97.47	0.22
阀门	1843.68	26.86	137.63	32.00	8.12	0.32	97.65	0.61
气体分离及液化设备	628.00	25.07	53.19	28.60	9.27	0.20	97.19	-1.31
其他通用设备	964.80	30.58	80.20	33.29	9.20	0.19	96.81	1.38

4. 重点企业经济运行质量良好,产销增速回落

据对通用机械行业112家重点企业统计,2011年完成工业总产值687.76亿元,同比增长22.3%,其中,32家企业工业总产值同比增长20%以上,48家企业工业总产值同比增长10%~20%,22家企业工业总产值为负增长。实现主营业务收入663.05亿元,同比增长21.72%。利润总额52.02亿元,同比增长25.88%,其中,36家企业利润负增长,4家企业亏损。112家重点企业累计订货额914.25亿元,同比增长31.41%。

2011年,通用机械行业重点企业经济运行情况良好,多数企业产销及利润保持了平稳增长。沈阳鼓风机集团股份有限公司完成工业总产值110.1亿元,同比增长10.1%;实现利润总额4.81亿元,同比增长37.1%;累计订货额168.27亿元,同比增长34.7%。陕西鼓风机(集团)有限公司完成工业总产值62.5亿元,同比增长12.5%;实现利润总额8.5亿元,同比增长19.9%;累计订货额101.14亿元,同比增长22.7%。杭州制氧机集团有限公司完成工业总产值64.3亿元,同比增长46.7%;实现利润总额6.9亿元,同比增长18.9%;累计订货额151.95亿元,同比增长46.1%,并已成为国际空分设备"五强"企业之一。上海凯泉泵业(集团)有限公司完成工业总产值28.7亿元,同比增长15%;累计订货额29.49亿元,同比增长15%,每年将营业收入的5%用于研发。开山集团完成工业总产值42.3亿元,同比增长30%;实现利润总额4亿元,同比增长16.7%;累计订货额41.52亿元,同比增长27%。山东景津环保设备有限公司(原景津压滤机集团有限公司)完成工业总产值29.32亿元,同比增长26.5%;实现利润总额2.71亿元,同比增长193%;累计订货额27.19亿元,同比增长12.4%。

5. 技术进步及重大技术装备国产化取得较好成绩

近年来,通用机械行业一大批具有自主知识产权的高新技术产品实现了国产化,替代了进口。2011年,通用机械行业在重大技术装备国产化方面又取得多项标志性成绩:百万吨乙烯三机的乙烯压缩机出厂交货,实现了百万吨乙烯三机国产化的满堂红;为西气东输二线工程配套的大型天然气长输管线压缩机通过了新产品鉴定,全焊接球阀已出厂交付西气东输二线工程;百万吨PTA装置用压缩机投入运行,大型蒸汽回转干燥机通过了新产品鉴定;研制出多种核电站用泵、阀产品,多台核电站用泵、阀产品出厂交货,

使得百万千瓦压水堆核电站用泵阀国产化率达75%以上，其中，核二级、核三级泵全部实现国产化，除个别核一级、核二级阀门外，绝大部分核级阀门实现了国产化；开发出百万千瓦超超临界火电机组用锅炉给水泵；在6万m^3/h空分设备实现国产化的基础上，进一步研发掌握了特大型空分设备的成套技术，与伊朗签订两套12万m^3/h空分设备出口合同；百万千瓦超超临界火电机组用高端阀门国产化正在全面推进，从2011年起计划在3年内实现国产化率75%以上；为煤制天然气研制出国内最大的离心氨压缩机。

2011年，通用机械行业多项科研成果获得中国机械工业科学技术奖，其中，沈阳鼓风机集团股份有限公司的“大型芳烃装置用离心压缩机关键技术开发及装备研制”获得一等奖，重庆江北机械有限责任公司的“GKH1800－N卧式虹吸刮刀卸料离心机”、上海电气压缩机泵业有限公司的“国际上最大转子直径816大型螺杆压缩机研制”、西安陕鼓动力股份有限公司的“透平压缩机组及能量回收机组远程在线监测及故障诊断系统”、浙江超达阀门股份有限公司的“煤气化装置用锁渣阀的开发”、沈阳鼓风机集团股份有限公司的“大型丙烯制冷离心压缩机组”等项目获得二等奖，上海启元空分技术发展有限公司的“KDN高纯氮设备关键制造技术”、安瑞科(蚌埠)压缩机有限公司的“井口气回收系统”、大连深蓝泵业有限公司的“立式多级低温液氧泵”、兰州高压阀门有限公司的“抗高硫天然气集输工程用高压平板闸阀(含高压截止阀)”、大连大高阀门有限公司的“核一级电动无钴模块截止阀”、淄博水环真空泵厂有限公司的“智能型煤矿井下移动式瓦斯抽放泵站”、杭州兴源过滤科技股份有限公司的“全自动油脂分提隔膜压滤机”等项目获得三等奖。

6.转型升级、结构调整取得显著成效

通用机械行业经过“十一五”期间的高速发展，产能规模不断扩大，装备水平得到极大的提高，但是行业产业集中度偏低。针对产业集中度低，全行业大力推进产业结构调整和发展方式转变，加大产业兼并重组，整合资源，加快经济由粗放式发展向集约式发展的转变，提升产业技术水平，提高产业集中度，行业已进入新一轮战略发展期——转型升级。

杭州制氧机集团有限公司在发展空分设备主业的同时，向工程成套业务、气体业务、成套空分关键配套部机业务、石化低温相关产业发展。当前，公司已有22家气体工厂，累计投资总额约37亿元，建立了气体服务、气体销售网络。在空分设备主业方面，公司巩固现有技术优势，加强自主创新，提高企业的技术开发和新产品开发能力，进一步提高大型成套空分设备的技术水平和规模，积极开拓8万m^3/h等级以上空分设备，巩固杭氧品牌优势，提高精品意识，生产一流产品，着重培育企业的核心竞争力。公司根据业务发展情况，改善现有生产管理体制和生产组织方式，加强计划管理、成套管理和质量控制，增强协作，提高效率，以适应新形势、新情况和新要求。

沈阳鼓风机集团股份有限公司自主创新能力显著增强，在高端技术领域取得显著成效。仅“十一五”期间，先后完成科研攻关课题598项，其中产学研合作项目129项；获得国家专利74项，其中，发明专利16项、实用新型专利53项、软件著作权5项；获得市级以上科技成果奖励120项(是“十五”期间的1.4倍)，其中3个项目获得国家科技进步奖二等奖，4个项目获得国家重点新产品称号，3个项目获得辽宁省科技成果转化一等奖，35个项目获得省部级科技进步奖，46个项目获得省市级新产品奖。成功开发出世界领先水平的国内首件整体铣制三元闭式叶轮，成为国际上第二家掌握整体铣制加工工艺的企业之一。

陕西鼓风机(集团)有限公司推进差异化经营策略，深入、全面地进行企业内外部环境分析，着眼于满足用户的功能需求，充分研发拥有自主知识产权的主机核心技术、系统技术与关联技术，寻找并充分掌握发展的优势资源，积极推进虚拟行业与专业化配套协作体系建设；努力推进现代服务体系建设，向客户提供系统的问题解决方案，摆脱传统行业发展的旧模式，脱离同质化竞争局面，成功地开辟一条从拼体力、设备、资金走向依靠知识、智力与科技的高端发展路径。公司通过主业转型升级，逐步形成行业、总包、服务、运营四种业态并存的新型格局，占据产业价值链高端，快速缩短与国际一流竞争对手的差距，带动了整个产业链的发展。到2011年，公司研发费用投入已占主营业务收入的8.5%，其中，投资6 000多万元建设试验研究中心。“十二五”期间，公司研发投入将占主营业务收入的10%。

湖南湘电长沙水泵有限公司对已有的通用类产品中开泵进行了系列高效节能的研发，开发完成9种SG型高效中开泵，效率比同类型产品提高3个百分点以上，得到电力、石化等行业用户的好评。公司先后进行了百万千瓦级核电站常规岛循环水泵、凝结水泵、百万千瓦级核电站海水循环泵双相不锈钢叶轮、AP1000余热排出泵(核三级泵)等项目研发，且均通过了国家级鉴定。其中，百万千瓦级核电站海水循环泵双相不锈钢叶轮开发项目荣获2011年中国机械工业科学技术奖二等奖。百万千瓦级核电站海水循环泵双相不锈钢叶轮研发项目攻克了熔炼、热处理和焊补等诸多技术难点，该成果已应用于宁德核电项目。新型超级双相不锈钢CE3MN的研制及成果转化项目被列为2011年度长沙市中小企业技术创新项目。高锰铝青铜ZCuAl8Mn13Fe3Ni2材料的研制开发获得成功，零件成品率由不足10%提升至50%。该项目荣获2011年度湖南省机械(汽车)行业质量管理成果二等奖。

上海阿波罗机械股份有限公司是一家以生产工业泵为主的民营企业，本着“锐意进取，敢为人先”的理念，成为泵行业能自主设计核电站全部核三级离心泵及重要非核级泵的企业。2008年11月，公司研发的核电站重要非核级泵——混凝土蜗壳海水循环泵样机通过了国家级鉴定。2010年6月，汽动辅助给水泵样机通过了国家级鉴定。2011年2月，由公司自主研发的多级主给水泵已用于田湾核电站 1 号机的 3 号泵位。这是所有核电用泵国产化项目中进行新产品及工业性运行试验鉴定的第一个泵产品。鉴定意见认为，在百万千瓦级核电站对主给水泵进行工业运行试验，尚属首次，对推进百万千瓦级核电站常规岛主给水泵国产化具有重要意义。

2011 年 8 月，上海凯泉泵业（集团）有限公司的 660 ~ 1 000MW超超临界火电机组锅炉给水泵和前置泵通过了中国机械工业联合会组织的产品设计评审；1 000MW 核电常规岛主给水泵（含前置泵）、1 000MW/660MW 高压锅炉给水泵（含前置泵）顺利通过了产品设计评审。“黄岛国家石油储备地下水封洞库潜没油泵”项目于 2011 年 10 月通过了中国通用机械工业协会组织的设计评审；AP1000 余热排出泵于 2012 年 2 月通过了中国机械工业联合会和国家能源局组织的样机评审，产品达到国际先进水平，填补了国内空白；二代加安全壳喷淋泵、余热排出泵及低压安注泵于 2011 年 2 月通过了上海市核电办组织的上海市重大技术装备研制专项验收。另外，核电消防泵、重要厂用水泵、设备冷却水泵、凝结水泵均已设计完成，经水力模型测试性能全部合格，并已完成工程样机。上充泵和主给水泵（二代加、AP1000 两种型号）完成模型泵制作，主给水泵于 2011 年 10 月通过了中国机械工业联合会组织的技术方案评审。

中核苏阀科技实业股份有限公司根据产业转型升级的战略要求，不断探索适应企业发展的转型升级之道，从“有所为，有所不为，全面发展中高端阀门”的产品结构调整向“横向拓展、纵向延伸”的产业结构调整和“追求卓越绩效，打造领军企业，争创一流品牌”的战略目标发展，坚持产业向集聚升级、产品向高端升级、市场向多元化升级，推进了我国核电、石油及石化领域高端阀门的国产化进程，填补了多项阀门技术空白，为公司向高端阀门领域进军搭建了一个崭新的发展平台。公司先后研发了一批代表我国核电阀门最高技术水准的高端核级阀门，高新技术产品实现销售收入近 12 亿元，约占公司销售收入总额的 65%；2011 年，公司获得专利 20 余项，并获得苏州市首届市长质量奖。

大连大高阀门股份有限公司经过多年的技术研发，有效集成多种跨学科技术，在核电、石油化工、火电、军工等领域积累了丰富的经验。公司拥有行业领先的系统设计能力，通过自主创新形成了具有市场竞争优势的产品。在核电领域，公司自主研发设计生产的核一级电动中间引漏截止阀、核一级旋启式止回阀、核一级高温高压波纹管仪表阀、核一级大口径主给水止回阀、核一级大口径全流通高 *Cv* 值锻钢止回阀以及 AP1000 爆破阀和主蒸汽隔离阀等一系列高端产品，实现了核电站核岛阀门关键设备的国产化，全面替代了进口产品，打破了国外领先企业对国内的技术垄断。在石油化工领域，公司经过近年来的探索和积累，依靠科技创新，认真组织，积极攻关，在不到一年的时间里，完成了高压石化加氢阀门的研制工作。经过鉴定试验，产品可满足高温、高压、临氢三个恶劣工况的使用要求。在 2011 年中石化的全部 7 套加氢装置工程中，所用的锻造阀门全部采用公司的新研制产品，有力地保证了中石化重点工程的进程。在火电机组领域，通过技术攻关，自主研发了超（超）临界火电机组关键阀门，公司研制的主蒸汽管道疏水阀、二级过热器电动疏水阀、抽汽逆止阀、高排逆止阀、液动高加三通阀（入口/出口）、电动高加入口三通阀等样机在超（超）临界火电机组关键阀门国产化样机鉴定会上通过了鉴定。鉴定委员会一致认为，公司样机产品结构设计合理，符合研发技术规范的要求，填补了国内空白，其主要技术性能指标达到同类产品的国内领先、国际同等水平。当前，这些系列高端阀门产品正在大批量招投标过程中，计划为合川电厂、南通电厂大批量供货。

2011 年，山东景津环保设备有限公司研发出世界上最大的节能高效压滤机专用滤板——3200 型聚丙烯高压隔膜滤板，公司成为全球首家拥有此项技术的企业。装配该滤板的节能高效压滤机，日单机处理尾矿能力可达到 1 500t，在澳大利亚、墨西哥以及南美洲等国际市场竞争中，其单机日处理量是最大的。公司以节能环保为理念，不断拓展压滤机的应用领域。公司研发的用于染料行业的压滤机节水效果显著，由行业标准的每吨染料耗水 75t 下降到 40t，一年可为全球减少上亿吨的废水排放。公司研发的用于造纸行业的高压环保压滤机把造纸污泥水分降低到 40% 以内，真正实现了把污泥变成资源。公司研发的用于市政污泥处理的压滤机，在不添加任何填充物的情况下，可使污泥含水率下降到 55% 以内（2011 年 7 月 1 日，国家环保部重新出台标准，要求含水率 60% 以下）。该产品在无锡国联（锡山、新城）、中科国通（泸村污水）等污水处理厂均得到良好应用，真正实现了污泥的无害化、减量化和资源化利用。

三、行业发展中存在的主要问题

（1）组织生产难度加大。合同签订后，由于客户资金紧张，没交预付款时，无法安排生产，生产任务不足；一旦预付款付后，生产周期就很紧，又难以保证按时供货。

（2）紧缩的货币政策加剧了企业资金紧缺。企业贷款难、贷款利息高，利息支出 49.7 亿元，同比增长45.02%，利息支出占行业利润总额的 10.3%，严重压缩了企业利润空间。

（3）生产能力远远过剩，恶性竞争进一步加剧。

（4）企业生产经营环境不和谐，生产成本快速上升，燃料、动力、原材料价格购进指数高于通用机械产品出厂价格指数 6 ~ 8 个百分点，严重影响了企业生存和再发展投入的积极性。

（5）市场仍然不容乐观。新项目、大项目还是比较少，2012 年可能会有部分企业任务不饱满。

四、2012 年通用机械行业发展形势预测

1. 产销会持续增长，增幅会有所下降

通用机械产品在多数成套装置中属于大量配套产品，改革开放 30 多年来很多成套装置已到改造升级期，改造升级会给通用机械产品增添较大市场需求。绝大多数通用机械产品属于量大面广且直接耗能的产品，开发制造节能减排环保型产品，将带动通用机械的发展。国内市场每年还进口100多亿美元的通用机械产品，其中多数属于重大高新技术设备，所以继续有力推进重大技术装备国产化、替代进口，将有力地促进通用机械行业发展。但由于国内用户产能或过剩或新增需求不大，以及国际市场的继续低迷，2012年通用机械行业的产销同比增幅将有所下降，预计增幅将为15% ~20%。

2. 恶性竞争加剧，两极分化拉大，效益增幅下降

经过"十五"、"十一五"的建设，通用机械的产能尤其是量大面广同质化的通用型产品产能远远过剩，加之国内市场收紧，恶性竞争加剧。面对国际市场萎缩，一些出口企业转回国内市场；国外企业也将通用型产品瞄准中国市场，进一步加剧了恶性竞争；恶性竞争致使产品售价下降，物价上涨又增高成本，挤兑效益空间，效益增幅预测在15%以下。

〔撰稿人：中国通用机械工业协会李多英〕

《中国通用机械工业年鉴》

创刊10周年

2002～2012年

创刊十周年 续写新篇章

2012年，《中国通用机械工业年鉴》（简称《年鉴》）喜迎创刊10周年。十年来，《年鉴》伴随着我国通用机械行业的发展走过了10个春秋，真实地见证了我国通用机械行业取得的成就和企业发展壮大的过程，搭建了生产企业与用户之间的购销桥梁。

《年鉴》作为记录通用机械行业发展史的载体，客观、公正地记载了通用机械行业的发展情况，成为政府部门和企业决策者了解通用机械行业信息的重要窗口。十年来，《年鉴》紧跟市场步伐，捕捉行业热点，在内容和版式上不断创新。自2008年起，《年鉴》设置"产品与项目"栏目，公布通用机械行业名牌产品及获奖项目，推荐行业企业的新产品和节能产品。自2009年至今，《年鉴》先后推出了"企业高端访谈"、"走进企业"、"特别关注"、"核电产品之窗"和"人物访谈"等栏目，及时报道企业成功经营、自主创新的案例，介绍通用机械产品研发情况，展现优秀企业领导的风采。让读者在了解行业发展情况的同时，及时了解企业的发展动态。

十年来，《年鉴》以其客观性、准确性、完整性和系统性赢得了业内外人士的认可，成为通用机械行业最具权威性、指导性的信息工具书。今后，《年鉴》将一如既往地为通用机械行业企业和用户搭建好信息交流的平台，更好地为通用机械行业服务；加大内容创新力度，为广大读者提供更加丰富的内容！

行业领导题词

中国通用机械工业协会会长　隋永滨

全面反映通用机械行业发展的百科全书，真实传播行业国内外信息的权威媒体，有效服务于政府、行业、企业的桥梁。

隋永滨

二〇一二年九月

国家能源局能源节约和科技装备司副司长　黄鹏

展通用机械行业十年成长路
承国家装备工业辉煌腾飞史

黄鹏
二〇一二年九月

行业领导题词

中国通用机械工业协会副会长兼秘书长　张雨豹

记行业发展历程
载振兴行业华章

张雨豹
2012年9月

磨砺十年见证行业进步，
真诚携手助力企业成功！

苏永强

中国通用机械工业协会副会长、中国通用机械工业协会风机分会理事长、沈阳鼓风机集团股份有限公司董事长　苏永强

记录行业历史
总结行业经验
增进行业交流

印建安

中国通用机械工业协会副会长、中国通用机械工业协会能量回收装备分会理事长、陕西鼓风机（集团）有限公司董事长　印建安

行业领导题词

记载十年辉煌
再展强大宏图

郭庆白

中国通用机械工业协会副会长、中国通用机械工业协会泵业分会理事长、石家庄强大泵业集团有限责任公司董事长 郭庆白

年鉴十年树品牌
通机行业谱新篇

张宗列

中国通用机械工业协会副会长、中国通用机械工业协会阀门分会常务副理事长、中核苏阀科技实业股份有限公司总经理 张宗列

行业领导题词

鉴证行业历史
促进行业发展

蒋明

中国通用机械工业协会副会长、中国通用机械工业协会气体分离设备分会理事长、杭州制氧机集团有限公司董事长　蒋明

十年功绩十年鉴
携手同行谱华章

康毅庆

中国通用机械工业协会副会长、中国通用机械工业协会压缩机分会常务副理事长、北京京城环保产业发展有限责任公司总经理康毅庆

《中国通用机械工业年鉴》

特别支持单位题词

行业发展的足迹
未来事业的借鉴
贺《中国通用机械工业年鉴》创刊十周年
蔡精毅

上海鼓风机厂有限公司总经理 蔡精毅

十年耕耘，成绩斐然。
墨香飘荡，见证辉煌。
刘润山

长沙鼓风机厂有限责任公司董事长 刘润山

坚持自主创新
铸就民族品牌
刘伟军

扬州电力设备修造厂厂长 刘伟军

扬行业风采．铸企业辉煌

乔廷安

大耐泵业有限公司董事长兼总经理　乔廷安

加强交流合作

促进行业大发展

石永锋

耐驰（兰州）泵业有限公司市场部经理　石永锋

十年磨劍　見証行業輝煌

張錫淼

上海连成（集团）有限公司总裁　张锡淼

《中国通用机械工业年鉴》

特别支持单位题词

记载通用行业十年辉煌
开拓仲统行业发展创新
李仲光

上海耐莱斯·詹姆斯伯雷阀门有限公司总经理　李仲光

记载行业十年辉煌
再展百年宏图
李波

上海科科阀门集团有限公司总经理　李波

十年承载辉煌
未来续写华章
贺通机年鉴创刊十周年
李勇

沈阳盛世高中压阀门有限公司总经理　李勇

《中国通用机械工业年鉴》

特别支持单位题词

辉煌的回忆

四川空分设备（集团）有限责任公司董事长兼总经理　单金铭

十年辛勤耕耘

鉴证行业发展

汤炎

浙江开山压缩机股份有限公司总经理　汤炎

合作共赢

和谐发展

周立武

杭州兴源过滤科技股份有限公司董事长　周立武

专文

介绍泵行业技术发展情况、永嘉泵阀产业发展情况，分析工艺压缩机市场发展趋势

Introduction to the technical development of pump industry and to the development of Yongjia pump and valve industry, analysis on the market development trend of process compressors

专文

水泵制造业技术发展概述

一、近几年我国水泵制造业发展回顾

1. 泵制造企业通过搬迁、重组和技术改造，不断加大资本投入，为企业快速发展奠定了物质基础

近几年，中国通用机械工业协会泵业分会会员单位中有20%左右的企业进行了整体搬迁或技术改造。通过整体搬迁或技术改造，购置先进加工设备、检测设备，新建或扩建试验回路，提高了泵制造企业的装备水平，为企业的技术发展奠定了物质基础。

沈鼓集团核电泵业有限公司根据核电用泵的特点和要求，利用近三年时间，投资8.5亿元打造世界一流的核泵生产制造基地，建成了2.4万m^2的机加工车间，配置了意大利制造的6m立式车铣中心，ϕ200mm、ϕ160mm、ϕ130mm镗铣加工中心，五轴加工中心；德国制造的2.65m立式车铣加工中心、重型卧式车铣加工中心以及大型龙门式三坐标测量仪等先进加工和检测设备。建造了第三代核技术的AP1000主泵试验台、二代改进技术的主泵试验台和核二级/三级泵试验台等大型试验台位，能够进行核主泵冷、热态试验，核二级/三级泵冷、热态及热冲击试验。

大耐泵业有限公司在大连市政府的支持下，投资2亿元在大连“双D港”建设总占地面积15万m^2的泵业园区，大耐泵业及5家合资企业迁入园区。该泵业园区集现代化的装备和建筑于一体，拥有全新的厂房、先进的数控加工设备、试泵站和铸造车间等。

上海凯泉泵业（集团）有限公司是集设计、生产、销售泵、给水设备及泵用控制产品的大型综合性集团公司，总资产达25亿元，在上海、浙江、河北、辽宁、安徽等地拥有9家企业、5个工业园区，总占地面积近67万m^2，生产用建筑面积近35万m^2。近两年，在巩固现有产品的基础上，积极拓展新的领域。为了开发火电、核电用泵，公司投资约4亿元建设了重型装配车间，建成核二级泵冷、热冲击及性能试验台。同时，为了满足核电用泵、火电用泵的高精度加工要求，公司从国外进口了大量先进的加工装备，如Profimill400/100-T六轴五联动龙门镗铣加工中心、九轴五联动落地镗铣加工中心、AC46TM-4000重型高精立式车铣加工中心、TRT314HS六轴五联动加工中心、2.5m重型高精立式车铣中心等。这些先进的加工装备将全面提升凯泉集团的加工制造能力和加工制造水平，将保障核电、火电用泵的加工质量。

浙江利欧股份有限公司主要以民用水泵为主导产品，产品涵盖家用泵、楼宇用泵、花园泵、暖通用泵和排污泵五大主要行业。从2011年开始，利欧股份在行业内掀起一股并购之风。2011年2月，利欧股份以2.98亿元收购天鹅泵业100%的股权，正式进入电力用泵市场。12月，利欧股份收购无锡市锡泵58%的股权，锡泵成为利欧股份的控股子公司，利欧股份以此进入水利水务用泵市场。2012年2月，利欧股份收购大连华能耐酸泵厂100%的股权，公司正式进入石化泵市场。此外，公司在湘潭投资5亿元建立工业泵生产基地，以大型立式斜流泵、轴流泵、中开双吸离心泵、多级离心泵、渣浆泵、脱硫泵、耐腐蚀化工泵及铝业工艺流程泵为主导产品，产品线涵盖20多个产品系列。

襄樊五二五泵业有限公司是中国兵器集团下属公司，主要从事耐磨特种工业泵及特种钢铸件的研发、制造和销售，是我国特种泵的主要生产企业之一，也是国内率先开发燃煤电厂烟气脱硫专业泵的生产厂家之一。产品主要应用于磷化工、火电、石油化工、采矿冶金及核工业等行业。2009年，公司征地3.6万m^2(54亩)，建成泵装配及测试厂房、科研楼等建筑，新增工艺设备101台(套)，形成年12 000台泵的机加、装配、试验能力，项目总投资合计34 571万元。2011年，公司又征地38.1万m^2(572亩)建设新项目，项目投资6亿元，总建筑面积达135 258m^2，于2012年4月开工，预计2014年完工投产。项目包括新建加工厂房、装配测试厂房、铸造厂房等设施，新增主要工艺设备286台(套)，其中，研发中心设备12台(套)、铸造生产设备142台(套)、加工生产设备54台(套)、装配测试设备78台(套)，可形成年产8 600台渣浆泵、石化用泵和核二级/三级泵的生产能力，企业年销售收入将增加10亿元。

除此之外，湖南湘电长沙水泵有限公司、上海阿波罗机械股份有限公司、重庆水泵厂有限责任公司、中国有色(沈阳)泵业有限公司、山东双轮股份有限公司、山东长志泵业有限公司等许多泵制造厂都进行了搬迁或技术改造，提高了技术装备水平，为企业快速发展奠定了物质基础。通过企业的搬迁和技术改造，当前许多泵制造企业的装备已经超越国外知名泵类生产企业的装备水平，为下一步技术创新、企业做大做强提供了物质保证。

伴随民营泵制造企业的不断壮大，泵行业重组、并购可能成为下一阶段许多民营企业做大做强的一个方向。

2. 新产品不断涌现

在中央提出“建设创新型国家”的方针指导下，泵制造企业根据自身的特点，在国家重大装备项目需求的带动下，坚持产、学、研、用相结合的发展道路，自主研发一系列新产品，填补了国内重大项目用泵的空白，为国民经济发展做出了贡献。

(1)火力发电用泵发展状况。近几年,由于发电设备企业的制造技术水平不断提高,再加上国家节能减排的要求,火电机组单机容量在不断扩大,由20世纪80年代的单机容量200MW机组,发展为90年代的单机容量300MW机组,又发展成为单机容量600MW亚临界机组。从2002年华能沁北电厂第一台国产超临界600MW机组开始,经过近10年时间,600MW超临界或超超临界机组现已经成为火力发电主导机组。据统计,当前国内600MW超临界或超超临界机组有300多台,1 000MW超超临界机组已达到44台。在2008年以前,超临界机组锅炉给水泵芯包全部为进口芯包,国内泵制造企业只生产泵外筒体。2008年以后,在借鉴国外技术的基础上,通过自主创新,国内泵制造企业已经能够生产600MW超临界机组给水泵芯包,现正在许多电厂运行。当前,国内350MW超临界机组锅炉给水泵芯包已全部实现国产化,600MW超临界机组中50%左右采用国产芯包,并且国产化率以每年10%以上的速度在增加。国内1 000MW超超临界火电机组锅炉给水泵芯包尚全部采用进口产品。

上海电力修造总厂有限公司经过两年多时间的自主研发,通过水力模型设计计算、泵体结构强度校核及重点关键技术攻关,自主研制的首台给水泵样机已经完成试制及性能试验。其技术参数和性能指标经性能试验检测,均已达到世界先进水平。在不久的将来,1 000MW超超临界火电机组锅炉给水泵一定会用上国产芯包。

(2)核电用泵发展状况。经国家环保部公示,当前有资质生产核级泵的企业共有16家。在国家核电用泵国产化政策的推动下,经过近几年研发,二代改进技术所用核二级泵、核三级泵已全部研发完成,并通过了国家相关部门鉴定。国内生产的核二级泵、核三级泵均有依托项目。安全壳喷淋泵、低压安注泵、上充泵、设备冷却水泵、重要厂用水泵、常规岛蜗壳式海水循环泵以及凝结水泵均已批量生产。

沈鼓集团核电泵业有限公司经过4年的时间,先后研制成功核二级安全壳喷淋泵、余热排出泵、电动辅助给水泵、低压安注泵、上充泵和核三级设备冷却水泵、重要厂用水泵,其中,为百万千瓦核电机组生产的低压安注泵、安全壳喷淋泵已于2011年年初发往现场。当前,除上充泵、常规岛主给水泵没有订单外,所研制的核二级泵、核三级泵均有合同订单。

重庆水泵厂有限责任公司经过5年多的时间,先后研制成功用于百万千瓦级压水堆核电站的水压试验泵和上充泵样机,并通过了专家鉴定。从2011年开始,上充泵相继在阳江、田湾核电项目获得订单,当前该公司已批量生产上充泵,结束了上充泵产品被国外公司垄断的历史。该公司也是国内唯一同时获得容积泵和离心泵核二级设计、制造资格的厂家。

上海电力修造总厂有限公司研制成功我国首台AP1000核电站常规岛给水泵组前置泵,并于2008年与国外公司合作获得海阳核电厂主给水泵组的成套供货,其中给水泵前置泵由公司独立生产。公司于2010年12月获得巴基斯坦恰希玛300MW核电厂工程C3/C4号机组常规岛主给水泵合同,现已安装运行。为恰希玛核电厂提供的主给水泵组研制成功并批量生产,结束了核电厂常规岛主给水泵组一直依赖进口的局面,对百万千瓦核电厂常规岛主给水泵研制打下了基础。

上海阿波罗机械股份有限公司是国内常规岛循环水泵主要生产厂家,国内第一台百万千瓦核电常规岛混凝土蜗壳海水循环泵是由该公司生产的,并于2011年6月发往福清核电厂,现该公司海水循环泵已批量生产。除此之外,经过近两年研发攻关,公司的核电站汽动辅助给水泵、重要厂用水泵、设备冷却水泵、乏燃料水池冷却泵、硼酸输送泵、化学添加剂混合泵、循环水过滤系统反冲洗泵及常规岛凝结水泵相继通过了国家能源局的鉴定。

湖南湘电长沙水泵有限公司生产的常规岛海水循环泵样机于2010年2月通过了国家鉴定,现已批量生产。2012年2月,公司研制的第三代核技术AP1000余热排出泵(核三级泵)的样机通过了鉴定。余热排出泵的通过鉴定,标志着我国首台AP1000余热排出泵(核三级泵)研制获得成功,为实现我国AP1000余热排出泵的国产化做出了巨大贡献,为下一步CAP1400核电站余热排出泵的国产化奠定了基础。

上海凯泉泵业(集团)有限公司早在2010年就建成核二级泵冷、热态性能试验台,并顺利通过了功能评审验收。2010年11月,公司研制的HGA75-8型核二级高压安注泵获得了巴基斯坦恰希玛项目C3/C4号机组的订货合同。2011年8月,公司的百万千瓦核电机组常规岛主给水泵(含前置泵)和1 000MW/660MW超超临界火电机组高压锅炉给水泵(含前置泵)设计方案通过了由中国机械工业联合会组织的专家评审。2011年10月,用于百万千瓦核电机组的上充泵和主给水泵(二代加、AP1000两种型号)完成模型泵制作。2012年2月,国家能源局委托中国机械工业联合会组织相关专家见证RNS150-560型第三代核技术AP1000余热排出泵样机的热态试验,并通过了鉴定。当前,公司为百万千瓦级(二代改进型)核电站配套的安全壳喷淋泵、余热排出泵、消防泵、重要厂用水泵、设备冷却水泵(单吸、双吸两种)、常规岛凝结水泵已完成样机试制,低压安注泵也完成模型试验。

大连深蓝泵业有限公司在2009年被确定为我国首台(套)第三代核技术EPR广东台山核电站设备冷却水泵供货单位,设备冷却水泵现已交货。该泵为台山EPR唯一国产核三级泵。2011年5月,公司研制的核二级余热排出泵、安全壳喷淋泵、低压安注泵的样机通过了国家级鉴定。

除此之外,大耐泵业有限公司也是国内较早进入核电泵领域的厂家之一,山东长志泵业有限公司为巴基斯坦恰希玛项目C3/C4号机组提供了多种非核级泵类产品。

(3)石油化工用泵发展状况。自20世纪80年代我国引进“德士古”法煤制气工艺以来,固液两相流输送用泵一直为国外公司所垄断，价格很高。中国有色(沈阳)泵业有限公司坚持产、学、研相结合的发展道路，经多年研究，自主创新，开发成功大流量、高压力的第三代双缸双作用、三缸单作用系列隔膜泵。当前，隔膜泵已经成为煤化工成套装置中的核心设备之一。除此之外，隔膜泵还广泛应用于氧化铝、矿山、磷化工等行业，长距离水煤浆管道输送也需要大量隔膜泵。中国有色(沈阳)泵业公司生产的高压隔膜泵已大量替代进口产品，为国家节约大量外汇。

大连深蓝泵业有限公司经过近20多年的发展，已成为国内最大的化工流程泵制造商之一。作为国内民族品牌泵制造企业，大连深蓝泵业有限公司通过多年技术创新、自主研发，研制了多种石化装置用泵，填补了国内空白。公司是中石油、中石化及中海油的A类产品主力供应商。近几年，为千万吨级炼油厂提供数百台技术含量较高的石油化工流程泵，为国内首套100万t/a乙烯提供许多低温泵。公司产品广泛应用于化工行业，尤其是在煤化工行业有较高的知名度，不仅得到了国内市场的认可，还为巴基斯坦、越南、缅甸等国的多套煤头、气头化工装置提供了优质的产品和服务。该公司是煤化工装置用泵国内第一的民族品牌、领军企业。

大连深蓝泵业有限公司从2006年开始研制低温液体泵，经过5年的时间，已完成低温液体泵的技术储备工作，完全具备为10万m^3/h以下空分装置配套的实力。2011年5月，中国机械工业联合会在大连组织召开大连深蓝泵业有限公司和山东华鲁恒升化工股份有限公司联合研制的立式多级低温液氧泵鉴定会，产品通过了鉴定。该公司研制的低温液体泵在石化及煤化工项目上已取得许多应用业绩，除了为客户提供整机的配套外，还承接低温液体泵的维修服务。除此之外，大化肥装置用的高压甲铵泵、液氨泵、重油加氢高温/高压液力透平及百万吨乙烯装置用急冷水泵、急冷油泵都已研制成功，现已批量生产。

襄樊五二五泵业是我国主要的特种泵制造企业，近两年，研制了30万t/a磷酸装置用LHZ1500立式轴流泵和1 000MW火电机组烟气脱硫用LC900/1150循环泵，产品均替代了进口产品。当前，公司的磷化工用泵市场占有率70%左右，烟气脱硫泵市场占有率40%左右。

沈阳工业泵制造有限公司与中石化洛阳工程公司共同研发的用于加氢装置中循环加氢液相循环油泵，提高了汽油、柴油纯度，替代了进口产品。

除此之外，山东双轮股份有限公司研发的半贫甲醇泵、高温高压离心泵也在煤化工项目上替代了进口产品；博山科技股份有限公司生产的SN系列泵被评为山东省科技创新产品。

虽然近几年石油化工装置用泵取得较大的发展，80%以上石油化工装置用泵国内能够生产，但是，我国许多泵类产品还远远满足不了石化行业快速发展的需求，大量石化泵仍依赖国外进口。石油炼化装置用大功率磁力泵、屏蔽泵，减压塔底、加氢装置大功率高压液力透平、高速切线泵都需要进口。液化天然气(LNG)输送等装置用的低温泵超低温泵100%依赖进口，主要原因是国内材料满足不了低温要求。油气混输装置用的多相泵90%以上为进口产品，煤化工装置中的高压水煤浆输送用的隔膜泵80%以上为进口产品。石油化工装置用泵已经成为我国重大装备制造项目国产化的重点，也是下一步泵制造企业重点发展方向之一。

二、泵行业技术创新和发展中存在的问题

尽管这几年我国许多泵制造企业取得了长足发展，但是行业发展过程中的许多问题还没有得到根本解决，这些问题将成为制约我国泵制造业快速发展的瓶颈。

1. 行业发展不平衡，结构性矛盾突出，同质化现象严重

泵作为通用机械，具有量大面广的特点。当前，全国发电量的20%～25%用于驱动各种水泵。由于水泵种类繁多，各企业情况参差不齐。初步统计，全国各种水泵制造企业近万家，人数多则几千人，少则几十人，甚至几个人。国家统计局统计资料显示，主营业务收入在500万元的泵制造企业近3 000多家，其中主营业务收入在2 000万元以上的泵制造企业有1 100多家。在1 100多家企业中，生产清水泵(用于城市供水、高楼给水、污水处理、农业排灌)的厂家，占整个泵生产厂家的80%左右。生产石化用泵的企业有200多家，其中，能够生产1 000万t/a或以上主要炼油装置中的油浆泵、加氢泵、除焦泵的厂家不超过10家。生产电站(含小火电机组)用泵的有100多家，其中，能够生产300MW火电机组以上锅炉给水泵的厂家只有6家；能够生产核电用泵(核二级、核三级)的只有十几家，而能够生产核主泵的厂家当前国内只有4家。据相关专家统计，2004～2009年，水泵行业销售收入集中度由2004年的24.5%下降到19.5%；水泵行业资产集中度由23%下降到18.3%，水泵行业利润集中度由41.7%下降到25.2%。集中度的下降，说明重复制造、重复建设、同质化现象非常严重，从而加剧了行业内企业的恶性竞争，拉低了行业内企业的盈利能力，与此相反，许多装置上的高技术含量泵类产品则需要大量进口。

2. 技术人才缺乏，可持续发展受阻

在20世纪80年代之前，我国没有大规模引进国外技术，行业技术和产品开发主要依靠泵行业主导厂和相对独立的研究所做技术支撑。在这个时期，泵行业自主开发了许多新产品，培养了一大批优秀的技术人才。从80年代后期开始，我国大规模引进国外技术。如沈阳水泵厂引进了德国KSB锅炉给水泵制造技术、日本荏原公司立式斜流泵制造技术、美国BJ公司化工流程泵制造技术、英国M+P公司海上油田泵制造技术，大耐泵业有限公司引进了苏尔寿化工泵生产技术。技术的引进推动了我国泵行业的技术发展，也使许多企业逐渐走上了以转化国外技术为主的技术发展道路。国家虽然提出了“引进、消化、吸收、创新”的发展方针，但在实际执行过程中却是引进的多，真正消化吸收的少，并且放弃了自我创新。缺乏自主创新，大量依靠引

进，对技术人才培养和发展十分不利，技术创新、技术领军人才十分短缺。特别是国家职能机构改革之后，行业研究所划归企业管理，不再承担行业服务职能，再加上科研经费缺乏，人才严重流失，研究所的研发创新能力已大幅削弱，行业可持续发展受阻。

3. 科研经费投入不足，基础研究严重滞后

泵的设计仍然是以半理论半经验的方法为主，因此，经验的积累显得尤为重要。由于科研经费投入不足，许多泵生产企业不设专门的研发机构，缺乏原始创新，水力模型设计、泵结构设计、材料选择等方面只停留在相互测绘仿制、消化吸收类比国外水泵产品，基础研发严重滞后。国家要求科研经费的投入至少要达到销售额的3% ~5%。当前，每年科研经费投入能够达到销售额3%的只有很少的几家。绝大部分泵制造企业是中、小型企业甚至微型企业，由于各种原因，有些企业连基本的技术人员都很缺乏，根本谈不上产品开发，更谈不上自主创新。

4. 国家对泵类产品进口无序管理，在客观上造成许多企业创新能力下降

国内许多泵制造企业已经研发出能够替代进口的产品，并通过了国家相关部门的鉴定，但由于体制、机制原因，许多泵的用户根本不用国产泵产品。许多国内能够生产的泵类产品仍在大量进口，这对泵制造业的发展十分不利。

三、我国水泵制造业的技术创新和发展方向

（1）建立一个统一为泵行业服务的研究机构，统筹规划行业布局，避免重复、盲目建设，加速产品升级换代。在国家重大装备项目带动下，泵制造企业已经进入快速发展阶段。据相关专家统计，每年泵制造企业产值已达1 000亿元左右，而据Mcllvaine国际咨询分析，全世界2011年泵的需求量为380亿美元，我国市场泵类产品销售额已占全球市场的40%以上。面对如此巨大的市场需求，以及上万家水泵制造厂家，竟然没有一个可为行业提供技术服务的专门研究机构。建立一个为整个泵行业服务特别是为中、小企业服务的研究机构势在必行。

（2）加大泵行业人才培养，建立一支集一流水泵设计、创新技术开发的人才队伍。建立完善人才激励机制，是促进技术创新的原动力。应大力加强科技人员队伍建设，大胆启用年轻人到重要技术岗位任职，并通过科技研究和技术攻关，锻炼和提高队伍的科技研发和创新能力。其次，应设立优秀科技成果奖励制度，对获得国家、省、部级科技进步奖的项目应给予奖励。另外，应该为科技人员提供良好的工作、生活环境，制定科技管理、收入分配、职称晋升、住房分配、人才培养等一系列配套政策，充分调动科技人员的积极性和创造性。

（3）加快以企业为主体的技术创新体系建设。技术创新是一个由创新构思的形成、开发设计、中间试验直至生产销售管理等环节组成的连续过程。它要求企业必须按技术创新的目标建立既能充分发挥各部门功能，又能实现整体协调、相互促进的快捷、高效运行机制，以及最佳配置企业资源、最大限度激励全体员工创新积极性、能动性的管理方式。所以，创新的机制和管理是企业能否实现技术创新的关键，是企业技术创新的灵魂。

（4）加强企业技术研发投入，坚持产、学、研、用相结合，及时把创新成果转化为现实生产力。针对水泵制造企业90%以上规模小、自有资金有限、无力做大突破性开发项目等特点，政府应鼓励企业合作、合并与兼并，不断提高企业的科研开发规模。一方面，要组织同行业企业通过多种形式扩大合作规模、多方合作搞技术创新；另一方面，坚持产、学、研、用相结合的创新道路，积极鼓励高校、科研院所等以技术入股的形式与企业联合开发应用新技术，充分发挥各自在人才、设备和资金上的优势，以提高科研与开发的规模和力度。

（5）大力加强知识产权保护是自主创新的一个重要前提。一个企业的创新技术成果如果迅速被别人抄袭和复制，创新的精神就会被打击，创新的热情将会被抑制。因此，必须通过法制和经济手段加大对侵犯知识产权的打击力度，加大培养全民保护知识产权意识，引导企业提高运用、管理和保护知识产权的能力，真正建立一个行之有效的知识产权保护机制。

在我国国民经济快速发展的带动下，水泵制造业在“十一五”期间取得了跨越式发展，“十二五”乃至“十三五”期间，仍然是我国水泵制造业发展的黄金时期。为此，要充分认识自主创新对企业发展的重要性、紧迫性，坚持以科学发展观为指导，以技术创新为依托，以参与国际竞争为目标，夯实基础，真抓实干，推动我国水泵制造业再上一个新台阶。

〔撰稿人：中国通用机械工业协会泵业分会李树斌〕

工艺气用螺杆压缩机市场发展趋势

一、行业发展概述

自20世纪70年代，我国石油化工工业大发展之后，逐步开发了一批为石油化工装置配套的专用压缩机，如大化肥装置专用压缩机、乙烯装置用“三机”以及特殊稀有气体压缩机等。这些压缩机通常对材料、密封、工艺的适应性有特殊的要求。

在国内压缩机行业稳步发展的基础上，国内螺杆压缩机无论是研发设计能力还是生产制造水平都在逐步提高，下游应用领域也日渐广泛，各个应用领域对压缩机的特殊化、专业化和个性化需求也日渐突出。在行业技术手段不断更新的驱动下，螺杆压缩机行业在拓展传统应用领域基础上，其产品也逐步由应用于对工作介质清洁度要求较高的传统领域向对工作介质清洁度要求相对较低的领域发展，逐步从最初的用于煤气压缩扩展到石油、天然气、化工、化肥、制碱等石化行业的特殊气体压缩，并进一步向制药、稀有气体分离等行业拓展。该行业已逐步形成具有独具特色、差异化的"专、特、精、新"等工艺气用螺杆压缩机行业。

工艺气用螺杆压缩机作为工艺压缩机的一个重要组成部分，近年来，在强劲需求的推动下，持续保持了快速发展态势。尤其是伴随国外先进制造技术和国外先进设备的引进以及与国外先进管理理念的融合，大幅提升了国内企业自身的研发及生产技术创新能力，不断开发出高附加值、利用新能源以及节能减排的新产品。工艺气用螺杆压缩机同传统工艺气用压缩机相比，具有易损件少、运转周期长、耐液、耐粉尘、耐焦油、输气量大、体积小、基础简单、安装方便、适用多种场合、控制调节方便等优点。随着人们对工艺气用螺杆压缩机特点认识的不断加深，再加上该产品国内市场价格日趋平民化，工艺气用螺杆压缩机取代其他工艺压缩机(活塞式或离心式工艺压缩机)的趋势日渐明朗。特别是在全球提倡"节能环保"和我国推行"低碳经济"的背景下，采用高效节能的工艺气用螺杆机替代其他类型工艺压缩机成为发展趋势。在能源紧缺、国家日益重视可用资源的情况下，迫切需要开发一些特殊工艺气体用新型螺杆压缩机。

当前，国家已将煤层气、天然气的采集、液化运输，石油伴生气、火炬气、石化尾气的回收利用纳入重点投资建设项目，这对工艺气用螺杆压缩机的需求将迅速增加。因此，具备经济高效、节能环保优势的工艺气用螺杆压缩机将迎来良好的发展机遇，尤其是在煤层气的抽采、增压液化及输送过程，以及石油伴生气、火炬气和石化尾气等可燃资源的回收利用领域，工艺气用螺杆压缩机将充分突显其性能的优越性和地位的重要性。

二、行业发展机遇

1. 压缩机行业的结构调整促进了工艺气用螺杆压缩机的快速发展

根据《中国通用机械工业年鉴》的统计数据(仅限于中国通用机械工业协会压缩机分会会员单位)显示，近年来，国内压缩机行业发展迅速，行业产值稳步增长，年均增长率超过14%，但产品产量却逐年下降，年均降幅超过20%。可见，压缩机行业正在加快产品结构调整步伐，逐步由传统的小排气量压缩机向大排气量方向发展，由中低端产品向高技术含量、高附加值的产品方向发展。尤其在2008年以前，螺杆压缩机和工艺压缩机等高附加值产品的产量年均增长速度都保持在20%以上，拉动了压缩机行业单台产品均价的迅速提升，推动了行业产值的稳步增长。在石油、化工、煤层气、天然气、制药以及其他稀有气体分离等行业对压缩机市场需求日渐旺盛的情况下，国内工艺气用压缩机的产量和销量将持续稳步增长，这为工艺气用螺杆压缩机行业的快速发展创造了有利条件。

2. 工艺气用螺杆压缩机的专业化定制生产模式为产品的应用提供了质量保证

应用工艺气用螺杆压缩机时，需要考虑工艺气体的特殊化学性质和压缩机的运行工况，确定是否有或允许气体在压缩过程中产生化学反应(如氯气在压缩中反应会毁坏压缩机)或产生聚合(如丁二烯会产生橡胶状的聚合物)，有无含尘或固体粒子或液体，是否对压缩机产生腐蚀等。以便选择压缩机零部件的相应材料，确定密封方法，以及是否采用喷入液体和限温等措施。因此，工艺气用螺杆压缩机属于非标定制化单件小批量产品，基本采用一机一套图的定制化生产模式。这就决定了企业必须具备机、电、控制、容器、管道、结构件以及其他多方面的专业性设计人才和高水平的设计制造技术，同时工艺气用螺杆压缩机也不像一般的空气动力用压缩机，可以买一个机头来组装。工艺气用螺杆压缩机需要根据不同的工艺气参数特性，选配相应的转子直径以及相应材料、转速和密封方式等。

因此，通过个性化的产品设计，专业化的定制生产模式，对工况环境进行有针对性地设计制造，才能充分发挥产品功效及有效提高产品的经济性和效益性，才可以更好地满足客户的各种要求。

3. 工艺气用螺杆压缩机对传统工艺压缩机具有明显的替代优势

工艺气用螺杆压缩机与传统工艺压缩机(如活塞式和离心式工艺压缩机)相比，具有明显的优势，凭借其产品优势逐步替代了部分传统工艺压缩机的应用领域，并有逐步扩大应用领域的趋势。

(1)从结构上看，工艺气用螺杆压缩机结构简单，易于维护，体积紧凑，零部件和旋转件比较少，只是对转子的精度要求比较高；磨损小，由于转子的强度都比较大，都在同一临界转速下运行，可以保持转子间和转子与壳体间留有必要的间隙，且同步齿轮间的间隙小于转子间的间隙，这既可以保持转子具有规定的适当间隙，又可保证不发生接触摩擦；进排气布置比较合理，气体从壳体上部进入壳体下部排出，有利于含尘随气流流出，不沉积于转子和壳体内部，而且转子旋转时，具有自清理粘结含尘的功能；壳体有冷却夹套，有的转子轴中心设有通油冷却孔(温度高于176℃时)，可以使气体保持一定温度不变。而传统工艺压缩机由于各零部件的加工都需要比较大型加工设备，生产成本较高；受压缩机列间距的影响，维修空间比较狭小，维修困难；随着排气量要求的增加，传统的加压气缸直径不断加大，这给传统的加压气缸套的加工工艺带来严峻挑战，如果没有缸套，一旦缸体镜面发生磨损，就只能更换整个气缸体，经济损失较大；配用的大型活塞体，势必加大其支撑环的摩擦力，加快支撑环的磨损。此外，大气阀的安装、更换等均需要工人付出较大的劳动强度。

(2)从设备的使用性能来看，工艺气用螺杆压缩机适用性强，对含尘、带液气体不敏感，对输送的气体无污染，可输送分子量为14～90、绝热指数为1.2～1.5的不含水滴和压缩过程中的不凝结的气体，输送有粘性或能聚合的带液气体，允许气体的含尘量可高达300mg/m³，当气体的含尘粘结在转子上时，通过齿的啮合可将过多的含尘除去，不会像传统压缩机那样粘结在活塞和气阀上，也不会粘结在叶轮上。当排出压力在较大范围变化时，排气量和效率变化不大，工艺气用螺杆压缩机不会像离心式压缩机那样有喘振区；工艺气用螺杆压缩机的使用寿命长，易损件少，而其他传统工艺压缩机由于气阀、活塞环等都是易损件，特别是在气体中含有煤焦油、粉尘等有害物质时，其使用寿命更是大大缩短，压缩机的停机率大大增加，通常要配备规格复杂、数量繁多的备品备件，并要求设有一个备件小仓库和专业管理人员。工艺气用螺杆压缩机的密封性较好，不易泄漏，而传统工艺压缩机在气体中含水量较高时，则很容易发生液击事故。此外，在噪声方面，工艺气用螺杆压缩机采用全封闭隔声罩，一般可降噪20～25dB，同时对压缩机内喷入液体也可达到降噪的效果，而传统工艺压缩机的噪声则比较大，且还无法消除。

现在，随着对螺杆压缩机认识的不断加深，工艺气用螺杆压缩机的安装、调试、维护和维修的技术能力进一步提升，其产品的性能优势越加明显，工艺气用螺杆压缩机正日益广泛地被市场所认同和接受，在一些特殊的工艺流程中已开始采用工艺气用螺杆压缩机，并有逐步替代传统工艺压缩机的发展趋势。今后，工艺气用螺杆压缩机处理的工艺气体范围将持续扩大，不仅包括CO_2和N_2等惰性介质，也包括H_2、He等轻气体，同时还包括一些化学性质比较活泼的气体如（HCl、Cl_2等）。由此可见，随着国内工艺气用螺杆压缩机设计制造技术的不断发展，集中于少数几家生产的格局也将会被打破，我国的工艺气用螺杆压缩机行业迎来了巨大的历史发展机遇。

4. 工艺气用螺杆压缩机在可燃气（煤层气）中的市场份额稳步增长

在可燃气方面，随着我国能源需求的加快和对可用资源的重视，工艺气用螺杆压缩机也将获得良好的发展时机，尤其在煤层气抽采及石油伴生气、火炬气等可燃资源的回收利用领域将发挥重大作用，其市场需求将日益提升。特别是国家高度重视对煤层气的抽采，严格要求煤矿企业在开矿前必须对煤层气进行抽采，煤层气的含量必须达到安全标准后方可进行采煤，这就为煤层气抽采用工艺气用螺杆压缩机提供了良好的市场和发展前景。

“十一五”期间，我国煤层气抽采量由2006年的32.7亿m³迅速增长到2010年的75亿m³，年均复合增长率达到23.1%。国家能源局日前发布的《煤层气（煤矿瓦斯）开发利用“十二五”规划》明确提出，到2015年，我国煤层气（煤矿瓦斯）产量将达到300亿m³，其中，地面开发160亿m³，井下抽采达到140亿m³，重点矿区规模化抽采工程总投资将达到562亿元，是“十一五”计划目标的两倍多。预计“十二五”期间煤层气抽采量的年均增长速度为32%左右。

煤层气抽采总量的稳步增长，为煤层气用螺杆压缩机提供了巨大的市场空间。工艺气螺杆压缩机在煤层气抽采中的应用也是近两年才快速发展起来的，当前还处于起步阶段。随着行业的发展，保守估计，到2015年，煤层气用螺杆压缩机市场占有率将达到50%，而其他传统煤层气用压缩机的市场占有率将逐步减少。但未来一段时间内，受价格和气量等因素制约，传统压缩机仍将占有一定市场份额，在煤层气领域仍将保持一定的使用比例。预计2015年，煤层气用水环式压缩机市场占有率为42%，煤层气用活塞式压缩机市场占有率为8%。

三、市场规模及发展预测

近年来，随着压缩机生产制造技术水平的大幅提升，国内工艺气用压缩机发展迅猛，2008年市场销量为3 122台，2009年市场销量增长速度有所放缓，但期间年增速仍保持在5%以上；2011年随着国内经济的快速恢复，国内工艺气用压缩机市场强势回升，市场销量突破了4 200台大关。随着工艺气压缩机市场的不断拓展及下游领域需求的日益迫切，工艺气压缩机行业仍将保持较快的发展速度，但由于行业具有较高的进入壁垒，一般企业进入面临一定难度，行业还难以呈现爆发式的发展态势。因此，根据近年来工艺气用压缩机行业的发展趋势，保守估计在“十二五”期间，国内工艺气用压缩机市场仍将保持15%左右的年均增长速度，到2015年工艺气用压缩机国内市场销量将达到8 000台。

工艺气用螺杆压缩机作为工艺气用压缩机的一个重要组成部分，在工艺气用压缩机强劲需求的推动下，其市场规模也将逐年稳步扩大。2008年，国内工艺气用螺杆压缩机市场销量仅有122台，2009年销量达到188台，到了2011年，在下游强烈的市场需求带动下，销量达到507台。未来几年，随着下游应用领域需求的持续拓展，工艺气用螺杆压缩机市场仍将保持较快的增长速度，现有企业必将进一步扩充产能，因此，根据近年来工艺气用螺杆压缩机现有企业生产规模和行业发展趋势，估计在“十二五”期间，国内工艺气用螺杆压缩机市场规模将保持年均40%以上的速度快速增长，预计到“十二五”末期，工艺气用螺杆压缩机的市场销量将超过2 000台。

在煤层气抽采用螺杆压缩机方面，根据未来几年煤层气抽采总量的发展规划，结合工艺气用螺杆压缩机的市场扩张情况，以气量大小为30m³/min的螺杆压缩机为计量标准，全天候24h开工，全年300天计算（扣除其维修保养时间），初步测算在“十二五”期间，煤层气用螺杆压缩机的新增市场销量将超过1 000台，到2015年，其市场销量将达到420台。

在国内压缩机行业制造技术快速发展和国内工艺气用

压缩机市场需求急剧增长的推动下，尤其是国家对煤层气抽采的高度重视，煤层气的抽采量持续稳步增长，这些都为工艺气用螺杆压缩机提供了巨大的市场需求，为国内工艺气用螺杆压缩机行业的发展带来了极大的发展机遇和挑战。

〔撰稿人：合肥通用机械研究院孙晓明〕

稳中求进　全面推进永嘉泵阀产业转型升级

2011年，根据浙江省“加快块状经济向现代产业集群的转变”的要求，温州市永嘉县泵阀产业开在发展速度、做大做强、科技创新、标准制定、公共服务平台项目申报和建设、区域品牌打造等各方面展了一系列卓有成效的工作，取得了不错的成绩。

1. 全行业逆势而上，产值和效益保持快速增长

2011年，在全球经济低迷和欧债危机延续的背景下，永嘉县泵阀产业产值及效益仍保持了快速增长势头。据永嘉县泵阀行业协会不完全统计，全县泵阀企业完成工业总产值225亿元，同比增长10.2%。另据永嘉县泵阀行业协会对全县泵阀重点企业的税收监控数据显示，45家泵阀重点企业净增上缴税金9 968万元，同比增长39.45%。这充分反映出在新形势下永嘉县泵阀产业仍具有明显的优势和旺盛的生命力。

2. 做大做强趋势进一步加快，龙头带动作用凸显

据永嘉县泵阀行业协会统计，2011年，45家泵阀重点企业的上缴税金约占全县800多家泵阀企业上缴总税金的50%；纳税额1 000万元以上的企业有18家，比上年增加10家，其中，纳税额2 000万～3 000万元的企业2家、纳税额3 000万元以上的企业1家。全县22家功勋企业中泵阀企业占12家。

3. 科技创新工作全面推进，成效显著

2011年，永嘉县根据浙江省政府有关“转型示范区”的文件精神，将任务分别落实到经贸、科技、质监、泵阀协会等各部门和单位，并加以认真执行。

在科技创新方面，成功组织召开了“全国阀门标准化委员会年会”、“泵阀产业高峰会”、“泵阀技术对接会”和“德国TÜV公司出口欧盟产品技术要求培训会”等一系列泵阀高峰会和技术对接会，吸引了全国200多位专家以及浙江大学等20多所高校的代表齐聚永嘉，300多家泵阀企业共计约600人次参加了各项技术推介和对接活动，现场签订10项科技研发项目，其中包括永嘉县泵阀行业协会与哈尔滨工业大学、西北工业大学签订的“泵阀产业特种材料科技创新平台”项目。“泵阀产业特种材料科技创新平台”的成立，对深化产学研合作、推进企业科技创新、提高产品的技术附加值和推动泵阀产业转型升级发挥了积极的作用。

2011年，南方阀门制造有限公司的超超临界火电机组阀门通过了国家发展和改革委员会的重点项目验收。永嘉县又有2家泵阀企业获得高新技术企业称号，至此，永嘉县拥有泵阀高新技术企业的数量达到27家，占全县高新技术企业总数(39家)的近70%。这也充分显示了永嘉县泵阀企业的科技创新实力。

4. 标准制定工作成果丰硕，标准化进程进一步加快

2011年，永嘉县泵阀行业协会和全县泵阀企业共牵头或参与制定国家标准31项、行业标准2项、联盟标准1项。截至2011年年底，全行业共制定国家标准26项、企业标准36项、地方标准2项、联盟标准5项，为进一步争取产品和行业的话语权，提升企业和区域的竞争力创造了条件。

5. 项目申报和公共服务平台建设力度明显加大，进一步夯实和提升了产业竞争力

2011年，永嘉县在加快国家级泵阀检测中心建设、扩大温州泵阀研究院服务功能的基础上，积极组织申报国家质量监督检验检疫总局的“全国知名品牌创建示范区”、浙江省商务厅的“泵阀产品出口基地”、浙江省经济和信息化委员会的“永嘉泵阀产业集群‘工业化和信息化’深度融合试验区”和“浙江省泵阀产业特色工业设计基地”以及温州市的“温州市优质产品生产示范区”等重点项目。同时，为推动建立产业总部经济，加快转型升级，永嘉县泵阀行业协会还向永嘉县政府提交了《关于建设泵阀大厦，大力发展泵阀产业现代服务业的报告》，得到了永嘉县政府领导的高度重视。

另外，为进一步促进产业转型升级，提振企业信心和泵阀产业在国内市场的整体影响力与产品的定价话语权，在温州市人民银行和永嘉县政府的领导下，永嘉县泵阀行业协会组织行业中40家重点企业开展“永嘉·中国泵阀指数”市场监测工作，当前工作基本完成。“永嘉·中国泵阀指数”的建立，标志着永嘉泵阀产业开始迈入指数经济信息化时代，大大加速了泵阀产业的转型升级步伐。

6. 举办第三届中国(永嘉)泵阀博览会，集中打造“中国泵阀之乡”区域品牌

2011年，永嘉县政府为推进泵阀产业转型升级，集中打造区域品牌，成功举办2011第三届中国(永嘉)泵阀博览会，展位达400多个，共吸引国内外260多家企业参加展出。三天的展会累计接待专业客商12 946人次，现场签约合同6 352.3万元，为进一步提升永嘉泵阀产业的区域品牌

知名度和影响力发挥了积极的作用。

针对永嘉泵阀产业集群未来的转型升级，今后要紧紧围绕和大力推进以下几个方面的工作：

(1)要紧紧围绕"科技"这一主题，依靠科技提升改造传统产业，提高产品的科技含量和附加值。要大力发展主管线球阀、核电站和超超临界火电机组等国家重大装备的泵阀产品，逐步淘汰低附加值的通用产品和落后产能。

(2)要严格贯彻落实中央和浙江省政府的有关产业转型升级政策。通过联合重组实现企业做大做强；通过加强产业链各个环节的相互协调，实现分工协作、专业化生产；通过采用先进技术和设备等降低单位国内生产总值的能耗。

(3)要加速推进泵阀产业总部经济建设步伐。由于受土地发展空间制约和劳动力成本不断提高的影响，许多企业纷纷在苏北、安徽等地建立生产基地，泵阀企业外迁现象严重，整个产业面临"空心化"威胁。为此，政府部门要尽快出台相关优惠政策，将泵阀企业，特别是规模较大企业的总部留住，鼓励企业向"研发和销售"产业链的两端发展，引导有条件的企业在永嘉上市，助推整个产业做大做强。

(4)进一步完善泵阀产业公共服务平台，解决产业发展过程中的共性技术问题。如加快国家级泵阀检测中心的建设步伐，建立机制灵活、运行高效、具有真正能够集合全国泵阀研发资源的研发机构等。

(5)进一步重视人才的引进、培育和留住。泵阀产业是一个技术含量较高的产业，不仅需要一批高端的研发和管理人才，更需要大量掌握熟练技术和工艺的一线加工人才，因此不仅要想方设法引进国内甚至国际的专业泵阀高端人才，也要着力培养一线专业技术人才，提高他们的文化素质和技能水平。政府部门要进一步加快泵阀人才公寓的建设步伐，规划和推进实施泵阀专业技术学院建设等一系列人才政策措施。

(6)大力开拓国际市场，实现"中国泵阀生产基地"向"国际先进泵阀制造基地"的根本性转变。当前永嘉的泵阀产品还是内销为主，出口主要还是停留在贴牌加工的形式，真正自主品牌的出口还很少。虽然国内市场已经饱和、竞争激烈，但国际市场空间非常大。今后不仅要建立国家级的泵阀出口基地，扩大泵阀出口规模，同时更要培育一批拥有自主出口品牌的外向型龙头企业，推动整个行业国际化进程，树立永嘉泵阀产业在世界的地位。

(7)大力发展泵阀产业生产型现代服务业。永嘉作为全国规模最大、最集中的泵阀产业生产基地，国内甚至国际客商云集瓯北，可是如今还没有一个专业的泵阀市场，没有举办泵阀展览会的场馆，没有集中展示泵阀产业实力和科技水平的展示中心，更没有一个集中的销售服务中心和信息服务中心。总之，整个生产型服务业严重滞后，跟不上产业发展的实际要求。建议政府部门建设一幢集研发、培训、销售、展览、展示和信息服务于一体的泵阀综合性大厦，定期举办全国性的泵阀展览会、采购会和技术信息交流会等，为整个产业朝着更加高端方向发展服务，巩固永嘉作为全国乃至全球泵阀制造中心的地位；同时，还要大力发展与泵阀相关的金融、科技、广告等相关服务业。

在国际经济形势持续低迷、国内经济增速明显放缓和温州借贷风波严重冲击的大背景下，永嘉县的泵阀企业更要树立信心，沉着应对，加大科技创新力度，加快产业结构调整步伐，大力发展生产性服务业，全面实施品牌战略，全力打造区域品牌，在"稳中求进，转中求好"的政策方针指引下，在各级党委、政府的正确领导和大力扶持下，全面推进泵阀产业的转型升级。

〔撰稿人：浙江永嘉县泵阀行业协会陈文荣〕

从生产发展情况、市场及销售、科技成果及新产品、基本建设及技术改造、企业结构调整等方面报道我国通用机械行业各分行业的发展情况

Reporting the development situation of the branch industries of China general machinery industry in aspects of production development, market & sales, scientific/technical achievements & new products, capital construction and technical transformation, and structural adjustment of enterprises

中国通用机械工业年鉴2012

行业概况

2011 年泵行业概况

一、生产发展情况

2011 年，中国通用机械工业协会泵业分会有 469 家会员单位，其中，重点骨干企业 47 家、科研院所和大专院校 23 家、团体会员 3 家（永嘉县泵阀工业协会、博山泵业商会、天津螺杆泵专业委员会）。

2011 年，泵业分会上报统计资料的 162 家会员企业完成工业总产值 437.7 亿元，同比增长 23.3%，增速同比提高 13.3 个百分点，调整可比因素，完成工业总产值 395.5 亿元，同比增长 14.4%；完成工业销售产值 425.4 亿元，同比增长 22.4%，增速同比提高 10.6 个百分点，调整可比因素，完成工业销售产值 386.5 亿元，同比增长 14.1%；完成工业增加值 116.1 亿元，同比增长 20.1%，增速同比提高 10 个百分点，调整可比因素，完成工业增加值 104.9 亿元，同比增长 12%。各地区产业结构不同及企业间发展水平的不均衡使得各地区产值的增长幅度相差较大。其中，东北地区产值增长 40.7%，华北地区产值增长 8.6%，西北地区产值增长 35.0%，华东地区产值增长 25.2%，中南地区产值增长 12.7%，西南地区产值增长 5.3%。

2011 年，泵行业 47 家重点骨干企业完成工业总产值 271.0 亿元，同比增长 12.8%，占泵行业（162 家上报企业，下同）工业总产值的 61.9%。在统计的 162 家会员企业中，工业总产值超过亿元的企业有 83 家，总计完成工业总产值 402.7 亿元，占泵行业工业总产值的 92.0%。2011 年泵行业工业总产值前 20 名企业见表 1。

表 1　2011 年泵行业工业总产值前 20 名企业

序号	企业名称	工业总产值（万元）	同比增长（%）	序号	企业名称	工业总产值（万元）	同比增长（%）
1	上海凯泉泵业（集团）有限公司	287 026	15.0	11	上海凯士比泵有限公司	93 821	28.3
2	上海东方泵业（集团）有限公司	210 514	15.5	12	南方泵业有股份有限公司	86 587	29.4
3	上海连成（集团）有限公司	183 849	14.2	13	山东华成集团有限公司	80 838	19.7
4	上海熊猫机械（集团）有限公司	151 315	23.1	14	湖南湘电长沙水泵有限公司	80 008	-6.2
5	丰球集团有限公司	130 258	4.6	15	浙江新界泵业有限公司	77 519	58.8
6	浙江利欧股份有限公司	119 308	15.8	16	大耐泵业有限公司	63 452	33.7
7	山东博泵科技股份有限公司	103 487	-4.8	17	广州市白云泵业集团有限公司	61 484	17.4
8	安徽三联泵业股份有限公司	99 603	18.9	18	山东长志泵业有限公司	61 458	9.8
9	上海电力修造总厂有限公司	98 021	-4.6	19	沈鼓集团核电泵业有限公司	59 559	-18.6
10	广东省佛山水泵厂有限公司	94 734	17.0	20	广东凌霄泵业股份有限公司	58 571	26.0

2011 年，石家庄强大泵业集团有限责任公司综合平衡生产各环节，根据车间设备负荷适当调整人员结构，提高工序能力，保证了生产进度。适当调整安全库存点，关注安全库存量的保持与梳理，并根据工作经验和实际运行情况对 ERP 加以完善；坚持调度日报制，具体反映项目的真实执行情况，严格对日报制度执行情况进行考核；重视生产前准备工作，缩短不必要的生产占用时间。以上措施确保了公司按时完成全年的生产任务。

2011 年，大耐泵业有限公司面对复杂多变的市场形势，克服价格宽幅震荡、原料与辅材成本上涨、利润空间缩小等不利因素的影响，以质量成本为主线，进一步加大各项工作力度，保持了生产经营指标稳中有升。公司引入世界 500 强企业的管理模式——精益六西格玛，以此推动员工思想观念的快速转变，加速企业变革创新和生产规模又快又好地发展。2011 年，公司经济指标再创新高，并且再次获得中国机械工业 500 强、大连市 100 强企业、全国机械行业文明单位等称号。

2011 年，上海凯泉泵业（集团）有限公司完成工业总产值 28.7 亿元，并创造多项集团新纪录。国内单机流量最大的潜水轴流泵——平马沟排涝泵站项目启动；援建巴基斯坦恰希玛核电厂的核二级泵项目正式开工；南水北调淮安二站改造工程项目的 4.5m 轴流泵验收交付；1 000MW/660MW 高压锅炉给水泵和黄岛国家石油储备地下水封洞库潜没油泵等项目顺利通过了设计评审。公司还成功取得民用核安全机械设备设计/制造许可证。如今,"凯泉"产品遍布南水北调工程、巴基斯坦恰希玛核电站、大唐宝鸡热电厂、魏桥长山电厂、北海电厂、黄岛油库、中石化天津100万t/a乙烯项目、淮北矿务局、首钢、酒泉卫星发射中心、上海世博园、浦东国际机场、上海磁悬浮列车及北京地铁等重点工程。

2011年,襄樊五二五泵业有限公司克难攻坚,内抓管理,外拓市场,生产经营规模再创历史新高。公司在生产制造过程中主要采取以下措施:①流程梳理,分析瓶颈,加快交货期。对生产流程进行多次讨论梳理,分析生产过程中存在的问题。通过流程再造小组优化生产流程,保证了生产流程更加通畅。②推行日计划管理,确保各部门日计划不落空。计划科统一下发各二级生产单位生产计划,结合信息化系统科学排产,通过科学管理推动计划的执行。③加强计划的执行和考核力度。安排专人对各部门日计划进行统计分析和汇总,并报行政部进行考核,有效提高了各部门计划的执行力。④调整管理职能,改善管理方法。通过人员调动、合并部分生产岗位,完善了各部门间的工作衔接,从而提高了工作效率和工作质量。安排生产调度科长同时兼任制造一厂装配工段长,通过管理上的改进和强化,改变了装配工段以往无计划执行意识、前松后紧自由粗放式的管理模式,有效地促进了公司重点工序产能的提升。

2011年,上海东方泵业(集团)有限公司自主设计生产的9台10kV高压电气系列控制柜产品出口朝鲜,另一型号的高压控制柜和无功补偿柜也已顺利投运于用户现场,翻开了公司独立设计、制造高压电气产品的新一页。公司通过消化吸收国内外同类产品的先进技术而创新研制的粗格栅除污机,主要用于各类给排水工程泵站、城市污水处理厂、食品及造纸工业废水处理等场所清除粗大的漂浮物,如草木、垃圾和纤维状物质等,以达到保护水泵及减轻后续工序运行负荷的目的。

湖北同方高科泵业有限公司生产现场全面导入6S管理,生产现场运用IE技术重新进行了规划和布局,减少了现场的"七大浪费";生产现场全面导入"四书三表"(工艺指导书、操作指导书、检验标准书、设备维修保养指导书、首件检查记录表、制程检查记录表、设备点检表);应用快速换模培养多能工,实现柔性均衡生产;导入TPM全员生产维护制度,用OEE量化管理设备的效率。

二、市场及销售

2011年,泵行业主营业务收入、利润总额、利税总额继续保持平稳较快增长。162家会员企业实现主营业务收入419.5亿元,同比增长21.8%,增速同比增加11.2个百分点;调整可比因素,实现主营业务收入380.9亿元,同比增长13.6%。47家重点骨干企业完成主营业务收入257.2亿元,占泵行业主营业务收入的61.3%。2011年泵行业主营业务收入前20名企业见表2。

表2 2011年泵行业主营业务收入前20名企业

序号	企业名称	主营业务收入(万元)	同比增长(%)	序号	企业名称	主营业务收入(万元)	同比增长(%)
1	上海凯泉泵业(集团)有限公司	264 814	18.4	11	上海凯士比泵有限公司	89 335	15.6
2	上海东方泵业(集团)有限公司	191 169	18.0	12	南方泵业股份有限公司	86 082	36.1
3	上海连成(集团)有限公司	175 497	10.9	13	湖南湘电长沙水泵有限公司	77 258	-8.6
4	上海熊猫机械(集团)有限公司	158 128	32.7	14	浙江新界泵业有限公司	76 451	55.0
5	丰球集团有限公司	140 398	16.7	15	山东华成集团有限公司	74 068	25.4
6	浙江利欧股份有限公司	115 393	9.0	16	威乐(中国)水泵系统有限公司	70 109	29.5
7	山东博泵科技股份有限公司	106 028	-3.9	17	大耐泵业有限公司	62 470	31.9
8	安徽三联泵业股份有限公司	97 611	18.9	18	沈鼓集团核电泵业有限公司	61 842	28.2
9	上海电力修造总厂有限公司	95 496	-10.3	19	山东长志泵业有限公司	55 292	15.0
10	广东省佛山水泵厂有限公司	91 716	16.3	20	广东凌霄泵业股份有限公司	54 860	32.4

2011年,随着国际经济环境的逐步好转,泵行业出口市场延续了2010年下半年向好的运行态势,出口交货值呈现高速增长,再创历史新高。2011年,泵行业实现出口交货值46.9亿元,同比增长71.2%。出口交货值增长幅度较大的企业有:江苏海师泵业有限公司实现出口交货值9 210万元,同比增长101.1%;上海凯士比泵有限公司实现出口交货值5 613万元,同比增长79.7%;浙江新界泵业有限公司实现出口交货值29 464万元,同比增长66.9%;湖南湘电长沙水泵有限公司实现出口交货值27 027万元,同比增长46.4%;安徽莱恩电泵有限公司实现出口交货值11 699万元,同比增长29.6%。2011年泵行业出口交货值前20名企业见表3。

表3　2011年泵行业出口交货值前20名企业

序号	企业名称	出口交货值（万元）	同比增长（%）	序号	企业名称	出口交货值（万元）	同比增长（%）
1	浙江利欧股份有限公司	104 315	5.1	11	南方泵业股份有限公司	10 835	16.3
2	丰球集团有限公司	43 626	6.5	12	江苏海师泵业制造有限公司	9 210	101.1
3	君禾泵业股份有限公司	40 319	-4.1	13	埃梯梯水与污水处理系统(沈阳)有限公司	8 401	1.0
4	浙江新界泵业有限公司	29 464	66.9	14	安徽三联泵业股份有限公司	7 984	18.9
5	湖南湘电长沙水泵有限公司	27 027	46.4	15	上海凯泉泵业(集团)有限公司	7 477	15.0
6	广东凌霄泵业股份有限公司	18 382	16.6	16	上海凯士比泵有限公司	5 613	79.7
7	山东长治泵业有限公司	18 253	20.3	17	广东省佛山水泵厂有限公司	5 581	-23.4
8	浙江山河实业有限公司	16 995	1.7	18	大连深蓝泵业有限公司	5 220	20.2
9	山东博泵科技股份有限公司	16 598	-7.5	19	山东双轮股份有限公司	4 725	-3.2
10	安徽莱恩电泵有限公司	11 699	29.6	20	沈阳启源工业泵制造有限公司	4 530	17.1

2011年，泵业分会会员企业产品销售率为97.19%，同比减少0.68个百分点。其中，东北地区产品销售率为96.45%，同比减少4.07个百分点；华北地区产品销售率为105.10%，同比增加1.52个百分点；西北地区产品销售率为98.06%，同比减少1.22个百分点；华东地区产品销售率为97.23%，同比减少0.9个百分点；中南地区产品销售率为94.52%，同比增加1.25个百分点；西南地区产品销售率为96.23%，同比增加1.37个百分点。

2011年，泵行业企业实现利润总额31.1亿元，同比增长19.6%，增速同比增加6.6个百分点；实现利税总额49.6亿元，同比增长21.3%，增速同比增加16.2个百分点。在162家会员企业中，盈利企业有151家，亏损企业有10家。47家重点骨干企业实现利润总额19.8亿元，占泵行业利润总额的63.7%。2011年泵行业利润总额前20名企业见表4。

表4　2011年泵行业利润总额前20名企业

序号	企业名称	利润总额（万元）	同比增长（%）	序号	企业名称	利润总额（万元）	同比增长（%）
1	上海凯泉泵业(集团)有限公司	22 793	-13.9	11	浙江新界泵业股份有限公司	6 967	11.5
2	丰球集团有限公司	16 354	0.5	12	大连深蓝泵业有限公司	6 736	40.2
3	浙江利欧股份有限公司	14 942	26.6	13	大耐泵业有限公司	6 410	37.0
4	上海连成(集团)有限公司	14 691	18.6	14	山东博泵科技股份有限公司	6 276	3.3
5	上海东方泵业(集团)有限公司	14 529	47.4	15	襄樊五二五泵业有限公司	6 151	2.0
6	上海熊猫机械(集团)有限公司	12 469	1.5	16	广东凌霄泵业股份有限公司	5 450	120.8
7	安徽三联泵业股份有限公司	11 857	18.4	17	山东长志泵业有限公司	5 021	-4.3
8	南方泵业股份有限公司	10 703	61.4	18	嘉利特荏原泵业有限公司	4 802	26.6
9	威乐(中国)水泵系统有限公司	8 529	37.3	19	君禾泵业股份有限公司	4 512	38.8
10	广东省佛山水泵厂有限公司	7 809	12.8	20	上海阿波罗机械股份有限公司	3 997	53.6

2011年，泵行业经济效益综合指数为195.33%，同比增加2.39个百分点。在评价和考核企业盈利能力的核心指标中，总资产贡献率为12.34%，同比减少0.4个百分点，高于国家标准值(10.7%)1.64个百分点；反映企业资本完整性和保全性及增值情况的资本保值增值率为109.56%，同比减少11.7个百分点，低于国家标准值(120%)10.44个百分点；反映企业经营风险的资产负债率为56.59%，同比增加1.45个百分点，低于国家标准值(60%)3.41个百分点，这项指标是逆指标，率值低于60%，说明企业无风险经营；反映企业经营状况、资金利用效果的流动资产周转率为1.39次，同比减少0.03次，低于国家标准值(1.52次)0.13次；反映企业投入的生产成本及费用的经济效益的成本费用利润率为8.07%，同比减少0.08个百分点，高于国家标准值(3.71%)4.36个百分点；反映企业生产效率和劳动投入的全员劳动生产率为145 735元/人，同比增加8 965元/人；反映企业产品产、销衔接状况的产品销售率为97.19%，同比减少0.68个百分点，高于国家标准值(96%)的1.19个百分点。从国家考核的单项指标来看，有5项指标较上年有所回落，经济运行质量不够理想，但经济效益综合指数仍实现小幅提高。2011年泵行业经济效益综合指数前20名企业见表5。

表5　2011年泵行业经济效益综合指数前20名企业

序号	企业名称	经济效益综合指数(%)	序号	企业名称	经济效益综合指数(%)
1	中国有色(沈阳)泵业有限公司	414.41	11	南京蓝深制泵集团股份有限公司	307.86
2	安徽三联泵业股份有限公司	398.37	12	昆明嘉和科技股份有限公司	304.85
3	丰球集团有限公司	396.70	13	沈阳工业泵制造有限公司	301.47
4	沈阳启源工业泵制造有限公司	379.26	14	上海东方泵业(集团)有限公司	298.81
5	重庆明珠机电有限公司	357.66	15	上海阿波罗机械股份有限公司	296.75
6	嘉利特荏原泵业有限公司	353.54	16	合肥华升泵阀有限责任公司	295.85
7	江苏振华泵业制造有限公司	347.49	17	上海电力修造总厂有限公司	294.95
8	广东省佛山水泵厂有限公司	320.21	18	山东博泵科技股份有限公司	287.52
9	埃梯梯水与污水处理系统(沈阳)有限公司	313.88	19	江苏双达泵阀集团有限公司	280.76
10	上海华联泵业有限公司	311.45	20	襄樊五二五泵业有限公司	275.55

石家庄强大泵业集团有限责任公司面对国内、国外复杂多变的经济环境，加强对各类营销信息的收集、整理和分析，充分利用CRM系统进行信息传递、处理和项目跟踪，有力地支持了产品订货。2011年，公司加大对河道疏浚、火电脱硫、煤炭、冶金、矿山等领域的开拓，确保了公司在环保、冶金、矿山、疏浚等领域继续保持较大的订货量。在海水淡化、核电、煤化工等新兴领域，加大了新产品的投入与推广力度，并取得突破。2011年，公司通过严格落实回款措施，细化合同条款和严格管理流程，订货与回款均大幅增长，实现产品订货额近4亿元，充分体现了企业在新的市场环境下应变能力的增强。2011年，公司产品出口取得较大成绩，在加大与国际性工程公司、设计院、研究院交流的同时，继续加大与国际知名公司的合作力度，先后与几十家公司进行了多次商务洽谈，对公司的疏浚泵、脱硫泵、渣浆泵以及备件大量进入国际市场起到了积极的促进作用。

2011年，大耐泵业有限公司通过管理提升和市场开拓，顺利完成了各项销售指标。公司实现主营业务收入62 470万元，同比增长31.9%；完成订货额78 821万元，同比增长41%；实现利税9 038万元，同比增长20%。公司在石化、化工行业的订货额及其占比大幅提高，特别是越来越多大项目的整体签订和大型供水、油藏地面工程输油管线等新市场的开辟，进一步拓展了公司的市场空间，促进了产品的升级和新产品的诞生。

2011年，上海凯泉泵业(集团)有限公司实现主营业务收入近26.5亿元，连续多年名列泵行业主营业务收入第一名。公司非常注重服务与技术、服务与业务的结合，实现增值服务，300名技术支持工程师为客户提供专业的、全方位的方案支持服务。运用先进的ERP系统和电子商务系统快速响应用户需求，全程控制订单执行流程。覆盖全国的服务网络——32个销售分公司、361个办事处，实施“蓝色舰队”服务和4h快速反应机制，随时响应客户需求。公司自始自终为客户着想，满足客户个性化的需求，全力打造性能可靠的世界精品。

2011年，辽宁恒星泵业有限公司实现主营业务收入19 700万元，同比增长73.1%。公司的KND450－93.5×3型多级水平中开式输油泵作为输油管道并联工艺输油的主泵，成功进入中石油管道公司市场，改变了我国管道输油泵长期依赖进口的局面。公司成功开发美国、英国等国外市场，产品出口创汇额达到360万美元。

武安市宏泰机械泵业有限公司秉承“既有好产品，又有好人品，更有好朋友”的经营理念，建立了从公司到用户、从用户到配套厂家、从公司到经销商三位一体的营销模式，主导产品RY型热油泵的市场占有率和应用领域不断扩大。公司当前与中纺院、焦耐院、化一院、化六院、中建总公司、中铁十局等单位建立了长期稳定的合作关系，并与常州能源设备总厂、锡能锅炉、太湖锅炉、艺能锅炉、东方热油炉等国内知名锅炉生产厂家建立了长期的合作关系。市场覆盖包括台湾地区在内的全国各省、自治区、直辖市，并有部分产品配套出口欧、美、日、韩及东南亚国家和地区。产品应用领域涉及煤化工、石化、纺织印染、化纤、木材加工、食品、医药、涂料及筑路养路等行业。近年来，公司业务又拓展了原油远距离输送等领域，如国家西气东输，中俄、中哈、中塔的原油输送以及东海油气田海上平台和太阳能利用等项目。2011年，公司主导产品RY热油泵以其良好的信誉和质量在工程用泵、配套用泵、船用泵等项目中实现销售收入3 000多万元，销量达6 000多台。

2011年，湖北同方高科泵业有限公司继续在火电、煤矿、化工等目标市场扩大市场份额，并成功中标华润电力2×100万kW空冷机组合同。公司主导产品水环真空泵荣获“湖北省名牌产品”称号。公司在上海、北京、贵阳三地新增3家办事处，当前公司在全国大中城市已建立办事处达24家。

2011年，石家庄工业泵厂有限公司拥有客户2 000多家，其中2011年新增客户220多家。针对国内国际经济形势复杂多变的特点，公司采取“因时而变、因势而变”的灵活营销策略，从主攻方向、资源配置、激励政策、完善考核、队伍建设等多个方面入手，以内、外因双向支持，保证了促销政策的落实执行。营销渠道主要以业务员直销为主，委托代理销售为辅。先后为国内中煤平朔煤业有限责任公司、淮北矿业(集团)煤业有限责任公司等千万吨级特大型洗煤厂,以及青海省滨地钾肥股份有限公司、国电双鸭山发电有限公司等国内大型工程项目提供配套产品。公司产品相继出口土耳其、越南、印度等国家,为打开国外市场、形成若干固定的用户群打下了坚实的基础。

三、科研成果及新产品

2011 年,泵业分会 162 家会员企业完成新产品产值 161.4 亿元,同比增长 35.7%。2011 年泵行业新产品产值前 20 名企业见表 6。

表 6 2011 年泵行业新产品产值前 20 名企业

序号	企业名称	新产品产值(万元)	序号	企业名称	新产品产值(万元)
1	上海连成(集团)有限公司	115 836	11	上海东方泵业(集团)有限公司	44 284
2	上海熊猫机械(集团)有限公司	98 355	12	湖南湘电长沙水泵有限公司	39 765
3	丰球集团有限公司	85 040	13	山东双轮股份有限公司	36 329
4	浙江利欧股份有限公司	71 616	14	重庆水泵厂有限责任公司	33 202
5	山东华成集团有限公司	65 479	15	山东博泵科技股份有限公司	32 046
6	南方泵业股份有限公司	65 428	16	南京蓝深制泵集团股份有限公司	27 975
7	上海凯泉泵业(集团)有限公司	58 302	17	大耐泵业有限公司	26 225
8	上海凯士比泵有限公司	56 848	18	浙江新界泵业有限公司	25 827
9	广东省佛山水泵厂有限公司	53 154	19	山东长志泵业有限公司	25 010
10	沈鼓集团核电泵业有限公司	47 439	20	安徽山联泵业股份有限公司	22 955

2011 年,沈鼓集团核电泵业有限公司共有 5 个政府科研项目获得立项,其中,“高参数泵机械密封装置关键技术研究与应用”列入国家科技支撑计划项目,“机械装备再制造的基础科学问题”列入国家 973 计划项目,“AP1000 核主泵研制”列入辽宁省科技计划项目,“百万千瓦核电机组核主泵研发试验基地建设”列入沈阳市新兴产业项目,“1 000MW核电机组常规岛主给水泵研究”列入沈阳市科技计划项目。公司共有 2 个政府科研项目通过了验收:沈阳鼓风机集团股份有限公司技术中心创新能力项目“核二、三级泵及常规岛用泵研发平台建设”于 2011 年 12 月 29 日通过了验收;2010 年辽宁省企业技术中心专项资金项目“1 000MW核电常规岛主给水泵机组开发研制”于 2011 年 10 月 20 日通过了验收。公司围绕我国能源行业对泵组设备的需求,特别是 60 万~170 万 kW 核电机组的泵组设备需求,在流体动力学、热力学、结构力学、转子动力学、新材料及新工艺等方面开展了前沿应用基础研究、应用技术研究和试验,突出技术创新的战略性、关键性和集成性,重点突破了一批核心技术。开展了 AP1000 主泵异种材料焊接工艺、装配工艺和材料国产化研究,以及混凝土蜗壳海水循环泵水力模型开发、DGB 型锅炉给水泵标准化设计、核级泵螺栓螺母材料研究、4DG 型锅炉给水泵降低汽蚀余量研究、单壳体给水泵结构优化、300MW 机组核二级喷淋泵和余热排出泵样机研制等新工艺和新技术的研发。①1 000MW 核电机组核二级安全壳喷淋泵、低压安注泵研制。我国首台自主研发制造的安全壳喷淋泵和低压安注泵于 2011 年底通过了装配试验,并于 2012 年初交付用户。该泵流量 $850m^3/h$,扬程 131m。公司通过与中广核工程公司联合研发,攻克了高效率、高寿命水润滑导轴承、低汽蚀、抗热冲击、抗震等 12 项重大技术难题。经专家鉴定,产品整体技术达到国际先进水平。②1 000MW 机组核二级余热排出泵研制。公司通过与中广核工程公司联合研发,攻克了高汽蚀性能、抗冷冲击、抗热冲击等 12 项重大技术难题,为红沿河核电站、阳江核电站、宁德核电站、巴基斯坦恰希玛 300MW 机组核电站研制了余热排出泵。经专家鉴定,产品技术均达到国际先进水平。③1 000MW 核电机组核二级电动辅助给水泵研制。公司通过与中广核工程公司联合研发,完成了国内首台电动辅助给水泵样机研制任务。该泵通过了性能、耐久、抗震等试验验证,满足了高效、可靠的要求,该泵各项技术指标均达到国际先进水平。④350 兆瓦级火电站用的 CHTZ4/6 型超临界给水泵。该泵流量 $640m^3/h$,扬程 3 330m。该产品新材料、新工艺达 60% 以上,达到国内先进水平。公司为广东阳江核电站 1 号机组研制生产的 2 台海水循环泵安装调试成功;为红沿河核电站 3、4 号机组研制的 4 台海水循环泵所有的加工制造工序已全面完成。2011 年 12 月 28 日,广东阳江核电站 1 号机组海水循环泵试水通车顺利完成,为公司后续核电项目的实施奠定了坚实的基础。

2011 年,沈鼓集团核电泵业有限公司研制的 CAP1400 主泵专项在多个关键技术方面均取得一定的进展。①多约束条件下的优化设计。公司在消化、吸收 AP1000 主泵技术的基础上,根据上海核工程研究设计院提出的 CAP1400 主泵设计技术规格书,结合 AP1000 主泵和 CAP1400 主泵(流量增加 17%)模型的试验验证对比,开展了 CAP1400 主泵缩小比例水力模型和 1:1 水力模型的试验装置研制工作。2011 年 6 月,完成了 CAP1400 主泵的初步设计,包括总体结构设计、水力部件设计与优化等;7 月 18 日,在上海核工程研究设计院组织召开的 CAP1400 示范工程屏蔽主泵方案设计专家评审会上,建立了整体设计方案,确立了技术路线。②安全可靠性分析评估。公司项目组在 AP1000 主泵引进技术的基础上,针对 CAP1400 主泵的结构特点,联合国内外科研机构,应用引进的专用软件和第三方商业软件,初步完成了泵壳设计工况和正常运行工况下的应力分析与评定;对泵壳两种瞬态工况(全堆热启动和全堆冷停)下的瞬态温度场,以及承压边界部件安全与疲劳性能进行了分析与评定,完善了承压边界部件的瞬态温度场分析、基于瞬态温度场的热应力安全性评定及疲劳安全性评定等技术。③主泵样机的先进制造技术。公司对 AP1000 主泵零部件的加工工艺、装配工艺、程序文件和验收标准等进行了系统整理、分析和总结;根据 AP1000 主泵泵体各零部件所用材料及材料国产化进展,初步制定了 CAP1400 主泵铸锻件的采购技术规范。同时,开展了快速成型铸造造型研究,并应用在 CAP1400 主泵第三套方案的缩小比例模型加工制造中。利用快速成型技术能自动、直接、快速而精确地将水力设计方案转变为具有一定功能的原型零件的特点,对产品设计进行快速评估、修改和功能试验,以缩短开发周期。④屏蔽电动机主泵的试验验证。当前公司已完成 4 套缩小比例模型的性能试验。实验结果表明,对应工况点热态效率达到 83.7%,经过数据分析认为,通过优化性能可满足原型泵的要求,试验装置能够满足模型试验要求;验证了水力原型的有效性以及叶轮导叶泵壳间的关联性。

2011 年,石家庄强大泵业集团有限责任公司开发完成 119 项新产品,其中泵类产品 115 项、机械密封 4 项。完成了渣浆泵换代方案设计和样机开发以及 3 种新型隔膜泵的设计鉴定工作;研制开发的系列新型渣浆泵工作效率大大提高,产品性能与国外同类产品相比更加稳定可靠,使用寿命明显长于国外同类产品;研发的 TK1200 大型挖泥泵各项性能指标均达到或超过国外同类产品技术水平,可以替代进口;耐磨钢及各种泵用材料经过不断完善,其性能和各项技术指标已趋于稳定;大型疏浚泵叶轮用材料、大型疏浚泵用耐磨材料的研究均取得阶段性进展,为下一步实际应用打下了基础。

重庆水泵厂有限责任公司自主开发的具有自主知识产权的上充泵通过了国家能源局、中国机械工业联合会及我国三大核电公司相关专家的技术鉴定。国产化上充泵的研制成功,标志着我国离心泵设计制造技术达到了世界先进水平,打破了国外垄断局面,对我国核电事业的发展具有重大意义。

2011 年,大耐泵业有限公司研制成功的 ASD R 系列重工位石油化工流程泵、HB 系列卧式多级筒袋泵、LH - GGM 系列液下泵和 YW 系列长轴液下泵 4 个系列产品获得辽宁省"专精特新"产品奖、大连市优秀新产品奖、创纪录产品及金州新区高新技术产品奖。公司成功完成了国家节能产品的检验和申报,在国家第三批"工业和信息化部节能机电设备(产品)推荐目录"中共有 9 个系列的泵类产品,其中大耐泵业有限公司占 4 个系列产品。公司申报的辽宁省海外研发团队项目——"重大石化装置高温塔底泵的研制"、国家中小企业发展专项资金项目——"第三代核电及大型石化成套关键泵国产化项目"、国家引进国外技术管理专家重点项目——"核岛 SEC 重要厂用水泵的研制"、大连市工程实验室项目——"大连市高端石化泵工程实验室"和金州新区信息技术推广项目——"信息化与工业化融合项目"等科技项目成功获得政府批复,并取得了政府财政拨款。2011 年,公司研制生产了 6 种新产品。①ASD80 - 260/14M 水平中开式多级泵。该产品是公司有史以来研制生产难度最大的离心泵,也是当前国内相同流量下首台级数最多的泵。泵流量 $65m^3/h$,扬程 1 000m,功率 350kW。该产品高效节能,运行稳定。②ASD700 - 940 水平中开双吸泵。该产品创下了在相同流量下国内最高扬程、最高转速的纪录。该产品由加拿大 TOP 公司设计,主要性能参数:流量 $9\ 375m^3/h$,扬程 102m,功率 3 550kW,汽蚀余量 11.2m。该产品技术达到国际先进水平。③ DN600 大型水泵。当前已完成 ASD600 - 500、ASD600 - 640 两个规格的设计,泵流量 $3\ 082m^3/h$,扬程 25m。④ BB5 型 HB300 - 480 高压筒袋泵、HB300 - 480 卧式多级筒袋泵。主要性能参数:流量 $908m^3/h$,扬程 438m,汽蚀余量 4m。鉴于产品对高汽蚀余量的要求,公司设计了最大规格的筒袋泵,当前产品已投放市场并成功运行。该产品技术达到国内先进水平。⑤PCH 系列 API610 OH2 型石油化工流程泵。泵最大流量 $2\ 600m^3/h$,最高扬程 260m。产品完全执行 API610,技术达到国际先进水平,当前产品大量出口,并得到用户好评。⑥VT系列液下泵改进泵壳结构获得成功,产品性能优良,达到设计要求,彻底解决了该泵由于铸造原因导致性能不合格的问题,并将该产品升级为 API610 VS2 泵型。VT 系列轴向进出 API610 液下泵最大流量 $500m^3/h$,最高扬程 200m。泵效率比原泵型提高 10% 左右,达到理论曲线的要求。产品技术达到国内先进水平。

湖南湘电长沙水泵有限公司与上海核工程研究设计院严格按照 ASME 规范,联合研发设计成功国内首台适用于 AP1000 的余热排出泵(核三级泵),该产品于 2012 年 2 月顺利通过了鉴定。鉴定专家组认为,该泵结构设计合理,自主研发的水力模型具有高汽蚀性能,各个参数满足设计任务书和有关技术规范的要求,技术达到国际先进水平。

上海凯泉泵业(集团)有限公司承担的"国产化 AP1000 余热排出泵研制"和"国产化 AP1000 化容补水泵研制"两项课题获得 2011 年度上海市重大技术装备研制专项项目立项,并获得专项资助 100 万元;1 000 兆瓦级二代改进型压水堆 CSS850/137 型安全壳喷淋泵、RHR - R910/77 型余热排出泵、HXBD12.5/98 型消防泵、ESW(R)3400/33 型重要厂用水泵、CCWR3160 - 70 型设备冷却水泵(单吸、双吸两种)和 HKNL500 - 600 × 3 型凝结水泵已完成样机试制,具备样机外部见证试验条件和申请鉴定条件;1 000 兆瓦级二代改进型压水堆、LHSI850/100 型低压安注泵已完成 1:1 模型泵厂内试验,与喷淋泵结构类似,具备鉴定条件。上充泵和主给水泵(二代加、AP1000 两种型号)完成模型泵制作,主给水泵于2011年10月通过了中国机械工业联合会组织的技术方案评审。公司承担研制的黄岛国家石油储备地下水封洞库潜没油泵于2011年10月通过了中国通用机械工业协会主持的项目设计评审。2012年2月,国家能源局委托中国机械工业联合会组织召开相关专家鉴定会,见证公司研制的RNS150-560型AP1000余热排出泵样机的热态试验。该样机得到与会专家一致认可,并顺利通过了鉴定。2011年,公司共完成核电、火电、石化用泵等新产品工艺设计41项、工艺文件72套、工艺试验验证36项、重大工艺装备设计3项、重大工艺改进与工艺试验5项,采用新工艺、新技术2项。作为公司核二级泵设计/制造资格许可证取证模拟件而进行研制开发的HGA75-8型核二级高压安全注射泵,满足了《高压安全注射泵设备规范书》的要求,产品部分主要技术指标优于国外同类产品,设计采用的自供油轴承装置配有支撑结构的筒体,配置的蝶形弹簧具有新颖性和自主知识产权,产品水力性能指标达到国际先进水平。该泵流量76.83m³/h,扬程818.42m,泵效率66.44%,必需汽蚀余量6.18m。

广东省佛山水泵厂有限公司研制生产的KHP系列卧式中开多级泵是按照美国石油学会ANSI/API610-2004《石油、重化学和天然气工业用离心泵》标准中的高端产品轴向剖分多级两端支承式BB3型泵的要求进行设计的。选用高效率、低汽蚀余量值的水力模型,再利用流体力学计算工具CFD对模型进行计算验证和优化设计。除效率高、汽蚀余量低、流量范围大、扬程高外,由于采用叶轮对称布置及双蜗壳结构设计,尽量降低轴向力和径向力,提高了产品的可靠性。此外,因为提供多种材质选择,使用户在选用、操作、维护方面更加简单和方便。该产品主要针对石化行业的油田注水、原油、成品油管线输送、炼油厂进料用泵等用途设计,是石化行业不可或缺的关键设备。产品成功应用于中海石油(中国)有限公司海上采油平台,不但为国家节约了大量外汇,还打破了进口泵在中海石油(中国)有限公司油田注水和原油外输领域一统天下的格局。该产品已申请1项发明专利、2项实用新型专利,其中2项实用新型专利已授权。

丰球集团有限公司研制生产的高效高扬程潜水切割泵被国家科技部列入2011年第一批科技型中小企业技术创新基金项目。该产品主要适用于市政工程、商务宾馆、饭店、中小医院、小型工厂及居民生活等场合的污水处理,尤其适用于为预制泵站配套。该项目针对普通切割泵流量小、扬程低,以及起动困难、结构不够紧凑、流道容易堵塞、切割效果差、刀具使用寿命短等缺陷,采用自主开发的带有电子开关的大功率单相油浸式潜水电动机,提高了起动力矩,拓宽了电压适用范围;采用自主开发的一体式成型两级蜗壳,两级蜗壳与过滤段之间无需安装连接,结构紧凑、安装方便、安全可靠,同时优化了流道结构,提高了有效扬程;采用带有三层切割刀片的旋转刀体与带有U形槽口的固定刀体的组合,实现切割、撕割与磨压多重功效,有效提高了切割效果,避免了细小坚硬颗粒对刀具的损伤与钝化,延长了刀具使用寿命。2011年,公司完成了4种新产品的开发。①HS40-10-2.2泥沙泵。该产品在铝合金表面涂覆一层聚四氢呋喃二元醇(PTMG),增加了耐磨性;出水口置于泵的中上部,有利于电动机冷却;泵的出水口与泵轴线呈45°角的结构配置,方便用户安装。主要性能参数:最大流量60.51m³/h,最高扬程17.81m,最高效率43.61%,电动机功率2.2kW,介质泥沙量≤30%。该泵耐磨性好,且非常适合在泥沙介质极高的环境中使用。经鉴定,产品在出水口设计和表面涂覆工艺上的创新技术处于国内同类产品的领先水平。②400QJB-2.2-QG切割型潜水搅拌机。主要性能参数:螺旋桨直径200~800mm,电动机功率1.5~22kW,叶片转速730~1 470r/min,轴向推力150~5 000N。该产品在传统潜水搅拌机的基础上加装了切割装置,切割装置的旋转刀镶嵌在螺旋桨上,旋转刀的导引装置侧面呈抛物线状,曲线方向与旋转方向一致,有利于往外抛出被切碎的污物,减少了污物在螺旋桨轮毂处的堆积和缠绕,提高了密封的可靠性,延长了潜水电动机的使用寿命。该泵适用于工矿企业等领域的现代污水处理。经鉴定,产品旋转刀结构的创新设计处于国内同类产品领先水平。③QDX12-30-1.5不锈钢潜水排泥沙泵。主要性能参数:额定流量12m³/h,额定扬程30m,功率1 500W,转速2 850r/min。该产品叶轮采用无过载离心泵设计方法进行设计,功率适应性好,泵环境适应性强;采用上出水结构,过流部件采用球墨铸铁,外壳采用铸铝和不锈钢,耐腐蚀性好。产品主要用于一些养殖藕塘、池塘中含淤泥比较多的场所,或者是含泥沙不是很多的农田。经鉴定,产品技术处于国内同类产品领先水平。④FQG2-21C型潜水螺杆切割泵。该泵最大流量3.3m³/h,最大扬程45m。该产品在螺杆端头设置不锈钢切割刀具,使螺杆泵同时具有切割功能;自主设计了中空结构的螺杆,电动机传动轴通过中空结构与安装在螺杆一端的切割刀相连接,结构紧凑;螺杆泵采用橡胶衬套定子,具有一定的柔性,适用水下污泥的切割和输送。产品是集成式预制小型输送泵站的关键配套设备,具有较大的市场前景。经鉴定,产品在螺杆泵集成切割功能上的创新技术处于国内同类产品领先水平。

2011年,上海阿波罗机械股份有限公司完成了百万千瓦级压水堆核电站上充泵、余热排出泵、安全壳喷淋泵和低压安注泵的设计方案并成功举行了专家研讨会。①上充泵(ARCV):流量13.6~160m³/h,扬程500~1 860m。该泵为卧式、双壳体、多级离心泵,外形尺寸较小,结构较为简单,加工难度较小,检修方便。②余热排出泵(ARRA):流量120~1 475m³/h,扬程43~95m。该泵为卧式、单级、单吸、悬臂式离心泵,结构简单,拆装快捷,维护方便。③安全壳喷淋泵(AEAS):流量100~1 250m³/h,扬程100~180m。该泵为立式筒袋式单吸多级泵,结构经典,拆装快捷,维护简单。④低压安注泵(ARIS):流量100~1 100m³/h,扬程58~155m。该泵为立式筒袋式单吸多级泵,结构经典,拆装快捷,维护简单。2011年,公司采用多种中分面密封垫材料，对水平中开多级泵中分面密封进行多次试验，现在已经掌握了该型号泵在高压下的密封技术。

上海连成（集团）有限公司经过多年的潜心研发，成功研制出专用于SFOW系列水厂的单级双吸离心泵。该产品采用全新的设计方法设计水力模型，效率比常规的设计方法高3%～5%；采用双叶轮结构，相邻叶片交错布置，消除了泵在运行时的水力脉冲，提高了效率；叶轮采用精密铸造，泵体采用树脂砂造型，流道采用特殊加工工艺等先进技术，大幅度提高了产品的运行效率。

大连深蓝泵业有限公司研制生产的余热排出泵（核安全二级）主要性能参数：流量120m³/h、910m³/h、1 475m³/h，扬程43m、77m、95m，温度200℃，压力10.0MPa。该泵为卧式单级单吸悬臂式结构，适用于冷热冲击和含杂质等特殊运行工况，并满足地震状态下的完整性和可运行性。设备冷却水泵（核安全三级）主要性能参数：流量2 855m³/h，扬程63.6m，温度120℃，压力2.0MPa。该泵为单级、单吸、悬臂、卧式径向剖分离心泵，泵吸入口为水平轴向（端部），吐出口为径向向上（顶部），进出口配置配对法兰；泵进口配置导流装置，起到稳流的作用；可以满足高汽蚀性能要求，并满足地震状态下的完整性和可运行性。重要厂用水泵（核安全三级）主要性能参数：流量3 000m³/h，扬程28m，温度80℃，压力1.6MPa。重要厂用水泵机组由泵、联轴器、电动机、电动机支架、底板（泵用）、测温测振装置和其他必要的辅助系统设备组成，泵吸入口为竖直轴向向下（端部），吐出口为水平切向（侧面）。可以满足高汽蚀性能要求，并满足地震状态下的完整性和可运行性。硼酸输送泵（核安全三级）主要性能参数：流量16.6m³/h，扬程85m，温度80℃，压力1.6MPa。该泵为单级单吸卧式悬臂式结构，吸入口为水平轴向（端部），吐出口为径向向上（顶部）；可以满足高汽蚀性能要求，并满足地震状态下的完整性和可运行性。PTR乏燃料水池冷却泵（核安全三级）主要性能参数：流量421.5m³/h，扬程47.5m，温度120℃，压力1.6MPa。该泵为单级单吸卧式悬臂式结构，吸入口为水平轴向（端部），吐出口为径向向上（顶部）；可以满足高汽蚀性能要求，并满足地震状态下的完整性和可运行性。SCSK水平中开多级泵主要性能参数：流量10～1 500m³/h，最高扬程3 000m，温度－40～200℃，压力10～35MPa。产品适用于石油开采、石油化工、煤化工、管线输送、海水淡化、电厂、高压液力能量回收透平、贫液泵、富液泵、电厂锅炉给水、钢厂除焦除磷及油田注水等领域。LDB系列立式多级筒袋泵主要性能参数：最大流量15 000m³/h，最高扬程1 000m，温度－40～250℃。适用于输送各种清洁或污染、低温或高温、化学中性或腐蚀性的液体，主要用于炼油厂、石油化工、低温工程、管线调压或海上平台、能源工业冷凝液抽取等领域。

2011年，襄樊五二五泵业有限公司研制的“新型大功率大流量磁力驱动泵”获得湖北省科技进步奖三等奖，“高效烟气脱硫循环泵”实用新型专利获得中国专利优秀奖，“LC900/1150高效烟气脱硫循环泵”获得国家自主创新产品称号。2011年，公司科研成果项目销售收入占销售总收入的50%以上。在狠抓产品创新的同时，公司还大力开展工艺创新活动。2011年襄樊五二五泵业有限公司新产品研制情况见表7。

表7　2011年襄樊五二五泵业有限公司新产品研制情况

产品名称	产品型号	主要性能参数	技术水平
石油化工流程泵	LCP250－315	流量700m³/h，扬程28m，转速1 480r/min，效率70%	国内先进
高效烟气脱硫循环泵	LC900/1150	流量12 500m³/h，扬程23.82m，转速460r/min，效率87.8%	国际先进
重型渣浆泵	LH300－100	流量1 800m³/h，扬程60m，转速592r/min，效率70%	国内先进
磁力泵	CLB250－250－500	流量600m³/h，扬程48m，转速1 450r/min，效率68%	国际先进

2011年，西安泵阀总厂有限公司研制完成的锆泵被列入陕西省2011年重大科技创新项目计划。公司研制成功系列锆泵，结束了国内锆泵全部依靠美国进口的局面，填补了国内空白，为实现我国重大装备国产化做出了贡献。产品已在河南顺达化工科技有限公司的20万t/a醋酸项目和山东华鲁恒升化工有限公司的20万t/a醋酸项目上得到应用。经试用，用户认为产品技术达到同类进口产品水平，可以替代进口。该产品为用户带来了显著的经济效益，以XGB150－100－400母液循环泵为例，每台进口价68万美元，而公司每台销售价仅为187万元。该产品现已通过中国石油和化学工业联合会的投产鉴定。锆泵研发项目总投资1 800万元，2011年年底之前完成，形成年产锆泵4 000万元的目标。

辽宁恒星泵业有限公司研制生产的HPT型大功率管道输油泵被列为辽宁省科技成果转化项目。2011年，公司试制成功的KND450－93.5×3型多级水平中开式输油泵和KSY490－47型中开式给油泵，技术均达到国际先进水平，可替代进口产品。试制成功了JY型剪切式胶体磨，该产品主要用于建筑防水行业以及高等级公路建设的改性、乳化沥青制备领域，与国内同类产品对比，效率提高3倍以上。

2011年，武安市宏泰机械泵业有限公司研发的RYS125－80－250型离心式热油泵等RY热油泵系列产品现已达200多个规格和型号。RYS125－80－250型离心式热油泵主要技术参数：流量160m³/h，扬程80m，转速2 900r/min，泵效率为73%。在设计上继承了原RY系列离心式热油泵的结构特点，吸取借鉴了国外先进的设计理念和经验，密封形式采用软填料＋单端面机械密封，提高了泵的运行可靠性。该产品结构简单，性能优良，运行成本低，寿命长，采用单端面机械密封，长期使用无泄漏，符合国家节能减排政策，适用于输送不含固体颗粒的高温导热油及与导热油物理性质相似的石油产品，可广泛应用于石油化工、合成纤维、纺织印染、木材加工、造纸、有机硅、焦化及塑料加工等多种行业。RYS125－80－250型离心式热油泵已成功投入市场，经运行跟踪，使用效果很好，市场前景广阔。

上海第一水泵厂有限公司研制开发的吸程高、能够避免汽蚀发生的MD(Y)系列高吸程矿用卧式多级泵，其结构比双吸泵结构简单，能够有效地提高泵的吸程。该泵对原MD系列泵吸入结构进行了改进设计，并在首级叶轮前加设特殊设计的螺旋形诱导轮。螺旋形诱导轮不易汽蚀，且能产生一定的扬程(压力)，增加了下一级叶轮进口的压力，提高了泵的抗汽蚀能力。该泵结构简单，节省了大量的原材料和投入；比国内原有MD泵的吸上高度大，抗汽蚀性能好，可以大大减少矿井的投资。

南方泵业股份有限公司研制生产的VMHP型高压泵是专为膜法海水淡化系统配套研发的具有国际先进水平的高压泵产品。该研发项目被列入"浙江省科技兴海重大攻关专项"项目，并获得政府部门的重点资助。VMHP型高压泵主要技术参数：流量45m^3/h，扬程597m，效率75.5%，转速2 950r/min，消耗功率97kW。该产品具有如下特点：关键水力部件采用不锈钢板冲压、焊接，流道光滑、形线准确，水力效率非常高；叶轮形线由冲模保证，液体流动光滑，叶轮平衡性好，运转平稳，振动小，噪声低；叶轮采用背靠背安装，自身实现水力平衡，无需专门的平衡机构，结构简单，可靠性好；采用两台串联结构，只需对一台泵进行变频即可满足SWRO系统要求，故变频器功率只占整机功率的1/2，大大降低了变频器的投资；与海水接触的所有零部件全部采用非常耐海水腐蚀的双相不锈钢或超级奥氏体不锈钢材料，耐腐蚀性能优，使用寿命长；采用整体、便拆式机械密封，只需拆去联轴器即可完成机械密封的更换，无需拆动进出口管路和泵体。经用户实际使用一年后，产品性能和质量接近、甚至超过进口同类产品，且有较强的价格优势，是非常理想的替代进口产品。

江苏双达泵阀集团有限公司2011年申报的"大型波纹管式隔膜泵关键技术研究及产业化"项目被列为江苏省科技成果转化专项资金项目，项目已进入实质性实施阶段。根据我国原盐开采业、氯碱工业和纯碱工业的需求，公司开发了SDQL1400大型盐化工循环泵，经专家鉴定，该产品可以替代进口，2012年即可投放市场。该产品开发成功后，将形成盐化工泵口径350～1 400mm的系列产品。该公司与上海发电设备成套设计研究院合作研制开发了具有自主知识产权的CAP1400核电冷却水循环泵。根据我国核电站常规岛污水排送泵的要求，公司设计了WFB系列部分规格的高效、副叶轮密封立式自吸泵。该产品借鉴同类产品结构形式和水动力性能，采用独特的设计方法和新颖的结构形式，在同等性能参数下，泵的效率提高5%～15%，既节约了能源，又减少了设备的运行成本。

2011年，湖北省天门泵业有限公司研制的"喷水推进装置SS2377超低碳双相不锈钢精密铸件"在武汉通过了国家级国防科技成果鉴定。喷水推进装置广泛用于高速舰船，其材质为超低碳双相不锈钢。该材质冶炼、浇铸、固熔热处理技术是世界公认的难题，仅有瑞典、日本、美国等少数国家掌握了其成型技术。公司从研制D970型喷水推进装置中的全部超低碳双相不锈钢精密铸件入手，对导叶体、叶轮和壳体等一系列精密铸件进行了试制，掌握了利用精密树脂砂型铸造空间扭曲复杂薄壁翼型导叶片的整体成型技术，铸造的叶片无需机加工。利用铸造模拟仿真软件对铸造工艺进行优化，开发了阶梯浇铸、高温打箱落砂等工艺方法，有效地防止了铸件缺陷的产生，研制成功D970型喷水推进装置和国内首台(套)5 000千瓦级喷水推进装置SS2377的超低碳双相不锈钢系列精密铸件；实现了铸件γ/α两相相比和固溶热处理温度的优化控制；其金相组织、晶间腐蚀、力学性能、铸件射线探伤和水压试验等指标均经过第三方检测机构检验，并通过了中国船级社认可。2011年，国内首创高功率船用喷水推进装置研制项目被国家发展和改革委员会列入国家重点支持重大装备项目并获资金支持。公司研制的D970型喷水推进装置关键部件总体质量达到了技术规格书的要求，产品获得了中国船级社认可，已成功应用于中石油海上应急救援响应中心的高速搜救船；5 000千瓦级大功率喷水推进装置超低碳双相不锈钢精密铸件的研制也取得成功，产品已经应用在海军高速三体搜救船上。

2011年，湖北省天门泵业有限公司开发研制的渣浆压滤泵被评为国家重点新产品、湖北省自主创新产品。主要技术指标：流量144m^3/h，扬程68m，转速1 480r/min，效率58%，轴功率45.92kW。该产品无污染、节能显著，泵效率平均提高12%，使用寿命延长30%～50%，年运行300天可减少耗电约10万kW·h。公司研制的浓浆泵为卧式单级悬臂离心式渣浆泵，主要技术指标：流量119～1 920m^3/h，扬程13.9～85m，适用于冶金、煤炭、矿山、建材、化工等行业输送高浓度、高粘度渣浆(浆体浓度≥70%)，在允许的工作压力(≤3.6MPa)范围内可多级串联使用。该浓浆泵过流部件使用特殊合金制造，耐磨耐蚀性好，传动部分采用水平中开式稀油润滑托架，设有内外两套水冷系统；采用"无过载设计"，径向吸入，稀油润滑，结构简单；应用CAD、CFD、CAPP等技术，水力性能优良、效率高；与普通渣浆泵相比较，该泵进口直径加大，叶轮叶片数减少，并加装诱导轮，可确保泵具有优良的汽蚀性能和输送高粘度、高浓度渣浆的能力。公司研制了泵类半闭式叶轮，与开式叶轮不同，该叶轮有部分前盖板；与闭式叶轮也不同，该叶轮的前盖板只是部分遮盖叶轮，进口部分可见叶片。独特的半闭式叶轮结构，使配制半闭式叶轮的泵既具备开式叶轮和半开式叶轮特点，当来料不足时，仍能正常工作，又具备闭式叶轮效率高的优点。半闭式叶轮特别适用于泡沫渣浆泵和液下渣浆泵。

石家庄工业泵厂有限公司2011年承担了石家庄市科

学技术研究和发展计划“耐腐抗磨特种高合金材料的研制”课题，并完成样机制作，现已进入现场工业性试验阶段。公司设计开发了衬陶瓷耐磨旋流器系列。该系列旋流器采用普通钢板内衬耐磨氧化铝陶瓷材料，增强了旋流器的耐磨性，提高了旋流器的使用寿命，具有内表面粗糙度高、不易结垢、耐磨损、耐酸碱腐蚀及重量轻等特点，完成了150DG－48CS双级侧吸泵设计试制工作。该泵采用托架式结构，泵头采用双蜗壳、双级叶轮结构，大幅度提高了单泵的扬程；叶轮对称布置可自行平衡轴向力，降低了轴承载荷，提高了轴承寿命；吸入室采用环形结构，侧向吸入口，使轴封处形成负压，密封效果理想，根本解决了轴封泄漏的难题。完成了DNM280－43、DNM450－60、DNM280－65耐磨多级泵的设计工作。该系列泵采用叶轮对称布置方式，取消了平衡盘结构，且后轴承采用两盘推力轴承背靠背安装，很好地解决了轴向力的平衡问题。设计开发了250ZJL－A50分级机供料泵，该泵流量大，配带功率达到200kW，为方便加工及装配，改进了蜗壳联接结构及支撑板方向。开发设计了300SN－66等多规格耐磨双吸泵，填补了洗煤等多种工况用泵的空白。公司为满足尾矿输送等高磨损工况，研制了高抗磨材料GLH－81，现已制成100ZJ－50、300ZJ－56渣浆泵样件并进行了现场工业性试验。此外，还进行了船用泵叶轮材料和铸态抗磨GLH－8材料的研制。

四、质量与质量管理

截至2011年年底，泵业分会会员企业中已有近200家企业通过了ISO9001质量管理体系认证。经过修订，2011年泵行业共有现行标准81条。泵行业现行标准目录见表8。

表8 泵行业现行标准目录

序号	标准代号	标 准 名 称	代替标准
1	GB/T 3214—2007	水泵流量的测定方法	GB/T 3214—1991
2	GB/T 3215—2007	石油、重化学和天然气工业用离心泵	GB/T 3215—1982
3	GB/T 3216—2005	回转式动力泵 水力性能验收试验1级和2级	GB/T 3216—1989
4	GB/T 5656—2008	离心泵技术条件(Ⅱ类)	GB/T 5656—1994
5	GB/T 5657—1995	离心泵技术条件(Ⅲ类)	
6	GB/T 5660—1985	轴向吸入离心泵底座尺寸和安装尺寸	
7	GB/T 5661—2004	轴向吸入离心泵机械密封和软填料用空腔尺寸	GB/T 5661—1985
8	GB/T 5662—1985	轴向吸入离心泵(16bar)标记、性能和尺寸	
9	GB/T 7021—1986	离心泵名词术语	
10	GB/T 7782—2008	计量泵	GB/T 7782—1996
11	GB/T 7784—2006	机动往复泵 试验方法	GB/T 7784—1987
12	GB/T 7785—1987	往复泵分类和名词术语	
13	GB/T 9069—2008	往复泵噪声声功率级的测定 工程法	GB/T 9069—1988
14	GB/T 9234—2008	机动往复泵	GB/T 9234—1997
15	GB/T 10886—2002	三螺杆泵	GB/T 10886—1989 GB/T 10887—1989
16	GB/T 13006—1991	离心泵、混流泵和轴流泵 汽蚀余量	
17	GB/T 13007—2011	离心泵效率	GB/T 13007—1991
18	GB/T 13008—2010	混流泵、轴流泵 技术条件	GB/T 13008—1991
19	GB/T 13364—2008	往复泵机械振动测试方法	GB/T 13364—1992
20	GB/T 13929—2010	水环真空泵和水环压缩机 试验方法	GB/T 13929—1992
21	GB/T 13930—2010	水环真空泵和水环压缩机 气量测定方法	GB/T 13930—1992
22	GB/T 14794—2002	蒸汽往复泵	GB/T 9235—1988 GB/T 14794—1993
23	GB/T 16907—1997	离心泵技术条件(Ⅰ类)	
24	GB/T 18149—2000	离心泵、混流泵和轴流泵 水力性能试验规范精密级	
25	GB 19762—2007	清水离心泵能效限定值及节能评价值	GB 19762—2005
26	GB/T 19840—2005	回转式容积泵 技术要求	
27	GB/T 25140—2010	无轴封回转动力泵 技术条件(Ⅱ类)	
28	GB/T 25141—2010	自吸式回转动力泵 型式与基本参数	

（续）

序号	标准代号	标 准 名 称	代替标准
29	GB/T 26115—2010	离心式　纸浆泵	
30	GB/T 26116—2010	内燃机共轴泵　试验方法	
31	GB/T 26117—2010	微型电泵　试验方法	
32	JB/T 1050—2006	单级双吸离心泵　型式与基本参数	JB/T 1050—1993
33	JB/T 1051—2006	多级离心泵　型式与基本参数	JB/T 1051—1993
34	JB/T 3564—2006	长轴离心深井泵　型式与基本参数	JB/T 3564—1993
35	JB/T 3565—2006	长轴离心深井泵　效率	JB/T 3565—1993
36	JB/T 4297—2008	泵产品涂漆　技术条件	JB/T 4297—1992
37	JB/T 5413—2007	混流泵、轴流泵开式叶片　验收技术条件	JB/T 5413—1991
38	JB/T 5415—2000	微型离心泵	
39	JB/T 6434—2010	输油齿轮泵	JB/T 6434—1992
40	JB/T 6435.1—2006	小型多级离心泵　型式与基本参数	JB/T 6435.1—1992
41	JB/T 6534—2006	离心式污水泵　型式与基本参数	JB/T 6534—1992
42	JB/T 6537—2006	管道式离心油泵　型式与基本参数	JB/T 6537—1992
43	JB/T 6538—2008	往复式增压泵	JB/T 6538—1992
44	JB/T 6878—2006	管道式离心泵	JB/T 6878.1—1993　JB/T 6878.1—1993
45	JB/T 6879—2008	离心泵铸件过流部件尺寸公差	JB/T 6879—1993
46	JB/T 6880.1—1993	泵用灰铸铁件	
47	JB/T 6880.2—2008	泵用铸钢件	JB/T 6880.2—1993
48	JB/T 6880.3—1993	泵用抗磨白口铸铁件	
49	JB/T 6881—2006	泵可靠性测定试验	JB/T 6881—1993
50	JB/T 6882—2006	泵可靠性验证试验	JB/T 6882—1993
51	JB/T 6883—2006	大、中型立式轴流泵　型式与基本参数	JB/T 6883—1993
52	JB/T 6884—2010	液下式离心泵　型式与基本参数	JB/T 6884—1993
53	JB/T 6912—2008	泵产品零件无损检测　磁粉探伤	JB/T 6912—1993
54	JB/T 6913—2008	泵产品清洁度	JB/T 6913—1993
55	JB/T 7255—2007	水环真空泵和水环压缩机	JB/T 7255—1994
56	JB/T 7256—1994	自吸离心泵　型式与基本参数	
57	JB/T 7742—1995	小型磁力传动离心泵	
58	JB/T 7743—2011	旋涡泵	
59	JB/T 8059—2008	高压锅炉给水泵　技术条件	JB/T 8059—1996
60	JB/T 8091—1998	螺杆泵　试验方法	
61	JB/T 8096—1998	离心式渣浆泵	
62	JB/T 8097—1999	泵的振动测量与评价方法	
63	JB/T 8098—1999	泵的噪声测量与评价方法	
64	JB/T 8099—1999	油田用转子式稠油泵	
65	JB/T 8644—2007	单螺杆泵	JB/T 8644—1997
66	JB/T 8645—2011	潜水螺杆泵	JB/T 8645—1997
67	JB/T 8687—1998	泵类产品　抽样检查	
68	JB/T 8688—1998	塑料离心泵	
69	JB/T 8697—1998	隔膜泵	

（续）

序号	标准代号	标 准 名 称	代替标准
70	JB/T 8857—2011	离心式潜污泵	JB/T 8857—2000
71	JB/T 9087—1999	油田用往复式油泵、注水泵	ZB J71005—1998 ZB J71019—1989
72	JB/T 9088—1999	往复式杂质泵	ZB J71006—1988
73	JB/T 9089—1999	试压泵	ZB J71012～015—1989
74	JB/T 9090—1999	容积泵零部件液压与渗漏试验	ZB J71018—1990
75	JB/T 10378—2002	固定式消防泵	
76	JB/T 10459—2004	滑片泵	
77	JB/T 11007—2010	高剪切匀浆泵、乳化泵	
78	JB/T 11008—2010	高速部分流泵	
79	JB/T 11170—2011	凝结水和乏汽闭式回收水泵装置	
80	JB/T 11171—2011	溴化锂吸收式空调机内用屏蔽电泵	
81	JB/T 11172—2011	液环压缩机	

2011年，石家庄强大泵业集团有限责任公司通过了华信技术检验有限公司对Q/E/O管理体系的监督审核。公司组织并完成了国军标质量管理体系的现场审核及换版审核；完成了煤安认证66种新申办和续办产品的申报、技术审查和样品抽样的性能试验；完成了CE认证及渣浆泵产品的焊接认证，为公司产品的出口创造了有利条件；完成了日常产品船检认证的相关工作，确保了公司船用泵产品的正常销售。组织对相关管理人员进行新版“四合一”管理体系文件的培训，加强对相关人员过程空白点分析知识的培训；组织有关部门运用过程方法对产品各过程的输入进行空白点综合分析，并对发现的空白点进行补充、完善、整改及纠正预防措施的验证，确保了体系运行的有效性；组织对相关人员进行煤安知识、过程控制理论和方法、管理体系基础知识的培训、考试；组织开展广大员工参加的QC小组活动，选派优秀QC小组参加石家庄市组织的优秀QC小组评选大会并获奖；组织开展“质量月”活动，增强了全体员工的质量意识。

湖北同方高科泵业有限公司不断完善公司的质量管理体系和标准化工作，重新修订了三合一管理体系文件，践行“质量是检查出来的、质量是购买出来的”的质量理念。公司从德国西门子公司引进产品设计制造技术，执行德国DIN标准，并根据广大用户的市场反馈，结合JB/T 7255—2007行业标准，制定和完善了更高要求的Q/TF36—2008、Q/TF37—2008、Q/TF38—2008企业内控标准。产品的试验方法、气量测定、抽样检查、振动测量、噪声测量分别采用GB/T 13929—1992、GB/T 13930—1992、JB/T 8687—1998、JB/T 8097—1999、JB/T 8098—1999等标准。公司被湖北省质量技术监督局评为2011年度省级标准化良好行为创建企业。

石家庄工业泵厂有限公司以控制综合管理体系正常运行为手段，不断加强月度体系检查和例会制度，强化过程管理，使管理体系运行更加合理，确保了公司产品质量的稳步提高。通过认真组织内审检查，查漏纠缺，不断改进，推动了公司管理体系管理日常规范到位和外部监督审核的顺利通过。扩展“QC”活动范围，进行动态操作，不定期增添项目计划，调动全员参与的积极性。积极开展“质量月”活动，强化宣传，巩固培训效果，使质量意识更加深入人心。提高产品外表质量，完成了铸造工装铁木结合模型的改造，部分投入使用。强化内部质量把关，规范炉料采样制作、轴承检验、铸造工序检验的方法及制度，维护了公司的利益。改造了试泵站阀门，提升了试验自动化程度，工作效率大大提高。坚持周质量例会制度，协调解决产品生产过程中各种质量问题60余起。

2011年12月，沈鼓集团核电泵业有限公司经华信技术检验有限公司认证，通过了ISO9001:2008国际质量管理体系认证，证书有效期至2014年12月19日。

2011年8月，大耐泵业有限公司接受了北京华信检验有限公司对公司环境/职业健康安全管理体系的复审，完成了环境管理体系（ISO14001:2004）和职业健康安全管理体系（OHSAS18001:1999）的换证工作。

2011年，上海阿波罗机械股份有限公司通过了ISO9001:2008质量管理体系认证，有效期至2014年1月24日。

2011年，辽宁恒星泵业有限公司通过了美国石油学会的APIQ1/ISO9001的复审，同时通过了东北认证有限公司的ISO14001环境管理体系认证。公司生产的离心泵执行API610标准。

武安市宏泰机械泵业有限公司于1998年通过了中国船级社ISO质量管理体系认证，2011年通过了换证复评及每年一次的监督审核。

五、基本建设及技术改造

2011年，泵行业累计完成固定资产投资205 369万元，同比增长17.8%；重点骨干企业完成固定资产投资109 725万元。

沈阳鼓风机集团股份有限公司斥巨资建造了拥有精良设备的现代化泵类产品生产制造基地。生产制造基地于2011年5月竣工，并于同月顺利完成了沈鼓集团核电泵业有限公司的整体搬迁工作。沈鼓集团不断加大工艺装备投入力度，加速设备更新换代，拥有从欧、美、日等设备制造厂商进口的和国内品牌厂家制造的各种高精尖设备2 040台。其中，金属切削机床979台（数控机床75台），先进的检验、测试设备230台（套）。当前水泵试验区共有10个试验台位，试验主水池8 000m^3，试验最大功率12 000kW，试验流量最大可达21万m^3/h，最高压力为40MPa，温度为350℃。在核电产品新建厂房正在组建国内唯一的AP1000核主泵试验台。待AP1000核主泵试验台组建完毕，沈鼓集团将拥有组装、试验第三代核主泵的能力。

2011年，大耐泵业有限公司第三代核电及大型石化成套关键泵国产化项目如期竣工，项目投资总额达6 800余万元。这是继公司搬迁至双D港以来又一规模庞大的工程。新建机械加工车间、组装车间共6 535m^2，新建零配件车间2 998m^2；增加大型数控车床、大型镗铣床、大型立式车床等先进机加工设备14台（套）；新建先进的闭式试泵站，并依托此试泵站成立了大连市高端石化泵工程实验室；为满足日益密集的生产需要和保障职工的健康和安全，启动了涂装室改造工程，加装了吸尘设备和吊车等装置，改造后作业面积由原来的约50m^2扩建至532m^2。

上海凯泉泵业（集团）有限公司为了全面进军核电和火电用泵领域，2011年，投资2亿元建造了建筑面积达1万m^2的重型车间。同时，还投资1亿元从国外进口大批最先进的技术装备，如Profimill4000/100－T六轴五联动龙门镗铣加工中心、AC46TM－4000重型高精立式车铣中心和TRT314HS六轴五联动加工中心。

上海阿波罗机械股份有限公司为配合核泵研发、生产，从2009年起先后投入1.44亿元改建核泵研发中心。该项目被列入“国家产业振兴和技术改造项目”和“上海市高新技术产业化项目”，并获得专项资金资助。现已完成技术研发中心、焊接中心的改造，添置了大型数控加工设备共10余台（套）。

西安泵阀总厂有限公司整体搬迁改造工程自2011年3月15日起正式开工建设。公司新址位于西安市灞桥区纺织产业园，项目总投资5亿元，其中从原厂区搬迁资金34 000万元，新投入资金16 000万元。新征土地8.3万m^2（125亩），新建建筑面积57 000m^2，计划2012年8月底前竣工，年内全部搬迁完毕。

襄樊五二五泵业有限公司2011年圆满完成国拨资金军转民项目“大型烟气脱硫循环泵研制与开发项目”的审核验收，奠定了公司承担国家级科技开发项目的基础。按照公司二期技改建设总体进度安排，总装及测试工房工程建设项目已全部完成，各项设备正在安装调试，计划2012年4月进行生产运行。

2011年，辽宁恒星泵业有限公司“大功率管道输油泵技术改造项目”获得国家发展和改革委员会1 259万元的资金支持，项目计划于2012年底完成。该项目完成后将极大地提升公司的综合配套能力，预计达到年产100台管道输油泵的生产能力，可实现年销售收入32 000万元。

大连深蓝泵业有限公司核电用泵国产化技改项目投资10 997万元，其中，辅助设施投资6 343万元；购置设备224台（套），共投资4 654万元，工程建设已经全面完工。该项目可达到年产800台核电用泵的生产能力，年生产核电产品铸钢件2 000t，新增销售收入2.3亿元。

中国有色（沈阳）泵业有限公司投资43 703万元建设“石油化工用隔膜泵项目”和“能源装备用隔膜泵生产过程智能化技术改造项目”。公司形成年生产隔膜泵产品100台的能力，成为国内唯一的大型隔膜泵研发、制造专业企业，并拥有自主知识产权。

江苏海狮泵业制造有限公司为核电产品研发工程项目新建厂区占地面积10.7万m^2（160亩），建筑面积5万m^2，累计完成固定资产投资额7 600万元。

山东华成集团有限公司为了开辟新的发展空间，投资16.8亿元用于建造国际一流的减速机基地，项目占地面积33.3万m^2（500亩），分三期实施。2010年底，项目一期顺利竣工投产，2011年初项目二期正式启动。为了生产国际一流的产品，公司引进了德国霍夫勒数控磨齿机、德国克林贝格齿轮检测中心、奥地利爱协林多功能热处理生产线和日本三菱加工中心等当前世界上最先进的设备。新项目达产后，可年产传动设备2万台，实现销售收入30亿元；年产增速齿轮箱2 000台，可实现销售收入15亿元；年产风力发电机组200套，可实现销售收入15亿元，届时公司的年销售收入将达到60亿元。

2011年，江苏双达泵阀集团有限公司征地13.3万m^2（200亩），用于建设核电泵产业园，园区建成后可为核电站提供核二级、核三级泵及氢气复合器等核电产品。公司的核电站核岛余热排出泵功能性鉴定试验台架已建成投产。

2011年，上海东方泵业（集团）有限公司新添了ULVAC氦质谱检漏仪，主要用于溴化锂空调屏蔽泵整机的气密性检漏试验；新添了便携式数控离子切割机，主要用于溴化锂空调屏蔽泵的泵体泵壳板及其他的不规则轮廓零部件的仿行切割下料。

湖北省天门泵业有限公司NJ系列浓浆泵扩建技术改造项目2011年7月批准立项，项目内容包括增加必需的设备、仪器、仪表，建设建筑面积6 500m^2的研发大楼和对生产线进行调整和改造，项目总投资6 248万元。项目建成后，年产量将增加到3 000台，新增销售收入14 758万元、利润2 235万元、税金1 000万元。

2011年，石家庄工业泵厂有限公司以“铸造消失模工艺试制”为重点展开技术攻关工作。消失模铸造技术是先进的精密铸造工艺，对于提高产品质量，降低产品成本具有积极的意义。公司先后购置了大型数控龙门铣床，用于模具制作；购置了消失模铸造设备并安装投入使用；通过应用消失模铸造工艺对部分 ZJ 系列渣浆泵进行了升级换代的研制，为提升产品品质打下了坚实的基础。公司在保证正常生产的前提下，在防范投资风险和市场风险的基础上，扎实推进大泵基地项目建设。公司完成了铸造分厂造型北车间的改造，拆除了钢炉、配电室，扩大了大泵生产工艺地坑，增加了造型面积；改造铸造分厂南车间熔化作业区，实现了普通铸铁件向耐磨铸铁件的切换，结合 2t 中频炉的投运，耐磨铸件产量较上年提高 40.15%，大泵产量较上年提高 34.8%；先后完成了铸造分厂新建原辅材料库、将成装分厂向西延伸扩大厂房面积、配件公司新建熔化车间等改造工程，进一步优化了公司的生产布局，显著增强了生产能力；完成了铸造分厂旧原材料库改模具库、成装分厂涂装室搬迁、配件公司路面硬化等基础工程，为优化工艺流程提供了方便条件。

六、企业组织结构和产品结构调整

沈鼓集团核电泵业有限公司当前下设 14 个职能部门，现有员工 640 人。其中，研发设计 163 人、工艺设计 40 人。公司延续了原沈阳水泵股份有限公司的经营业务，依托沈阳鼓风机集团股份有限公司雄厚技术力量和精良设备的优势，不断完善火电站超临界、超超临界机组给水泵的国产化设计制造，并在原来生产火电站设备的基础上，拓展了核电站用泵市场。现主要经营锅炉给水泵、凝结水泵、循环水泵、强制循环泵、军工用泵、核电站主泵、核二级/三级用泵及常规岛用泵、石化行业用泵等 51 个系列、579 个品种的泵类产品。产品服务于电力、石油、化工、冶金、煤炭、纺织、国防军工、环保、城市给排水及造船等领域。

2011 年，上海凯泉泵业（集团）有限公司不断调整产品结构，提升产品能级，确保公司产品更加多样化、更加高端化，向价值链高端发展。通过集团组织机构和资源配置的优化和生产经营管理系统的整合，进一步凸显了产品竞争力和服务的优势。为打造生产营运竞争力，进一步完善了组织架构，重新整合了资源。规范了各分厂内部部门的名称和部门职责，增设管理推进科、技改项目推进科，作为推动分厂内部管理改进的部门，并把各分厂的质检科调整为质管科，计划科调整为生产管理科。各分厂配备技术副厂长、生产副厂长，成立了安全生产管理部，以此推动和改进各分厂生产现场的管理，提高了生产效率和安全系数，改善了现场环境。

2011 年，上海东方泵业（集团）有限公司细化了生产组织机构，将制造中心细分为 7 个事业部，经过一年运行，效果显著。通过对生产组织机构的细化和调整，充分调动了各级领导和员工的积极性，为做专、做精、做深、做透主导产品，为降低成本、提高合同的履行力度奠定了坚实的基础。

〔撰稿人：中国通用机械工业协会泵业分会杨敬兵　审稿人：中国通用机械工业协会泵业分会胡晓峰〕

2011 年风机行业概况

一、生产发展情况

2011 年，中国通用机械工业协会风机分会有 162 家会员单位。其中，企业会员 151 家，大学、研究院所等 11 家。风机分会 151 家企业会员中，国有企业 11 家，集体企业 6 家，股份制企业 5 家，民营企业 78 家，民营股份制企业 35 家，中外合资企业 13 家，外商独资企业 3 家。按大中小型划分，大型企业 4 家、中型企业 42 家、小型企业 105 家。

据风机分会对 120 家会员企业统计，2011 年年末从业人员人数 50 561 人。其中，工程技术人员 7 668 人、管理人员 8 293 人。固定资产原价为 1 122 321 万元，固定资产净值为 785 446 万元。主要设备拥有量 17 954 台，其中，金属切削机床 8 214 台、锻压设备 1 709 台。

2011 年，风机分会 120 家会员企业完成工业总产值 3 763 180万元，比上年增长 16.96%。其中，新产品产值 1 475 527万元，占工业总产值的 39.21%，比上年增长 33.61%，增幅高于上年 14.7 个百分点，工业销售产值 3 555 933万元，比上年增长 23.1%；工业增加值 945 999 万元，比上年增长 10.65%；利润总额 307 103 万元，比上年增长 25.46%；全员劳动生产率 191 389 元/人，比上年增加 10 207元/人。

2011 年，风机分会 120 家会员企业中工业总产值超亿元的企业有 43 家，比上年增加 6 家。其中，工业总产值 1 亿～5 亿元（不包括 5 亿元）的企业 30 家，5 亿～10 亿元（不包括 10 亿元）的企业 8 家，10 亿～20 亿元（不包括 20 亿元）的企业 2 家，20 亿～50 亿元（不包括 50 亿元）的企业 1 家，50 亿～100 亿元（不包括 100 亿元）的企业 1 家，超 100 亿元的企业 1 家。2011 年风机行业工业总产值前 20 名企业见表 1。

表1　2011年风机行业工业总产值前20名企业

序号	企业名称	工业总产值（万元）	同比增长（%）	序号	企业名称	工业总产值（万元）	同比增长（%）
1	沈阳鼓风机集团股份有限公司	1 100 698	10.05	11	山东省章丘鼓风机股份有限公司	63 078	14.80
2	陕西鼓风机(集团)有限公司	625 038	12.49	12	上虞专用风机有限公司	57 870	10.90
3	南阳防爆集团股份有限公司	253 504	35.36	13	湖北省风机厂有限公司	50 879	-2.66
4	重庆通用工业(集团)有限责任公司	130 241	8.82	14	湘潭平安电气有限公司	41 692	-21.18
5	浙江上风实业股份有限公司	114 560	-8.76	15	湖北双剑鼓风机制造有限公司	39 347	19.33
6	上海鼓风机厂有限公司	87 158	8.89	16	南方风机股份有限公司	36 410	17.98
7	山东格瑞德集团有限公司	85 150	4.40	17	成都电力机械厂	34 546	-8.33
8	江苏金通灵流体机械科技股份有限公司	81 837	33.67	18	佛山市南海九洲普惠风机有限公司	34 506	38.63
9	上海大速电机有限公司	66 285	1.98	19	四平鼓风机股份有限公司	34 110	-13.01
10	浙江亿利达风机股份有限公司	63 234	12.12	20	长沙赛尔机泵有限公司	32 300	24.83

2011年，风机产品合计产量7 459 244台，比上年增加242 282台；风机产品产值2 297 136万元，比上年增长23.1%，风机产品产值占工业总产值的61.04%。

2011年，生产离心压缩机438台，比上年增加243台；产值589 879万元，比上年增长81.66%，离心压缩机产值占全部风机产值的25.68%。生产轴流压缩机128台，比上年减少16台；产值237 470万元，比上年下降3.6%，轴流压缩机产值占全部风机产值的10.34%。生产能量回收透平机组92台，比上年减少2台；产值85 479万元，比上年下降14.81%，能量回收透平机组产值占全部风机产值的3.72%。生产离心鼓风机7 884台，比上年减少1 433台；产值167 574万元，比上年增长8.77%，离心鼓风机产值占全部风机产值的7.29%。生产罗茨鼓风机33 976台，比上年增加4 921台；产值114 775万元，比上年增长2.40%，罗茨鼓风机产值占全部风机产值的4.99%。生产离心通风机6 573 525台，比上年减少55 631台；产值583 966万元，比上年增长11.86%，离心通风机产值占全部风机产值的25.42%。生产轴流通风机516 844台，比上年增加94 248台；产值397 331万元，比上年增长19.69%，轴流通风机产值占全部风机产值的17.29%。生产其他风机326 357台，比上年增加199 952台；产值120 662万元，比上年增长62.08%，其他风机产值占全部风机产值的5.25%。叶氏鼓风机虽然没有明令淘汰，但近两年已经停止生产。2011年风机产品产量见表2。

表2　2011年风机产品产量

产品名称	产量（台）	同比增长（%）
合　计	7 459 244	3.36
离心压缩机	438	124.62
轴流压缩机	128	-11.11
能量回收透平机组	92	-2.13
离心鼓风机	7 884	-15.38
罗茨鼓风机	33 976	16.94
离心通风机	6 573 525	-0.84
轴流通风机	516 844	22.30
其他风机	326 357	158.18

二、重大技术装备情况

2011年，沈阳鼓风机集团股份有限公司成功试制了一批世界级新产品：百万吨级乙烯压缩机交付用户；国产化首套长输管线电驱压缩机组试制成功，标志我国大型离心压缩机设计制造技术取得重大突破，其主要技术指标达到世界先进水平，填补了国内空白，打破了该类产品长期依赖进口的局面；PA2产品交付用户并已投产，实现了集团工程成套项目的重大突破，为扩大工程成套能力积累了丰富经验；首批国产化核二级泵交付用户；首台国产化4M125大推力往复压缩机成功开机投产；首台大型冷凝器出产发运；首次仅用6个半月时间完成了华油乌海项目的整机制造任务，再次为我国重大装备国产化续写了新篇章。

2011年，上海鼓风机厂有限公司的“上鼓”牌电站轴流式、离心式风机再度荣获“上海名牌”称号。上海鼓风机厂有限公司为外高桥第三电厂100万kW火电机组提供了全部三大主力风机，即送风机、一次风机和脱硫增压风机，共计12台，均为动叶可调式轴流风机，叶轮直径分别为2m、2.8m和3.8m，配套电动机功率分别为3 300kW、3 700kW和4 200kW。上海外高桥第三电厂从2008年投产发电以来，先后研发实施了12项世界首创技术和6项国内首创技术，其中包括“零能耗脱硫技术”，使两台大型机组创造了每千瓦时电煤耗只有276g的业绩，成为世界上第一个敲开每千瓦时电耗煤280g的最低煤耗关口的火电厂。当前，我国平均每千瓦时电煤耗为329g。而且，这两台机组效率已达到蒸汽温度600℃等级机组的水平，已与下一代更先进的700℃等级机组的期望效率相当。上海鼓风机厂有限公司提供的三大主力风机都达到了电厂管理所要求的高效率。

三、市场及销售

2011 年,风机分会 120 家会员企业完成工业销售产值 3 555 933 万元,比上年增长 23.1%;主营业务收入 3 550 043 万元,比上年增长 19.65%;主营业务成本为 2 745 626 万元,比上年增长 19.38%。

2011 年,风机行业主营业务收入超亿元的企业有 41 家,比上年增加 5 家。其中,主营业务收入 1 亿 ~5 亿元(不包括 5 亿元)的企业 28 家,5 亿 ~10 亿元(不包括 10 亿元)的企业 9 家,10 亿 ~20 亿元(不包括 20 亿元)的企业 1 家,20 亿 ~50 亿元(不包括 50 亿元)的企业 1 家,50 亿 ~100 亿元(不包括 100 亿元)的企业 1 家,超 100 亿元的企业 1 家。有 8 家企业因为企业转制或产品缺乏技术创新、生产工艺落后、企业竞争力薄弱等原因出现亏损。2011 年风机行业主营业务收入前 20 名企业见表 3。

表 3　2011 年风机行业主营业务收入前 20 名企业

序号	企业名称	主营业务收入(万元)	同比增长(%)	序号	企业名称	主营业务收入(万元)	同比增长(%)
1	沈阳鼓风机集团股份有限公司	1 028 877	16.63	11	浙江亿利达风机股份有限公司	65 832	19.98
2	陕西鼓风机(集团)有限公司	532 428	17.97	12	山东省章丘鼓风机股份有限公司	64 727	16.04
3	南阳防爆集团股份有限公司	248 511	30.67	13	上虞专用风机有限公司	56 536	18.82
4	重庆通用工业(集团)有限责任公司	124 675	1.26	14	湖北省风机厂有限公司	49 147	-4.31
5	浙江上风实业股份有限公司	96 741	-11.14	15	南方风机股份有限公司	44 866	32.59
6	上海鼓风机厂有限公司	86 436	16.80	16	湖北双剑鼓风机制造有限公司	37 676	33.01
7	山东格瑞德集团有限公司	84 731	4.53	17	湘潭平安电气有限公司	33 081	-36.57
8	成都电力机械厂	83 058	9.38	18	四平鼓风机股份有限公司	32 126	-19.78
9	江苏金通灵流体机械科技股份有限公司	73 700	25.38	19	长沙鼓风机厂有限责任公司	31 145	5.60
10	上海大速电机有限公司	72 040	13.23	20	浙江义乌星耀风机有限公司	27 228	12.35

2011 年,风机行业有 39 家企业出口产品,比上年增加 6 家。完成出口交货值 141 659 万元,比上年增长 33.53%,出口交货值占工业销售产值的 4%。风机行业出口交货值虽然比上年有较大幅度的增长,但出口的产品以及出口地域仍有一定的局限性。按现行汇率换算,风机行业出口创汇超过 5 000 万美元的企业只有 1 家,3 000 万 ~5 000 万美元的企业有 2 家,500 万 ~1 500 万美元的企业有 6 家,表明风机行业总体创汇能力还比较薄弱。2011 年风机行业出口交货值前 20 名企业见表 4。

表 4　2011 年风机行业出口交货值前 20 名企业

序号	企业名称	出口交货值(万元)	同比增长(%)	序号	企业名称	出口交货值(万元)	同比增长(%)
1	沈阳鼓风机集团股份有限公司	32 129	29.42	11	山东章晃机械工业有限公司	2 500	108.33
2	上海鼓风机厂有限公司	29 821	155.21	12	佛山市南海九洲普惠风机有限公司	2 234	41.75
3	南阳防爆集团股份有限公司	22 811	26.59	13	湖北双剑鼓风机制造有限公司	2 027	54.26
4	陕西鼓风机(集团)有限公司	8 594	80.74	14	山东省章丘鼓风机股份有限公司	1 667	11.8
5	江苏金通灵流体机械科技股份有限公司	6 556	-22.45	15	威海克莱特菲尔风机有限公司	1 442	98.35
6	浙江亿利达风机股份有限公司	5 884	28.47	16	武汉鼓风机有限公司	1 423	-22.37
7	浙江格凌实业有限公司	5 682	12.67	17	四平鼓风机股份有限公司	1 348	-16.79
8	张家港市英德利空调风机有限公司	4 070	-5.19	18	长沙鼓风机厂有限责任公司	1 067	-35.61
9	浙江兴益风机电器有限公司	3 610	2.94	19	鞍山风机集团有限公司	1 047	-12.75
10	重庆通用工业(集团)有限责任公司	2 667	-38.11	20	百事德机械(江苏)有限公司	818	33.66

2011 年,沈阳鼓风机集团股份有限公司面临严峻的宏观经济环境与激烈的市场竞争,积极转变观念,不畏困难,迎接挑战,从夯实企业内部管理入手,狠抓精益管理的推进,狠抓国际和国内两个市场的开拓,狠抓创新能力的提高,狠抓企业文化的建设,狠抓产业链和管理链的延伸,狠抓利润最大化,逆势而上,企业保持了平稳发展,主要经济技术指标再创历史新高。全年累计完成工业总产值 110.1 亿元,同比增长 10.05%;工业增加值 23 亿元,同比增长 4.9%;主营业务收入 102.9 亿元,同比增长 16.63%;利税总额 8.6 亿元,同比增长 19%;利润总额 4.8 亿元,同比增长 36%;产品订货 101 亿元,同比增长 15%。沈鼓集团通过不断增强自主创新能力,在新产品市场与国际市场开发上取得了新成果:签订首套丙烷脱氢制丙烯国产化项目,打开了石化行业高端产品应用市场;签订 21 套 LNG 项目用压缩机合同和 9 套长输管线压缩机有偿订货合同,扩大了输送通道建设的新市场;完成硝酸四合一机组订货,签订了 3 套轴流压缩机;重返循环水泵市场;累计完成 4M125 大推力往复压缩机机订货 14 台以上。上述合同对企业市场开发具

有重要的战略意义。同时，牢牢占据石化、炼油、煤化工等传统市场，中石化、中石油项目用离心压缩机市场占有率超过90%以上；成套订货占比逐渐加大，全年共签订6个EPC项目，占订货总额的10%以上；进一步完善服务体系和呼叫中心功能，产品质量满意率达到85.45%，服务满意度达到94.76%；加大应收账款回收力度，在5年以上应收账款清零工作上狠下功夫，全年回款累计达63亿元，创造了历史新高。

陕西鼓风机（集团）根据装备市场大型化的发展趋势，以市场和客户需求为目标，通过持续不断的技术创新，开发大型化装备，拓展新市场，不断满足客户需求。面向国内市场，公司为客户提供的36万t/a硝酸“四合一”装置机组，占领了当前国内硝酸行业的市场制高点；公司与客户签订的150万t/a PTA项目，是首台（套）向心式尾气膨胀机以及首套大型多轴空压机，项目的实施对公司后续PTA项目和超大型空分（8万～10万m^3/h等级）多轴增压机的技术开发与升级提供了宝贵经验。面向国际市场，公司与海外客户一次性签约多套介质为丙烷的离心压缩机，开创了公司真实气体机组在石化领域的出口先河。同时，公司不断拓展行业边界，首次进入超大型煤制天然气领域，具备了为客户提供大型化、多元化空分产品的能力；在冶金及其衍生行业余热利用设备市场上，公司推广应用首创的烧结余热能量回收机组（SHRT），将“发电”变为“拖动”，为用户减少了发电机及并网系统，降低了投资。SHRT技术的推广应用既发挥了公司的技术优势，又增强了公司为客户提供冶金流程配套项目解决方案的能力。2011年，公司与客户签订了首个保运服务项目“全托式维修保运服务”合同，在专业化维修保运服务道路上迈出了坚实的一大步，显著提升了公司为客户服务的能力。公司还建立“技术＋管理＋服务”的一站式全方位服务体系，为用户机组提供从售前到售后全生命周期的健康管理。公司为客户量身定做一系列机组健康状态管理档案，对公司生产的在用户运行的各类大型机组实施远程监测，提供包括预警、咨询、诊断及现场服务等六大方面的20余项服务，为客户解决问题，创造价值。

上海鼓风机厂有限公司在火电站新上项目减少的情况下，着眼于提高电站风机的中标率，着眼于扩展其他行业。用于冶金化工行业的钢厂干法除尘风机共完成21台，用于煤炭行业的主扇风机完成21台。2011年，公司出口项目比较多，时间紧，难度大。公司积极适应新变化，出口合同额创历史新高，达到3.5亿元，同比增长155%。为适应节能减排要求，承接的电站风机改造合同额超过1.1亿元，同比增长79%。新的增长点离心压缩机实际完成5台整机。维修服务和备件完成1.02亿元。由于及时调整销售结构，主营业务收入完成8.6亿元，同比增长16.8%，创历史最高纪录。

江苏金通灵流体机械科技股份有限公司坚持优化销售模式，转变销售思路，为加强销售市场的细化管理，增强与客户交流沟通的深度和广度，销售市场按区域划分，形成了华东、华北、西南、西北4个相对独立运行的销售分公司的销售管理模式。在区域内进行分行业管理，满足重点客户的就近、即时性服务要求，同时也兼顾到分散客户群的关系维护与市场拓展。全年通风机订货69 071.48万元，其中鼓风机订货14 905.03万元，轴流风机订货1 019万元，压缩机订货150万元。在稳定发展成熟产品的同时，积极探索新的销售领域和市场空间，挖掘新客户、跟踪新项目，继续扩大产品的市场占有率。在节能减排领域，从技术、服务和产品上引导和满足客户需求，成功与江阴兴澄特种钢铁有限公司签订了“关于离心压缩机产品的试用协议”，实现了首台压缩机产品市场订单的突破；签订了7个项目的轴流鼓风机、22个项目的87台单级高速风机、6个项目的11台烧结主抽风机、18个项目的24台转炉煤气风机的销售合同，逐步打开了高新产品及新兴行业的市场空间，提升了企业的市场竞争力和服务档次。

2011年，山东省章丘鼓风机股份有限公司销售主导产品罗茨鼓风机8 698台，其中销售量比较好的有L型罗茨鼓风机、3H型低噪声三叶罗茨鼓风机、消化吸收引进日本公司技术开发的RR系列罗茨鼓风机（罗茨真空泵）、ZR系列大型罗茨鼓风机、消化吸收引进美国技术开发的ZG高速高效罗茨鼓风机。产品主要销往化工、水泥、水处理、钢铁冶炼、电力等行业，销量增长幅度较大的是粮油、化工及气力分离行业，水泥行业销量继续下滑。①应对不断变化的市场形势，及时调整营销策略及措施，在保证合同量的基础上放宽政策。经过努力，实现了单级高速离心风机订单零的突破。为了确保2012年销售收入稳定增长，公司下发了关于放宽质保期期限以及在一定时期延长质保金免扣罚的规定，从而减轻了拿项目带来的欠款负担，提高了做项目的积极因素。②抓机遇、强宣传、铸章鼓品牌。公司参加了中国机械装备展，并在户外、杂志、网络上进行宣传，多渠道获取在建重点项目信息，及时发放至各办事处。③抓大项目和重点项目。公司对大项目的原则是：向优势市场要利润，向弱势市场要订单。维尼纶行业是公司的重点用户行业。④外贸出口稳步推进，加快“走出去”步伐。2011年，公司实现出口交货值1 667万元，比上年增长11.8%。出口地区主要分布在欧洲、亚洲、大洋洲及非洲地区。共接待国外来访客户26批次，提高了企业在国际上的知名度。

2011年，浙江金盾风机股份有限公司充分发挥自身的技术优势，大力开拓市场，通过多种形式不断巩固现有客户，努力开发新客户，市场开拓取得了相当的成效：地铁隧道风机在国内市场占有率已达38%，居轨道交通领域首位；主控室核级离心风机中标浙江三门核电站、山东海阳核电站，成为国内唯一在建的两座AP1000核电站HVAC通风空调系统的中标单位；公司以办事处为据点，合理规划国内营销网络，开辟了15个办事处和1个营销中心，并借力优质商贸公司，不断开拓海外市场。2011年实现主营业务收入2.3亿元，同比增长50%。

浙江格凌实业有限公司为了开拓国内外市场，成立了国际贸易部和国内贸易部。在国际市场开拓中充分利用电子商务平台，进一步打开了产品在国际市场的销路。公司的产品由于质量可靠、稳定性好，在国内高端市场销售非常好，在同类产品定价为行业均价1.5倍时，市场占有率始终保持在70%以上。旋涡式气泵产品主要以出口为主，产品已被美国、德国、英国等十多个国家的厂商采用。当前，公司的旋涡式气泵产品已用于青藏线列车车厢增压和美国谷歌公司天然气发电机组燃气增压。

2011年，武汉鼓风机有限公司开发新客户25家，产品覆盖环保、钢铁、冶金、电力等9个行业，与9个行业客户签约的合同总和占公司全年整机合同承接总额的49%。公司推出的大型静叶可调轴流风机具有国内先进水平，广泛用于电厂、钢厂的增压、脱硫领域。公司生产的大型动叶可调风机节能性能处于世界领先水平，广泛用于600MW以上的火力发电机组烟气脱硫、增压输送领域，为公司拓展了新的经济增长点和广阔的市场。

长沙鼓风机厂有限责任公司在产品市场需求缩减、竞争加剧的情况下，发挥其高端市场的传统优势，在环保、空分、冶金窑炉、石化等诸多行业均创造了很好的产销业绩，实现了订货和主营业务收入的逆势增长，全年主营业务收入达到历史最高水平。通过开展贴心服务工程，对每台产品进行跟踪调试服务，并主动进行电话回访，大大提高了用户满意度，提升了品牌声誉。根据服务中心全年对1 198个用户的满意度调查结果显示，顾客满意度达到98.2%。

2011年，四川省鼓风机制造有限责任公司坚持以销售为龙头，及时调整销售策略，通过抓市场、抓合同质量，提高了主营业务收入。通过市场调研，加大对西北煤化工领域的关注力度，成立西北(含内蒙古)销售大片区，加大HR系列罗茨鼓风机、离心通风机的推广力度，取得一定成效。其中，将年初制定的HR系列罗茨鼓风机订货量占订货总量20%的目标下达给各片区，已签订合同额3 000多万元。

湖北省风机厂有限公司实行区域销售制，设立了7个销售分公司和25个办事处。2011年，公司除进一步优化传统产品外，重点推进轴流通风机的系列化和市场转化，已成功承接多个项目的订单。另外，水泥行业风机用量很大，而公司产品以前未在水泥行业重点推广，2011年已与国内重点设计研究院和多家大型水泥生产企业建立了良好的合作关系，水泥行业已成为公司新的产品销售增长点。一系列科技成果的投入与应用为企业带来了明显的经济效益，新产品销售收入为3.25亿元，占主营业务收入的66.2%，其中2011年投入的新产品实现销售收入1亿元左右，占主营业务收入的20%左右。

2011年，山东海福德机械有限公司面对诸多不利因素及不断变化的市场形势，开展"市场营销年"活动，以市场需求为导向，以满足客户要求为目标，不断加强市场分析，深入挖掘产品优势，转变营销思路，稳固提高办事处销售，加强电子商务销售，形成两条腿走路的销售模式。①优化办事处设置。新成立太原、无锡两个办事处，对内蒙古、贵阳、武汉办事处业务员进行了调整。②扩大品牌宣传，提升企业形象。参加德州、哈尔滨、深圳、济南、河南永城展览会；成为慧聪网、中国招标网、中国水泥网、中国制粉网、中国风机技术网等专业网站会员，加大网上宣传力度，促进了产品销售。③提高低价销售补助，增加业务员收入。④调整产品价格，促进产品销售。其中，MD系列产品价格下调10%，让利于顾客，刺激消费增长，MD系列全年销售量比上年增加50多台，销售收入增加近百万元，取得了明显的效果。⑤扩大产品销售领域。产品原来主要销售领域是环保行业，占总销量的80%以上，近年来，大力开发其他行业市场，水泥、粮食加工和矿山等领域的销量大幅提升，现在环保行业的销量只占总销量的50%。销售范围的扩大，更加稳定了企业的销售形势，提高了经济效益。⑥重视大项目的操作。公司成立了"招投标管理小组"，由专人制作标书，营销、技术部门为业务员提供全过程指导服务，在价格上采取更加灵活的政策，全年签订大合同20多份，合同合计金额达数百万元。⑦提高售后服务水平，加强品牌建设。公司从加强管理入手，对售后服务人员进行全过程监控，并通过电话回访加强监督，服务质量有了明显提高。⑧积极开展电子商务业务。为扩大电子商务销售，改版了公司网站，开设了英文网站，建立了网上销售平台，并通过网络收集更多的用户信息。

2011年，青岛风机厂有限公司的主导产品市场萎缩、订单减少。对此，公司积极应对，做出了加快资金回笼、努力开发新产品、调整产品结构、开拓新市场的营销策略。一方面，公司鼓励销售人员转变观念，多与客户沟通，确保现有客户不流失，回款及时到账，同时积极搜集市场信息，努力开拓新客户，寻找新的增长点。另一方面，积极开拓烟用、民用风机市场，在危机中捕捉商机，在逆境中开拓市场。2011年，完成销售回款4 347万元，同比增长1.45%。2011年，公司经邮船商事(上海)公司介绍，与日本大西电机工业株式会社经多方谈判，并到日本大西电机工业株式会社进行考察，最终3方于2011年签订了OEM协议，开启了三方共同开发国际国内市场，拓展全球化服务的新篇章。

甘肃省白银风机厂有限责任公司根据省监狱企业集团公司的总体部署和要求，深入贯彻落实科学发展观，不断推进企业体制改革、完善管理制度、坚持"以人为本，开拓创新，持续发展，满足顾客"的质量方针，以"改革、发展、效益"为主线，以巩固和开拓市场为目标，调整营销思路，拓宽营销渠道，继续巩固老用户，不断发展新客户，拓展多元化客户，以DW270系列环保除尘风机和4－72系列种子机械风机的销售为导向，抢抓机遇，突出重点，产品销往新疆、陕西、内蒙古、四川、云南、山东、山西、河南、黑龙江等地的环保、建材、化工、种子机械、冶金、矿山和煤炭等多个领域，为公司生产经营注入了新的活力。特别是4－72系列、4－73系列通风机产品赢得了麦芽及种子机械行业的青睐。2011年，公司先后和宁夏三友环保设备制造有限公司、上海三友宝发环保工程技术有限公司、甘肃酒泉奥凯种子机械有限公司、青岛青玉机械有限公司、郑州黄河锅炉厂及焦作神华重机有限公司等单位签订供货合同。西宁特殊钢股份有限公司在轧钢厂除尘风机改造中首选公司的 6－51№31.5F 风机，这是公司迄今为止生产的机号最大、单台价值最高的产品。

四、科研成果及新产品

2011 年，风机行业新产品开发又有重大突破，研制完成新产品 1 651 种，共计 6 330 838 台，品种比上年减少 324 种，产量比上年增加 733 044 台。获国家及部、省、市级科技进步奖、优秀新产品奖等共计 54 项。

2011 年，沈阳鼓风机集团股份有限公司投入市场的新产品主要有 80 万 t/a 乙烯装置用“乙烯三机”（丙烯、乙烯和裂解气压缩机组）、30 万 t/a LLDPE 装置聚乙烯循环气压缩机和天然气长输管线压缩机，投放产品均具有自主知识产权。其中，80 万 t/a 乙烯装置用“乙烯三机”是沈鼓集团第一次独立承接该级别乙烯装置整套“乙烯三机”的研制任务；“BCL1104＋BCL1104 芳烃联合装置重整循环氢压缩机组”项目被列入国家火炬计划；天然气长输管线 20 兆瓦级电驱压缩机组通过了国家能源局和中国机械工业联合会共同组织的新产品鉴定，达到国际领先水平。2011 年，大型芳烃装置用离心压缩机关键技术开发及装备研制获得辽宁省科学技术奖二等奖、中国机械工业科学技术奖一等奖，大型丙烯制冷离心压缩机组获得辽宁省科学技术奖三等奖、中国机械工业科学技术奖二等奖，新型煤化工装置用系列压缩机获得辽宁省科学技术奖二等奖。

2011 年，陕西鼓风机（集团）有限公司加强新产品的研发力量，进一步提高技术开发的投入，共投入 4.3 亿元，占主营业务收入的 8.1%，为公司持续发展提供了技术支撑。全年完成 24 项科技创新与产品研发项目，完成 37 项重大（新）产品项目技术准备与服务，有力地支持了市场营销工作。2011 年，研制生产了 BPRT 轴流压缩机、煤气透平同轴机组，AV100 抽气式轴流压缩机组，AV71 试验台位轴流压缩机组，AV90、AV80、AV63 压缩机组，EIZ、EBZ、EZ 空分装置，MPG 高炉煤气透平机组以及硝酸四合一机组等 156 台。这些产品经陕西省工信厅鉴定，均达到国际先进水平。2011 年，共申请专利 20 项，获授权专利 23 项。获国家、省、市科技进步奖一等奖 1 项、二等奖 3 项、三等奖 2 项。其中，硝酸四合一透平机组系统技术开发及应用、透平压缩机组及能量回收机组远程在线监测及故障诊断系统、5 000m^3 大型高炉焊接机壳 TRT 制造技术研究获中国机械工业科学技术奖二等奖，4 000m^3 以上大型高炉配套用轴流压缩机产业化获西安市科学技术奖一等奖，PTA 工艺空气压缩机组开发获陕西省科学技术奖三等奖，透平叶片表面新型防护技术研究及应用获西安市科学技术奖三等奖。

上海鼓风机厂有限公司承担设计制造的国家科技重大专项研发课题——高温气冷堆核电站用大型氦回路 HTL 氦气压缩机，于 2011 年 9 月 28 日通过了清华大学核研院出厂验收。高温气冷堆是世界上第四代大型核电站技术，具有高安全性，在机组失稳、失水、控制棒失控的情况下，也不会出现核电泄漏事故，是里程碑式的堆型，国际上正推荐选用这种核电新堆型。我国主要技术研发牵头单位是清华大学核能技术设计研究院及中核能源公司，许多技术研发课题具有自主创新性，已走在世界前列。本次试验回路装置的主要关键设备氦回路 HTL 氦气压缩机由上海鼓风机厂有限公司承担设计制造。该机组的特点是“三高”：高速（1.7 万 r/min），高压（7MPa），高温（250℃）。同时，压缩机的介质为氦气，机组要进行全性能试验。为了满足技术要求，公司进行了一系列探索和研究，在清华大学、上海交大等单位协助下，最终选定了三元流高效叶轮、串联式干气密封、整体组装式的单级高速结构方案，并采用先进的可倾瓦支撑轴承，确保了转子在高速运转下的自调心能力，整个机组在出厂试验时实现了安全稳定高效。2011 年，公司完成了新产品 10 种、21 台。其中，高温气冷堆核电站燃料球输送用氦气压缩机组、高温气冷堆核电站氦回路压缩机组、轴流式高效节能风机组（SAF27.5－16－2）、RTF 型钢铁企业烧结烟气脱硫风机（RTF31.5－17－1）、超临界电站机组的 SAF 型含动叶片的等离子耐磨引风机（SAF37.5－22.4－1）、变频式冷气循环鼓风机组（1788AZ/590）、轴流式高效节能矿井风机组（GAF25－12.5－1GZ）及乙二醇工艺气压缩机（MCS402）等均达到国外先进水平。

2011 年，重庆通用工业（集团）有限责任公司通过自主研发和产学研合作等多种方式开展技术创新工作，完成新产品、新技术研究项目 31 个。重点完成了低温螺杆机组系列化研究、核电用离心式制冷压缩机降噪研究、LCDS 低温离心式冷水机组研发，以及全氢罩氏炉循环风机、加热罩风机和冷却罩风机研发等项目。一大批新产品的开发以及新材料、新技术的应用，为公司拓展市场提供了新的利器。

2011 年，江苏金通灵流体机械科技股份有限公司认真贯彻落实年初制定的技术研发工作目标，确定了压缩机、汽轮机产品的研发进度，以及鼓风机与通风机的技术改造目标。①压缩机研发试制成功。公司与美国意泰公司合作的首台 JE9000 压缩机在 2011 年 12 月经过 48h 不间断运行，技术参数达到国际同类产品水平，部分指标超过国际同类产品水平，这标志着公司在美方的配合下首台离心空气压缩机的研发试制工作取得成功。②汽轮机研发取得阶段性成果。公司与中科院合作的“新型蒸汽涡轮发电技术”项目举行了启动仪式，当前已完成 1.5MW 新型汽轮机的主体设计，进入工艺编制和试制阶段，预计 2012 年 6 月出样机。③完善离心鼓风机设计，为量产作准备。单级高速、多级离心鼓风机的设计和制造工艺得到了完善，进一步细化了高速鼓风机叶轮设计、制造、检验技术，更新了单级高速鼓风机的检验规范，增补了油站检验规范；完成了公司首项 D210 焦炉煤气高速多级鼓风机的设计，产品成功通过了大风量 D850 焦炉煤气鼓风机样机机械运转试验和性能试验。④通风机技术改造取得成效。进一步完善了离心通风机的设计，有效提高了运行效率，公司 4 649 个规格型号的离心通风机取得了2级能效标识。⑤重视科研项目申报，保护自主知识产权。2011年申请专利8个，获得授权7个；"整体式离心压缩机"列入江苏省科技支撑计划，获得扶持资金80万元；"污水处理曝气系统低碳运行关键设备产业化"项目列为国家"十二五"科技重大专项；"600MW循环流化床风机"通过了省、市两级科技项目验收；"污水处理用高压离心鼓风机"项目被市经信委及财政局批准为技术改造项目，获得设备购置补助资金130万元。公司不断加大资金投入，用于开发新产品和技术改造，全年研发费用投入2 100万元，比上年增加300多万元。

浙江金盾风机股份有限公司始终坚持科技兴企，把科技创新作为企业发展的最关键要素。不断加大科技投入，积极组织开展工艺研究与新产品开发工作，坚持走高端产品路线，努力提升产品的技术含量，增强企业竞争力。公司还注重各项专利申报工作，金盾风机获得批准或授理专利共计20项，其中，发明专利3项、实用新型专利17项。2011年，设计生产的JCZT－75船用轴流风机经浙江省技术市场促进会鉴定，达到国内先进水平；DTF(R)－16地铁隧道智能通风系统、HRZ－900主控室核级离心风机经浙江省技术市场促进会鉴定，达到国外先进水平。地铁隧道智能通风系统初评为浙江省科技成果一等奖，主控室核级离心风机被列为浙江省首(套)产品，AP1000核电用节能暖通机电系统被列入国家火炬计划项目。

2011年，山东省章丘鼓风机股份有限公司研发设计了ZZ系列罗茨鼓风机，ZL105WD－P型大流量低压力罗茨鼓风机，特殊密封风机，维尼纶不锈钢风机及铸造结构多级离心鼓风机系列等。根据市场需求，开发设计了B100－2.0型单级高速风机，这是公司承接的第一个单级高速风机订单。公司自主研发的"C300钢结构高效离心鼓风机"获得济南市科技进步奖三等奖，"新型高效ZG型三叶罗茨鼓风机"获得山东省机械工业科技进步奖二等奖，"QP型高效球破机"获得山东省机械工业科技进步奖三等奖，与济南大学合作的"用于新型建材的工业粉体高浓度气力输送设备开发与应用"获得中国建筑材料流通协会二等奖，与济南大学合作的"浓相气力输送工业粉体的适应性研究及设备开发"获得山东省机械工业科技进步奖二等奖。

2011年，山东海福德机械有限公司研发了HSR50C、HSR200C、MDK100、MJ250、MD400负压风机和HSR250V型真空泵。其中，HSR50C、HSR200C型风机是现有系列的加密产品；MJ250型风机采用密集成组型结构，可满足水泥生产和电厂脱硫要求；MDK100、MD400型风机属高压力大流量风机；HSR250V型真空泵适用于废气回收再处理，可以满足－30kPa以内的真空抽压。公司还承担了章丘市2011年科技创新项目"三叶罗茨鼓风机提效降噪技术"项目。12月6日召开鉴定会，与会专家经过听取报告、现场考察、专家质询、技术答辩、现场讨论，最终一致认为，该技术项目的研制是成功的，在三叶罗茨鼓风机的结构设计和制造工艺方面有创新，主要性能指标达到国内同类产品领先水平。三叶罗茨鼓风机提效、降噪技术主要在叶轮型线结构、消声装置、进气口结构、密封结构等4个方面采用了国内先进技术，其中第一、二项技术公司已申请国家专利。这些技术的运用，大大提高了风机性能，产品质量达到国内一流水平。

浙江格凌实业有限公司重点对新产品和新工艺两个方面进行研究。根据公司整体发展战略规划，对旋涡式气泵进行优化改进，主要对G－400系列侧风道风机(旋涡式气泵)、燃气增压泵、牙科医疗用多功能专用泵、双级高压气环泵、双级大流量气环泵、镀膜真空泵、污水曝气旋涡式气泵、蒸馏隔膜真空泵等空气流体设备进行研发。对高压低噪声气环泵关键设计制造技术、复杂压铸件的压铸工艺、气环泵性能测试系统、新型通用泵盖压铸模具、压铸模预热工艺、压铸模部件嵌线压铸工艺进行了立项研究。①高压低噪声气环泵关键设计制造技术。气环泵的工况比较复杂，参数的理论计算比较困难，公司研究开发了一种依据相似原理的模型换算法，即选择一台性能良好的模型机，通过性能换算，将模型机放大设计成实物机。研究掌握了4项关键技术：气环泵模型换算法设计技术，与气环泵相匹配的电机设计制造技术，数十片径向叶片与轮盘的整体压铸工艺技术，铝合金表面涂装工艺技术。②复杂压铸件的压铸工艺。根据新型铝合金材料的成分、金相组织、流动性等相关特性，确定了压铸工艺条件，提高了复杂压铸件的质量和成品率，降低了生产成本。主要研究内容有：复杂压铸件的铸造工艺研究，部件嵌铸工艺研究，压铸模预热工艺技术研究。③气环泵性能测试系统。研制的综合测试系统能准确地测试气环泵的各种性能。主要研究成果：该系统采用新型传感器检测各参数变量，计算机巡回采集原始数据，对数据进行实时处理，自动打印与自动绘制曲线，并具有操作现场模拟显示和最终检测结果显示等功能；能对整个测试台试验结果进行实时计算和性能判别；测试系统管路设计合理，占地面积小，适用于企业各种规格、品种气环泵的全性能试验，运行稳定可靠。

长沙鼓风机厂有限责任公司为中国原子能科学研究院核废液处理项目研发设计了ASD－145NSE核废液用水蒸气罗茨压缩机。产品主要特点：选用不锈钢材质，四机械密封防泄漏，循环冷却降温，三叶降噪，耐高温，PLC自动系统监控。该用水蒸气处理核废液的罗茨压缩机适合中小批量核废液的处理，既保持了传统蒸发法处理核废液的优点，又克服了传统蒸发法能耗高的缺点，经济和社会效益明显，应用前景十分广阔。产品可应用于国内电力、石油、化工、冶金、钢铁、化肥、建材等行业废液及核废液处理领域。经中国原子能科学研究院、湖南省风机产品质量监督站鉴定，为国内首创、国内领先，并到达国际先进水平。公司还研发设计了ARE200NE高温罗茨鼓风机。该罗茨鼓风机采取有效的隔热结构，采用双端面机械密封、特殊的耐温材料和低导热材料以及水冷降温措施，使得进气温度高达200℃，排气温度可高达260℃。该罗茨鼓风机填补了国内高温风机的空白，经湖南省风机产品质量监督站鉴定为国内首创。

2011 年，湖北省科技厅在武汉主持召开了由湖北省风机厂有限公司研发的“烧结烟气余热回收循环风机”和“多级高效污水处理离心鼓风机”项目技术成果鉴定会。鉴定结果认为，这两项成果具有自主知识产权，产品符合国家节能、降耗、减排和环保政策，对提升我国该类风机的设计与制造技术水平具有重要作用；市场前景广阔。烧结烟气余热回收循环风机整体技术处于国际先进水平，多级高效污水处理离心鼓风整体技术处于国内领先水平。

2011 年，湖北双剑鼓风机制造有限公司研制成功了D2210－2.8179/0.8179 三元流制氧鼓风机、C1100 型两级硫酸风机。公司承担的湖北省重大科技专项项目“大型高效节能风机开发及产业化”、国家科技型中小企业技术创新基金重点项目和国家重点新产品计划“S 型烟气脱硫制酸高速风机”已研制完成并通过了验收，同时产品被湖北省科学技术厅、发展和改革委员会、财政厅共同认定为湖北省自主创新产品。

2011 年，中意机电（湖北）鼓风机制造有限公司继续加大新产品开发力度，投入开发资金 930 多万元，已开发出多种机号三元流鼓风机新产品。公司与大连理工大学联合开发的煤化工三元流高效节能离心鼓风机采用全新的三元流设计制造技术，节能降耗，效率比二元流风机提高 10%，为客户带来可观的直接和间接经济效益，深受用户青睐，并降低了生产成本，提高了产品市场竞争力。公司全年新产品申报国家专利 8 项，其中 2 项发明专利初审合格，5 项实用新型专利已授权。另外，BⅡ1480－1.682/1.019 煤化工用高速空气离心鼓风机组也达到国内先进水平，列入国家重点新产品计划项目，获国家项目资助 30 万元，公司获省政府科技创新奖。

四川省鼓风机制造有限责任公司依靠科技进步，新产品开发取得突破。自主开发的单机流量达 1 200m^3/min 的JR1000 罗茨鼓风机于 2011 年 11 月完成了性能测试，达到设计要求，技术国内领先水平，接近国外先进水平。

山西省运城安瑞节能风机有限公司主导产品是煤矿地面用主通风机、井下用局部通风机、隧道及其他通风领域使用的轴流式通风机。公司注重产、学、研合作开发，先后与西北工业大学、中国航天、煤科院等大学和科研院所合作，长期聘用 20 多位专家、教授担任企业技术顾问。2010 年，为山西潞安集团、五阳煤矿生产的 FBCDZ№40/2×1 850kW 的超大功率高压变频主通风机，经国家专业检测部门测试，各项性能指标达标，节能效果在 30% 以上，填补了国内空白，达到国际领先水平，2011 年获得国家煤炭工作科学技术奖一等奖。2011 年，公司承担的山西省技术开发项目“矿用高效变频节能防爆风机技术开发”具有以下七大创新：优化通风机的结构，提高效率，降低噪声，实现通风机平稳运行；改变传统风机专用电动机轴承结构，解决静不定问题；应用稀油自动润滑专利技术，延长风机的使用寿命；应用获得国家创新基金扶持的弯掠组合正交型三维扭曲叶型技术，确保了理想的工作效率；应用获得国家专利的轴流式通风机技术，提高通风机运行的稳定性；采用高压变频调速技术，取得理想的节能效果；电动机与叶轮采用锥套联接结构，方便了维护保养，降低了检修劳动强度。当前，公司已获 4 项授权的实用新型专利：矿用防爆轴流式通风机、用于对旋轴流式通风机电动机的轴承装置、防爆轴流式通风机稀油自动润滑系统、矿用通风机远程在线监测系统。获授权的发明专利 1 项：防爆轴流式通风机稀油自动润滑系统。

2011 年，北京华怡净化科技研究所有限公司进一步完善了自主研发的 HY－1.46S 高效小型智能风机，各项指标达到进口产品水平，噪声指标优于进口产品，节电达 60% 以上，显示出该项目节电节材智能化的显著效果，为中小型风机的更新换代打下了基础。HY－1.46S 智能风机是为医院病房、手术室、洁净室等要求恒温、恒压、高洁净以及要求自动控制场所研制的新产品，经过反复试验和改进，现已基本解决了噪声、电磁干扰、信号干扰等问题，并在转速、风压、风量等方面实现了智能控制。已具备批量生产条件，并将逐步在大型医院中推广使用。

甘肃省白银风机厂有限责任公司积极开发新产品，不断满足市场多元化需求。有针对性地开发用于化工、冶金、建材、环保、种子加工等领域的新产品，推动了技术创新进程，为企业的发展提供了良好的技术支持。针对密闭式电石炉环保及尾气回收利用系统先后开发了 DW140、DW160、D200、DW270、DW300、DW330 系列离心鼓风机。2011 年，随着密闭式电石炉的不断大型化，又开发了 DW550 离心鼓风机。该产品充分考虑了通用性，结构更加合理，根据其输送介质一氧化碳的特殊性，设计了铝制的氮气密封。公司以 Y6－51 系列离心引风机为环保除尘风机主导产品，先后开发了 Y6－51№19D、21D 风机，为连城铝厂电解净化系统设计了 Y6－51№25D 风机；为西宁特钢转炉除尘系统设计了 Y6－51№31.5F 风机，该风机单机重量超过 20t，是公司设计制造的大型离心风机。为满足大型果穗烘干系统和特色农产品加工需求，先后开发设计的 G4－73№23.5D、25D、29D 等大型离心通风机，已经投入使用多台，满足了果穗烘干系统的技术性能要求。当前正在设计的 G4－73№27D 风机是与酒泉奥凯、青岛青玉等种子机械公司的合作产品，占据了国内果穗烘干系统大部分种子机械风机辅机市场。高温风机是以 W6－29 和 W6－39 系列为代表的离心引风机，2011 年，公司为宁夏吴忠同盛化工公司石灰窑设计了W6－29№21.5F，为甘肃鸿丰电石有限公司设计了 W6－2×29№21.5F 双吸入石灰窑窑尾高温风机。公司生产的 MQ9－19№14D 煤气风机获得甘肃省机械工程学会科学技术奖二等奖。

五、质量及标准

1. 质量及质量管理

截至 2011 年年末，风机分会已有 132 家会员企业通过了 ISO9000 质量管理体系认证，占会员企业总数的 87.4%。通过实施全面质量管理，企业产品质量不断提升。2011 年，全行业风机主要件主要项目抽查合格率为 94.5%，比上年降低3.4个百分点；机械加工件综合废品率为0.4%，比上年下降0.4个百分点。

2011年，沈阳鼓风机集团股份有限公司以深入推进精益生产、强化企业内部控制为抓手，不断转变管理理念，创新管理方式，规范管理标准和制度，夯实管理基础，全方位提高现代企业管理水平。①实施内控管理，提高企业风险防范能力。聘请专业公司对企业内控管理进行指导，全面对企业进行评估和调研，集中精力对若干风险点进行整改和防范。成立项目推进工作组，启动并着手全面推进集团公司精益供应链管理，②精益管理显成效，合同兑现率明显提高，集团生产组织更加科学合理，安全生产得到进一步保障，全员持续改善意识不断增强，产品生产制造瓶颈得到有效缓解，能源消耗得到有效控制。同时，完成了集团部分工艺流程的调整，核电设备产业基地搬迁工作全面完成，集团加工制造能力实现新突破。③质量管理体系日臻完善，品牌影响力不断增强。取得了美国石油学会API质量管理体系认证，拿到参与国际竞标的通行证；顺利通过了国家CNAS检测和校准实验室能力审核，标志着企业计量检测具备了第三方测试认证能力；核电设备公司取得了ASME认证资质；透平公司国军标质量管理体系和ISO9001质量管理体系相继通过了年度审核。在完善质量管理体系基础上，加强产品质量过程控制，制定关键工序控制标准和质量过程控制卡，扩大优质优奖实施范围，共实施各种质量奖励63万元，全年主要质量指标好于往年，一次试车平均合格率达到74%，创历史最好水平。产品质量的提升推动企业品牌影响力的不断增强，沈鼓品牌入选“中国装备工业品牌价值50强”。④企业经济效益和经营质量大幅提高。初步实现了全集团资金统一监控管理，建立健全了财务综合分析体系，重新规范了产品报价管理流程，对重点产品实施合同评审，全面开展招标采购工作，全年共组织18次大型物资采购会议和2次供应商大会，价格同比下降18%，集团利润同比增长36%，企业经济运行质量和效益大幅提升。⑤信息化建设取得新成果。完成了新编码、PDM、CAPP、ERP、MES五大信息系统的集成和整合，初步实现了业务流程与系统功能的融合；物流系统信息化建设取得新进展，基本实现了铸锻件物流管理与财务对接；升级换代核心工程软件系统，较好地满足了产品研发设计需要。企业信息化与工业化融合推进工作也得到了国家、省、市相关部门的高度认可，公司被评为“中国企业信息化建设优秀实践单位”。

陕西鼓风机(集团)有限公司围绕企业发展战略，在质量管理的思路和方法上进行创新和突破，以提高员工的质量意识和质量责任心为切入点，引入先进的质量管理理念并取得实效，推动了企业质量管理水平和产品质量的全面提高，使质量管理成为落实企业发展战略的有力支撑。公司还坚持“零缺陷”工程，培养员工认真负责的工作态度、良好的工作习惯和执着的敬业精神。通过有针对性的培训和教育，明确每个工作环节的标准和要求，让员工懂得如何做才是对的，增强员工第一次就把事情做正确的能力，不断提升公司质量管理水平。

2011年，江苏金通灵流体机械科技股份有限公司大力推进质量管理，成立了品质部。通过日常检查、指导、督促、纠正等方式巩固和完善全员质量管理体系；结合生产流程的改进，对多级、单级鼓风机的自检自控点进行了完善。组织专家组成员开展专项检查和抽查工作，对各分公司及成品库进行了5次产品质量抽查。针对成品和制造过程中的薄弱环节，及时召开检查小组会议，对检查中存在的问题和改进事项提出措施和解决办法。以机加工质量和空心主轴焊接质量为改进重点，采取过程控制，安排专人不定期巡查，对违反工艺纪律的事件及时处理，使产品质量事故频发的问题得到扼制。2011年7月，国家质量监督检验检疫总局、江苏省质量技术监督局、中国质量认证中心、南通市质量技术监督局对公司推行的“首席质量官”制度进行了调研，充分肯定了公司质量管理工作取得的成绩。“首席质量官”利用专业优势，对推进企业质量管理工作发挥了积极作用，使质量管理体系有了新的拓展和延伸。

长沙鼓风机厂有限责任公司始终重视并持续推进全面质量管理，按照已建立的质量体系标准，重点抓好质量过程控制和以顾客满意为核心内涵的质量保证体系运行，加强产品质量的预防控制和外部质量的分析改进，稳步提高质量管理水平，巩固和提升产品质量。主要措施有：开展关键零部件质量抽查活动，加强质量控制；采取一系列措施提升产品外观质量；针对风机产品常见的轴承、润滑、噪声等几大问题加以完善改进。2011年，公司顺利通过了质量管理体系外部换证审核和省级名牌产品的复评，并获得了湖南省机械行业管理办公室颁发的质量管理奖。

内蒙古天福风机有限公司整体搬迁，但公司的经营宗旨不变，公司的质量方针、目标在制定时充分考虑了延续性，责任明确，考核到位，保证了产品质量的受控和不断提升。公司内部管理整体线条清晰，与质量管理体系相容紧密。工作质量和产品质量都有严密的检验制度和细致的检验条款，形成了互动的链接，使公司的整体管理科学而规范。公司还坚持教育与考核相结合，全员共筑质量监督屏，并利用质量方针、质量承诺、质量目标的量化实施，对外推出质量保险的过硬形象，对内以ISO9001质量管理体系有效运行和持续改进为主线，实施全面监测和考核，推进产品质量的稳步提高。

甘肃省白银风机厂有限责任公司加强产品质量管理，严格执行质量管理制度，建立与生产人员经济利益紧密结合的产品质量绩效考核制度，对一次交检合格的产品进行奖励，有效提高了产品质量，年内发放产品质量奖9.8万元。其次，结合质量管理体系认证，加强产品过程监督，根据质量管理体系2008版本，对公司“质量手册”和“程序文件”进行了修订，明确了管理职能和过程流程，有效提高了生产管理和企业运行质量。2011年，公司被评为甘肃省质量信用A级企业、质量管理先进企业。

2. 标准化工作

全国风机标准化委员会在国家标准化管理委员会(简称国家标准委)、中国机械工业联合会的直接领导下,有效地开展了各项标准化工作。

(1)建立和完善了风机行业标准体系。①完成了风机行业标准体系的研究项目。根据国家标准委《关于下达部分装备制造业标准体系研究项目的通知》的要求,完成了国家质检总局科技计划"风机标准体系研究"科研项目。该研究项目重点开展风机产品的资源利用、资源节约、环境保护和重大技术装备等方面的标准化研究工作,提出我国风机标准体系的基本框架和标准制修订重点项目规划,提出一批行业发展急需的重要技术标准草案。同时,针对我国风机产品市场和产业发展的需求,为制定适合我国国情的风机技术标准提供依据,实现标准制修订的科学性、合理性、实用性。当前,风机现行标准共计54项,其中,基础标准16项、通用标准16项、产品标准22项,可满足风机产品的设计、制造、检验的需要。②"风机行业国家标准化体系建设工程"项目的编制工作。根据国家标准委《关于国家标准实施国家标准化体系建设工程》的要求,在分析我国风机行业标准化工作现状的基础上,构建适应我国经济社会科学发展需要的风机行业标准体系,进一步明确风机行业标准化工作的重点领域,开展风机行业重点领域关键技术标准的研制。比如,重点制定通风机和鼓风机的能效标准,能量回收透平膨胀机等自主创新,节能减排等标准。国家标准体系建设工程的研制,分析了现有标准的适用性和协调性,研究了标准化技术组织布局的系统性和合理性,突出了工作重点,明确了发展方向,提高了我国风机标准化总体水平,有力地支撑了风机行业重点产业的调整和发展。③风机行业标准体系现状分析。根据中国机械工业联合会关于开展编制《工业标准体系现状分析报告》(机械工业部分)的通知,完成了"风机行业标准体系现状分析"报告,客观、全面地反映和分析了风机行业现行标准体系的现状,从标准的自主制定、国际标准的采用、标龄以及标准配套等方面,对风机行业现行的标准体系总体情况进行了阐述和分析。对风机行业标准的属性、级别、适用性、时效性、协调性和缺失性的分析,推进了风机行业标准化工作的可持续发展。

(2)开展自主创新节能减排技术标准的制修订工作。根据国家标准委、国家发展和改革委员会、工业和信息化部《关于贯彻落实十大重点产业调整和振兴规划 进一步加强标准化工作的意见》通知要求,风机标准化委员会坚持以市场为导向,加大自主创新技术标准的研制力度,加快重点产业关键技术标准的研制,确保标准的水平和质量。①在制定重点领域的相关标准中,重点制定了具有自主知识产权、属于自主创新项目的标准。组织制定了《高炉煤气能量回收透平膨胀机》、《尾气能量回收透平膨胀机》及《能量回收透平膨胀机性能试验方法》等标准。这些标准的制定将为加快发展资源节约型风机产品发挥重要的作用。②为使能效标识管理制度及能源政策得以有效实施,为适应我国节能政策的变化和国际风机能效标准的发展方向,风机标准化委员会组织并起草了《鼓风机能效限定值及能效等级》国家标准。该标准充分考虑我国鼓风机产品的实际情况和发展水平,具有一定的科学性和可操作性,对促进我国风机节能减排起到积极作用。③安全标准制修订工作。风机标准化委员会组织制定了《防爆通风机》国家标准。该标准的制定规范了防爆通风机市场的秩序,增强了产品的安全性,填补了通风机安全标准在风机行业国家标准体系中的空白,提高了我国防爆通风机产品在国际市场上的竞争力。

(3)风机标准的制修订工作。制修订《透平压缩机性能试验规程》、《防爆通风机》等国家标准10项(制定7项、修订3项);制修订《工业锅炉用离心引风机》、《电站锅炉离心式通风机》等行业标准20项(制定6项、修订14项)。

(4)国际标准化工作。风机标准化委员会承担着国际标准化组织ISO/TC 117、ISO/TC 118/SC1技术委员会对口的标准化工作,包括对国际标准文件的表态,审查我国提案和国际标准的中文译稿,以及提出对外开展标准化技术交流活动的建议等。当前,风机行业已转化7项国际标准为国家标准,完成对国际标准意见投票表决12项。翻译校对国际标准8项、国外先进标准2项。

六、基本建设及技术改造

2011年,风机行业共完成固定资产投资110 436万元,比上年增长24.5%。其中,设备购置61 244万元,比上年增加18 272万元;计算机及网络投入3 907万元,比上年增加288万元。

2011年,沈阳鼓风机集团股份有限公司技术改造工作取得新的进展。二期技术改造核泵项目共签订合同金额7.3亿元,项目基本竣工,其中,土建工程签订10 714万元,设备购置50 964万元,AP1000试验台建设21 408万元。三期技术改造大型压缩机研发(实验)中心项目已经全面启动,已完成项目勘察设计招标工作和技术协议及合同签订,设备基础正在施工中。当前,试验台内部设计方案已提交设计院,设计院根据方案正在进行项目初步设计。

2011年,陕西鼓风机(集团)有限公司固定资产投资项目51项,计划投资728.27万元,完成51项,完成投资690万元。西安陕鼓动力股份有限公司设备购置,计划总项目35项,计划投资651.49万元,实际完成32项,完成投资576.32万元;基本建设计划总项目5项,计划投资108.5万元,实际完成5项,完成投资90.10万元;设备大项修计划总项目17项,计划投资424.2万元,实际完成17项,完成投资313.1万元;技术改造项目计划投资49 095万元,实际完成投资32 952.23万元。

上海鼓风机厂有限公司制造超大型脱硫环保风机技术装备改造项目,自筹资金1 630万元,2011年底完成533万元。

武汉鼓风机有限公司自筹资金536万元购置设备,其中,数控卧式车床171万元、加工中心334万元、数控卧式镗铣床31万元,均已完成购置。

2011 年，山东省章丘鼓风机股份有限公司为缓解各子公司的生产压力，扩大生产规模，先后投资近 5 000 万元为鼓风机厂购买了东芝镗铣加工中心 4 台、双工作台卧式加工中心 1 台、TX611C 数显卧式镗铣床 1 台、X2016 × 4M 重型龙门铣床 1 台、BK2016 × 6M 数控龙门刨床 1 台；为章鼓重机购买了 Y31630 滚齿机 1 台、CQ5263 双柱立式车床 1 台、W11 – 100 × 3200 卷板机 1 台、HCG4014 数控等离子火焰切割机 1 台；为工业泵厂购进了 CQ5240 双柱立式车床 1 台、TTX6113/2 卧式镗铣床 1 台、XQ2011 × 3M 龙门铣床 1 台和一批通用车床；为透平公司购进了 C61160 × 5M 重型车床 1 台、C5225 立式车床 1 台、TTX6113/2 卧式镗铣床 1 台、YYW – 20T 动平衡机 1 台和一批通用设备，有效地缓解了各子公司的生产压力，更好地促进了生产的有序进行，促进了企业健康良性快速发展。为发展“新型节能罗茨鼓风机”项目，投入 3 627 万元用于建设配套车间，并购入东芝加工中心、数控龙门刨床、数控车床、动平衡机等设备，提高了效率，降低了成本。“离心鼓风机”项目投入 3 336 万元，用于建设厂房，购入车床、卧式镗铣床、动平衡机和一批通用设备；投资 2 000 多万元新建的离心鼓风机车间，占地面积 12 000m²，是集生产、检测、管理、仓储、试验为一体的综合车间，主要满足焊接结构及铸造结构离心风机、单级高速风机、工业用通风机及压缩机的生产要求，可独立完成离心风机的所有加工工序。“气力输送生产（工程）基地”项目投入 1 259 万元，购入数控车床、刨床等设备。

浙江格凌实业有限公司 2011 年主要技改项目：①年产 2 万台旋涡式气泵技术改造项目。通过公开挂牌在泽国镇文昌工业区（沈桥）新建标准厂房及配套设施共 13 000m²，新增数控车床、立式加工中心、装配流水线生产设备及其他配套设施 30 多台（套），形成年产 2 万台旋涡式气泵的生产能力。项目完成后，预计年增销售收入 13 000 万元、利润 2 000万元、税金 1 160 万元。项目总投资为 7 800 万元，其中，购置工业用地投资 1 790 万元，新建标准厂房及配套设施等土建工程投资 1 260 万元，新增设备投资 4 050 万元，安装费、预备费等 150 万元，建设期利息支出 150 万元，铺底流动资金 400 万元。②年产 3 000 台（套）污水曝气旋涡式气泵技术改造项目。利用企业已有厂房，购置涂装生产线及环保设备、自动化嵌线生产线、卧式加工中心（或数控机床）、三坐标测量仪器、模具及其他辅助设备等国产设备，形成年产 3 000 台（套）污水曝气旋涡式气泵的生产能力。项目总投资为 1 800 万元，其中，固定资产投资 1 700 万元（设备 1 600 万元，安装及其他费用 100 万元），铺底流动资金 100 万元。申请中央财政资金 170 万元，企业自筹 1 630 万元。③新增年产 15 万台齿轮减速机技术改造项目。公司拟通过公开挂牌在温岭市东部产业集聚区新建厂房以及科研厂房、职工宿舍等配套设施共 60 400m²，新增数控机床、实时控制压铸机、数控高速冲床、涂装生产线、装配流水线等生产设备，形成年产 15 万台齿轮减速机的生产能力。项目总投资为 2. 1 亿元。其中，购置工业用地投资 2 977 万元，新建厂房、职工宿舍等土建工程投资 8 423 万元，新增设备投资 8 500 万元，安装费、预备费等 200 万元，建设期利息支出 400 万元，铺底流动资金 500 万元。

长沙鼓风机厂有限责任公司 2011 年自筹资金 300 万元，对 PS1000E 德国加工中心及 HP – 5 波兰卧式加工中心电控和机械部分进行了技术改造，并新购置了数控磨齿机、喷砂机，所有设备均已完成项目验收。

2011 年，湖北省风机厂有限公司投建 2 万 m² 大型总装车间，车间钢结构已完成，设备正在安装中，定于 2012 年 4 月投入使用。2011 年，技术改造项目 2 个，已经开工，累计投资 2 000 余万元。其中，焦炉煤气高效增速鼓风机产业化项目投入 700 万元，大气治理、污水处理高效环保系列风机技术改造项目投入 1 300 万元。新增 CNCSG5m × 12m 数控切割机 1 台、SKQ – 40 数控切割机 1 台、T6216D/60 × 30 落地镗铣床 1 台、Z3050 × 16 摇臂钻床 1 台、CAK50186nj 数控车床 1 台、BZD 型定柱式悬臂吊 1 台、LD5T – 27. 69m 起重机 1 台。

2011 年，湖北省双剑鼓风机制造有限公司的大型高效节能风机开发及产业化项目共投资 4 120 万元，其中，湖北省重大科技专项资金 500 万元，地方财政配套资金 300 万元，企业自筹资金 2 820 万元，申请银行贷款 500 万元。国家科技型中小企业技术创新基金重点项目“S 型烟气脱硫制酸高速风机产业化”投资 2 454 万元，其中，项目申报前期投入 800 万元，国家创新基金计划资助 91 万元，省政府匹配 54 万元，地方财政配套资金 300 万元，企业自筹资金 1 209万元。已建成 10 951m² 的新钢结构车间及附属建筑，新增各类型设备 26 台（套），其中数控机床 12 台（套），均安装完毕，产品加工精度大幅度提高，产品销售收入提高近 2 亿元。

2011 年，青岛风机厂有限公司完成整体搬迁，对新车间的通风系统进行了改造，研制成功薄盖式地面通风技术，从而改善了环境，提高了生产效率。自行研制、设计的轴流风机法兰自动焊机，填补了公司自动焊接设备的空白。经运行，验证效果非常良好，焊接质量达到一流水平，生产效率大幅提高。公司投入资金购置旋压设备，解决了公司以前无能力生产叶轮、进风口的问题，提高了公司的制造能力。

2011 年，山西省运城安瑞节能风机有限公司投资 680 万元，新建 3 个生产车间，总面积 12 000m²；投资 300 万元对年产 2 000 台主通风机生产装备进行了更新，重点生产地面用主通风机和井下用局部通风机两个大类。通过产品结构调整和技术改造，大大提升了产品的科技含量与技术水平，使产品全面向环保、节能、低噪声、高效率的方向发展。

甘肃省白银风机厂有限责任公司二次技术改造项目，自筹资金 360 万元，贴息贷款 840 万元，已完成 4 000m² 厂房建设和设备招标竣工。土建工程顺利竣工，钢结构厂房主体已经完工。

山东海福德机械有限公司对 MDK150 型风机进行了技术改造，计划投资 500 万元，已完成投资 400 万元。该项目的主要技术改造内容包括:①进、排风口的异型设计。进、排风口拟采用螺旋形状,使进、排风过程按螺旋线的方向循序切入,从而延缓了进排风口气体压差的变化,有助于削减周期性排气冲击噪声,保证噪声低而平稳。②基于 StarCD 的鼓风机进排口和壳体的形状、尺寸、结构、位置进行优化设计。③基于振动、噪声分析优化软件 Sysnoise 对低噪结构进行优化设计。④Whispair 回流结构设计。在机壳上采用内回流槽及预进、排气结构,以减少高压气体的回流强度,可明显降低噪声。该结构使排风口的高压气体有少量部分回流入容腔,同时当叶轮继续旋转容腔体积变小时,压力增加又可使得密闭容腔在大量排出气体前能通过回流孔预排。

七、企业组织结构和产品结构调整

沈阳鼓风机集团股份有限公司产品结构逐渐向硝酸、大型空分、低温冷能、大型 LNG 等新市场、新领域迈进,研发符合市场急需的新产品,推进产业结构升级,逐步淘汰低端产品与产能。开发风机行业的高端产品,不断与外商产品竞争,将为企业带来新的经济增长点,创造巨大的经济效益和社会效益。2011 年,公司完成了股权改造,实行部分干部岗位招聘制度,改革企业收入分配办法,上市工作取得实质性突破。引入 11 家战略投资者,完成了 136 名经营团队及核心人才的持股工作,彻底改变了国有产权“一股独大”的局面,形成了以国有产权为主的多元化股权结构和相互制衡的法人治理结构,为壮大企业资本实力、推进现代企业制度建设、尽快实现集团整体上市迈出了坚实一步。同时,解决了十余项影响企业上市的遗留问题,上市前期的各项准备工作已经就绪。实行部分干部岗位的招聘、选聘制度,通过对应聘人员综合能力素质的专业评价,进一步完善了选人、用人机制。坚持绩效考核量化原则,有效推动了集团绩效的不断提升。改革收入分配制度,出台了“沈鼓集团绩效奖金分配办法”。按照按劳分配与按贡献分配相结合的原则,建立工资分配总量与企业经济挂钩、职工收入与个人业绩贡献紧密联系的动态分配机制,使分配制度更好地适应企业发展和员工要求。

上海鼓风机厂有限公司坚持创新,不断提升企业的核心竞争力。在技术创新方面,提出依托技术创新和市场开发相结合,逐步调整企业产业结构,开发具有市场前景的产品,积极推进压缩机二次创业。公司依靠自主创新和通过“产学研”等方式,在核电高温堆领域和石化领域实现了突破,风机改造和干法除尘风机在市场上的反响不错。当前,正在研发的电厂脱硫回收硫酸压缩机也属于国内首创。开发的干法除尘风机是用于钢厂除尘的新型风机,与原来传统的湿法除尘相比,节约了大量宝贵的水资源,能耗仅为湿法除尘的 1/3,属于低碳环保型设备,未来市场前景看好。为了将好的产品尽快推入市场,公司在上海举办了一次产品推介会,邀请数十家单位和设计院到会,并取得了很好的效果,已承接干法除尘风机 23 台,预计今后在这个领域销量将会有较大幅度的增长。

2011 年,重庆通用工业(集团)有限责任公司产业结构调整取得重大突破。“兆瓦级风电叶片产业化项目”获得实施,在重庆机电股份有限公司 12 000 万元资本金的支持下迅速完成了风电产业布局,顺利实现了对大安晨飞风电设备有限公司股权的收购,成功引入战略合作伙伴,完成了对大安晨飞的增资,锡林浩特基地建设也正式启动。公司还与西安久和能源公司签订了战略合作协议和租赁协议,落实了鄂尔多斯生产基地工程项目。三个风电叶片北方生产基地的成功建立,使公司形成了覆盖蒙中、蒙东及整个东三省的风电设备产业布局,建立了重通集团风电产品在上述地区的区域联动优势,竞争力凸显。公司进一步加强同重庆海装、德阳东汽、西安久和等风电主机企业的战略合作关系,为 2015 年风电叶片产销进入国内前五强奠定了坚实的基础。在开展产业布局的同时,通过技术引进和股权收购,公司还形成了包括 850kW、1 250kW、1 500kW、2 000kW 在内的全系列陆上主力机型风电叶片生产能力,2 500kW 叶片的开发也已提上议事日程。公司已成为当前国内陆上风电叶片规格最齐、覆盖范围最广的叶片生产企业。

2011 年,山东省章丘鼓风机股份有限公司进一步深化改制,以上市为依托做大做强。7 月 7 日,公司成功在深交所挂牌上市,成为章丘市第一家上市公司,同时也是济南市县域经济第一家上市企业。公司以此为契机,加快产品结构调整,提高资源利用率,提高产品质量和生产效率。在转变经济增长方式上,把着眼点由过去的上规模、上产量的粗放式发展逐步转变为集约式发展,通过技术创新,扩大服务领域;从单一的产品扩大为工程总承包,以至交钥匙工程,逐渐走出传统产品加工制造的老路;围绕系统工程集成,强化科技创新与系统服务,实施专业化协作的大市场开发、品牌建设发展之路,实现公司跨越式大发展。在产品结构调整方面,继续开发市场需求的新产品,重点开发高效节能的新产品。对已经开发的罗茨鼓风机、离心风机、重型机械、泵产品形成系列化、成套化,拉长做大。公司的气力输送产品是公司的朝阳产品,在实现单机生产的基础上,已成功转向承接气力输送系统的交钥匙工程。开发具有国际先进水平的罗茨鼓风机和离心鼓风机,并继续向其他行业扩展,在开拓新的经济增长点的同时,增强企业自身抵抗市场风险的能力。同时加快引进美国高速高效罗茨鼓风机系列产品的进度,加快实现批量生产。对国内外新产品、新技术,采取小课题购买、联合攻关方式一次性购买,大课题采取合作办公司的方式,加强产学研联合,引进国内领先、国际先进的新产品、新技术,加快推进公司的技术创新进程。为进一步扩大风机配件及离心鼓风机的生产规模,成立了山东章鼓风机配件厂、山东章鼓透平机械有限公司。至此,山东省章丘鼓风机股份有限公司已经拥有 8 家子公司。

〔撰稿人:中国通用机械工业协会风机分会郭绍华　审稿人:中国通用机械工业协会风机分会陈凤义〕

2011 年阀门行业概况

一、生产发展情况

据统计,2011 年全国阀门企业生产和销售稳步增长,规模以上企业(年销售收入在 2 000 万元以上的企业)共计 1 400多家,从业人员 29 万人,生产阀门 595.87 万 t,完成工业总产值 1 895.56 亿元,实现出口交货值 290.78 亿元,实现利润总额 137 亿元。

据中国通用机械工业协会阀门分会统计,2011 年,参加统计的 140 家会员企业完成工业总产值 325.4 亿元,比上年增长 19%。其中新产品产值达 103.6 亿元,比上年增长 18.4%。完成工业销售产值 312.8 亿元,比上年增长18.8%。在 140 家会员企业中,工业总产值超过 2 亿元的企业有 52 家。2011 年阀门行业工业总产值前 20 名企业见表 1。

表 1　2011 年阀门行业工业总产值前 20 名企业

序号	企业名称	工业总产值（万元）	序号	企业名称	工业总产值（万元）
1	苏州纽威阀门股份有限公司	231 141	11	河南省高山阀门有限公司	59 202
2	河南开封高压阀门有限公司	147 053	12	上海开维喜阀门集团有限公司	58 198
3	江南阀门有限公司	82 114	13	浙江石化阀门有限公司	58 108
4	远大阀门集团有限公司	72 496	14	大连大高阀门股份有限公司	57 500
5	中核苏阀科技实业股份有限公司	71 350	15	承德高中压阀门管件集团有限公司	53 412
6	山东益都阀门集团股份有限公司	71 066	16	江苏神通阀门股份有限公司	51 776
7	浙江盾安阀门有限公司	65 580	17	潍坊裕川内燃机配件有限公司	46 387
8	上海凯科阀门制造有限公司	63 552	18	扬州电力设备修造厂	45 444
9	北京市阀门总厂(集团)有限公司	60 182	19	北京航天石化技术装备工程公司	45 252
10	伯特利阀门集团有限公司	59 671	20	五洲阀门有限公司	45 215

二、市场及销售

2011 年,阀门分会 140 家会员企业实现主营业务收入 318.5 亿元,比上年增长 21%;实现利润总额 30.7 亿元,比上年增长 24.3%。2011 年阀门行业主营业务收入前 20 名企业见表 2。2011 年阀门行业利润总额前 20 名企业见表 3。

表 2　2011 年阀门行业主营业务收入前 20 名企业

序号	企业名称	主营业务收入（万元）	序号	企业名称	主营业务收入（万元）
1	苏州纽威阀门股份有限公司	193 452	11	北京市阀门总厂(集团)有限公司	57 362
2	河南开封高压阀门有限公司	143 840	12	河南省高山阀门有限公司	56 838
3	远大阀门集团有限公司	95 387	13	浙江石化阀门有限公司	51 035
4	江南阀门有限公司	81 021	14	承德高中压阀门管件集团有限公司	50 869
5	中核苏阀科技实业股份有限公司	70 520	15	北阀科技集团股份有限公司	46 112
6	山东益都阀门集团股份有限公司	70 268	16	潍坊裕川内燃机配件有限公司	46 069
7	浙江盾安阀门有限公司	65 243	17	扬州电力设备修造厂	45 567
8	上海凯科阀门制造有限公司	60 725	18	环球阀门集团有限公司	44 628
9	大连大高阀门股份有限公司	58 925	19	上海双高阀门(集团)有限公司	44 273
10	上海开维喜阀门集团有限公司	57 812	20	五洲阀门有限公司	43 216

表3　2011年阀门行业利润总额前20名企业

序号	企业名称	利润总额（万元）	序号	企业名称	利润总额（万元）
1	河南开封高压阀门有限公司	35 838	11	江南阀门有限公司	5 806
2	远大阀门集团有限公司	33 730	12	青岛伟隆阀门有限公司	5 501
3	苏州纽威阀门股份有限公司	24 995	13	成都乘风阀门控股集团有限公司	5 490
4	郑州市郑蝶阀门有限公司	9 689	14	中核苏阀科技实业股份有限公司	5 352
5	大连大高阀门股份有限公司	8 028	15	天胜阀门集团有限公司	5 136
6	五洲阀门有限公司	7 962	16	潍坊裕川内燃机配件有限公司	5 098
7	上海浦东汉威阀门有限公司	7 517	17	山东益都阀门集团股份有限公司	5 015
8	上海凯科阀门制造有限公司	7 455	18	河南省高山阀门有限公司	4 741
9	北京航天石化技术装备工程公司	6 725	19	浙江石化阀门有限公司	4 718
10	江苏神通阀门股份有限公司	5 922	20	承德高中压阀门管件集团有限公司	4 604

2011年，阀门分会统计的会员企业实现出口交货值达66.6亿元，比上年增长66.1%。2011年阀门行业出口交货值前20名企业见表4。

表4　2011年阀门行业出口交货值前20名企业

序号	企业名称	出口交货值（万元）	序号	企业名称	出口交货值（万元）
1	苏州纽威阀门股份有限公司	110 801	11	浙江盾安阀门有限公司	11 177
2	河南开封高压阀门有限公司	58 725	12	天津汇华阀业有限公司	10 080
3	山东益都阀门集团股份有限公司	48 000	13	远大阀门集团有限公司	8 623
4	球豹阀门有限公司	24 601	14	蓬莱金创精铸阀业有限公司	7 610
5	青岛伟隆阀门有限公司	24 281	15	慎江阀门有限公司	7 210
6	安徽方兴实业有限公司	17 432	16	铁岭阀门(集团)特种阀门有限责任公司	7 126
7	潍坊裕川内燃机配件有限公司	15 676	17	河南省高山阀门有限公司	6 936
8	五洲阀门有限公司	15 265	18	四川精控阀门制造有限公司	6 891
9	伯特利阀门集团有限公司	14 272	19	天胜阀门集团有限公司	6 529
10	郑州市郑蝶阀门有限公司	13 854	20	河北光德不锈钢阀业有限公司	6 170

三、科研成果及新产品

2011年，阀门行业各重点企业加大科技创新力度，通过技术引进、技术改造、技术攻关和消化吸收等方式，在技术创新和新产品开发方面取得了丰硕的成果，极大地推动了阀门行业的发展。

大连大高阀门股份有限公司研发的二级过热器出口疏水阀(电动)，公称通径65mm，公称压力30.0MPa，设计温度590℃，阀体材料A182 F91；研发的主蒸汽管道疏水阀(气动)，公称通径80mm，公称压力29.67MPa，设计温度610℃，阀体材料A182 F92；研发的电动高加入口三通阀，公称通径450mm，公称压力35.9MPa，设计温度300℃，阀体材料15NiCuMoNb5－6－4；研发的高加入口、出口三通阀，公称通径350mm，公称压力39.0MPa，设计温度300℃，阀体材料15NiCuMoNb5－6－4；研发的一段抽汽逆止阀，公称通径250mm，设计压力9.5MPa，设计温度445℃，管道材料12Cr1MoVG；研发的高排逆止阀，公称通径1 000mm，公称压力Class600，设计温度375℃，工作介质为蒸汽。

中核苏阀科技实业股份有限公司研发的耐压真空调节阀，公称通径65mm；研发的电动、手动鱼雷真空阀，公称通径100mm；研发的耐压真空调节阀，公称通径100mm；研发的电动、手动转筒真空阀，公称通径250～300mm；研发的超(超)临界火电机组阀门，公称通径50～100mm，可实现年销售收入1 000万元；研发的百万吨乙烯装置用高温高压Y型截止阀，公称通径50～100mm，可实现年销售收入1 000万元。

河南开封高压阀门有限公司研发的全压高速排气阀，工作温度80℃，压力1.0MPa、1.6MPa，适用介质为水，技术达到国内领先水平；研发的大口径三偏心金属密封蝶阀，工作温度200℃，压力0.6MPa，适用介质为水、蒸汽，技术达到国内领先水平；研发的水电站抽水蓄能大口径进水球阀，工作温度80℃，压力6.3MPa，适用介质为水，技术达到国内领先水平；研发的斜座式硬密封双油缸缓闭止回阀，工作温度80℃，压力1.0MPa，适用介质为水，技术达到国内领先水平；研发的高温高压金属密封蝶阀，工作温度450℃，适用介质为煤气、蒸汽、热空气，技术达到国内领先水平，预计2012年底完成；研发的快开蝶阀，工作温度450℃，0.5s关断，适用介质为煤气、蒸汽、热空气，技术达到国内领先水平；研发的主蒸汽闸阀，工作温度610℃，工作压力27.5MPa，技术达到国内领先水平；研发的气动疏水阀，工作温度610℃，工作压力27.5MPa，公称通径50mm，接管尺寸ϕ73mm×14mm，技术达到国内领先水平；研发的高排及抽汽逆止阀，工作温度540℃，工作压力20.0MPa，公称通径250mm，接管尺寸ϕ273mm×28.6mm，操作方式为气动（开闭型），开闭时间0.5s，连接方式为焊接，阀体材质C12A，技术达到国内领先水平；研发的高加三通阀，工作温度300℃，工作压力38.0MPa，操作方式为电动（开闭型），开闭时间小于30s，连接方式为焊接，阀体材质WB36，技术达到国内领先水平；研发的主蒸汽水压试验堵阀，工作温度610℃，工作压力27.4MPa，连接方式为焊接，阀体材质F92，技术达到国内领先水平；研发的真空电动蝶阀（小汽机排气管用），公称通径2 800mm，阀体材质A105，工作压力6.2kPa（绝对压力），连接方式为法兰连接，操作方式为电动（开闭型），技术达到国内领先水平。

苏州纽威阀门有限公司研发的超低温球阀，公称通径16in（400mm），公称压力900Lb，工作温度－196～40℃，技术达到国际领先水平，实现经济效益12 000万元，样机能够满足要求，当前正在小批量试制；研发的2″4500Lb Y式整体高温锻钢截止阀，公称通径1/2～2in（15～50mm），公称压力1 690～4 500Lb，工作温度－29～593℃，技术达到国内领先水平，可实现经济效益12 000万元，产品已研制成功，现正在进行系列化设计；研发的4″1500Lb超低温调节阀，公称通径1～8in（25～200mm），公称压力300Lb，工作温度－196℃～－100℃，技术达到国内领先水平，可实现经济效益5 800万元，产品已研制成功，批量生产的产品性能还需进一步验证；研发的10″600Lb高温硬密封固定球阀，公称通径2～30in（50～750mm），公称压力150～1 500Lb，工作温度－25～450℃，技术达到国内领先水平，实现经济效益11 000万元，样机已研制成功，当前正在进行系列化设计；研发的12″150Lb超低温三偏心硬密封蝶阀样机，公称通径8～12in（200～300mm），公称压力150～900Lb，技术达到国内一流水平，可实现经济效益7 600万元，多层次密封环结构－100℃下泄漏量可满足标准要求，需要进一步研究，实现－196℃的突破；研发的2″600Lb新型双瓣对夹式止回阀，公称压力150～2 500Lb，工作温度－46～200℃，技术达到国内一流水平，可实现经济效益8 500万元，产品原结构一直存在一些问题，通过重新立项研究，问题已解决，相关结构也已申请专利。

江苏神通阀门股份有限公司研发的AP200活塞式轴流调节阀，公称直径150～1 200mm，公称压力1.0～10.0MPa，工作温度≤100℃，泄漏等级：关闭时达零级泄漏，噪声低于85dB，适用介质为水、气体、油品，设计寿命10年（不含易损件），技术达到国际先进水平；研发的AP1000核电站用高压球阀，公称通径50mm、80mm，安全等级为核安全三级，质量保证等级为Q3，设计压力21.37MPa，适用温度≤320℃，设计寿命60年，技术达到国际先进水平；研发的AP1000核电站用金属蝶阀，公称通径80～700mm，安全等级为核安全三级，质量保证等级为Q3，设计压力2.0MPa，适用温度≤120℃，电动控制，设计寿命60年，技术达到国际先进水平；研发的超超临界火电站给水泵汽轮机排汽蝶阀，公称通径2 800mm，设计压力0.6MPa，适用温度120℃，设计寿命30年，适用介质为蒸汽，技术达到国际先进水平；研发的核安全级多功能高灵敏度可视流量指示装置，公称通径15～100mm，安全级为核安全二级、三级，质保等级为QA1，设计压力≤2.0MPa，适用温度≤280℃，设计寿命60年，技术达到国际先进水平；研发的核电站用贝类捕集器，公称通径300～1 000mm，设计压力0.6MPa，适用温度≤80℃，适用介质为海水，滤芯承受压差≥200kPa，过滤精度2.2mm，垃圾排出流量小于总流量的5%，设计寿命≥20年，技术达到国际先进水平；研发的余热回收系统用大型阀门，公称通径3 000～5 000mm，烟气流量63kg/s（标准），设计压力0.259MPa，设计温度704℃，设计压差0.152MPa，腐蚀裕度3.2mm，泄漏率为最大流量的0.67%，技术达到国际先进水平。

成都乘风阀门控股集团有限公司研发的撑开式无导流孔平板闸阀，公称通径50～600mm，压力Class150～600，技术达到国内领先；研发的锻钢平板闸阀，公称通径150～300mm，压力Class600～900，锻焊式结构，技术处于行业领先水平；研发的高压截止阀，公称通径25～80mm，压力Class1 500～2 500，镍基材料，深孔焊技术处于国内领先水平；研发的FTB－Y高温金属密封氧气球阀，公称通径25～600mm，压力Class150～1 500（1.6～25.0MPa），技术达到国内先进水平；研发的FWTB－DR复合密封固定球全焊式埋地根部球阀，公称通径25～50mm，压力Class150～1 500（1.6～25.0MPa），技术达到国内先进水平；研发的TOP－HR内顶式复合密封顶装球阀，公称通径25～900mm，压力Class150～1 500（1.6～25、0MPa），技术达到国内先进水平；研发的WQ47－Y大口径固定式夹套保温金属密封球阀，公称通径25～600mm，压力Class150～1 500（1.6～25.0MPa），技术达到国内领先水平；研发的复合密封四座双向直通球阀，公称通径25～600mm，压力Class150～1 500（1.6～25.0MPa），技术达到国际先进水平；研发的WVQ47－Y夹套金属密封V型调节球阀，公称通径25～600mm，压力Class150～600（1.6～10.0MPa），技术达到国际先进水平；研发的DBFTB复合密封双球式固定球阀，公称通径25～600mm，压力Class150～1 500（1.6～25.0MPa），技术达到国际先进水平；研发的FWTB－DR橡胶密封全焊式埋地根部球阀，公称通径15～50mm，压力Class150～1 500（1.6～25.0MPa），技术达到国际先进水平；研发的GHTB、GHFB城市燃气管焊式全焊球阀，公称通径25～600mm，压力Class150～1 500（1.6～25.0MPa），技术达到国内先进水平；

研发的高压大口径球阀高压气试验装置，公称通径 1 000 ~ 1 200mm，压力 Class600 ~ 900（10.0 ~ 15.0MPa），技术达到国际先进水平，受到国家能源局、国家发展和改革委员会的认可。

浙江超达阀门股份有限公司研发的大口径无外泄漏波纹管闸阀，获得浙江省工业新产品称号，技术达到国内领先水平；研发的灰水、黑水及煤浆用特种金属硬密封球阀，获得浙江省工业新产品称号，技术达到国内领先水平；研发的深海海底取样装置及阀门，获得浙江省工业新产品称号，技术达到国内领先水平；研发的内装式无外泄漏对夹式止回阀，获得浙江省工业新产品称号，技术达到国内领先水平；研发的煤气化装置用锁渣阀，获得浙江省工业新产品称号，技术达到国内领先水平。

上海开维喜阀门集团有限公司研发的 S Zorb 装置程控耐磨球阀，公称通径 3in（80mm），公称压力 Class600，在中石化燕山石化分公司 S Zorb 装置上已稳定运行 24 个月，完全满足工艺生产要求，整体技术已达到国际先进水平，打破了国外的技术垄断，减少了对进口阀门的依赖。研发的全焊接管线球阀，公称通径 48in（1200mm），公称压力 Class900，球状单道无相交焊缝阀体，适用温度 -46 ~ 150℃，满足 API 6D 要求，达到国际先进水平，完全替代进口，其中组合密封阀座和全焊接球体都已申请专利。研发的圆盘阀，公称通径 18in（450mm），公称压力 Class600，适用温度 -196 ~ 800℃；整体烧结碳化钨阀座，硬度≥89HRA；机械式固定阀座，达到国际先进水平，完全替代进口。对称双盘圆盘阀已申请专利。公司作为严苛工况阀门国产化领域的代表性企业，已成功研发并有丰富应用业绩的耐磨球阀系列产品，已实现规模生产，2011 年该类产品的产能超过 2 亿元。

伯特利阀门集团有限公司研发的 PSP 型高密封性能平板闸阀，通径 2 ~ 24in（50 ~ 600mm），压力 300 ~ 2 500Lb，技术达到国内领先水平；研发的高温抗冲刷插板阀，通径 2 ~ 24in（50 ~ 600mm），压力 150 ~ 2 500Lb，技术达到国内领先水平；研发的全焊接双联球阀，通径 2 ~ 24in（50 ~ 600mm），压力 150 ~ 2 500Lb，技术达到国内领先水平；研发的阻性消声调节球阀，通径 1/2 ~ 24in（15 ~ 600mm），压力 150 ~ 900Lb，技术达到国内领先水平；研发的高性能摆转式蝶阀，通径 2 ~ 6in（50 ~ 150mm），压力 150 ~ 600Lb，技术达到国内领先水平；研发的高性能上装式碟阀，通径 50 ~ 500mm，压力 0.6 ~ 2.5MPa，技术达到国内领先水平；研发的抗冲刷式截止阀，通径 3/8 ~ 8in（10 ~ 200mm），压力 600 ~ 4 500Lb，技术达到国内领先水平。

北京航天石化技术装备工程公司研发的全塑料密封先导式安全阀全部密封采用塑料密封，适用介质为气体、液体，温度 -54 ~ 268℃，技术达到国际先进水平；研发的先导式水击泄压阀，压力 150 ~ 900Lb，适用温度 -40 ~ 300℃，响应时间≤100ms，技术达到国际先进水平；研制的 ARC1000 系列自控回流阀，公称通径 1.5 ~ 12in，主路流量 34 ~ 1 498m^3/h，旁路流量 14 ~ 431m^3/h，技术达到国内领先水平；研制的 ARC2000 系列自控回流阀，公称通径 1 ~ 20in，主路流量 14 ~ 1 650m^3/h，旁路流量 8 ~ 950m^3/h，技术达到国内领先水平；研发的 S Zrob 滑阀，入口压力 0.153 7 ~ 0.188 8MPa，压差 0.004 1 ~ 0.010 3MPa，操作温度 524℃，最大流量 1 557kg/h，技术达到国内领先水平。

西安泵阀总厂有限公司研发的掺合阀，压力 0.3 ~ 1.0MPa，工作温度 400 ~ 1400℃（热流）、100 ~ 200℃（冷流）、220 ~ 270℃（混合流），技术达到国内领先水平；研发的回流阀，公称通径 50 ~ 70mm，公称压力 1.6 ~ 25.0MPa，技术达到国内领先水平。

安科特种阀门有限公司研发的电动调节熔体六通阀，进口通径 200mm，内管连接尺寸 ϕ244.5mm × 22.0mm，内管最高工作压力 15.0MPa，内管输送介质为聚酯熔体，内管适用温度 300℃，外管连接尺寸 ϕ323.9mm × 4.5mm，外管最高工作压力 1.0MPa，外管输送介质为热煤，外管适用温度 330℃。研发的大口径真空熔体五通阀，进口通径 350mm，内管连接尺寸 ϕ355.6mm × 8.0mm，内管工作压力为真空至 0.2MPa，内管输送介质为预聚物，内管适用温度 295℃，外管连接尺寸 ϕ406.4mm × 5.0mm，外管最高工作压力 1.0MPa，外管输送介质为热煤，外管适用温度 330℃。广泛应用在聚酯化纤等工业领域替代进口，实现年销售额近 8 000 万元，技术与产能均已经走在国际前列。

上海科科阀门集团有限公司研发的一体式轨道硬密封结构球阀，公称通径 400mm，公称压力 1.6MPa，整体式结构，维修方便，耐高压，密封性能可靠，适用于易燃、易爆工况；研发的锁渣阀，公称通径 12in（300mm），公称压力 60.0MPa，对分式、固定球、金属密封，维护简单拆装方便，双阀座进口密封，两个阀座均能独立切断进口端流体，实现双阻断。球体、阀杆一体化设计、加工，保证了球体、阀杆的对中性和阀杆的强度；研发的单焊缝全焊接球阀，公称通径 700mm，公称压力 60.0MPa，体积小，重量轻，使用方便，单焊缝结构，制造工艺先进，密封可靠，性能稳定，使用寿命长。

上海凯科阀门制造有限公司研发的 DZ40Y - 600PL 超低温阀门，口径 12in（300mm）、14in（350mm），压力 Class600，介质温度为 -196℃，使用寿命长，技术达到国际先进水平；研发的 Z40Y - 1500 高压临氢阀，口径 3in（80mm）、4in（100mm）、6in（150mm）、8in（200mm）、10in（250mm）、12in（300mm）、14in（350mm）、16in（400mm），压力 Class1 500，适用介质为 H_2 和 H_2S 等，技术达到国内领先水平。

上海自动化仪表股份有限公司自动化仪表七厂研发的 86 - 28421EB 储水罐水位调节阀，设计温度 375℃，介质为水（进口）、汽水混合物（出口），设计压力 28.0MPa，经过攻关研制，新产品的技术达到国内领先水平；研发的吹灰减压站减压调节阀，设计压力 7.5MPa，设计温度 550℃，介质为蒸汽；研发的高加事故 86 - 41414EB 疏水调节阀，设计压力 9.394MPa，设计温度 307.2℃，介质为饱和水。

南通高中压阀门有限公司研发的加氢装置用锻钢闸阀，公称通径6in(150mm)、12in(300mm)，压力2 500Lb，技术达到国内先进水平；研发的锻钢截止阀，公称通径6in(150mm)，压力1 500Lb，技术达到国内先进水平；研发的锻钢止回阀，公称通径6in(150mm)，压力1 500Lb，技术达到国内先进水平。

环球阀门集团有限公司研发的空冷系统用大口径蝶阀，公称通径1 000～3 000mm，公称压力≤0.6MPa，适用介质为水、蒸汽、空气等，适用温度－29～200℃，密封试验按照GB/T 13927—2008标准，无可见泄漏，技术达到国内领先水平，可实现经济效益1 176万元；研发的新型超临界锻造截止阀，公称通径10～80mm，公称压力20.0～76.0MPa，适用介质为水、蒸汽、油品等，适用温度－29～600℃，密封试验按照JB/T 3595—2002和ASME B16.34—2009标准，无可见泄漏，技术达到国内领先水平；研发的油气田高腐蚀性介质镍基合金阀门，公称通径50～100mm，公称压力20.0～42.0MPa，适用介质为高酸性天然气、高含硫等高腐蚀性介质，适用温度－29～500℃，密封试验按照ASME B16.34—2004标准，无可见泄漏，技术达到国内领先水平。

石家庄阀门一厂股份有限公司研发的双向密封蝶阀，公称通径1 000mm，公称压力1.0MPa，适用介质为煤气，技术达到国内领先水平；研发的高温闸阀，公称压力0.3MPa，适用介质为烟气、煤气，技术达到国内领先水平；研发的闸板阀，公称通径2 600mm，公称压力0.5MPa，适用介质为空气、煤气，技术达到国内领先水平；研发的高性能二偏心蝶阀，公称通径2 000mm，公称压力0.1MPa，适用介质为空气，技术达到国内领先水平；研发的敞开电动眼镜阀，公称通径2 600mm，公称压力0.15MPa，适用介质为煤气，技术达到国内领先水平；研发的电动偏心蝶阀，公称通径1 800mm，公称压力0.4MPa，适用介质为空气，技术达到国内领先水平。

四川精控阀门股份有限公司研发的高压大口径全焊接球阀，公称通径36in(900mm)、40in(1 000mm)、48in(1 200mm)，压力级Class600(10.0MPa)，采用全通径、固定球结构，主要用于石油天然气长输管线及石化行业。产品试验场站为靖边站，该站为西气东输一线、二线的联络站。环境最低温度－29℃、最高温度42℃。介质为管输天然气，介质温度0～93℃，介质压力10.0MPa。项目研究成果在石油、天然气行业处于国内领先水平，主要技术性能指标达到国际先进水平。

方圆阀门有限公司研发的全焊接球阀，公称通径300～1 200mm，公称压力1.6MPa、2.5MPa，技术达到国内领先水平。

上海增欣机电设备制造有限公司研发的YFB－D1400阀门试验台，采用螺杆预紧、内通道内涨密封形式对阀门进行各项检测，在被测阀门的两端，装置了阀门测试装置左盲板和右盲板，使被测阀门在不受外力挤压作用下进行检测，检测结果真实可靠，符合国内和国际的相关阀门检测标准，并适用于超大型阀门的测试。

2011年，阀门行业实现了生产经营的稳步增长，但在技术上，特别在高端产品方面，同国外阀门同行相比还存在一定的差距。阀门企业要认真思索，找准发展的切入点，掌握行业内的先进设计制造技术和先进管理理念，积极开展技术创新和开发新产品，进一步提升产品质量和技术含量，着力开拓国内外市场，共同促进阀门产业的振兴。

〔撰稿人：中国通用机械工业协会阀门分会马丽丽〕

2011年压缩机行业概况

一、生产发展情况

截至2011年年底，中国通用机械工业协会压缩机分会共有会员单位136家，其中，国有企业16家，股份制企业47家，民营企业63家，合资、独资企业10家。2011年参与年鉴统计的压缩机企业86家，其中重点联系企业38家。2011年压缩机行业86家企业基本情况见表1。

表1　2011年压缩机行业86家企业基本情况

指标名称	单位	数值	指标名称	单位	数值
年末从业人员	人	29 177	固定资产原价	万元	552 424
其中：管理人员	人	4 213	固定资产净值平均余额	万元	325 228
工程技术人员	人	3 812	流动资产	万元	1 395 627
工人与学徒	人	21 152	全员劳动生产率	元/人	217 449

2011年，压缩机分会86家会员企业上报统计数据显示：完成工业总产值246.9亿元，调整可比因素，较上年增长42.3%，其中压缩机产值增长16.3%。38家重点联系企业中，21家企业产值呈现不同程度的增长，8家企业产值下降，产值增幅较大的企业有：重庆气体压缩机厂有限责任公司同比增长50.2%；上海优耐特斯压缩机有限公司同比增

长39.2%；开山集团产值达42.3亿元，同比增长30.0%；温岭市空压机有限公司（原浙江鑫磊压缩机有限公司）同比增长22.4%；安瑞科（蚌埠）压缩机有限公司同比增长21.9%。产值下降较大的企业有：济南压缩机有限公司同比下降29.8%，江苏超力机械有限公司同比下降17.3%，宁波德曼压缩机有限公司同比下降11.9%，柳州压缩机总厂同比下降10.8%。2011年压缩机行业工业总产值前20名企业见表2。

表2　2011年压缩机行业工业总产值前20名企业

序号	企业名称	工业总产值（万元）	序号	企业名称	工业总产值（万元）
1	开山集团	423 357	11	温州固耐化机制造有限公司	46 817
2	浙江红五环集团股份有限公司	107 545	12	上海大隆机器厂有限公司	43 434
3	上海飞和实业集团有限公司	89 382	13	四川金星压缩机制造有限公司	42 319
4	山东省潍坊生建集团	73 362	14	博莱特（上海）压缩机有限公司	41 571
5	自贡通达机器制造有限公司	71 660	15	温岭市空压机有限公司	37 000
6	沈阳远大压缩机股份有限公司	58 191	16	江苏超力机械有限公司	28 000
7	无锡压缩机股份有限公司	57 230	17	广东正力精密机械有限公司	26 010
8	北京京城环保产业发展有限责任公司	55 510	18	阜新金昊空压机有限公司	25 128
9	沈阳透平机械股份有限公司往复机事业部	54 718	19	安瑞科（蚌埠）压缩机有限公司	24 071
10	四川大川压缩机有限责任公司	48 107	20	上海优耐特斯压缩机有限公司	23 230

2011年，压缩机行业86家企业实现利税总额324 598万元，实现利润269 889万元，同比增长23.3%。38家重点联系企业实现利税157 953万元，实现利润114 187万元，同比增长15.2%。2011年实现利润较好的企业有：开山集团实现利润39 967万元，同比增长16.6%；上海飞和实业集团有限公司实现利润10 343万元，同比增长25.0%；北京京城环保产业发展有限责任公司实现利润9 008万元，同比增长15.3%。86家企业中有亏损企业2家，亏损额为1 786万元。

2011年，压缩机行业经济效益综合指数为279.40%，高于同期46.3个百分点，为历史以来最高的年份。重点联系企业经济效益综合指数为224.86%，高于同期13.7个百分点。2011年压缩机行业经济效益指标见表3。

表3　2011年压缩机行业经济效益指标

地区	经济效益综合指数（%）	总资产贡献率（%）	资本保值增值率（%）	资产负债率（%）	流动资产周转率（次）	成本费用利润率（%）	全员劳动生产率（元/人）	产品销售率（%）
行业平均值	279.40	17.47	157.95	51.16	1.88	13.49	217 449	92.14
其中：重点联系企业	224.86	10.78	171.11	50.71	1.61	7.69	183 882	100.08
东北组	307.98	13.52	157.06	69.71	1.44	10.05	307 431	104.82
华北组	201.24	12.88	129.13	43.02	1.75	9.13	136 753	98.32
华东一组	382.45	27.73	217.29	40.02	2.72	18.87	296 677	87.19
华东二组	144.24	6.15	104.18	58.67	1.19	2.97	115 791	101.66
华西组	219.96	13.29	104.75	66.12	1.51	9.51	176 349	98.18
中南组	74.50	1.71	81.87	81.39	0.55	-0.86	64 066	101.81

经济效益综合指数是衡量工业经济运行质量的综合指标。压缩机行业近几年经济效益综合指数逐年上升，说明行业的综合经济效益得到提升。经济效益综合指数前三名企业全部为民营企业，分别是上海优耐特斯压缩机有限公司（836.07%）、北京金凯威通用机械有限公司（560.63%）、上海飞和实业集团有限公司（513.52%）。民营企业的综合实力已成为行业经济发展的亮点。

二、市场及销售

2011年，压缩机行业86家企业完成工业销售产值227.5亿元，同比增长29.7%。产品销售率为92.14%，同比降低9.6个百分点；重点企业产品销售率达到100.08%，同比降低4.4个百分点。2011年，压缩机行业86家企业实现主营业务收入228.7亿元，同比增长48.9%。重点联系企业实现主营业务收入161.1亿元，同比增长4%，增速同比下降19.9个百分点。主营业务收入增幅较大的企业有：北京京城环保产业发展有限责任公司增长49.3%，开山集团增长46.3%，安瑞科（蚌埠）压缩机有限公司和重庆气体压缩机厂有限责任公司均增长41.2%，上海优耐特斯压缩机有限公司增长37.8%,沈阳透平机械股份公司往复机事业部增长35.0%,江西气体压缩机有限公司增长26.7%,柳州压缩机总厂增长25.0%。主营业务收入达到8亿元以上的企业有:开山集团达到428 050万元,浙江红五环集团股份有限公司118 505万元,北京京城环保产业发展有限责任公司89 132万元。这3家企业主营业务收入合计达到63.6亿元,占全行业主营业务收入的27.8%,领军企业的作用明显突出,并已连续多年为行业的发展做出贡献。

2011年压缩机行业主营业务收入前20名企业见表4。

表4　2011年压缩机行业主营业务收入前20名企业

序号	企业名称	主营业务收入(万元)	序号	企业名称	主营业务收入(万元)
1	开山集团	428 050	11	温州固耐化机制造有限公司	42 598
2	浙江红五环集团股份有限公司	118 505	12	四川金星压缩机制造有限公司	42 085
3	北京京城环保产业发展有限责任公司	89 132	13	四川大川压缩机有限责任公司	38 737
4	上海飞和实业集团有限公司	76 396	14	博莱特(上海)压缩机有限公司	35 531
5	无锡压缩机股份有限公司	74 012	15	江苏超力机械有限公司	27 494
6	山东省潍坊生建集团	70 971	16	阜新金昊空压机有限公司	26 993
7	自贡通达机器制造有限公司	70 900	17	温岭市空压机有限公司	26 540
8	沈阳远大压缩机股份有限公司	56 054	18	广东正力精密机械有限公司	26 010
9	沈阳透平机械股份有限公司往复机事业部	51 073	19	安瑞科(蚌埠)压缩机有限公司	24 018
10	上海大隆机器厂有限公司	48 869	20	上海优耐斯特压缩机有限公司	22 827

1.产品生产及销售情况

2011年,压缩机行业86家企业共生产各种大中小型压缩机1 122 018台,销售1 107 321台(出口793 413台)。生产动力用压缩机1 116 731台,销售1 101 799台(出口793 304台)。其中,生产往复式活塞压缩机1 027 434台,销售1 014 827台;生产单螺杆压缩机12 470台,销售12 138台;生产双螺杆压缩机76 827台,销售74 834台。生产工艺用压缩机5 287台,销售5 522台(出口109台)。其中,生产往复式活塞压缩机4 774台,销售5 011台;生产单螺杆压缩机470台,销售467台;生产双螺杆压缩机43台,销售44台。

压缩机行业86家企业生产排气量为100m^3/min(含100m^3/min)以上的压缩机210台,销售208台;生产排气量为41~99m^3/min的压缩机2 536台,销售2 396台;生产排气量为20~40m^3/min的压缩机29 396台,销售28 370台;生产排气量为1~19m^3/min的压缩机238 086台,销售235 457台;生产排气量为1m^3/min以下的微型压缩机846 503台,销售835 368台。

压缩机行业86家企业生产及销售工艺气体压缩机情况:生产氮氢气压缩机135台,销售136台;生产氮气压缩机410台,销售414台;生产天然气压缩机1 990台,销售1 955台;生产二氧化碳压缩机161台,销售151台;生产氢气压缩机602台,销售589台;生产煤气压缩机128台,销售141台;生产氧气压缩机219台,销售212台;生产其他气体压缩机1 604台,销售1 885台。

2.出口情况

2011年,压缩机行业出口交货值为94 375万元,同比下降14.5%。重点企业出口交货值为56 166万元,同比下降13.1%。压缩机行业产品出口交货值只占全行业工业总产值的3.8%,出口依存度不高。全行业有24家企业产品出口,出口交货值前三名企业是:温岭市空压机有限公司17 384万元,同比增长2.8%;浙江鸿友压缩机制造有限公司16 549万元,同比下降1.7%;开山集团8 841万元,同比增长62.3%。

值得一提的是,随着企业技术和工艺装备水平及知名度的提升,出口的压缩机产品可靠性不断提高,逐步得到国外用户的认可。由原来的以出口微小型空压机产品为主导,逐步转向出口大中型工艺压缩机产品。

近年来,沈阳远大压缩机股份有限公司在研制大型氢、氧等易燃易爆压缩机方面积累了较为丰富的经验。公司曾为美国空气化工产品(中国)投资有限公司和英国BOC公司的中国项目装置配套4M10型、2D5.5型、Z3.5型等多台不同规格的中小型压缩机,其中还包括技术含量较高的氧气压缩机。公司虽然已向外商提供了近30台压缩机产品,但大都是120kN气体力以下的中小型产品,而500kN气体力的大型氢气压缩机组技术要求更高,配管技术难度更大。2011年,沈阳远大压缩机股份有限公司的4M50-99/2.48-32.9型原料氢气压缩机和4M20-106/0.08-6型尾气撬装压缩机组运往泰国,这是国内大型撬装氢气压缩机组首次走出国门。

江西气体压缩机有限公司长期以来一直为微生物、食品、医药、冶金、建材、石油化工和煤炭行业提供压缩机,具有国内较先进的科研试验和生产压缩机的综合能力,其基础机型DW-130/8、2D12(Ⅲ)-100/8、L8-60/8、L5.5-40/8、4L-20/8、3L-10/8型压缩机获国家银质奖或部级、省级优质产品证书。中压活塞系列压缩机、矿用无基础、喷水螺杆、蒸汽螺杆等7种新型压缩机填补了国内空白。2Z-1.67/25E变频调速乙炔气压缩机、LW-24/40无油空气压缩机、ZW－16.5/30 无油氧气压缩机、2D6.5－7.2/90 无油二氧化碳压缩机、2D12(Ⅲ)－100/8 型空压机、DW－50/30 无油二氧化碳压缩机、DW－200/2.2 焦炉煤气压缩机、HW－400/2.2 无油空气压缩机、MW－81/3.3～26 无油氮气压缩机等主力机型在国内外用户中享有盛誉。2011 年 8 月，公司 3 台 LW－25/35 无油润滑氧气压缩机出口俄罗斯，这是国内大型变压吸附制氧设备首次出口俄罗斯。

四川金星压缩机制造有限公司经过十余年的发展，已成为我国最大的 CNG 压缩机生产和出口基地，在巴基斯坦、印度、乌克兰、乌兹别克斯坦、哈萨克斯坦、苏丹、缅甸、孟加拉国等国家取得了骄人业绩，尤其是在巴基斯坦，年销售量达 200 余台(套)。公司在巴基斯坦、缅甸等国家设立了服务型办事处。2011 年，虽然受到全球经济环境不确定性因素的影响，公司 CNG 压缩机出口交货值仍然稳居天然气压缩机生产企业之首。

当前，开山集团在多个发达国家设立直销点，营销网络遍布全球 40 多个国家及地区。2011 年，开山集团凭借多年在外贸上的经验积累，出口额取得了 62.3% 的增幅。为进一步开拓全球市场，开山集团投资 2 600 万元台币在中国台湾设立了台湾开山压缩机有限公司，这将有利于开山集团开拓中国台湾及东南亚压缩机产品市场，并进一步拓展亚太地区市场。

三、科研成果及新产品

2011 年，压缩机行业新产品产值为 74.4 亿元，同比增长 25%，新产品产值率为 30.0%。行业企业持续创新能力有所增强。

无锡压缩机股份有限公司成功研制出喷水螺杆压缩机，此机型具有单级压比高、压缩接近等温过程、以水代油、环保经济等特点，属于高端节能产品。

2011 年，浙江开山压缩机股份有限公司成功开发出排气压力 2.5～4.0MPa 的高压螺杆空气压缩机系列产品。其中，以柴油机驱动的高压螺杆空压机采用两级压缩螺杆主机，按最高压力 4.0MPa 设计，配套重载电喷柴油机，根据载荷情况，电子控制喷油量，实现发动机运行全程范围内最佳燃烧状态，提供最佳经济性与动力性。该机智能化水平高，设有故障自动诊断、报警、停机等功能，可适应高海拔、高温、低温、高湿度、沙漠等严酷的环境条件。

沈阳透平机械股份有限公司往复机事业部在引进德国大型往复压缩机技术的基础上，经消化吸收，已为中石化长岭分公司等用户提供了 4M125(50)大推力往复式压缩机。2011 年，又着力开发当前世界上最大的 1 500kN 大型往复压缩机。

宁波鲍斯能源装备股份有限公司研制开发的煤层气回收螺杆压缩机组，能适应井口压力变化和煤层气中含尘、含水的要求；采用变频技术，适应气量变化的要求。机组采用撬装化设计，轻便、灵活，适用于煤层气的安全抽采、提纯、低温液化。

江苏大丰丰泰流体机械科技有限公司和西安交通大学共同研制的同步回转油气混输泵，具有结构简单、重量轻、节能、可靠、适应性强和运行稳定的特点。该产品具有泵和压缩机的双重功能，圆满地解决了高含气率(97%)的油气混输难题，满足了油气混输的要求。

此外，苏州通润驱动设备股份有限公司推出了 5 个系列的永磁电机驱动螺杆压缩机新产品。贵州中电振华精密机械有限公司、深圳振华亚普机械有限公司试制成功了中压单螺杆空压机，一级压缩排气压力达 3.0MPa。自贡东方通用压缩机有限公司开发出沼气用压缩机系统设备，并成功应用于“南宁车用生物燃气工程”项目中。托格(上海)压缩机有限公司成功研发了车载移动式“膜制氮”注气压缩机组。

四、基本建设

2011 年，开山集团压缩机公司技改扩建项目的重点工程“开山第三工业园”正式启用。开山第三工业园生产车间面积约 36 000m^2，其中 22 000m^2 用于大型矿山机和一体式微型螺杆空压机的生产。开山第三工业园启用后，可年产一体式微型螺杆空压机 1 万台，大型矿山机年产可增至 2 万台。而原厂区的活塞机生产场地腾空以后将全部用于螺杆机的生产，从而使衢州工厂具备年产 15kW 以上螺杆空压机 3.5 万台的能力。另外，新厂区的 2 200m^2 离心机生产车间也在设备安装和调试中。离心机项目是开山集团 2011 年推广的重点，将为公司的发展注入新动力。

2011 年，上海飞和实业集团有限公司总投资 5 亿元的工业空气压缩机生产项目落户湖北省荆州市沙市区。该项目计划在沙市经济开发区征地 8 万 m^2(120 亩)，待项目建成后，年生产工业空气压缩机可达 5 万台。

2011 年，四川金星压缩机制造有限公司投资 20 亿元打造的“聚丙烯、天然气综合利用提取轻烃、液态焊割气”项目开工奠基仪式在新疆巴音郭楞蒙古自治州轮台县拉伊苏石油化工园隆重举行。该项目包括投资约 14.4 亿元的年产 10 万 t 聚丙烯项目，占地面积 66.7 万 m^2(1 000 亩)，项目达产后每年可实现销售收入 9.31 亿元；天然气综合利用提取轻烃及年产 27 万 t 液态焊割气项目投资近 5 亿元，占地面积 33.3 万 m^2(500 亩)，项目达产后，每年可实现销售收入 7.68 亿元。

2011 年，阿特拉斯·科普柯公司投资 1.5 亿元开工建设新工厂，以满足中国及其他亚洲市场对空气压缩机不断增长的需求。1.5 亿元的投资将用于建设一家新的压缩机装配工厂、一间测试实验室和一个研发中心，占地面积约 45 000m^2。新工厂计划于 2012 年 7 月投入使用。2011 年末，阿特拉斯·科普柯(中国)投资有限公司宣布，正式收购广州灵格压缩机制造有限公司。这是继其 2002 年收购柳州富达、2006 年收购上海博莱特、2010 年收购昆山昆泰克之后，2011 年末的又一重大决策。

〔撰稿人：中国通用机械工业协会压缩机分会刘海芬
审稿人：中国通用机械工业协会压缩机分会钱家祥〕

2011年减变速机行业概况

一、生产发展情况

2011年是“十二五”的开局之年，也是充满挑战的一年。欧洲债务危机以及我国银行加息、货币紧缩给减变速机市场带来了更多的不可预测性，同样也使更多企业面临了更大的经营风险。在这样的经济环境下，2011年减变速机行业仍保持经济指标两位数增长的势头，实属不易。

2011年，中国通用机械工业协会减变速机分会有会员单位99家，其中企业94家、科研院所3家、减速机专业信息网1家、专业减速机检测中心1家。在94家企业中，减变速机主机生产企业79家、配套企业15家。99家会员单位中国有及国有控股企业8家、外资企业1家、合资企业1家、民营和民营股份企业89家。按大中小微型工业企业划分，共有3家大型企业、12中型企业、84家小型企业。

根据减变速机分会对45家会员企业的统计，2011年45家企业从业人员人数16 251人。其中，工程技术人员2 615人、工人与学徒10 970人、管理人员1 525人。45家企业拥有固定资产（原价）328 654万元，固定资产净值平均余额176 401.7万元，年末拥有金属切削机床4 293台。2011年减变速机分会45家会员企业基本情况见表1。

表1　2011年减变速机分会45家会员企业基本情况

全部职工年末人数（人）					全部职工全年平均人数（人）	工资总额（万元）
总计	其中					
	工人与学徒	工程技术人员	管理人员	其他		
16 251	10 970	2 615	1 525	1 141	16 402	48 338.7

2011年，减变速机分会45家会员企业完成工业总产值839 770.1万元，比上年增长15.1%；工业增加值166 370.7万元，比上年增长1.9%。实现利润46 932.8万元，比上年增长19.2%。产值超亿元的企业有13家，比上年增加2家，13家企业中产值为10亿～20亿元的企业有1家，产值超过20亿元的企业有1家。2011年减变速机分会45家会员企业经济指标见表2。2011年减变速机行业工业总产值前10名企业见表3。

表2　2011年减变速机分会45家会员企业经济指标

工业总产值		工业增加值（万元）	主营业务收入（万元）	主营业务税金及附加（万元）	利润总额（万元）
2011年（万元）	比上年增长（%）				
839 770.1	15.1	166 370.7	821 957	4 328.9	46 932.8

年末固定资产		流动资产		流动负债合计（万元）	年末所有者权益（万元）	全员劳动生产率（元/人）
原价（万元）	净值年平均余额（万元）	合计（万元）	年平均余额（万元）			
328 654	176 401.7	461 215	319 958.5	374 130	332 302.6	101 400

表3　2011年减变速机行业工业总产值前10名企业

序号	企业名称	工业总产值（万元）	序号	企业名称	工业总产值（万元）
1	国茂减速机集团有限公司	250 851	6	温州三联集团有限公司	23 716
2	江苏泰隆减速机股份有限公司	191 012	7	宁波人和机械轴承有限公司	20 902
3	泰星减速机股份有限公司	96 522	8	荆州市巨鲸传动机械有限公司	18 726
4	浙江通力重型齿轮股份有限公司	40 035	9	石家庄科一重工有限公司	14 002
5	泰州市琼花传动机械总厂	31 211	10	佛山市星光传动机械有限公司	12 887

从 2011 年减变速机行业企业的统计中看出，到 2011 年年末，全行业完成工业总产值已连续 10 年呈两位数增长，表明减变速机行业经受住了国际金融危机的考验，行业经济运行情况良好。但在 45 家企业中仍有 4 家企业亏损，亏损额为 3 434.6 万元。

2011 年，减变速机分会 45 家会员企业共生产减变速机 1 871 943 台，比上年增长 51.5%。2011 年，减变速机行业五大类产品中，仅有电动滚筒产量微量下降，摆线减速机呈小幅增长，无级变速器和齿轮减速机呈两位数增长，蜗轮减速机更是大幅度增长，比上年增长 224.9%。由于市场需求量的增加，蜗轮减速机产量连续两年实现高速增长。2011 年减变速机产品产量见表 4。

表 4　2011 年减变速机产品产量

产 品 名 称	产量（台）	比上年增长（%）
摆线减速机	639 998	8.2
无级变速器	88 345	80.8
齿轮减速机	50 7082	32.1
蜗轮减速机	61 4653	224.9
电动滚筒	21 865	-1.0

二、市场及销售

2011 年，减变速机分会会员企业经济效益平稳增长，主营业务收入、利润、利税均保持稳定增长势头。45 家会员企业共完成工业销售产值 830 815 万元，比上年增长 15.7%；实现主营业务收入 821 957 万元，比上年增长 16.4%。2011 年减变速机行业主营业务收入前 10 名企业见表 5。

表 5　2011 年减变速机行业主营业务收入前 10 名企业

序号	企 业 名 称	主营业务收入（万元）
1	国茂减速机集团有限公司	250 382
2	江苏泰隆减速机股份有限公司	182 416
3	泰星减速机股份有限公司	95 527
4	浙江通力重型齿轮股份有限公司	38 830
5	泰州市琼花传动机械总厂	31 243
6	温州三联集团有限公司	23 564
7	宁波人和机械轴承有限公司	19 280
8	荆州市巨鲸传动机械有限公司	18 783
9	石家庄科一重工有限公司	13 356
10	山西省平遥减速器厂	12 202

2011 年，虽然行业企业面对许多不利因素（如国内外同行竞争加剧、原材料价格的不断上涨、用户的压价等）的冲击，但减变速机行业企业在国家一系列调控政策的指导下，审时度势，客观地分析国际金融危机对行业的不同产品、不同地域、不同规模、不同所有制企业，以及处于产业链不同环节企业影响的差异性，适时调整企业的经营战略、市场销售策略，注重生产差异化产品，扩大减变速机产品市场领域，市场产、销较平稳，供需较均衡，行业各项主要经营指标保持平稳增长的态势。2011 年，减变速机行业经济效益综合指数为 174.95%，总资产贡献率为12.71%，资本保值增值率为 121.41%，资产负债率为58.73%，流动资产周转率为 2.57 次，成本费用利润率为6.04%，全员劳动生产率为 101 400 元/人，产品销售率为 98.93%。

2011 年，在统计的 45 家企业中，37 家企业工业销售产值实现增长，增幅超过 20% 的企业有 15 家；35 家企业主营业务收入实现增长，增幅超过 20% 的企业有 17 家。增幅较大的企业有哈尔滨智达测控技术有限公司、平遥减速器有限公司、浙江东霸传动有限公司、宁波人和机械轴承有限公司、兰州西腾润工装备制造有限公司及国茂减速机集团有限公司等。

国茂减速机集团有限公司致力于营销组织建设，根据各个历史时期不同的发展要求，调整与完善营销组织模式，逐步形成了“渠道营销为主，终端营销为辅”的市场模式。通过区域划分和资源整合，全国各销售公司组织运作能力得到极大的提升，组织营销能力和个人能力得到极大地发挥，在较短的时间内公司得到了快速发展。2011 年，公司营销团队创新营销、品牌驱动、全力扩大市场，实现主营业务收入 250 382 万元，同比增长 35%，超额完成年初的任务计划。

2011 年，山西省平遥减速器厂、平遥减速器有限公司以“五提高”工作总纲为指引，各项业务有了较大的进展：主营业务收入 2.3 亿元，同比增长 31.2%；实现利税 1 018 万元；职工人均收入增长 24%。企业荣获山西省功勋企业、山西省质量管理小组活动优秀企业、平遥县 2011 年度县域经济发展贡献奖等荣誉。2011 年，该企业重点对“销售目标任务工资和奖励递进方案”进行完善，以月度例会为平台，总结上月业绩，研究部署下月营销指标。全年开发新用户 80 余家，JS200、315、525 等大功率减速机产品已形成批量生产能力，推向市场，并得到用户的认可和好评。

2011 年，江苏省金象传动设备股份有限公司（原江苏省金象减速机有限公司）新厂区落成，搬迁开工，生产、销售两不误，稳定老客户、开发新客源，销售业绩持续提升。公司以雄厚的实力获得浙江天马轴承股份有限公司下属的齐重数控装备股份有限公司碾环机用特大减速机的订单，合同金额 800 多万元。这台减速机长 10m、宽 4.5m、高 7.56m，总重量达 211.5t，为当前世界最大碾环机用减速机。

浙江通力重型齿轮股份有限公司积极调整产品结构，开发高端产品，加大对已研制出的大型重载齿轮箱、风力发电设备用增速齿轮箱的销售力度，2011 年实现主营业务收入 38 830 万元，同比增长 15.3%。

2011 年，山东柳杭减速机有限公司实施品牌营销战略，提高竞争能力。①利用各种有效传播手段，加大宣传力度，提升品牌知名度。2011 年，公司参加《砖瓦》杂志社在济南举办的砖机设备展览会和西安墙体材料研究设计院、《砖瓦》杂志社联合举办的2011年第十四届国际墙体屋面材料生产技术及装备博览会，展示了公司雄厚的经济实力和深厚的文化内涵，提高了品牌影响力。②利用示范效应，扩大市场份额。公司在推出新产品时，率先以重点用户为试点，借助重点用户在该行业中的影响力，由点带面，逐步推广，从而使一般用户积极跟进，形成了连锁反应的市场效应。"柳杭"牌减速机在真空挤出机行业的市场占有率持续保持全国第一。③强化服务意识，提高客户忠诚度。2011年，公司开通了24h免费服务热线电话，售后服务人员在接到服务请求后，及时到现场帮用户解决实际困难，提升了"柳杭"品牌的美誉度，提高了公司产品的市场竞争力。

江苏泰隆减速机股份有限公司坚持科技创新，加快转型升级，质量效益明显提升。2011年，公司实现销售收入18.2亿元。新开发的核电、水电、风电及建材、冶金等设备制造业专用齿轮箱适应了减速机市场发展的新需求，为公司增加近4亿元的主营业务收入。公司作为国内最大的钢帘线机械生产基地，全年钢帘线机械为企业年增销售3.8亿元。

2011年，荆州市巨鲸传动机械有限公司实现主营业务收入18 783万元，同比下降7.8%，但在能源和水利行业的产品销售仍取得20%以上的增长。2011年，铸锻中心产量增长10%。全年承接外部铸件300多吨，实现了产能达标的起步。公司还在挤砖机等市场拓展了发展空间。

一些企业在稳定国内市场的基础上加大了国际化营销步伐，逐步扩大外贸业务。2011年，减变速机行业主要出口产品为蜗轮减速机，共完成出口交货值32 327万元，比上年增长100.3%。出口的主要国家和地区有东南亚、中东、欧美等国家以及中国香港和台湾地区。

三、科研成果和新产品

2011年，减变速机行业继续加大新产品研发力度，企业科研经费投入增加。在统计的45家企业中，有17家企业开发了新产品，新产品产值301 929.5万元，比上年增加122 457.4万元；有20家企业合计科技开发经费总额为16 006.6万元。

2011年，江苏泰隆减速机股份有限公司完成新产品产值24 296万元，同比增长47.3%。公司投资100多万元实施了知识产权战略推进计划及知识产权规范管理，增强了知识产权保护力度。2011年，新申请专利19件，累计共申请专利112件；已获得授权的发明专利8件、实用新型专利59件、外观设计专利8件。通过专利运用，在传统减速机系列基础上，新增加了19个高科技含量的产品系列，其中有6个被评为省级高新技术产品，增强了企业的核心竞争力。公司在与30多家大专院校、科研院所和行业检测中心建立友好合作的基础上成立的泰隆集团－哈工大工程技术研究中心，在核电齿轮箱的重大成果转化中发挥了重要的作用，促进了企业的持续科技创新。

2011年，河北冀州市联轴器厂科技开发经费持续增加，仅对获得国家级新产品奖的QPZ型气动盘式制动器、QPC气动离合器就投入科研费用近60万元。公司还实施"借脑开发"战略，与科研院所和大专院校加强技术合作，其研发的新产品技术一直处于国内同行业的前沿水平。其中，具有自主知识产权的UL型轮胎式联轴器填补了我国的空白，具有十分优越的缓冲减震性能，对轴向、径向、角向偏移有着良好的补偿性能，被众多用户誉为"弹性万向联轴器"。

2011年，浙江通力重型齿轮股份有限公司抓住国家扶持战略性新兴产业的良好机遇，加快企业发展进程，实施"差异化"的产品开发战略，不断加大科研投入，优化科研条件和手段，进一步完善大型重载齿轮箱产品系列，产品质量达到国内同类产品的先进水平。新产品产值达到34 872万元，同比增长23.5%，占全年工业总产值的87.1%。2011年主营业务收入的70%来自新产品。全年完成了TKA系列斜锥高型减速机、TRF系列硬齿面圆柱齿轮减速机、TRM系列硬齿面圆柱齿轮减速机、TSAF系列斜齿－蜗轮蜗杆减速机、TB3DH系列硬齿面齿轮减速机、TP2SAZ系列行星齿轮减速机、TH2系列硬齿面齿轮减速机、TFAF系列平行轴斜齿轮减速机、W160电子测试减速机、BGZ09250割草机用减速机、RX261.5.1玻璃机械用减速机、TLPSJ920烘干破碎磨机减速机、Y700开卷机用减速机、TLJS110刮板输送机用减速机14项新产品的研发、设计、投产。此外，还完成了年产2 000台水泥辊压机及工程施工机械内藏式行星齿轮减速机技改项目、2.0MW及以上风电增速齿轮箱产业化项目。

江苏省金象传动设备股份有限公司始终以技术创新为先导，近三年累计投入研发费用2 000余万元，实施了20余项省市级科技项目或技术改造项目。公司与天津水泥设计院、江苏大学、中国重型机械研究院等单位建立了产学研合作关系，建立了江苏省蜗杆传动工程技术研究中心。"新型立式磨机减速器的研发与产业化"获得了中国机械工业科学技术奖三等奖；"双级蜗轮齿轮减速器"等5项产品被认定为江苏省高新技术产品。公司还获得发明专利1项、实用新型专利18项、外观设计专利3项、软件著作权1项。公司获得国家火炬计划重点高新技术企业、江苏省创新型企业等80余项荣誉称号。2011年，公司申报的"功率双分流中心传动磨机减速机均载结构"获得国家专利。功率双分流中心传动磨机减速机可广泛用于矿山、水泥等行业，其核心技术为均载结构及其调整方法。该专利的特点，一是在均载调整前即可配钻所有销孔，调整好后无需再拆开齿轮、齿轮轴，不仅安装调整方便，还节省成本，减少装配时间，提高装配精度和承载能力；二是在更换齿轮和齿轮轴时，可以将齿轮或齿轮轴在减速机制造厂加工成成品，然后直接在使用现场调整均载，调好后即可投入使用，无需再回到减速机制造厂配作销孔，不仅维修方便，且减少维修时间和维修成本。该专利的问世，攻克了中心传动磨机减速机安装和维修的瓶颈，应用前景广阔。公司申报的"新型双分流均载中心传动磨机减速机"获国家实用新型专利。该专利的优点是：一级齿轮轴采用螺旋角相等、旋向相反的双斜齿圆柱齿轮分别驱动两件一级大齿轮形成两分支路,实现功率分流;一级齿轮轴通过轴向无约束滚子轴承支撑在壳体上,在负载运行时,通过轴向浮动,使两支路啮合互相补偿,获得均载;二级齿轮轴采用齿、轴整体件,累积误差小,重量轻,加工安装工艺简单,使用维护方便。现应用该专利生产的减速机已承接订货近20台,应用于四川、湖北、新疆等地的水泥生产线中。2011年,江苏省淮安市科技局组织专家对公司完成的"中心传动磨机减速器开发与产业化"、"多分流立式磨机传动装置研发"两个项目进行了科技成果鉴定,鉴定结论为达到国内领先水平。"中心传动磨机减速器开发与产业化"项目开发了减速机精确设计软件系统,攻克了大功率分流均载传动、大型箱体柔性加工装配等多项核心关键技术,构建了中心传动磨机减速器的精密加工、装配调试产业化技术体系。"多分流立式磨机传动装置研发"项目产品采用了优化设计方法,实现了功率多分流、均载传动、多点控制静压承载、多路巡检与报警等多项技术创新,产品具有重量轻、效率高、噪声低、结构紧凑、承载能力大、性能可靠等特点。公司生产的"新型高效节能立式磨机减速器"被评为江苏省优秀新产品。该产品的特点是内齿圈采用高精度磨齿工艺,输入轴端采取甩油环、油封、迷宫三层密封与双回油结构相结合的措施;推力轴瓦润滑管路采用能提高油位、改善润滑条件的新颖结构。该产品承载能力大,性能可靠,结构紧凑,重量轻,效率高,噪声低,整体技术已达到国际先进水平。3年来,该产品已实现销售收入7 000多万元。

2011年,荆州市巨鲸传动机械有限公司研发的水利、发电设备增速器产品投入使用,软驱动装置完工并进入试验阶段。高速比减速机、榨糖机减速机的设计储备,使公司研发水平有了很大的提升,将为公司创造广阔的市场空间。

2011年,国茂减速机集团有限公司完成新产品产值191 829万元,占全年工业总产值的76.5%,占比同比增长115.3%。公司完成了GX系列行星减速机的开发设计工作,并进行了小批量试生产。该产品比国内常用的NGW系列更具技术优势和市场前景。为了提高产品性能,公司还根据市场反馈信息对PV系列、GM系列等减速机进行了改进和完善,故障率大大降低,性能更加优越。为进一步扩大市场优势,公司对G系列减速电机进行了全性能改进设计,密封、润滑、承载能力等性能都有较大的提高,更加符合客户要求,为G系列减速机提供了更强的技术保障。2011年,G系列减速电机销售量达85 000台,同比增长22%。

2011年,山西省平遥减速器厂面对复杂多变的市场形势,运用优化设计理念,积极探索新工艺、新材料,全年共开发新产品40余项,对部分工艺进行了改进,节约了成本,提高了效率。平遥减速器有限公司在太原召开"兆瓦级机械功率全封闭试验台"科技成果鉴定会,通过了由山西省科技厅和晋中市科技局联合组织的专家鉴定。该试验台的创新点是:节约运行成本,节省供电费用,运行智能保护,运行效率高,灵活性好,稳定可靠,操作简单、安全,不受行程的限制,系统智能管理,适合于大功率齿轮箱的型式试验。该试验台达到国内领先水平,为公司大型矿用减速器产品进军煤矿领域创造了更加有利的条件。兆瓦级机械功率全封闭试验台的研制成功,不但解决了公司大功率输送机用减速器的型式试验问题,而且完成了公司出口阿曼的抽油机减速器API912的型式试验,为出口产品提供了保障。同时还形成了3项专利:1项发明专利、2项实用新型专利。

2011年,天津百利天星传动有限公司(原天津减速机股份有限公司)科技投入231万元,开发新产品、新工艺12项,新产品产值800万元,申请专利10项,共获授权专利11项。公司设计制造多项产品夹具,用于特种电机连接、特种安装形式的减速机。开发了新型JRJ188绞肉机,产品达到国内领先水平。为不断提升工艺水平,设计并制造产品专用胎具:悬挂减速机加工夹具和多工位压装机。悬挂减速机是公司重要产品之一,为提高生产效率、满足市场需求的增长,设计开发了多种专用悬挂减速机加工胎具,达到了保质保量的效果。多工位压装机的工艺方法提高了装配水平及生产效率,效果显著,设计水平达到国内领先,现已申报国家发明专利。公司从2009年与大连交通大学合作开发研制RV机器人专用减速机,用于高性能精密传动装置。2010年,公司与天津大学、天津职业技术师范大学、沈阳新松机器人自动化股份有限公司、杭州娃哈哈集团有限公司共同申请了国家高新技术研究发展计划(863计划)并通过了评审。2011年,围绕在加工过程中的工艺难点进一步开展深入研究。该减速器可满足165kg以上点焊机器人和300kg以上重载搬运机器人所需的成套减速器产品系列,负载转矩为:400～5 000N·m,平均无故障时间≥50 000h。此外,3THB垂直轴硬齿面减速机已完成图样设计,具备了样机试制的能力。

2011年,温州三联集团有限公司完成新产品产值3 796万元,占全年工业总产值的16%。在自主研发成功的摆线减速机核心零部件——摆线轮一次锻压成形技术基础上,2011年又研制成功锻压摆线轮精加工技术,建立了从摆线轮锻造、热处理,到精密机械加工的完整的高科技精细化生产系统,使我国摆线轮的生产、加工技术提升到一个新的高度。该技术属国内首创,其中,"摆线减速机摆线轮热锻、挤压工艺"、"摆线减速机摆线轮热锻、挤压磨具"、"摆线减速机摆线轮销孔快速加工机床"获得国家发明专利和实用新型专利;"摆线减速机摆线轮外曲线快速加工机床"正在申报专利。

温州博士爱机械设计院的DRLE智能设计软件是当今实用性工程技术人员进行技术开发的有力设计助手,2011年已经在部分企业和国家重点大学的科研项目实验研究中使用。2011年,温州博士爱机械设计院与天津百利天星传动有限公司共同开发了精密摆线减速机优化设计软件,进入使用阶段;与平阳宏泰齿轮厂合作研究成功弧齿锥齿轮切齿平行接触面积大于60%及噪声62dB左右切齿程序;与国茂减速机集团有限公司合作开展精密整机减速机优化设计研究工作。

2011年，哈尔滨智达测控技术有限公司完成了对减速机行业所有齿轮工件（如圆柱齿轮、圆锥齿轮、蜗轮蜗杆、摆线针轮等）的检测，并能够对相应的加工刀具（如滚刀、剃刀、插刀、蜗轮滚刀等）一并在一台齿轮测量中心上进行检测。公司完成新产品产值458万元，同比增长328%。

2011年9月，山东柳杭减速机有限公司通过了上海检测中心对新产品DCY系列减速机产品的技术审查。11月，DCY系列减速机通过了安标国家矿用产品安全标志中心委的现场考评，并根据专家提出的整改要求完成了整改。

2011年，完成新产品产值较多的企业还有：泰星减速机股份有限公司完成新产品产值23 723万元，占全年工业总产值的24.6%；荆州市巨鲸传动机械有限公司完成新产品产值6 521万元，占全年工业总产值的34.8%；浙江午马减速机有限公司完成新产品产值3 647万元，占全年工业总产值的64.5%；台州市通宇变速机械有限公司完成新产品产值2 760万元，占全年工业总产值的30%。

四、基本建设及技术改造

2011年，减变速机分会45家会员企业中有20家企业进行了土地、厂房、设备等固定资产投入，投资额合计81 610.5万元，比上年减少52 220.5万元。

2011年，河北冀州市联轴器厂先后应用十多项新技术、新工艺对设备进行技术改造，并投资200多万元对主要生产设备进行更新换代，建成了具有国内先进水平的联轴器生产线。参与行业标准起草工作，参与制定19项国内产品标准，这些都确保了企业在行业内的"排头兵"地位。

2011年，江苏泰隆减速机股份有限公司不断增强创新基础建设。公司加大了研发设备和新产品产业化设备的投入，完善了检测手段，全年固定资产投资5 704万元。在原有200kW、55kW测试台的基础上，投资800万元新建了2 000kW大功率齿轮箱的测试台和30kW风力发电偏航变桨减速机的测试台，用于保证产品质量。

2011年，平遥减速器有限公司新增数控车床、铣床、钻床以及锅炉等设备12台，新建热处理车间和半封闭料场，建成了天然气供暖设施。这些基础设施的陆续投入使用，为企业扩大生产规模和改善工作环境，起到了一定的保障作用。

2011年，泰星减速机股份有限公司固定资产投资55 329万元，比上年增加2 151万元。购置了大型、高精密先进加工设备，用于生产大型重载减速机。

2011年，天津百利天星传动有限公司正式挂牌。该公司是天津百利机电控股集团以整体优势运作的结构调整，是传承与提升天津减速机股份有限公司50年产业积淀的精华，皆在保持和拓展天津减速机股份有限公司在业内的比较优势。基于此，在天津百利天星传动有限公司成立之前，投入近2亿元，用于建设集研发、制造和客服管理于一体的新工厂，新购置数控设备、精密机床及检测设备110余台，建立了从投入到产出整体流程的优化制造体系。2011年设备基本到位，安装、调试完毕，已投入生产。

2011年，荆州市巨鲸传动机械有限公司融投资规模进一步扩展。公司投入大量资金进行技术改造，购置大型镗、铣、车加工设备和高水平的检测设备。2011年公司融资5 000万元，争取相关政策扶持资金约700万元，保证了资金的供给。根据公司发展需要，投资5.5亿元在荆州市工业园区兴建占地面积20万m^2的巨鲸工业区。项目分三期建设，现均已竣工投产。三期工程是湖北省最大的铸件生产基地，年产量达2.5万t。2011年，新技术、新工艺应用获得成果。合成铸铁、铁屑回炉技术的应用，扩展了熔炉的"饲料"；泡沫铸模技术的应用，加快了生产准备节奏；3m龙门刨铣床的完工，提高了加工效率；三坐标测量仪、齿轮测量中心的使用，提高了检测水平；一批新技术、新工艺的应用，为缩短制造周期、降低成本、保证产品质量创造了良好的条件。

2011年，浙江通力重型齿轮股份有限公司继续加大固定资产投资力度，投资额为2 887万元。购置了2台德国的ZP磨齿机，用于大型重载齿轮箱的生产。

2011年，温州三联集团有限公司固定资产投资1 107万元，同比增长30.5%。购买了热处理设备、摆线轮生产线设备，用于满足摆线轮生产的需要。

2011年，国茂减速机集团有限公司淘汰了老厂区落后的工艺装备，在新厂区一次投入7 800多万元购置高性能梁式起重机400台，设计了承载能力50t和100t梁式起重机的预留基础，为提升大功率减速机的生产能力打下了基础。公司还投入1 000万元对摆片和出轴等的加工全部实现数控化，投入5 800万元引进了德国磨齿机和数控蜗杆专用磨床，投入800多万元引进了10条环保涂装线。新厂区占地面积39万m^2，单体最大面积超过4万m^2的标准厂房都设置了屋顶通风器，各制造部物流仓储设施投入达3 000多万元，监控网络、后勤管理网络和生产、技术信息网络全部进行升级改造，并设置了活动健身中心和电子图书室。同时运用现代工艺标准对涂装、装配等关键工艺设施和工艺流程进行了有效的调整，更体现了管理的高效、快捷、有序。

2011年，浙江江南减速机有限公司固定资产投资752万元，主要用于技术改造和购买先进的设备，扩大产能，提高产品质量。

2011年8月1日，佛山市星光传动机械有限公司正式签约落户佛山市白坭汇金工业城，项目占地面积约3.3万m^2（50亩），总投资2.8亿元，计划2012年年底建成投产。

2011年，江苏省金象传动设备股份有限公司从德国购置的六轴五联动龙门式螺旋锥齿加工中心安装调试成功。该加工中心在国内同类设备中加工直径最大（最大加工直径2 800mm），加工精度最高（最大加工精度DIN5级）。2010年，公司斥资近2 000万元从德国原装购得这套设备，经过近一年的调试，现已运行生产。该设备可进行多轴联动,加工表面形状复杂的零件,带有24刀刀库,有多种自动换刀或选刀功能,工件在一次装夹后,能对多个表面完成多种工序的加工,提高了生产效率和加工精度。近年来,公司共投资1.64亿元进行设备改造,使公司拥有了一批世界先进、国内领先的德国、英国、俄罗斯等原装进口的大型成形磨齿机、精密蜗杆磨床、大型镗床等设备,具有年产"金象"牌各类减速机3万余台的生产能力。

另外,台州市通宁变速机械有限公司、石家庄科一重工有限公司、山西省平遥减速器厂、宁波莱斯特传动设备制造有限公司、瑞安市华星减速机实业有限公司、兰州西腾润工装备制造有限公司、哈尔滨智达测控技术有限公司等企业2011年也进行了固定资产投入,主要是增添新的、先进的加工设备和改善产品检测手段,添置计算机,加强网络管理,以提高生产能力和生产效率。

五、企业管理及改革

2011年,国茂减速机集团有限公司加快信息化管理的整合升级,拓宽信息化管理平台,以满足组织扩大、产能提升的管理要求。公司投入15万元建立了人力资源管理信息化平台,进一步完善了人事档案管理,增强了人力资源的管理功能。2011年,公司还投入300多万元建立了PIM技术管理系统,利用ERP信息平台加强了与生产管理系统的有效链接,进一步完善了技术控制流程,为企业今后发展做好了充分的技术管理准备。2011年,公司一方面拓宽招聘渠道,改变招聘模式,加快人才的引进;另一方面,加大培训力度,采取"送出去、引进来"的培训方法,增加培训投入,投入50多万元与大专院校建立专业培养计划,进一步加大了人才培养的前期投入,同时为新员工设计培训途径,不断完善人才激励机制,全年员工培训培养投入就达200多万元,有效保障了企业强劲的发展势头。公司专业配套铸造项目一期占地面积6万m^2,建筑面积近5万m^2,项目规划铸件产品年铸造能力10万t,将极大地满足公司生产需要。公司投资6 000多万元建造的集中配套加工区也已投入使用,占地面积6.7万m^2,建筑面积超过4万m^2,进一步提高了外协供应商的协作能力。

多年来,山西省平遥减速器厂十分注重员工质量意识的培养和生产过程质量的控制。①强化员工质量意识,提高产品质量管理水平。2011年,全厂开展42个QC小组活动,稳步推进ISO9001质量管理体系和ISO14001环境管理体系建设。在内部审核中,重点对产品质量、工序质量控制过程进行审核,及时发现问题,消除质量隐患,并不定期检查工艺及质量制度的执行情况。②完善各项基础管理,努力提升管理水平。一年来,该厂持续完善管理体系建设,强化产品和工序质量管理、节能降耗管理、环境管理、行政管理等各项管理工作。持续开展TPM工作,当前各部门基本通过了TPM一级段的诊断,TPM将进入第二阶段。全年共收到重点提案124件,一般提案3 405件,产生有形经济效益88 811元,生产现场得到明显改善;各工段实行辅料消耗考核,节能降耗成效明显。加强各项制度和体系文件的执行考核,对产销部门领导实行任务考核和生产进度考核。在销售对账、价格指数考核、劳动纪律、实习生管理、库房账物相符、工作计划落实等方面的管理工作均有所加强。公司实行工作部制,新增企管部、设动部、质检部,有力地提升了公司的工作节奏和管理水平。安全生产警钟长鸣,各工段利用多种形式进行员工安全操作规程培训,对新员工认真进行入厂三级安全教育。全年多次组织对特种设备及全厂进行安全检查,及时排除隐患。③加强员工队伍和企业文化建设,提高员工整体素质。培训是提高技能和工作水平的重要方式,企业持续开展中层互训和TPM管理培训,对招收的新员工从机械基础、产品质量、安全生产等方面进行培训,经过理论和实践考核合格之后,方可独立上岗操作。在班组建设中,充分利用看板和班前会互通信息,统一思想,使员工目标一致,共同完成生产任务。加强班组长培养,班组长负责各班组的现场管理、设备维护、胎夹具整理及生产进度监控等,工段长负责检查。鼓励员工一专多能,在本工种任务不饱满时,学习别的工种技术,进行人才储备。对非定额人员制定了独立上岗考核制度,促进其尽快进入角色。构建了良好的人才成长机制,员工素质得到较快提高。文化宣传工作紧跟企业发展步伐,内刊《信凯报》每月按期出版,企业网站随时更新,为交流信息、宣传企业提供了良好的平台。④树立服务意识,提高工作效率。各职能及辅助部门坚持服务于产供销的理念,目标一致,团结高效,努力提供优质的服务。生产系统急用户所急,合理调度,加快节奏,对每一个订货合同都做到及时评审,及时分解外协和生产计划,及时落实进度。采购部门科学组织,控制购进价格,与供方诚信合作,满足生产急需,通过不懈的努力,全年整机按期完成率达到95%。设动处加强技术改造,修旧利废,修复各种电器120余件,修复价值14 795元。各部门在开展TPM精益管理工作的同时,积极想办法,改善工作方式,降低办公消耗,养成节约的好习惯,并利用局域网实现资源共享,信息互通,工作更加高效便捷。

2011年,荆州市巨鲸传动机械有限公司优化管理队伍和机构。公司本着德才兼备,任人唯贤的用人方针,将一批优秀人才选拔到重要管理岗位上。公司还专门成立了综合管理部,以加大管理工作的力度。公司针对管理方面存在的问题,先后制定了十几项现场管理、质量管理、人力资源管理的制度和规定,并全力推进制度的执行。企业管理从"说"向"做"转变。2011年,公司5S管理得到进一步推进,通过了ISO9000认证,成功地申报了湖北省创新型企业建设试点单位。

江苏省金象传动设备股份有限公司为了让职工清楚地了解公司一年来在生产、经营、管理等方面取得的成绩,全方位了解公司在同行业中所处的位置,每年由职工投票评选企业十件大事,以此来激发职工的荣誉感、责任感,增强企业的凝聚力和向心力。2011年,公司新区建成并搬迁开工;完成股份制改造,上市工作进入辅导期;ERP项目推进顺利,系统正式运行;收到国家知识产权局颁发的7项专利证书；获世界最大碾环机减速机订单，主机重201t。包括以上事件在内的经过职工投票评选的2011年度十件大事于2012年年初揭晓，这是该公司连续17年评选企业年度十件大事。

2011年，山东柳杭减速机有限公司持续加强企业文化建设，强化员工学习意识，通过不断提升工作标准来提高员工综合素质。公司为增强市场竞争力，提升品牌知名度，从产品质量抓起，在新生产基地刚落成不到半年的时间就进行了国际质量管理体系第四次换版工作。公司持续加强精细化管理，确保从各个方面使员工权益得到保障和完善。公司立足企业优势，大力实施名牌战略，积极稳妥地走品牌化之路，在行业内树立起较高的品牌知名度和美誉度。2011年，公司继续实施积极稳妥、长远有效的商标战略，“柳杭”商标顺利通过了复审，再次荣获“山东省著名商标”称号，这给企业带来强大的品牌驱动力，进一步提升了企业的品牌形象和市场竞争力。

〔撰稿人：中国通用机械工业协会减变速机分会李春丽　审稿人：中国通用机械工业协会减变速机分会王远征〕

2011年气体分离设备行业概况

一、生产发展情况

2011年是“十二五”规划的开局之年，也是我国加快转变经济发展方式推进经济结构战略性调整的重要一年。气体分离设备行业抓住这一机遇，努力克服原材料和劳动力价格上涨等不利因素的影响，经济总量仍然保持了较高的增长速度，行业经济运行总体态势良好。

1. 生产仍保持快速增长

根据中国通用机械工业协会气体分离设备分会对16家主要会员企业的统计，截至2011年年底，16家企业资产总计2 640 509.7万元，其中，流动资产1 518 584.5万元；从业人员15 420人。

2011年，气体分离设备分会16家会员企业完成工业总产值1 629 657万元，同比增长57.2%，其中新产品产值641 213.3万元，同比增长47.7%；完成工业增加值357 120万元，同比增长36.6%；完成工业销售产值1 591 646万元，同比增长54.5%；实现主营业务收入1 657 259万元，同比增长42.0%。2011年，全行业共计生产空分设备593套，同比增长70.9%，制氧总容量达到319万m^3/h。其中，生产大中型（1 000m^3/h及以上）空分设备179套，制氧容量308m^3/h；生产小型空分设备73套，制氧容量1.9万m^3/h；生产制氮设备80套，制氮容量18万m^3/h。

2011年气体分离设备行业生产情况呈如下特点：

（1）全行业仍保持良好的发展态势。2011年，气体分离设备行业主要经济指标均有提高，经济总量保持稳步增长。

2011年，气体分离设备行业工业总产值同比增长57.2%。其中，杭州制氧机集团有限公司工业总产值64.3亿元，同比增长46.7%；四川空分设备（集团）有限责任公司工业总产值27.0亿元，同比增长32.5%；开封空分集团有限公司工业总产值14.3亿元，同比增长34.8%；液化空气（杭州）有限公司工业总产值11.8亿元；河南开元空分集团有限公司工业总产值10.4亿元，同比增长45.4%；林德工程（杭州）有限公司工业总产值7.6亿元，同比增长45.4%；开封黄河空分集团有限公司工业总产值6.8亿元，同比增长19.6%；杭州福斯达实业集团有限公司工业总产值6.2亿元；开封东京空分集团有限公司工业总产值5.5亿元，同比增长7.8%；上海瑞气气体设备有限公司工业总产值1.5亿元，同比增长82.5%；邯郸制氧机厂工业总产值1.1亿元，同比增长37.3%。

（2）空分设备用户群体正在发生变化，空分设备市场得到进一步拓宽。当前空分设备主要用户群体虽然仍然集中在冶金、石化、煤化工、液化天然气（LNG）等领域，其中冶金、石化类传统用户群用量占比仍最大，且较为稳定，但煤化工、LNG等产业用户群用量增长较明显，占比正逐步提升。

天然气液化装置是国家新能源、新兴产业的主要装备，这些年发展速度很快，占据了气体分离设备市场一定的份额。2011年，四川空分设备（集团）有限责任公司、杭州福斯达实业集团有限公司、杭州制氧机集团有限公司、成都深冷液化设备有限公司、哈尔滨深冷气体液化设备有限公司等几家重点企业在天然气液化装置领域的总产值约17亿元，约占行业总产值的10%。2011年，四川空分设备（集团）有限责任公司生产制造了多套日处理量为20万m^3、30万m^3、50万m^3的LNG装置，60万m^3/d液化天然气装置已进入安装调试阶段，承接的国内最大LNG项目——鄂尔多斯新圣200万m^3/d的液化天然气设备装置正在设计制造中。杭州福斯达实业集团有限公司也承接生产了多套日处理量为20万m^3、30万m^3、50万m^3的LNG装置。

可见，随着天然气液化设备市场的不断扩大，天然气液化成套装置的需求量将不断增长，且向大型化发展。这将带动相关产业（如大型天然气液体贮槽、量大面广的天然气液体槽车、各地的转存设备、充装设备等产业）的发展。

(3)空分设备规格继续大型化。随着煤化工等应用领域对空分装置规格要求的不断加大,空分设备规格朝着大型、特大型方向发展。2011 年,全行业 1.5 万 m^3/h 及以上空分设备生产与订货中,国产化的大型、特大型空分设备套数明显增加;全年共生产制造 1.5 万 m^3/h 及以上的空分设备 88 套;4 万 m^3/h 等级及以上空分设备 22 套,占大中型空分设备总套数的 12%,制氧容量占总制氧容量的 35%。杭州制氧机集团有限公司继 6 万 m^3/h 等级空分设备国产化后,又马上投入到 8 万 m^3/h、10 万 m^3/h 乃至更大等级空分设备的研发之中。2011 年,杭州制氧机集团有限公司承接的当前世界最大容量的 12 万 m^3/h 空分设备,正在设计、制造中。林德工程(杭州)有限公司 2011 年生产的最大空分设备为 85 000m^3/h。

(4)行业发展由纯制造业向工业服务业拓展,即发展制造业的同时,投资工业气体产业,后者产值已占行业总产值一定比例,且发展速度远大于制造业。2011 年,工业气体产业实现产值约 10 亿元,占行业总产值的 6%,并有加速扩大的趋势。当前,杭州制氧机集团有限公司、四川空分设备(集团)有限责任公司、开封黄河空分集团有限公司、杭州福斯达实业集团有限公司、上海启元空分技术发展股份有限公司等设备制造企业均有气体投资项目,其中,杭州制氧机集团有限公司充分发挥设备制造领域的优势,其气体产业投资规模最大,已投产的企业实现工业产值达 6 亿多元。

2. 经济运行情况

2011 年,气体分离设备分会 16 家会员企业实现利润总额 114 150.3 万元,同比增长 15%;经济效益综合指数为 240.64%,同比增加 14.96 个百分点;全员劳动生产率达 235 427 元/人,同比增长 21.8%;从业人员工资总额 71 344.2万元,同比增长 26.7%。

2011 年,全行业经济运行质量良好,利润和职工收入都有明显增长,但经济运行中仍然存在的一个突出问题是应收账款居高不下。2011 年,全行业应收账款达到 53 亿元,同比增长 72.4%,其中,杭州制氧机集团有限公司应收账款 14.9 亿元,四川空分设备(集团)有限责任公司应收账款 11.6 亿元,开封空分集团有限公司应收账款 4.4 亿元。各企业均积极采取应对措施,加大应收款回收力度。

二、市场与销售

2011 年,气体分离设备分会 16 家会员企业累计订货额 6 134 525 万元,同比增长 61.8%。总体看来,2011 年,签订合同情况较好,既保证了当年生产,也为 2012 年生产经营创造了良好的条件。

2011 年,气体分离设备行业出口增长较快,出口额 55 154.4万元,同比增长 38.6%。全行业大中小型成套空分设备及其部机件出口到东南亚、西亚、非洲、欧洲、南美洲等近 50 个国家和地区。其中,四川空分设备(集团)有限责任公司出口额 17 635 万元,同比增长 101.9%;杭州制氧机集团有限公司出口额 5 779.3 万元;开封东京空分集团有限公司出口额 1 428 万元,同比增长 68%;哈尔滨哈氧制氧机有限公司出口额 290 万元,同比增长 222.2%。

2011 年,气体分离设备行业出口的成套空分设备数量及规格都高于往年。其中,哈尔滨哈氧制氧机有限公司、邯郸制氧厂的多种规格的中小型空分设备,上海瑞气气体设备有限公司的多种型号的变压吸附空分设备,四川空分设备(集团)有限责任公司及江西制氧机有限公司的低温贮运设备、中国空分设备有限公司的钢瓶等的出口都多于往年。

三、科研成果与新产品

2011 年,气体分离设备行业在科研及新产品开发方面取得了重要进展。诞生了国内首台拥有自主知识产权的氪氙提取装置等诸多新产品、新技术,在 8 万 ~ 12 万 m^3/h 特大型空分研制领域也实现了新突破。

杭州制氧机集团有限公司作为气体分离设备行业的排头兵企业,拥有国家级技术中心以及人力资源与社会保障部批准设立的“博士后科研工作站”,科研实力雄厚。依据公司提出的“重两头、拓横向、做精品”的产业结构调整目标,公司更加注重科研水平的提高,加大投入,强化科研力量,重视技术人才的培养,不断提升企业的自主创新能力。同时,公司注重联合创新,与国内多家著名高等学府、科研机构建立新型的“产、学、研”一体化合作模式,与国内外空分设备和气体公司广泛开展多种形式的合作与交流,使公司的整体技术始终处于国际前沿,为企业实现跨越式发展提供了强大动力。

2011 年,杭州制氧机集团有限公司开展了规整填料水冷塔的开发、节能型主冷凝蒸发器和 3 万 ~ 4 万 m^3/h 等级径向流吸附器的研制、关键技术研究试验平台的建设、12 万 m^3/h 等级化工型大型空分设备的研制、LNG 冷能利用空分设备的研发、8 万 m^3/h 等级化工型大型空分设备的研制,以及为大型煤化工配套的高纯度氮气空分设备的研制、MR 混合制冷流程天然气液化冷箱的研制等众多科研项目,并获得了重要科研成果。2011 年,杭州杭氧股份有限公司设计制造的“冶金型 6 万 m^3/h 空分设备”获得 2011 年杭州市科技进步奖一等奖、“福建 80 万 t/a 乙烯冷箱”获得杭州市科技进步奖三等奖;杭氧低温液化公司设计制造的“900m^3/h反罐式流程高纯氮空分设备”获得杭州市科技进步奖二等奖。

2011 年,四川空分设备(集团)有限责任公司计划对入选国家“863”计划课题——LNG 站用成套设备研究开发项目投资 1 460 万元,当前已完成投资 50 万元,并已通过科技部验收。公司投资 1 000 万元用于四川省 2011 年重大产业技术创新项目——混合冷剂天然气液化设备产业化关键技术研究,投资 450 万元用于四川省 2011 年重大技术装备创新研制项目——3 万 m^3 液化天然气储槽研制,投资 850 万元用于 2011 年国家科技支撑计划项目——低成本富氧燃烧用新型空分装置研发及示范。公司研制成功国内最大的双混合冷剂工艺流程板式换热器,外形尺寸 8.8m × 1.3m × 1.1m,压力 6.0MPa。另外,全板翅式换热结构的天然气提氦装置顺利交付用户,外形尺寸为 15m × 3.5m × 3.2m,设计处理能力为40万m^3/d,出冷箱粗氦浓度达68.3%。该冷箱是当前国内制造的粗氦纯度最高、处理量最大的全板翅式换热器结构的天然气提氦装置。该项目技术要求高,为充分满足用户要求,换热器公司在设计上大量采用新工艺、新技术,采用了天然气后膨胀及氮循环节流制冷、双塔低温分离工艺,以提供提浓塔气体分离不同温位下所需的冷量。

开封空分集团有限公司全力构建以大型空分设备和化工设备为主,以设备安装、冷链装备、环保工程及设备和气体4个板块为辅助的全新经营格局,构建产学研相结合的自主创新开发体系,在新技术、新产品、新工艺方面不断取得进步,创造了20项国内行业第一。透平压缩机与空分设备远程监控系统已成功应用于鄂钢3.5万m^3/h空分项目,为陕鼓动力唐山淞汀钢铁公司4万m^3/h空分项目配套的透平膨胀机组研发成功并进入装配阶段,为具有公司自主知识产权的透平膨胀机组在大型空分装置中的应用赢得了话语权。2011年,公司共进行8项科研项目开发,当前已完成5个项目。高原健身房项目、PDM数据信息化建设项目、高压绕管换热器制造技术改进项目等都取得了阶段性成果。2011年,公司将高效气化炉项目、特大型空分项目作为重点开发的新产品,当前,高效气化炉已开始试制。公司为华能(天津)煤气化发电有限公司承制的华能天津国家首座IGCC电站示范工程的4.6万m^3/h空分装置工艺流程全线打通,一次开车成功,产出合格氧气、氮气产品。公司与中国化学工程集团五环科技公司共同研发的新型高效气化炉关键内件项目也已完成。

开封黄河空分集团有限公司取得了液柱增压流程液氧蒸发器、大翼T型固定环、高效节能塔等多项科研成果。公司研制的液柱增压流程液氧蒸发器,以多套空分设备实际运行参数为依据,进一步优化流程设计,开发了液柱增压、液氧挥发的新型空分流程。根据新流程的要求,对所用的设备进行增压计算,对成套空分设备进行总体布置设计。实践证明,采用新流程后,由主冷产生的液氧经液氧蒸发器、主冷换热器复热后以≥100kPa的压力出冷箱,提高了设备的性能。公司研制的大翼T型固定环应用于分馏塔设计与制造中,从结构上保证了塔板的平整度,进而保证了液体在塔板上的厚度均匀,使气、液在塔板上进行充分的热交换。采用这一新技术可使塔效率提高10%~15%。公司研制的高效节能塔,多处采用创新工艺,改变塔板结构,增加鼓泡面积,降低塔板阻力和全塔阻力,降低空压机排压和能耗;改变塔板和塔体的安装结构,保证了塔板的平整度,提高了精馏的效率;改变塔板与塔板之间的固定形式,一改过去结构不易安装、塔板面不易平整的状况,经过调整支撑螺栓结构,有效避免了塔板的不平整。公司于2011年10月完成"空分设备再生气加热新工艺"的市场调研及可行性分析,并于2012年1月完成设计方案。该项目利用炼钢排放的低热值的废气燃烧做热源,导热油做载热剂来加热空分设备中的再生气,达到废气回收利用、节能降耗的目的。公司完成一种带部分氧产品的新型制氮工艺研发,采用该工艺所产高纯度氮产品出装置压力0.2~0.3MPa,并带部分氧产品,为玻璃生产线更新工艺提供气源。沼气组合纯化工艺已经应用于两个项目中,该技术主要采用原料沼气脱硫、脱碳,最后进行干燥脱水,产品气(BNG)符合《车用压缩天然气标准》(GB 18047—2000),可实现CH_4含量≥97%、回收率≥97%。该流程广泛吸取发达国家的实际运行经验,技术先进,经济高效,运行可靠,对环境无污染;沼气分离、提纯、液化工艺填补了国内空白;沼气分离、提纯、液化的成套设备研发、制造也填补了国内空白。

邯郸制氧机厂与中科院联合承制的1.2亿m^3/a焦炉煤气制甲烷项目的深冷液化装置研制成功并交付使用。

上海启元空分技术发展股份有限公司研发成功生产高纯氮和高纯液氧的空分设备以及从液氧中提取高纯氪、高纯氙的设备。公司生产的该种全液体提取设备及稀有气体提炼设备,打破了几十年来该产品被国外大型气体设备公司垄断的局面。公司的KDO高纯氧、KDN高纯氮设备开发项目已完成立项。此外,公司在焦炉煤气变压吸附制氢项目中也取得了重要进展。

2011年,北大先锋科技有限公司研制出电石炉气变压吸附提纯CO/H_2装置和高炉煤气综合利用工程项目装置。公司为新疆天业集团有限公司设计制造的一套电石炉气变压吸附提纯CO/H_2装置是当前国内首套采用电石炉尾气合成乙二醇的工业装置。该装置将电石炉尾气通过公司自主研发的变压吸附技术分离出的高纯一氧化碳用于合成高附加值的化工产品乙二醇,大幅降低了高纯一氧化碳的原料成本。该项技术不仅有效解决了电石炉尾气高附加值的利用问题,也为国内合成气制乙二醇技术的发展开辟了新的思路。公司在成熟、领先的变压吸附分离CO技术基础上,根据高炉煤气的特点,开发成功独有的高炉煤气分离CO技术,使低成本大规模从高炉煤气中分离CO变成现实。此项提纯低燃值高炉煤气综合利用工程立足于节能环保,可实现资源的高效回收利用,对于国内外钢铁行业降耗增收和可持续发展具有十分有益的作用。

四、标准化工作

1. 召开全国气体分离与液化设备标准化技术委员会成立大会

2011年5月,全国气体分离与液化设备标准化技术委员会(简称标委会)成立大会暨一届一次会议在杭州隆重召开,标委会秘书处设在杭州制氧机研究所。本届标委会的成立,标志着我国气体分离与液化设备标准化工作迈上了一个新的台阶,将有力地推动行业标准化工作更快更好地向前发展。

2. 制定行业标准制修订计划

2011年1月,根据2009年标准复审结果,结合行业发展情况,提出了标准制修订计划,于2011年9月列于中国机械工业联合会第三批标准计划中。气体分离设备行业标准制修订计划见表1。

表1　气体分离设备行业标准制修订计划

标准名称	标准性质	制修订	完成年限	主要起草单位	代替标准
空气分离设备用活性氧化铝　验收技术条件	推荐	快速修订	2013年	杭州杭氧股份有限公司	JB/T 8058—1996
增压透平膨胀机　技术条件	推荐	快速修订	2013年	四川空分设备(集团)有限责任公司	JB/T 6894—2000
往复活塞氧气压缩机网状阀　技术条件	推荐	快速修订	2013年	开封空分集团有限公司	JB/T 8694—1998
纯氮设备	推荐	修订	2013年	开封空分集团有限公司	JB/T9074—1999
铜制空气分离设备　制造技术规范	推荐	修订	2013年	杭州杭氧低温液化设备有限公司	JB/T 1035—2002

3. 开展标准函审工作及制定工作

经过标准编写专家重新修订,《空气分离设备用金属孔板波纹填料技术条件》函审稿已完成,现正函审中。《透平膨胀机技术条件》、《空气分离设备用离心式氧气压缩机》、《空气分离设备用氧气管道技术条件》、《往复活塞氧气压缩机网状阀技术条件》4项标准征求意见稿,已于2011年9月征求意见完毕。秘书处对征集到的意见进行了归整处理,现已发放到标准制修订专家手中。

2011年,行业标准化工作尚存在标准体系还需完善、标准执行力度不够、标准的制修订跟不上技术进步、尚未参与国际标准化工作等问题。通过标委会协调,2012年行业标准化工作为适应空分设备大型化、空分流程多样化的发展趋势,以及气体应用领域不断扩大、技术不断进步的新形势,将不断加强对标委会秘书处的管理,加强标准工作人员的业务培训,提高工作人员的业务水平;完善标准体系,使之适应现代空分设备发展的要求;加强气体分离设备行业安全标准的制修订工作,推进现有标准计划的完成;提升标准化服务水平,加强标准贯标与实施力度,全面实施国家标准化战略。

五、企业管理与产品结构调整

伴随我国社会主义市场经济制度的建立和各项机制的不断健全,以产权清晰、权责明确、政企分开、管理科学为特征的新型现代企业制度逐渐显现出强大优势和生命力,企业改组、改制、上市融资、加强企业内部管理等改革成为提高企业发展速度、增强自身竞争力的重要措施。另外,由于近几年冶金行业发展过快,钢铁产能过剩问题日益突出。作为气体分离设备行业的主要用户群,钢铁市场的危机给气体分离设备行业带来重大挑战,面对市场形势的变化,气体分离设备行业各主要制造企业不断调整产品结构,以进一步满足市场需求。

2011年是杭州制氧机集团有限公司实践"重两头、拓横向、做精品"发展战略的重要一年。2011年,公司在"重两头"方面成绩卓著,为满足工程成套需求,公司组建了以实施项目总承包(EPC)为重点的杭氧化医工程有限公司;在发展气体业务方面继续加大投资力度,2011年共设立气体公司7家,当前气体公司总计18家。在"拓横向"方面,公司在石化低温设备相关产业继续保持国内领先优势,各子公司关键配套部机销售收入和市场占有率也不断提高,利润总额大幅度增长。在"做精品"方面,空分成套设备保持比较高的市场占有率;为达到"做精品"的目标,公司不断强化完善创新机制,紧紧围绕企业战略定位和主业范围,聚焦核心业务,强化企业科技发展战略规划,加快完善科技创新、成果转化、科技激励和人才开发管理机制,不断培育和形成企业新的技术优势,以科技创新带动企业产品结构升级,使科技创新真正成为企业持续发展的"源动力",不断开拓国际市场,提高国内市场的占有率。公司搬迁到临安制造基地及新的总部大楼后,充分利用现有的硬件条件,不断提高公司的软件水平,加强产品的精品意识,建立健全内部管理体制。为完善生产管理体制、提高管理效率,在全公司范围内推行6S管理和精细化管理模式,将2011年定为公司的"精细化管理年",并引入了卓越绩效管理理念。公司坚持技术领先、质量可靠、服务优良、诚信经营、持续改进的质量方针,狠抓技术创新,大力推进技术进步,以优质产品和优质服务保证顾客的持续满意。公司通过月(季)召开的质量分析例会,按季组织工艺纪律检查、工序质量审核和压力容器质量体系审核;按季组织质量考核和评选质量优胜班组、质量标兵和优秀检验员、质管员;按月组织内部优质产品评选,组织产品质量审核和质量管理体系内部审核、管理评审、第三方审核以及坚持持续改进产品质量。通过对各部门的产品或工作质量的考核等质量活动,增强了各部门提高工作质量和产品质量的自觉性,营造了人人重视质量的良好氛围,确保了质量体系的有效运行和产品质量的稳定和提高。

杭氧集团江西制氧机有限公司完成了改制,各项工作已步入正轨。公司进一步规范了产品制造质量管理,全面提高了产品质量;进一步建立和完善了规章制度,完善了考评、考核体系,强化了公司的管理与协调职能。

四川空分设备(集团)有限责任公司为进一步规范公司各项管理工作,提高公司管控能力,促进公司持续、稳定、高效发展,2011年聘请管理咨询公司对公司人力资源及集团管控进行咨询设计,并提出了整改方案。根据整改方案,公司对人力资源和集团管控方式进行了调整,对集团架构和职能进行了调整,对内部管控程序作了大幅修改,加强和完善了计划管理、物资采购管理、预算管理、绩效考核等规章制度。公司坚持"一切为了用户,一切为了发展"的质量方针,确保ISO9000质量管理体系、压力容器及压力管道元件质量保证体系、ASME质量管理体系的可靠运行和持续改进,坚持内审和管理评审,加强过程的监视和测量,加强对质量管理及产品质量检验的监督管理,质量管理体系不断完善,质量管理水平及产品质量水平稳步提升。2011年,公司完成了压力容器设计许可证、压力管道元件制造许可证、ASME授权证书的换证工作,以及GB/T 19001—2008质量管理体系认证的监督审核，GJB 9001B—2009质量管理体系的转版审核，公司持续保持了相应的认证资格。

2011年，开封空分集团有限公司深入推行机制改革，将板式厂、铸造厂、钢构厂由成本中心变为利润中心，增强了单位降本增效意识，提高了参与市场竞争的能力，实现了员工受益、单位提效、公司降本的目的。同时，出台了总工办档案室内部市场化考核办法、备件公司市场化运行方案、房屋租赁考核办法、深冷培训学校考核办法等管理方案，设定考核指标，员工按照指标完成情况取得报酬，打破了平均主义大锅饭的局面。

开封黄河空分集团有限公司为了适应企业发展的需要，本着高效、快捷的原则，对机构设置进行了调整。为加强对项目的管理，成立了合同执行部；为推进新能源设备产业的发展，成立了新能源公司；为提高制造水平，加强对制造工艺的研究，成立了制造工艺研究中心；为开发新的产业，成立了投资部。2011年，公司按照现代化企业的要求，进一步加强了企业内部管理：健全完善了各项管理制度，根据公司具体情况，修订了各类人员的绩效考核办法、劳动纪律管理办法，补充和完善了物资采购招标制度、安全生产管理制度等。在健全制度的基础上，强化了制度的执行力，使企业的管理水平有了进一步提高。2011年，公司坚持“质量第一，用户至上”的经营理念，努力打造黄河空分品牌。加强对职工的质量意识教育，使“产品质量是企业的生命”的意识深入人心；严格执行“质量管理办法”和制造工艺，在产品制造过程中，认真执行自检、互检、质量检查人员签字的制度，对产品制造的全过程实行质量监控，做到不合格产品不出厂，确保了“质量保证体系”的正常运行；对外配套的部件严格把关，不合格外配套部件无质量报告不签收，从各个源头把好质量关。公司加强质量管理部门的力量，完善“质量奖惩条例”，实行质量责任追究制度，把教育、管理、奖惩有机结合起来，为打造良好的产品质量奠定了基础。

上海启元空分技术发展有限公司完成企业改制，变更为股份公司，更名为上海启元空分技术发展股份有限公司。

六、基本建设与技术改造

2011年，气体分离设备行业企业完成固定资产投资49 822万元，比上年增长98.8%。

近两年来，气体分离设备行业主要会员企业均进行了大规模基本建设和技术改造工程，杭州制氧机集团有限公司、四川空分设备（集团）有限责任公司、开封空分集团有限公司、苏州制氧机有限责任公司、哈尔滨哈氧制氧机有限公司、江西制氧机有限公司、林德工程（杭州）有限公司等公司均实施了大规模迁扩建项目或改造装修工程。

杭州制氧机集团有限公司大型空分设备制造基地迁扩建项目及工艺压缩机、低温泵阀制造基地迁扩建项目总投资204 385万元，其中固定资产投资197 000万元。占地面积61.5万m^2（922亩），建筑面积33.5万m^2，达产后生产能力合计制氧容量大于100万m^3/h。项目于2006年12月开工，2009年11月建设完工。2011年完成投资约5 000万元，主要用于工程项目建设和新增设备。

杭氧集团江西制氧机有限公司添置了等离子电焊机、数控机床等关键生产设备，低温车生产线技术改造等项目全部完工并投入使用。公司根据九江市政府规划的要求，公司将整体搬迁至九江市经济开发区，迁建改造工程也已正式开工。

四川空分设备（集团）有限责任公司简阳厂区占地面积66.7万m^2（1 000多亩），厂房建筑面积20万m^2。为满足生产需要，公司在浙江德清投资1.3亿元建设浙江大川空分设备有限公司，建造400万t/a液化天然气成套设备等重大装备项目。该项目建有带港池的重装车间，内含大型起重设备、水下等离子切割设备、自动焊机等各类设备230台（套），具备6万m^3/h以上特大型空分设备的生产能力。该项目建有800t自备码头，可将500t的超大件货物通过京杭运河直接运达上海港。该项目自2009年9月开工建设，2011年6月完工投产。

开封空分集团有限公司为加快企业发展、调整拓展产品结构、打造大型空分设备生产基地，实现大型空分及化工设备本地化生产的目标，在开封新区建设开封大型空分及化工设备制造新厂区项目，新厂区占地面积77.8万m^2（1 167亩），项目总投资约28亿元。该项目将建造大型空分设备、煤化工容器、特种容器、铝板翅式换热器、填料和铝管件、机器精加工及总装的生产厂房；购置大型、关键生产用机加工、焊接、热处理、检测及试验等设备；购置规整填料、铝管件生产线设备。该项目于2008年7月正式动工，当前，一期工程有色金属容器厂、下料厂、填料厂已经投入生产，二、三期工程也已经全面启动。项目建成投产后，将实现大型空分及化工设备专业化生产，实现10万m^3/h等级特大型空分设备的国产化，实现大型石化、大型煤化工换热设备和容器设备的国产化，当前已完成投资174 342万元，主要厂房建设及设备安装已基本完成。

河南开元空分集团有限公司投资1 600万元在开封市金明工业园区建设开元气体装备有限公司生产车间。该工程建筑面积达10 000m^2，车间内配有跨度24m、最大起吊吨位100t的梁式起重机，可满足3万～4万m^3/h空分设备的生产需求。项目于2011年11月正式开工，计划2012年11月建成投产，该车间建成后，可提高开元空分集团将近一半的产能。

林德工程（杭州）有限公司原有的3 800m^2办公场地已经远远不能满足公司日益增长的办公业务。为适应公司发展，公司以租赁形式打造的全新办公大楼于2012年2月正式投入使用，占地面积11 000m^2。值得一提的是，新办公大楼机房按照国家B级机房标准设计建造，采用思科6506系列核心交换机以及施耐德机房专用精密空调系统，极大地满足了现代办公的要求。此外，成套腾博视频会议系统可随时随地轻松连线分布在世界各地的客户及事业伙伴，实现真正的全球化办公。

开封东京空分集团有限公司在开封经济开发区新建换

热器公司。该项目自2007年正式启动，计划总投资12 000万元，占地面积7.2万m^2(108亩)，2011年投入1 400万元，累计已完成投资10 000万元。

苏州制氧机有限责任公司总投资1.5亿元在江苏苏州吴中区胥口镇胥江工业园建设了新厂区，该新厂区占地面积6.6万m^2，一期总建筑面积达3.7万m^2。

邯郸制氧机厂实施的企业退城进郊搬迁改造方案，已获邯郸市政府批准，搬迁后拟组建股份制企业。当前该项工程正在进行中，即将实施搬迁改造工程。

杭州福斯达实业集团有限公司于2005～2007年在德清市建设了近3万m^2的新厂区，将主要的生产制造车间迁至新厂区。2011年，公司又投资2.6亿元在杭州余杭经济开发区征地超过5万m^2，建设新的制造基地，用于生产制造大中型天然气液化设备，2012年可完成全部建设。

〔撰稿人：中国通用机械工业协会气体分离设备分会徐建平、王世昶〕

产品进出口

分析2011年通用机械产品进出口情况，公布2011年通用机械产品进出口数据

Analyzing the import and export of general machinery products in 2011, announcing the import and export data of general machinery products in 2011

产品进出口

2011年通用机械产品进出口分析与需要关注的几个问题

一、2011年通用机械进出口分析

据海关统计，2011年，通用机械产品（按中国机械工业联合会统计范围）进出口总额801.81亿美元，比上年增长20.13%。其中，进口额314.98亿美元，比上年增长16.51%；出口额486.83亿美元，比上年增长21.98%。进出口顺差171.85亿美元，比上年的顺差128.74亿美元增加43.11亿美元。

全行业12大类产品进出口额均超过上年，其中，增长最快的是各类泵，比上年增长26.10%；其次是传动装置，比上年增长25.2%；再次是空气调节器，比上年增长22.37%。进出口比上年增长较快的还有各种阀门、制冷或空气调节器用压缩机、制冷机械、印刷装订机械和塑料机械等。2011年通用机械按大类产品进出口情况见表1。

表1　2011年通用机械按大类产品进出口情况

产品类别	进出口		进口		出口	
	金额（万美元）	比上年增长（%）	金额（万美元）	比上年增长（%）	金额（万美元）	比上年增长（%）
泵	1 024 841.2	26.10	506 808.8	20.79	518 032.4	31.76
制冷或空气调节用压缩机	365 161.6	19.85	116 535.6	6.44	248 626.0	27.37
风机、压缩机	665 694.2	13.40	338 937.4	3.42	326 756.8	17.00
空气调节器	1 139 846.9	22.37	32 902.2	7.84	1 106 944.7	22.87
制冷机械	793 099.5	19.71	131 159.5	50.29	661 940.0	15.07
干燥、蒸馏设备	211 229.5	10.57	136 269.4	5.42	74 960.1	21.33
空气分离设备	147 236.8	8.99	94 030.7	13.59	53 206.1	1.70
过滤净化设备	484 425.7	16.22	290 205.0	18.30	194 220.7	13.25
印刷装订机械	312 270.2	18.25	217 572.2	14.80	94 698.0	27.02
塑料机械	442 284.4	17.93	259 422.0	11.43	182 862.4	28.56
阀门	1 933 290.7	21.16	744 416.4	21.37	1 188 874.3	21.03
传动装置	498 759.4	25.20	281 567.5	19.32	217 191.9	33.75

1. 进口较快增长，进口额再创历史新高

2011年，通用机械产品进口额314.98亿美元，超出历史最高的2010年进口额（270.36亿美元）44.62亿美元。在12大类产品中，进口额居前三位的是：各种阀门74.44亿美元，各种泵50.68亿美元，风机和压缩机33.89亿美元。增长速度居前三位的是：制冷机械50.29%，各种阀门21.37%，各种泵20.79%。

各大类产品进口情况如下：

（1）各种泵。2011年，各种泵进口额50.68亿美元，比上年增长20.79%。

20种产品进口增长，增速快的首先是回转式径向柱塞泵，进口额1 821.8万美元，比上年增长630.18%；其次是回转式轴向柱塞泵，进口额13 793.9万美元，比上年增长141.63%；再次是电动回转式齿轮泵，进口额10 593.2万美元，比上年增长101.3%。进口增长快的还有电动往复式排液泵、电动回转式叶片泵、回转式螺杆泵及真空泵等。有9种产品进口下降，主要是转速在10 000r/min及以上的离心泵、混凝土泵及计量泵等。

（2）制冷或空气调节用压缩机。2011年，制冷或空气调节用压缩机进口额11.65亿美元，比上年增长6.44%。

8种产品中有7种进口增长，增长最快的是5kW以上冷藏或冷冻箱用压缩机，进口额6 541.5万美元，比上年增长41.85%；其次是非电动机驱动的制冷设备用压缩机，进口额2.68亿美元，比上年增长15.32%；再次是0.4～5kW空调器用压缩机，进口额2.88亿美元，比上年增长13.25%。进口额下降的产品仅一种，小于或等于0.4kW的冷藏、冷冻箱压缩机，进口额1.88亿美元，比上年下降16.35%。

（3）风机、压缩机。2011年，风机、压缩机进口额33.89亿美元，比上年增长3.42%。

6种产品进口增长，增速最快的是发动机用增压器，进口额2.42亿美元，比上年增长40.13%；其次是离心通风机，进口额2.2亿美元，比上年增长29.61%；再次是压缩机零件，进口额1 151.5万美元，比上年增长19.31%。有3种产品进口额下降，主要是二氧化碳压缩机。

(4)空气调节器。2011年，空气调节器进口额3.29亿美元，比上年增长7.84%。

6种产品进口增长，增长快的主要是独立窗式或壁式空调器、制冷量小于或等于4 000kcal/h分体式空调器及机动车辆上供人使用的空调器。4种产品进口额下降，主要是未装有制冷装置的空调器以及空调器和制冷设备的零件。

(5)制冷机械。2011年，制冷机械进口额13.12亿美元，比上年增长50.29%。

17种产品进口增长，进口增长最快的是150L以上的压缩式家用型冷藏箱，进口额556.7万美元，比上年增长238.63%；其次是50～150L的压缩式家用型冷藏箱，进口额369.2万美元，比上年增长116.54%；再次是200～500L的冷藏－冷冻组合机，进口额4 892.3万美元，比上年增长83.99%。增长快的还有小于或等于200L的冷藏－冷冻组合机、半导体制冷式家用型冷藏箱、小于或等于800L的柜式冷冻箱及其他制冷机组等。7种产品进口额下降，主要有压缩式热泵、小于或等于500L的柜式冷冻箱等。

(6)干燥、蒸馏设备。2011年，干燥、蒸馏设备进口额13.63亿美元，比上年增长5.42%。

6种产品进口增长，增速快的主要是微空气流动陶瓷坯件干燥器，进口额466.4万美元，比上年增长470.17%；农产品干燥器进口额1 863.7万美元，比上年增长70.82%；木材、纸浆或纸板干燥器进口额1.28亿美元，比上年增长23.28%。2种产品进口额下降，分别是提净塔和精馏塔。

(7)空气分离设备。2011年，空气分离设备进口额9.4亿美元，比上年增长13.59%。其中，热交换装置进口额9.02亿美元，占全部进口额的95.96%，比上年增长18.92%。1.5万m^3/h及以上的制氧机进口额19.8万美元，比上年下降97.15%。

(8)过滤净化设备。2011年，过滤净化设备进口额29.02亿美元，比上年增长18.30%。

13种产品进口增长，进口增速快的3种：一是固液分离机，进口额1.82亿美元，比上年增长50.02%；二是非家用型水的过滤、净化机器及装置，进口额2.47亿美元，比上年增长34.37%；三是工业用袋式除尘器，进口额2 258.2万美元，比上年增长32.67%。3种产品进口下降，主要是脱水机。

(9)印刷装订机械。2011年，印刷装订机械进口额21.76亿美元，比上年增长14.80%。

进口较多的是各类胶印机。其中，平张纸进料式五色及以上胶印机进口量416台、进口额5.62亿美元，金额比上年增长15.46%；平张纸进料式四色胶印机进口量801台、进口额4.44亿美元，金额比上年下降6.59%；卷取进料式胶印机，进口量34台、进口额5 735.8万美元，金额比上年下降37.19%。这三种产品进口额合计占印刷装订机械进口总额的48.9%。值得重视的是，卷取进料式胶印机进口额大幅度减少；平张纸进料式双色胶印机进口量虽不多(仅13台)，但进口额849.6万美元，比上年增长70.19%。进口额较大的产品还有数字式喷墨印刷机、切纸机、凹版印刷机、平网印刷机及激光印刷机等。

(10)塑料机械。2011年，塑料机械进口额25.94亿美元，比上年增长11.43%。

除注塑机和吹塑机进口额下降外，其他产品进口均增长。进口增长最快的是塑料中空成型机，进口额2 936.4万美元，比上年增长83.02%；其次是塑料压延成型机，进口额6 400.4万美元，比上年增长60.38%；再次是其他挤出机，进口额4.07亿美元，比上年增长45.83%。注塑机和吹塑机虽然进口增速下降，但进口额仍然较大，分别为8.42亿美元和2.68亿美元。

(11)各种阀门。2011年，各种阀门进口额74.44亿美元，比上年增长21.37%。

各种阀门进口全面增长。其中，进口最多的是油压传动阀进口额14.39亿美元，比上年增长29.39%；气压传动阀进口额5.26美元，比上年增长22.34%。此外，电磁式换向阀进口额3.83亿美元，比上年增长62.31%；止回阀进口额3.74亿美元，比上年增长1.06%；减压阀进口额3.44亿美元，比上年增长26.4%；阀门零件进口额8.04亿美元，比上年增长22.32%。

(12)传动装置。2011年，传动装置进口额28.16亿美元，比上年增长19.32%。

进口额最多的是齿轮、变速传动装置和滚珠螺杆传动轴，进口额16.95亿美元，比上年增长20.31%；其次是行星齿轮减速器，进口额4.66亿美元，比上年增长14.02%。

2. 出口快速增长，出口额再创历史新高

2011年，通用机械产品出口额486.83亿美元，超出历史最高的2010年出口额(399.09亿美元)87.74亿美元。在12大类产品中，出口额居前三位的是：各种阀门118.89亿美元、空气调节器110.69亿美元、制冷机械66.19亿美元。增长速度居前三位的是：传动装置增长33.75%，各种泵增长31.76%，塑料机械增长28.56%。

各类产品出口情况如下：

(1)各种泵。2011年，各种泵出口额51.8亿美元，比上年增长31.76%。

除其他液压往复式排液泵出口下降外，28种产品出口全面增长。增速快的首先是回转式轴向柱塞泵，出口额1 188.6万美元，比上年增长197.52%；其次是液压往复式柱塞泵，出口额5 563.6万美元，比上年增长160.47%；再次是电动回转式齿轮泵，出口额1 486.4万美元，比上年增长130.34%。出口快速增长的还有气动往复式排液泵、液压回转式叶片泵、液压回转式齿轮泵、电动回转式叶片泵、回转式径向柱塞泵等。

(2)制冷或空气调节用压缩机。2011年,制冷或空气调节用压缩机出口额24.86亿美元,比上年增长27.37%。

6种产品出口增长。出口额最多的是0.4~5kW的空调器用压缩机,出口额10.36亿美元,比上年增长17.46%;其次是0.4kW及以下冷藏、冷冻箱压缩机,出口额7.83亿美元,比上年增长32.58%;再次是非电动机驱动的制冷设备用压缩机,出口额3.39亿美元,比上年增长50.21%。出口下降的产品有2种,即0.4~5kW的冷藏或冷冻箱用压缩机和5kW以上的冷藏或冷冻箱用压缩机。

(3)风机、压缩机。2011年,风机、压缩机出口额32.68亿美元,比上年增长17.0%。

9种产品出口全面增长,出口增长快的是二氧化碳压缩机,出口额4 003.8万美元,比上年增长122.52%;发动机用增压器出口额1.73亿美元,比上年增长18.24%;除离心式通风机以外的其他风机出口额10.59亿美元,比上年增长9.77%。

(4)空气调节器。2011年,空气调节器出口额110.69亿美元,比上年增长22.87%。

除制冷量小于或等于4 000kcal/h、装冷热换向阀的空调器以及未装有制冷装置的空调器出口下降外,其他8种产品出口都增长。出口最多的是制冷量小于或等于4 000kcal/h的分体窗式或壁式空调器,出口额43.22亿美元,比上年增长38.16%;其次是制冷量大于4 000kcal/h的分体窗式或壁式空调器,出口额21.52亿美元,比上年增长30.59%;再次是独立窗式或壁式空调器,出口额15.85亿美元,比上年增长19.18%。

(5)制冷机械。2011年,制冷机械出口额66.19亿美元,比上年增长15.07%。

除两种产品出口下降外,其他商品均增长。出口增速最快的是500L以上各自装门的冷藏-冷冻组合机,出口额3.78亿美元,比上年增长64.44%;其次是900L及以下立式冷冻箱,出口额349.8万美元,比上年增长61.57%;再次是500~800L柜式冷冻箱,出口额3 677.7万美元,比上年增长46.24%。出口额较多的两种产品是:50~150L压缩式家用型冷藏箱,出口额7.21亿美元;500L及以下柜式冷冻箱,出口额7.15亿美元。出口下降的两种产品是:压缩式热泵和其他热泵。

(6)干燥、蒸馏设备。2011年,干燥、蒸馏设备出口额7.5亿美元,比上年增长21.33%。

5种产品出口增长,其中,木材、纸浆或纸板干燥器出口额3 539.8万美元,比上年增长52.18%;其他干燥器出口额2.21亿美元,比上年增长42.67%;农产品干燥器出口额944.8万美元,比上年增长24.25%。3种产品出口下降,分别是提净塔、精馏塔和微空气流动陶瓷坯件干燥器。

(7)空气分离设备。2011年,空气分离设备出口额5.32亿美元,比上年增长1.70%。其中,热交换装置出口额3.29亿美元,比上年增长13.19%;1.5万m^3/h及以上的制氧机出口额435.9万美元,比上年下降91.22%;1.5万m^3/h以下的制氧机出口额9 452.8万美元,比上年下降3.91%。

(8)过滤净化设备。2011年,过滤净化设备出口额19.42亿美元,比上年增长13.25%。

液体过滤设备出口普遍增长,其中出口最多的是内燃发动机的燃油过滤器,出口额5.24亿美元,比上年增长22.92%;其次是非家用型水的过滤、净化机器及装置,出口额2.17亿美元,比上年下降21.96%;再次是内燃发动机的进气过滤器,出口额1.27亿美元,比上年增长41.26%。出口下降的主要是工业用静电除尘器和工业用旋风式除尘器。

(9)印刷装订机械。2011年,印刷装订机械出口额9.47亿美元,比上年增长27.02%。

出口量大且高速增长的是数字式喷墨印刷机(可连接网络),出口额4.31亿美元,比上年增长51.29%。出口高速增长的其他产品有:五色及以上平张纸进料式胶印机,出口额2521.1万美元,比上年增长55.25%;其他数字式印刷设备(可连接网络),出口额259.7万美元,比上年增长80.72%。激光照相排版设备出口超高速增长,出口量49台,出口额349.4万美元,金额比上年增长42倍。出口下降的主要有办公室用片取式胶印机、平张纸进料式单色和双色胶印机以及平网印刷机等。

(10)塑料机械。2011年,塑料机械出口额18.29亿美元,比上年增长28.56%。

塑料机械出口全面增长。出口额最多的是注塑机,达8.23亿美元,比上年增长31.99%;其他挤出机出口额2.18亿美元,比上年增长12.35%;吹塑机出口额1.45亿美元,比上年增长6.61%;塑料机械零件出口额3.64亿美元,比上年增长28.94%。

(11)各种阀门。2011年,各种阀门出口额118.89亿美元,比上年增长21.03%。

各种阀门出口全面增长。其中,止回阀出口额3亿美元,比上年增长28.31%;减压阀出口额1.68亿美元,比上年增长20.95%;电磁式换向阀出口额1.22亿美元,比上年增长40.19%;安全阀或溢流阀出口额7 228.6万美元,比上年增长23.9%。

(12)传动装置。2011年,传动装置出口额21.72亿美元,比上年增长33.75%。

出口额最多的是齿轮、变速传动装置和滚珠螺杆传动轴,出口额12.38亿美元,比上年增长44.89%;其次是未装有滚珠或滚子轴承的轴承座,出口额4.71亿美元,比上年增长36.61%。

二、值得重视的几个问题

1.调整和优化出口产品结构,开发适应发展中国家需求的产品

我国出口的通用机械产品中,劳动密集型产品和低附价值产品占有很大的比重。近几年来,出口产品结构有所改善,出口产品技术含量有所提高,但差距仍然很大,需要

不断调整和优化。

首先，要适应国际市场需求变化，调整出口产品结构。国际金融危机发生后，各国采取了一系列相应措施，国际市场需求结构发生了一些变化，有关出口企业要适应这一变化，根据用户需求，及时调整产品结构，做好服务。由于欧洲、美国、日本的需求受经济不景气影响出口市场可能继续低迷，更需要我国通用机械生产企业大力开发适应新兴经济体和发展中国家需求的产品，寻求更符合这些国家特点的经济贸易合作方式。

其次，国内企业在转变发展方式、调整产品结构的同时，应及时优化出口产品结构，提高出口产品技术含量，产品技术标准要向国际标准或国际先进技术标准靠拢，创立品牌，提高产品竞争力。

再次，逐步减少"两高一资"产品的出口，如铸件、锻件及钢结构件等。

2. 从进口产品中寻求发展重点，提高自主创新能力

通用机械产品每年的进口量很大，2011 年进口额 314.98亿美元，其中进口额 10 亿美元以上的产品有液体泵、气体压缩机、制冷设备用压缩机、制冷机械、干燥和蒸馏设备、过滤净化设备、印刷装订机械、塑料机械、各种阀门和传动装置等。

通用机械的大量进口，一方面说明我国经济建设需求旺盛；另一方面也说明我国通用机械行业与国外先进制造技术存在很大的差距，进口屡创历史新高给国内相关企业带来了很大的压力。国内企业要把握机遇，迎接挑战，提高自主创新能力。

进口产品是用户实实在在的需求，也反映了国内产品与进口产品存在的技术差距。要对进口产品进行仔细分析，从中选择进口量较多的规格品种，特别是液压往复式排液泵、回转式轴向柱塞泵、电动潜油泵和潜水泵、真空泵、空调器用压缩机、各种干燥器、热交换装置、平张纸进料式四色以上胶印机、数字式喷墨印刷机、高档注塑机和吹塑机、油压传动阀和气压传动阀等进口量大的产品，根据企业自身条件，考虑适应用户个性化、专用化要求等因素，研制开发相关产品，尽快形成生产能力，争取替代进口。

3. 从单机出口向承接成套出口发展，制造业向服务业延伸和扩展

要创造条件从单纯依靠单机出口，逐步扩展为机组、生产线或工程项目成套出口。培养一批专业人才，掌握国际市场信息，熟悉国际招标投标业务，特别要重视我国政府与有关国家的经济合作项目、援外工程及我国政府出口信贷等项目，从中寻求商机。

制造业向服务业延伸和扩展，当前尚处在初期发展阶段。从通用机械行业来说，即从出售单一产品向出售个性化的多台产品成组、成线问题的解决方案和出售系统服务转变，从产品经营向品牌经营转变，延伸和扩展服务范围，提高包括从市场调研到售后服务以及为客户提供全方位服务的能力。

4. 实施"走出去"战略，加大国际化经营力度

据联合国贸发组织公布，中国对外投资总额已经由 2008 年的世界第 12 位上升到 2010 年(投资金额 688.1 亿美元)的第 5 位。另据全球四大会计所之一普华永道报告，2011 年，中国大陆企业海外并购交易 207 宗，金额达 429 亿美元，预计 2012 年仍将持续两位数增长。我国已进入海外投资较快增长阶段。

近几年来，我国一些有条件的机械工业企业，开展国际化经营取得了实效，有的已经或正在逐步建立全球销售服务网点和区域营销中心，为进一步扩大出口创造了很好的条件。特别值得提出的是，机械工业一些有实力的企业并购境外技术先进的知名企业取得了成果。如北京第一机床厂并购国际闻名的德国瓦德里希科堡公司，吉利汽车并购知名品牌沃尔沃汽车公司，以及 2012 年 1 月成交的三一重工并购德国工程机械知名企业普茨迈斯特公司(生产混凝土机械)等。要鼓励更多有条件的机械工业企业"走出去"投资办厂，或与当地企业合资、合作，或有选择地并购境外具有先进制造技术的企业。

从当前情况看，如果并购企业与国内企业生产同类产品且技术水平接近，可以合理调整零部件生产分工，形成产业链，加大零部件生产批量，以降低成本，提高竞争力。如并购企业的产品制造技术先进，要针对不同国家的有关规定，采取灵活有效措施，创造条件逐步将先进技术移植到国内企业，以此促进我国企业产品结构的调整，加快转型升级。

5. 完善配套措施，增加避险工具，规避汇率风险

中国人民银行宣布，从 2012 年 4 月 16 日起，银行间即期外汇市场人民币兑美元交易价浮动幅度由 0.5% 扩大至 1%，人民币步入双向浮动时代。这就需要特别重视如何规避汇率风险。当前主要采取包括锁定汇率和人民币结算等方式。在锁定汇率方面，远期结售汇成为企业普遍采用的方法，客户与银行约定未来结汇或售汇的外汇币种、金额、期限及汇率，到期按照该协议办理结售汇业务。但一些企业反映，采用这种方式银行收取的费用较高，而且有多种附加条件和限制，需要进一步完善和改进。

人民币结算已普遍推广，并已取得实效。据中国人民银行发布，当前与境内单位实行人民币结算的国家和地区已有 181 个，并正在稳步扩大。但当前的问题是推广还有难度，有的客户认为这是将风险转嫁到客户身上。重要的是让买卖双方各承担一部分汇率变动带来的损失。因此，在汇率波动增大的背景下，需要进一步完善配套措施，增加避险工具，放宽企业的避险条件，使企业真正有能力避险。

〔撰稿人：郑国伟〕

2011 年通用机械产品进口情况

商品税号	商品名称	进口量单位	进口量	进口额（万美元）	金额比上年增长（%）
84131100	分装燃料或润滑油的计量泵,加油站或车库用	台	5 726	356.1	-33.93
84131900	其他装有或可装计量装置的液体泵	台	383 531	16 029.1	10.26
84132000	手泵,但装有或可装计量装置者除外	台	34 686 684	3 341.7	44.56
84133029	其他活塞式内燃发动机用燃油泵	台	5 496 024	39 015.7	29.06
84134000	混凝土泵	台	372	1 103.2	-6.47
84135010	气动往复式排液泵	台	130 304	5 227.2	24.47
84135020	电动往复式排液泵	台	5 854 978	19 754.7	34.36
84135031	液压往复式柱塞泵	台	145 585	24 015.5	25.77
84135039	其他液压往复式排液泵	台	707 708	46 030.1	-7.93
84135090	未列名往复式排液泵	台	752 980	16 183.6	467.95
84136021	电动回转式齿轮泵	台	783 118	10 593.2	101.30
84136022	液压回转式齿轮泵	台	311 777	7 894.8	29.19
84136029	其他回转式齿轮泵	台	421 266	9 026.1	22.62
84136031	电动回转式叶片泵	台	505 679	3 986.2	34.65
84136032	液压回转式叶片泵	台	110 744	1 477.2	-19.13
84136039	其他回转式叶片泵	台	656 558	5 125.0	38.22
84136040	回转式螺杆泵	台	195 347	5 469.5	62.03
84136050	回转式径向柱塞泵	台	13 214	1 821.8	630.18
84136060	回转式轴向柱塞泵	台	172 648	13 793.9	141.63
84136090	其他回转式排液泵	台	1 862 572	25 769.0	-9.27
84137010	转速在 10 000r/min 及以上的离心泵	台	204 344	5 432.2	-6.46
84137091	转速在 10 000r/min 以下离心电动潜油泵及潜水电泵	台	47 755	4 932.3	21.72
84137099	转速在 10 000r/min 以下的其他离心泵	台	3 802 617	78 979.9	16.27
84138100	未列名液体泵	台	8 737 319	36 650.5	-2.03
84138200	液体提升机	台	17 727	535.9	10.56
84139100	液体泵零件	kg	34 140 053	77 851.1	20.99
84139200	液体提升机零件	kg	68 321	218.6	-6.86
84141000	真空泵	台	983 481	45 599.9	34.07
84142000	手动或脚踏式空气泵	台	1 268 799	594.8	-13.13
84143011	冷藏、冷冻箱压缩机,电动机功率≤0.4kW	台	4 370 834	18 777.8	-16.35
84143012	0.4kW < 电动机功率≤5kW 的冷藏或冷冻箱用压缩机	台	571 225	5 315.1	0.22
84143013	0.4kW < 电动机功率≤5kW 的空气调节器用压缩机	台	4 330 967	28 752.8	13.25
84143014	电动机功率 > 5kW 的空气调节器用压缩机	台	327 506	17 028.9	6.75
84143015	电动机功率 > 5kW 的冷藏或冷冻箱用压缩机	台	48 206	6 541.5	41.85
84143019	电动机驱动的其他制冷设备用压缩机	台	1 166 995	10 210.0	4.65
84143090	非电动机驱动的制冷设备用压缩机	台	2 252 080	26 783.3	15.32
84144000	装在拖车底盘上的空气压缩机	台	1 712	3 126.2	11.43

（续）

商品税号	商品名称	进口量单位	进口量	进口额（万美元）	金额比上年增长（%）
84145930	离心通风机	台	2 542 081	21 955.7	29.61
84145990	其他风机、风扇	台	215 587 199	80 034.2	3.55
84148010	燃气轮机用的自由活塞式发生器	台	51	27.5	-93.83
84148020	二氧化碳压缩机	台	42 941	742.9	-56.61
84148030	发动机用增压器	台	301 185	24 199.7	40.13
84148090	其他空气泵，气体压缩机，通风罩、循环气罩	台	18 047 167	163 828.8	-4.93
84149011	84143011～84143014、84143090 压缩机进、排气阀片	kg	682 361	1 151.5	19.31
84149019	84143011～84143014、84143090 其他零件	kg	39 001 424	42 153.3	15.58
84149020	84145110～84145199 及 84146000 机器零件	kg	4 463 042	4 843.8	12.43
84151010	独立窗式或壁式空气调节器	台	12 723	793.7	54.24
84151021	制冷量≤4 000kcal/h 分体窗式或壁式空调	台	5 041	426.0	172.73
84151022	制冷量>4 000kcal/h 分体窗式或壁式空调	台	2 825	1 118.3	-1.80
84152000	机动车辆上供人使用的空气调节器	台	248 069	7 206.9	21.92
84158110	装冷热换向阀空调器，制冷量≤4 000kcal/h	台	724	103.2	-44.40
84158120	装冷热换向阀空调器，制冷量>4 000kcal/h	台	3 694	5 947.8	1.30
84158210	其他空气调节器，制冷量≤4 000kcal/h	台	1 605	216.1	19.72
84158220	其他空气调节器，制冷量>4 000kcal/h	台	46 751	8 541.1	17.66
84158300	未装有制冷装置的空气调节器	台	3 728	1 246.5	-25.47
84159010	84151000、84158110 及 84158210 设备的零件	kg	3 041 180	7 302.6	-4.15
84181010	各自装门的冷藏-冷冻组合机，容积>500L	台	85 810	7 703.7	-4.88
84181020	200L<容积≤500L 的冷藏-冷冻组合机	台	67 459	4 892.3	83.99
84181030	容积≤200L 的冷藏-冷冻组合机	台	7 108	294.0	35.73
84182110	容积超过 150L 的压缩式家用型冷藏箱	台	8 710	556.7	238.63
84182120	50L<容积≤150L 的压缩式家用型冷藏箱	台	4 562	369.2	116.54
84182130	容积不超过 50L 的压缩式家用型冷藏箱	台	2 208	103.7	0.58
84182910	半导体制冷式家用型冷藏箱	台	641	10.8	47.95
84182920	电气吸收式家用型冷藏箱	台	60	5.3	0.00
84182990	其他家用型冷藏箱	台	62	5.2	-74.88
84183010	$t\leq-40$℃的柜式冷冻箱，容积≤800L	台	385	239.3	41.10
84183021	$t>-40$℃的柜式冷冻箱，500L<容积≤800L	台	186	133.1	28.23
84183029	$t>-40$℃的柜式冷冻箱，容积≤500L	台	385	45.0	-24.87
84184010	$t\leq-40$℃的立式冷冻箱，容积≤900L	台	3 623	2 095.2	33.11
84184021	$t>-40$℃的立式冷冻箱，500L<容积≤900L	台	222	87.9	10.98
84184029	$t>-40$℃的立式冷冻箱，容积≤500L	台	549	94.5	8.87
84185000	其他冷藏或冷冻设备	台	5 901	1 583.5	-12.34
84186120	压缩式热泵	台	946	529.3	-53.64
84186190	其他热泵	台	994	113.1	2.82
84186920	其他制冷机组	kg	96 912	85 831.7	71.75
84186990	未列名制冷设备	kg	26 422	16 366.3	57.62
84189100	冷藏或冷冻设备专用的特制家具	kg	28 597	62.1	-31.83
84189910	制冷机组及热泵的零件	kg	846 586	1 732.1	8.35
84189991	$t\leq-40$℃的冷冻设备的零件	kg	20 687	133.7	60.70
84189992	$t>-40$℃、容积>500L 的冷藏冷冻设备零件	kg	269 672	455.1	21.95

（续）

商品税号	商 品 名 称	进口量单位	进口量	进口额（万美元）	金额比上年增长（%）
84189999	8418 设备的未列名零件	kg	4 431 509	7 716.7	-5.79
84193100	农产品干燥器	台	840	1 863.7	70.82
84193200	木材、纸浆、纸或纸板干燥器	台	230	12 835.7	23.28
84193910	微空气流动陶瓷坯件干燥器	台	28	466.4	470.17
84193990	其他干燥器	台	47 942	32 524.3	3.56
84194010	提净塔	台	6	120.6	-69.21
84194020	精馏塔	台	26	2 096.8	-17.65
84194090	其他蒸馏或精馏设备	台	1 852	7 707.7	53.93
84198990	未列名利用温度变化处理材料的机器、装置等	台	129 486	78 654.2	0.42
84195000	热交换装置	台	576 018	90 182.5	18.92
84196011	制氧量≥15 000m^3/h 及以上的制氧机	台	3	19.8	-97.15
84196019	其他制氧机	台	1 142	59.3	41.19
84196090	未列名液化空气或其他气体的机器	台	91	3 769.1	-39.25
84211910	脱水机	台	492	4 715.4	-7.73
84211920	固液分离机	台	2 889	18 226.3	50.02
84211990	其他未列名离心机，包括离心干燥机	台	47 731	33 164.6	30.61
84212110	家用型水的过滤、净化机器及装置	台	2 746 159	2 171.7	13.60
84212190	非家用型水的过滤、净化机器及装置	台	701 876	24 758.5	34.37
84212200	过滤或净化饮料的机器及装置	台	9 607	627.8	14.56
84212300	内燃发动机的燃油过滤器	个	44 769 128	27 254.9	27.59
84212910	压滤机	个	9 684	3 804.3	-1.39
84212990	未列名液体过滤、净化机器及装置	个	42 406 852	76 104.5	17.03
84213100	内燃发动机的进气过滤器	个	2 720 231	6 554.5	30.71
84213921	工业用静电除尘器	个	5 679	2 320.7	2.55
84213922	工业用袋式除尘器	个	1 239	2 258.2	32.67
84213923	工业用旋风式除尘器	个	4 086	1 737.4	10.33
84213929	其他工业用除尘器	个	11 584	4 794.0	110.04
84213930	内燃发动机的排气过滤及净化装置	个	2 564 339	30 727.1	23.26
84213990	其他非家用型气体的过滤、净化机器及装置	个	6 289 746	50 985.1	-5.17
84401010	锁线装订机	台	53	719.9	-5.62
84401020	胶订机	台	236	2 675.2	142.23
84401090	其他书本装订机器	台	1 916	3 706.4	5.36
84409000	书本装订机器的零件	kg	109 702	581.0	28.57
84411000	切纸机	台	4 585	13 505.8	110.71
84419010	切纸机零件	kg	913 942	2 186.7	63.79
84423010	铸字机	台	11	7.2	-75.51
84423090	8442 其他的机器、器具及设备	台	26	101.7	-37.11
84424000	制版用机器、器具及设备的零件	台	287 463	1 814.3	-13.61
84425000	印版、滚筒等；制成供印刷用的板、筒等	kg	886 406	2 418.5	13.40
84431100	卷取进料式胶印机	台	34	5 735.8	-37.19
84431200	办公室用片取式胶印机（片尺寸≤22cm×36cm）	台	3	2.6	-77.19
84431311	平张纸进料式单色胶印机	台	5	12.5	-66.93
84431312	平张纸进料式双色胶印机	台	13	849.6	70.19

（续）

商品税号	商 品 名 称	进口量单位	进口量	进口额（万美元）	金额比上年增长（%）
84431313	平张纸进料式四色胶印机	台	801	44 384.8	-6.59
84431319	其他平张纸进料式胶印机	台	416	56 250.4	15.46
84431390	未列名胶印机	台	92	3 905.8	31.79
84431400	卷取进料式凸版印刷机，不包括苯胺印刷机	台	124	1 603.7	115.03
84431500	非卷取进料式凸版印刷机，不包括苯胺印刷机	台	93	1 316.2	-36.83
84431600	苯胺印刷机	台	69	4 463.9	79.25
84431700	凹版印刷机	台	92	13 721.5	221.80
84431921	圆网印刷机	台	80	2 674.6	7.76
84431922	平网印刷机	台	1 757	8 870.3	-6.82
84431929	其他网式印刷机	台	2 064	9 808.2	27.68
84431980	未列名印刷机	台	9 147	4 527.3	16.72
84433221	数字式喷墨印刷机，可连接网络	台	202 054	22 629.0	14.91
84433222	激光印刷机，可连接网络	台	2 742	7 381.1	18.25
84433229	其他数字式印刷设备，可连接网络	台	5 314	1 368.8	-34.18
90065910	激光照相排版设备	台	49	349.4	-76.31
84771010	注塑机	台	7 433	84 247.6	-9.32
84771090	其他注射机	台	505	7 032.1	2.07
84772010	塑料造粒机	台	303	17 372.0	28.19
84772090	其他挤出机	台	3 091	40 675.6	45.83
84773000	吹塑机	台	301	26 816.7	-10.86
84774010	塑料中空成型机	台	122	2 936.4	83.02
84774020	塑料压延成型机	台	147	6 400.4	60.38
84774090	其他真空模塑机及其他热成型机器	台	836	17 694.0	45.21
84775900	其他模塑或成型机器	台	982	15 828.5	35.66
84779000	8477 所列机器的零件	kg	11 720 718	40 418.7	26.13
84811000	减压阀	套	30 424 105	34 412.4	26.40
84812010	油压传动阀	套	14 354 777	143 955.2	29.39
84812020	气压传动阀	套	11 505 440	52 660.9	22.34
84813000	止回阀	套	133 667 686	37 399.0	1.06
84814000	安全阀或溢流阀	套	19 503 543	39 282.7	18.36
84818021	电磁式换向阀	套	32 722 666	38 273.8	62.31
84818029	其他换向阀	套	22 920 513	20 532.1	59.64
84818031	电子膨胀阀	套	4 568 270	4 768.4	59.54
84818039	其他流量阀	套	26 595 782	62 079.2	47.59
84818040	其他阀门	套	95 267 794	198 819.4	5.52
84818090	龙头、旋塞及类似装置	套	9 088 022	20 050.4	35.60
84819010	阀门零件	kg	25 075 880	80 401.3	22.32
84819090	龙头、旋塞及类似装置的零件	kg	4 327 615	11 781.6	5.25
84833000	未装有滚珠或滚子轴承的轴承座；滑动轴承	个	2 192 455 503	42 916.1	19.80
84834020	行星齿轮减速器	个	764 898	46 586.5	14.02
84834090	齿轮及其他变速传动装置；滚珠螺杆传动轴	个	245 314 799	169 510.3	20.31
84835000	飞轮及滑轮，包括滑轮组	个	62 201 186	22 554.6	22.63

2011 年通用机械产品出口情况

商品税号	商品名称	出口量单位	出口量	出口额（万美元）	金额比上年增长（%）
84131100	分装燃料或润滑油的计量泵，加油站或车库用	台	125 038	5 781.5	0.29
84131900	其他装有或可装计量装置的液体泵	台	1 549 145	4 965.4	28.86
84132000	手泵，但装有或可装计量装置者除外	台	752 025 403	11 148.4	38.25
84133029	其他活塞式内燃发动机用燃油泵	台	21 146 418	29 809.2	20.48
84134000	混凝土泵	台	2 621	5 358.7	29.60
84135010	气动往复式排液泵	台	738 823	4 552.2	76.92
84135020	电动往复式排液泵	台	9 365 705	9 564.4	22.77
84135031	液压往复式柱塞泵	台	613 201	5 563.6	160.47
84135039	其他液压往复式排液泵	台	602 900	3 683.3	-3.70
84135090	未列名往复式排液泵	台	1 515 392	14 458.3	60.86
84136021	电动回转式齿轮泵	台	255 418	1 486.4	130.34
84136022	液压回转式齿轮泵	台	126 149	2 712.2	73.24
84136029	其他回转式齿轮泵	台	221 759	2 156.3	64.10
84136031	电动回转式叶片泵	台	9 742 529	10 876.1	57.31
84136032	液压回转式叶片泵	台	697 883	2 514.3	108.95
84136039	其他回转式叶片泵	台	1 066 059	2 342.0	46.27
84136040	回转式螺杆泵	台	32 717	2 370.5	25.07
84136050	回转式径向柱塞泵	台	3 038	80.9	125.35
84136060	回转式轴向柱塞泵	台	27 675	1 188.6	197.52
84136090	其他回转式排液泵	台	25 702 465	50 507.8	18.71
84137010	转速在 10 000r/min 及以上的离心泵	台	3 379 071	3 199.8	4.36
84137091	转速在 10 000r/min 以下离心电动潜油泵及潜水电泵	台	30 838 995	55 752.9	15.99
84137099	转速在 10 000r/min 以下的其他离心泵	台	24 090 975	90 416.1	31.10
84138100	未列名液体泵	台	31 345 334	41 389.8	26.40
84138200	液体提升机	台	63 832	444.1	0.50
84139100	液体泵零件	kg	227 801 867	118 372.5	46.00
84139200	液体提升机零件	kg	2 201 173	2 242.4	58.36
84141000	真空泵	台	3 286 368	13 827.3	29.33
84142000	手动或脚踏式空气泵	台	156 335 516	21 267.4	27.38
84143011	冷藏、冷冻箱压缩机，电动机功率≤0.4kW	台	22 655 131	78 310.9	32.58
84143012	0.4kW＜电动机功率≤5kW 的冷藏或冷冻箱用压缩机	台	11 724	327.2	-16.38
84143013	0.4kW＜电动机功率≤5kW 的空气调节器用压缩机	台	16 830 009	103 623.0	17.46
84143014	电动机功率＞5kW 的空气调节器用压缩机	台	215 628	11 523.9	12.30
84143015	电动机功率＞5kW 的冷藏或冷冻箱用压缩机	台	8 404	979.0	-5.04
84143019	电动机驱动的其他制冷设备用压缩机	台	1 575 197	12 717.2	41.32
84143090	非电动机驱动的制冷设备用压缩机	台	4 001 914	33 915.8	50.21
84144000	装在拖车底盘上的空气压缩机	台	66 971	7 229.0	55.31

（续）

商品税号	商品名称	出口量单位	出口量	出口额（万美元）	金额比上年增长（%）
84145930	离心通风机	台	11 641 314	23 424.2	14.33
84145990	其他风机、风扇	台	348 593 290	105 946.7	9.77
84148010	燃气轮机用的自由活塞式发生器	台	8	4.5	73.08
84148020	二氧化碳压缩机	台	263 151	4 003.8	122.52
84148030	发动机用增压器	台	894 897	17 338.5	18.24
84148090	其他空气泵，气体压缩机，通风罩、循环气罩	台	76 025 572	145 925.1	20.58
84149011	84143011 ~ 84143014、84143090 压缩机进、排气阀片	kg	579 084	519.2	22.42
84149019	84143011 ~ 84143014、84143090 其他零件	kg	28 330 115	11 125.3	25.66
84149020	84145110 ~ 84145199 及 84146000 机器零件	kg	80 752 137	18 469.5	19.02
84151010	独立窗式或壁式空气调节器	台	11 803 389	158 523.4	19.18
84151021	制冷量≤4 000kcal/h 分体窗式或壁式空调	台	20 166 090	432 199.8	38.16
84151022	制冷量 > 4 000kcal/h 分体窗式或壁式空调	台	6 901 805	215 217.1	30.59
84152000	机动车辆上供人使用的空气调节器	台	300 329	13 361.6	28.95
84158110	装冷热换向阀空调器，制冷量≤4 000kcal/h	台	856 329	19 205.8	-30.59
84158120	装冷热换向阀空调器，制冷量 > 4 000kcal/h	台	588 232	44 733.0	51.73
84158210	其他空气调节器，制冷量≤4 000kcal/h	台	3 003 651	52 370.7	102.23
84158220	其他空气调节器，制冷量 > 4 000kcal/h	台	307 167	24 993.2	11.83
84158300	未装有制冷装置的空气调节器	台	815 492	14 228.7	-74.07
84159010	84151000、84158110 及 84158210 设备的零件	kg	147 413 489	132 111.4	10.38
84181010	各自装门的冷藏－冷冻组合机，容积 > 500L	台	654 132	37 810.7	64.44
84181020	200L < 容积≤500L 的冷藏－冷冻组合机	台	4 187 712	99 267.0	2.23
84181030	容积≤200L 的冷藏－冷冻组合机	台	2 687 418	34 583.7	7.82
84182110	容积超过 150L 的压缩式家用型冷藏箱	台	1 529 513	24 537.1	10.24
84182120	50L < 容积≤150L 的压缩式家用型冷藏箱	台	8 192 713	72 131.1	15.63
84182130	容积不超过 50L 的压缩式家用型冷藏箱	台	1 844 725	13 734.9	7.89
84182910	半导体制冷式家用型冷藏箱	台	5 111 961	17 671.4	16.26
84182920	电气吸收式家用型冷藏箱	台	321 762	2 714.5	2.24
84182990	其他家用型冷藏箱	台	42 246	495.6	0.63
84183010	t ≤ -40℃ 的柜式冷冻箱，容积≤800L	台	70 296	941.9	23.93
84183021	t > -40℃ 的柜式冷冻箱，500L < 容积≤800L	台	131 342	3 677.7	46.24
84183029	t > -40℃ 的柜式冷冻箱，容积≤500L	台	5 638 961	71 560.7	17.09
84184010	t ≤ -40℃ 的立式冷冻箱，容积≤900L	台	1 175	349.8	61.57
84184021	t > -40℃ 的立式冷冻箱，500L < 容积≤900L	台	52 956	2 737.9	36.10
84184029	t > -40℃ 的立式冷冻箱，容积≤500L	台	871 731	10 863.6	12.68
84185000	其他冷藏或冷冻设备	台	1 373 259	43 430.0	19.92
84186120	压缩式热泵	台	149 338	12 692.6	-9.51
84186190	其他热泵	台	86 179	2 906.7	-17.24
84186920	其他制冷机组	kg	335 237	72 313.8	21.87
84186990	未列名制冷设备	kg	1 848 861	32 892.9	15.86
84189100	冷藏或冷冻设备专用的特制家具	kg	4 479 461	1 829.5	11.05
84189910	制冷机组及热泵的零件	kg	67 996 342	39 572.7	31.05
84189991	t ≤ -40℃ 的冷冻设备的零件	kg	6 728 612	3 930.9	2.91
84189992	t > -40℃、容积 > 500L 的冷藏冷冻设备零件	kg	4 628 058	2 760.5	64.89

（续）

商品税号	商品名称	出口量单位	出口量	出口额（万美元）	金额比上年增长（%）
84189999	8418 设备的未列名零件	kg	105 332 749	56 532.8	8.08
84193100	农产品干燥器	台	1 894	944.8	24.25
84193200	木材、纸浆、纸或纸板干燥器	台	2 023	3 539.8	52.18
84193910	微空气流动陶瓷坯件干燥器	台	1 042	38.8	-71.37
84193990	其他干燥器	台	959 611	22 078.9	12.67
84194010	提净塔	台	452	440.9	-77.65
84194020	精馏塔	台	178	1 239.9	-56.03
84194090	其他蒸馏或精馏设备	台	24 880	6 262.6	26.34
84198990	未列名利用温度变化处理材料的机器、装置等	台	2 399 408	40 414.4	21.24
84195000	热交换装置	台	404 381	32 932.3	13.19
84196011	制氧量≥15 000m^3/h 及以上的制氧机	台	69	435.9	-91.22
84196019	其他制氧机	台	2 606	9 452.8	-3.91
84196090	未列名液化空气或其他气体的机器	台	1 768	10 385.1	23.37
84211910	脱水机	台	205 317	1 482.1	11.77
84211920	固液分离机	台	27 493	5 481.1	51.70
84211990	其他未列名离心机，包括离心干燥机	台	151 109	7 968.2	8.33
84212110	家用型水的过滤、净化机器及装置	台	16 583 281	14 451.5	12.99
84212190	非家用型水的过滤、净化机器及装置	台	4 051 373	21 685.4	-24.96
84212200	过滤或净化饮料的机器及装置	台	4 185	140.5	480.58
84212300	内燃发动机的燃油过滤器	个	320 770 291	52 399.2	22.92
84212910	压滤机	个	2 386	4 205.7	27.57
84212990	未列名液体过滤、净化机器及装置	个	52 888 526	37 981.0	32.89
84213100	内燃发动机的进气过滤器	个	58 775 464	12 705.5	41.26
84213921	工业用静电除尘器	个	269	3 602.8	-19.45
84213922	工业用袋式除尘器	个	64 758	9 983.4	11.84
84213923	工业用旋风式除尘器	个	7 503	706.3	-54.91
84213929	其他工业用除尘器	个	34 843	1 971.5	31.01
84213930	内燃发动机的排气过滤及净化装置	个	499 706	1 253.5	25.53
84213990	其他非家用型气体的过滤、净化机器及装置	个	6 227 271	18 203.0	10.15
84401010	锁线装订机	台	4 899	157.4	-3.49
84401020	胶订机	台	64 617	564.6	5.75
84401090	其他书本装订机器	台	126 632	1 535.9	-0.06
84409000	书本装订机器的零件	kg	242 883	145.2	9.26
84411000	切纸机	台	2 771 983	12 667.0	18.90
84419010	切纸机零件	kg	2 060 694	1 544.0	8.40
84423010	铸字机	台	1 211	80.4	200.00
84423090	8442 其他的机器、器具及设备	台	1 086	124.5	-5.97
84424000	制版用机器、器具及设备的零件	台	135 321	508.7	18.74
84425000	印版、滚筒等；制成供印刷用的板、筒等	kg	6 754 611	5 014.8	50.19
84431100	卷取进料式胶印机	台	152	2 461.6	13.35
84431200	办公室用片取式胶印机（片尺寸≤22cm×36cm）	台	32	1.8	-33.33
84431311	平张纸进料式单色胶印机	台	371	318.1	-5.64
84431312	平张纸进料式双色胶印机	台	82	155.7	-23.94

（续）

商品税号	商品名称	出口量单位	出口量	出口额（万美元）	金额比上年增长（%）
84431313	平张纸进料式四色胶印机	台	57	1 044.6	16.57
84431319	其他平张纸进料式胶印机	台	120	2 521.1	55.25
84431390	未列名胶印机	台	809	863.0	23.16
84431400	卷取进料式凸版印刷机，不包括苯胺印刷机	台	950	1 475.9	-0.98
84431500	非卷取进料式凸版印刷机，不包括苯胺印刷机	台	336	1 428.9	6.06
84431600	苯胺印刷机	台	682	1 831.8	25.41
84431700	凹版印刷机	台	1 801	3 334.3	10.61
84431921	圆网印刷机	台	396	558.9	-12.81
84431922	平网印刷机	台	20 743	2 346.9	-28.96
84431929	其他网式印刷机	台	1 472	900.4	43.72
84431980	未列名印刷机	台	83 451	8 256.9	-6.75
84433221	数字式喷墨印刷机，可连接网络	台	173 576	43 152.7	51.29
84433222	激光印刷机，可连接网络	台	2 023	1 093.8	30.95
84433229	其他数字式印刷设备，可连接网络	台	6 900	259.7	80.72
90065910	激光照相排版设备	台	49	349.4	4 322.78
84771010	注塑机	台	24 655	82 345.2	31.99
84771090	其他注射机	台	697	1 658.4	26.39
84772010	塑料造粒机	台	3 110	5 551.4	52.22
84772090	其他挤出机	台	6 050	21 791.0	12.35
84773000	吹塑机	台	7 529	14 537.2	6.61
84774010	塑料中空成型机	台	1 323	3 752.2	56.28
84774020	塑料压延成型机	台	1 336	1 728.1	104.87
84774090	其他真空模塑机及其他热成型机器	台	3 607	5 358.7	44.43
84775900	其他模塑或成型机器	台	3 320	9 779.5	45.96
84779000	8477 所列机器的零件	kg	115 006 838	36 360.7	28.94
84811000	减压阀	套	38 547 572	16 791.5	20.95
84812010	油压传动阀	套	3 092 367	4 691.4	11.22
84812020	气压传动阀	套	5 671 021	6 357.6	19.10
84813000	止回阀	套	1 438 573 894	30 001.9	28.31
84814000	安全阀或溢流阀	套	8 029 289	7 228.6	23.90
84818021	电磁式换向阀	套	30 862 187	12 213.9	40.19
84818029	其他换向阀	套	10 067 790	7 323.8	56.80
84818031	电子膨胀阀	套	2 227 942	1 137.0	48.92
84818039	其他流量阀	套	18 789 396	14 074.5	161.14
84818040	其他阀门	套	975 122 943	432 875.7	24.57
84818090	龙头、旋塞及类似装置	套	592 661 200	328 451.2	10.08
84819010	阀门零件	kg	365 552 912	217 308.4	35.05
84819090	龙头、旋塞及类似装置的零件	kg	98 966 332	110 418.8	6.89
84833000	未装有滚珠或滚子轴承的轴承座；滑动轴承	个	2 519 183 166	47 075.4	36.61
84834020	行星齿轮减速器	个	2 581 535	13 800.7	44.13
84834090	齿轮及其他变速传动装置；滚珠螺杆传动轴	个	286 100 570	123 845.7	44.89
84835000	飞轮及滑轮，包括滑轮组	个	392 275 360	32 470.1	-1.24

特别关注

——超（超）临界火电机组关键阀门国产化

DV VALVE

大连大高
超超临界火电关键阀门研发情况概述

一、企业概况

大连大高阀门股份有限公司（简称大连大高）的前身大连高压阀门厂始建于1956年，于2002年7月转制成为具有自行研发、设计、制造和销售的股份制企业。公司是国家武器装备科研生产特定许可制造企业、国家重点装备关键阀门国产化的依托单位、国家高新技术企业，具有年产各类锻钢阀门80万套、铸钢阀门10万套、核级及常规锻造件3万t的生产能力，年产值达6亿元。公司是我国石化、石油、海油、电力、军工及核电系统的定点阀门供应厂商。

大连大高技术力量雄厚，资源相对稳定，专业配备合理。在设计上采用CAD三维设计，使用SolidWorks三维设计软件技术，从而提高了产品的设计准确性和可靠性，使设计工作更加精确和完善。公司具有完善的标准及管理体系，设计工作的全过程严格按标准（如ASME、RCC-M、ANSI、EJ、API、BS、GB等）的要求进行，能够按照标准进行各种阀门的设计，以满足不同工况的要求。

大连大高依据国家能源局国能科技〔2010〕335号、392号文件的要求，签订了“超超临界火电机组关键阀门国产化联合研发协议”。大连大高承担高加液动三通入口／出口阀、高加电动三通阀、高排逆止阀、一段抽汽逆止阀、主蒸汽管道气动疏水阀、二级过热器电动疏水阀等七类产品的研发任务。为此，大连大高抽调技术部、质量部、生产部、采购部、核电军工办等部门人员组成研发团队，由总经理任项目总负责人。在超超临界火电机组关键阀门研发过程中，采用三维软件进行设计，采用ANSYS有限元进行计算分析，采用CFD进行流体力学分析等手段进行研发。

大连大高在完成上述七大类产品的设计、制造、检验和试验后，于2011年12月6日在大连组织了新产品鉴定会。通过在大连大高工厂内对全部样机进行试验后，鉴定会专家组确认满足标准及研发协议中技术规范书的要求。专家组的鉴定结论是，大连大高研制的超超临界火电关键阀门达到了国内先进水平、国际同类产品先进水平。

二、火电阀门介绍

1. 二级过热器电动疏水阀

大连大高研制的二级过热器电动疏水阀使用于超（超）临界火电机组二级过滤器出口管道，该阀门公称直径65mm，工作压力为30MPa，工作温度为590℃，公称压力Class4500，主体材料F91，介质为蒸汽、饱和水，阀体采用整体成型锻件，具有高流量、低流阻、振动小、噪声小等特性。阀门为Y形结构，倾斜阀杆的构造和最佳的流道形状设计，使介质直线流通，介质流动阻力小，小开度时流量变化平稳，振动小。该阀门已在重庆合川双槐电厂成功应用。

2. 主蒸汽管道气动疏水阀

大连大高研制的用于超（超）临界火电机组的主蒸汽管道气动疏水阀公称直径为80mm，工作压力为29.67MPa，工作温度为610℃，公称压力Class4500，工作介质为蒸汽、饱和水。该阀门安装于主蒸汽管道，阀体采用整体成型锻件，阀门具有高流量、低流阻、振动小、噪声小等特性。阀体采用深孔堆焊钴基合金，耐冲刷，不易脱落；阀杆采用2Cr12NiMoWV材料，耐磨性、抗擦伤、抗腐蚀能力更好，保证了填料的密封可靠；阀瓣采用具有上下导引环，构成全程在阀体中腔导向的活塞式阀瓣，可以消除因各种情况下产生的卡死、表面擦伤、阀杆弯曲、阀瓣振颤等现象。该阀门已在重庆合川双槐电厂成功应用。

3. 高加电动三通阀

电动高加入口三通阀为超（超）临界火电机组高温、高磅级、大口径产品，该阀门公称直径为450mm，设计压力为35.9MPa，设计温度为300℃。采用阀体整体锻造结构设计，上阀座与填料箱采用螺栓连接，可以整体拆装，便于装配。高温300℃、高压力42MPa、大口径450mm结构整体设计，阀门阀体采用整体锻造结构设计，避免了锻焊结构存在焊接应力缺陷的现象；阀门采用15NiCuMoNb5-6-4（WB36）材料，阀门整体重量减轻1/3以上，通过对主路和旁路管路流通截面积计算分析，阀门主路、旁路切换后下游管路压力的变化不大。

4. 高加液动三通入口／出口阀

大口径液动自力式（介质驱动）高加入口／出口三通阀组为超（超）临界火电机组高温、高磅级产品。该阀门公称直径为350mm，设计压力为39MPa，设计温度为300℃。阀门通过内置式活塞缸结构设计，在无需外界动力源的条件下，通过主管路介质压力作用实现阀门的主路开启和关闭动作时间不大于5s的要求，解决了高温、高磅级、大口径阀门需要大功率外界控制源以及因控制难度大而无法达到控制时间要求等一系列关键问题。采用圆周均布多孔式分流结构设计，保证控制管路流量要求，结构更加紧凑，使阀体中腔尺寸尽量减少，整体上减少了阀门整体外形尺寸，降低阀门的重量。变截面阀杆结构设计，减缓阀门关闭到位时阀瓣对阀门密封面的冲击力，大大保护了密封面的密封性能，提高了阀门的密封使用寿命。

5. 高排逆止阀

高排逆止阀为火电厂超（超）临界燃煤发电机组用产品。该阀门公称直径为1000mm，设计压力为5.81MPa，设计温度为375℃，公称压力Class600，工作介质为蒸汽。阀体采用铸件，该阀门安装在高压缸与再热器之间的排汽管道上，防止气流不稳定而引起再热器介质倒流进高压缸，起到关键设备及发电机组的保护作用。具有随动关闭和强制关闭两套独立的保护系统。当强开执行机构关闭、强关执行机构开启时，阀瓣处于自由状态，气体流向决定阀门启闭。当气体逆流时，即使执行机构不动作，阀门也会自动关闭；当接到关闭信号时，使执行机构（压缩空气缸弹簧力瞬间释放）会强制阀门关闭，关闭时间小于0.5s；阀门具有强开功能，当流量小于等于105kg/s时，强开气缸动作，活塞杆推动传动柄上行，阀瓣强行打开，避免在启动初期由于气流的不稳定引起阀瓣振荡而损坏密封面。

6. 一段抽汽逆止阀

一段抽汽逆止阀的公称直径为250mm，设计压力为9.5MPa，设计温度为445℃，公称压力Class900，阀门工作介质为高温水蒸气。该阀门安装于超（超）临界火电机组中的汽轮机非腐蚀性介质管道上，防止汽轮机级带负荷时汽轮机内的压力突然降低，抽汽管和各加热器内蒸汽倒流进入汽轮机内，造成汽轮对片打碎而毁坏汽轮发电机的恶性事故。并且能够防止加热器系统管道泄漏，确保在给水加热器出现水位超高时，气动装置部件接到液体逆流信号后，将汽轮机迅速隔开，给汽轮机和抽汽系统以最大保护。

该阀门的阀体内外腔均采用流线型设计，流通能力大，减小阀门阻力，有效地减小阀压损，同时提高阀门抗疲劳性能，增强抗变形能力。同时，阀瓣设计成摇臂与阀瓣活动连接，可与阀门密封面自由对中，保证密封面吻合，且阀瓣、阀座密封面采用堆焊司太立Stellite 6，提高了阀门抗腐蚀和水蚀、汽蚀的性能。执行机构为弹簧复位式气缸，保证阀门能够在管道介质倒流、断电、事故等非正常状态下，该阀门在气缸弹簧的作用下瞬间关闭，关闭时间小于0.5s，从而保证汽轮机、水泵等重要设备的安全。并且，阀门关闭件动作相对独立，执行机构故障不影响关闭件。此外，启闭装置设有限位机构，避免阀门在介质压力不稳定的情况下启闭过位造成阀门内件损坏，提高了阀门的使用寿命。

通过上述六大类阀门的研制开发和实际应用，大连大高积累了丰富的火电阀门设计制造经验，已经向重庆合川双槐电厂、华能南通电厂、江苏句容电厂等批量供货，向东方汽轮机有限公司、上海电气集团、哈电集团等三大主机厂进行供货并开始国产化，逐渐替代原电厂进口产品。今后，大连大高将充分发挥技术优势，在超（超）临界火电机组的关键阀门研制上不断进步，为我国的电力建设贡献出微薄的力量。

中核科技火电阀门研发情况概述

一、企业概况

中核苏阀科技实业股份有限公司（简称中核科技）是在中国核工业集团公司苏州阀门厂的基础上成立的。1997 年，中核科技经国家批准在深交所上市（证券代码：000777），成为我国阀门行业率先上市的企业。公司总部位于苏州高新开发区，占地面积（含下属子公司）总计超过 14 万 m^2。

中核科技执行 GB、JB 等国内标准和 ASME、ANSI、API、MSS 等先进国外标准进行阀门的设计、制造、检验和验收，先后为电力、石油、化工、冶金、纺织等行业研制了上万个规格品种的上百万台阀门，成为国内知名的阀门专业生产企业之一，跻身于全国机械行业 500 家大型企业之列。1997 年被国家电力规划设计院、成套设备局推荐为高温、高压火电站阀门生产的四大主要厂家之一。

中核科技作为我国阀门行业的排头兵企业，拥有强大的技术研发团队、精良的生产装置、可靠的质保体系以及完备的检测手段。公司已形成集团型专业生产成套工业阀门的产业链，设立了核阀、特阀、锻造、铸造、热处理焊接分厂，并在此基础上成立了电站阀门、水系统环保阀门、球阀等专业化事业部。完善的管理体系、精良的先进设备和高素质的员工队伍，为更好地满足客户需求提供了保障。

2006 年 10 月，中核科技凭借雄厚的经济和技术实力，在江苏省科技厅的支持下，成立了江苏省特种阀门工程技术研究中心。该研究中心下设 7 个产品设计室、1 个工艺研究室、1 个标准化情报室以及档案室、信息中心和阀门试验室。该中心拥有专业技术人才 261 人，其中，工程师及以上的专业技术人员 119 人，部级突出贡献中青年专家 1 人，享受政府特殊津贴 1 人，国防科技“511 人才工程”

和中核集团公司“111人才工程”的学术技术带头人2人，其他系列的专业技术人员42人。这些专业人才，组成了一支技术精干的研发团队。

中核科技还拥有先进的制造能力和强大的阀门配套能力。中核科技拥有完备的热加工体系，包括从日本引进的树脂砂造型生产线、6 300kN摩擦压力机及等离子喷焊、电子束焊等设备28台，拥有各种热处理炉23台。在机加工方面，有从德国引进的SOLON 4卧式加工中心。中核科技还拥有完备的检测手段，包括X射线探伤机和γ射线探伤机，光谱直读仪，氦质谱检测仪，Ir192、Co60及直线加速器等射线探伤设备（最大穿透厚度为300mm），流量试验设备，阀门微泄漏试验装置，静压寿命试验设备和高温高压试验台架，这些都为火电阀门的性能和产品质量起到了保证作用。

二、火电阀门研发情况

多年来，中核科技一直注重火电阀门的开发和研制，坚持走产、学、研、用相结合的开拓发展道路，为各项新产品研发奠定了坚实的技术基础。公司与清华大学、上海交通大学、华东电力设计院、江苏华能南通电厂、中核新能核工业工程有限责任公司、上海核工程研究设计院等单位建立了长期友好的战略合作伙伴关系。近几年来，公司获得由中核集团、国防科工委、中国机械工业联合会等授予的奖励有十几项，获得国家专利25项，具有强大的研发实力和新产品开发实力。

在火电阀门的研发中，研究人员结合核级阀门应力分析的研制经验，充分运用先进的模拟软件（如Pro/E、SolidWorks三维建模软件）、ANSYS有限元分析软件，对承压壳体的形状规则、一次和二次应力分布情况进行了仔细分析和计算。公司运用ANSYS软件，采用有限元分析法，模拟工况对阀门进行高温高压型式试验验证。验证阀门的选型、材质、结构在高温高压工况下的合理性和可靠性，两种方法互相验证，大大提高了分析的准确性与可靠性，使产品顺利地通过各项试验，安全可靠地用于火电机组和管线。

阀门高温高压试验验证

中核科技经过多年对火电阀门的开发与研究，现30万kW、60万kW火电配套阀门（除部分高温高压安全阀、调节阀、高压旁路中一些阀门外）已成为公司的拳头产品之一，可整套供货。此外，公司已有一些中小口径的超（超）临界火电阀的供货业绩，并且用户反馈运行良好。以上这些都为超（超）临界火电阀的系列开发积累了大量经验，并初步形成了该类阀门的设计思路和要点。

中核科技先后研制并投入生产了一批高端阀门，其中，主蒸汽系统暖管电动闸阀、高加给水三通阀、蒸汽管道疏水阀、过热器第一级喷水调节阀、小汽轮机排汽蝶阀、大气扩容器进口调节阀等阀门的性能已经达到国际标准，从而打破了高端阀门制造技术一直被国外垄断的局面，这为火电业主节省了大量资金和交货时间，也进一步推动我国高端火电阀门行业的发展。

2012年1月，在大连召开了超（超）临界火电机组关键阀门国产化成果鉴定会，华东电力设计院、上海电气集团等相关单位的负责人和专家参加了此次鉴定会。在鉴定会上，中核科技对超（超）临界火电机组关键阀门研制情况进行了汇报。与会专家与代表一致认为，中核科技开发的抽汽逆止阀、给水泵汽轮机排汽蝶阀、高排逆止阀、锅炉过热器喷水调节阀填补了国内空白，达到国内领先水平；空预器吹灰减压站气动控制阀、高加事故疏水控制阀填补了国内空白，达到国内先进水平。上述火电阀门新产品的研发成功，为客户节约了大量外汇，缩短了火电产品的交货周期，同时推进了我国火电工程建设的进程，也为超（超）临界火电机组关键阀门国产化做出了突出的贡献。

三、火电阀门产品介绍

中核科技研制开发的超（超）临界火电阀门产品如下：①高温高压蒸汽闸阀。通径：10in（1in=25.4mm），压力等级：28.84MPa，温度：610℃，主体材质：F92。②锅炉过热器喷水调节阀。压力等级：35MPa，温度：360℃，主体材质：A105。③高加给水三通阀。压力等级：39MPa，温度：300℃，主体材质：WB36。④高排逆止阀。通径：40in，压力等级：5.81MPa，温度：375℃，主体材质：WCC。⑤高加事故疏水控制阀。压力等级：9.394MPa，温度：307.2℃，主体材质：WCB。⑥气动Y型疏水阀。压力等级：46MPa，主体材质：F91。⑦小汽轮机排汽蝶阀。通径：2 800mm，压力等级：0.00539MPa，温度：120℃，主体材质：WCB。⑧抽汽止回阀。压力等级：9.5MPa，温度：445℃，主体材质：WC6。⑨空预器吹灰减压站气动控制阀。压力等级：7.5MPa，温度：550℃，主体材质：12Cr1MoVG。

1. 高排逆止阀

高排逆止阀可用于超（超）临界火电机组高压缸排汽管路中，通常这种阀门是自动工作的，依靠介质正、反向流动打开或关闭阀瓣。此外，阀门还附加了两个气动执行机构来实现阀门的强制快速启闭功能，防止介质倒流，以保护系统和设备。中核科技可供货阀门的公称通径≤40in，公称压力≤600Lb，最高工作压力5.81MPa，最高工作温度375℃。该阀门的主要性能：无外泄漏设计，安全可靠；具有快速启闭功能；高寿命，能满足30年使用寿命要求。

高排逆止阀

2. 小汽轮机排汽蝶阀

该阀门用于锅炉给水泵驱动汽轮机出口和凝汽器进口之间的管路上，在系统里主要起排汽的作用。中核科技可供货阀门的公称通径≤2800mm，最高工作压力0.6MPa，最高工作温度120℃。该阀门的主要性能：0°～90°开关，配有角行程（部分回转型）的电动执行机构进行开关操作，并能在任意位置（0°～90°）锁死，起调节作用；阀门开关位置精确，不过位；阀门采用三偏心金属硬密封结构，消除了两密封面间的机械磨损和擦伤，使蝶阀的密封性能和使用寿命大大提高。

3. 锅炉过热器喷水调节阀

该阀门用于锅炉过热器降温回路中。中核科技可供货阀门的公称通径≤65mm，最高工作压力35MPa，最高工作温度360℃。该阀门的主要性能：采用环流对冲式结构，有效地解决了阀门的汽蚀问题；阀门结构设计合理，采用预补偿的方法，选用双曲线流量特性；高寿命，能满足30年使用寿命要求。

在今后相当长的一段时期内，我国的能源结构仍以煤炭为主，以煤炭为一次能源的火力发电仍是电力生产的主要方式。随着世界各国对能源的可持续发展战略和环保的愈加重视，提高蒸汽参数与发展大容量机组相结合的超（超）临界火电机组已逐渐成为我国火力发电的主力机组。当前，超（超）临界火电机组的主机设备已实现了国产化，但火电机组辅机设备中价值量较大的高端阀门却长期依赖进口。中核科技将进一步把握超（超）临界火电机组国产化这一机遇，加大火电阀门的研发力度，为客户提供优质、可靠、高技术含量的产品，为我国的火电事业发展做出贡献。

自主創新 实現突破

研发精品 争創一流

企业概况

介绍部分企业的经营理念和成功经验，为管理者成功决策助力

Introducing the management idea and successful experience of a part of enterprises, facilitating managers' successful decision making

企业概况

以文化创新提升企业核心竞争力

——沈阳鼓风机集团股份有限公司

沈阳鼓风机集团股份有限公司是国家装备制造业的重点支柱企业。主要从事研发、设计、制造、经营科技含量高、质量精良的大型压缩机组、大型水泵和大型往复压缩机等产品,服务于石油、化工、冶金及空分等众多领域。近年来,沈阳鼓风机集团股份有限公司以科学发展观为指导,大力开展企业文化建设,形成了底蕴深厚和内涵广博的沈鼓文化。通过多年不断的建设和创新,这种先进文化力深深地熔铸在企业的生命力、凝聚力和创造力之中,为企业科学发展提供了坚强保障。

一、文化与管理相融合,全面实施文化管理战略

沈阳鼓风机集团股份有限公司是辽沈地区最早开展企业文化建设的工业企业,经过30年的企业文化建设历程,逐步培育出了具有鲜明自身特色的企业文化。特别是进入21世纪以来,沈阳鼓风机集团股份有限公司以发展的眼光和战略性思维导入CI系统,以文化与管理相融合,全面实施文化管理战略。

为了增强企业文化对沈阳鼓风机集团股份有限公司科学发展的战略意义,他们大胆解放思想,跳出CI战略的一般性思维,建立起包含4个子系统的沈鼓CI体系,即以发展目标为核心的战略识别系统;以企业精神为核心的理念识别系统;以制度文化为核心的行为识别系统;以企业标识为核心的视觉识别系统。通过四大系统的战略实施,使企业管理准则形成的文化深入员工内心,有效统一了员工的价值观和行为标准。

沈阳鼓风机集团股份有限公司大力加强制度文化建设,全面营造文明规范的制度文化氛围。引入了精益生产管理模式,打造精益文化,有效缩短了生产周期,降低了制造成本;启动了人力资源咨询项目,建立现代人力资源管理模式,全面落实"激发潜能,人事相宜"的人才理念;更新了企业管理标准体系,全面提升了企业管理水平、建立现代管理制度。

沈阳鼓风机集团股份有限公司还大力开展学习型组织建设,为提高员工的综合素质,人力资源部门开展了详细科学的多层次培训活动。为加强领导干部的学习,集团党委每两个月为中层以上干部编印一期《能力与素质——沈鼓集团干部理论、时事学习读本》,刊登时事政治及先进的管理经验、权威的政策解读等内容,全面提高干部的理论水平和综合素质,至今已出刊了12期。

二、加大宣传力度,营造文化管理的良好氛围

沈阳鼓风机集团股份有限公司在大力建设企业文化的同时,加大宣传力度,创新宣传形式,营造了文化管理的良好氛围。

(1)发挥思想引领作用。沈阳鼓风机集团股份有限公司专门创办了宣传企业文化的内刊——《企业文化导报》,使企业文化宣传有了专门的阵地。此外,集团党委先后编印了《三品丛书》、《最美的雁阵》、《领风飞扬》等10余种书籍、画册,拍摄了《新沈鼓、新航程》等几十部专题片和宣传片,开展了"感动沈鼓"人物评选活动并举办了盛大的颁奖晚会,有效地宣传了企业文化,发挥了巨大的思想引领作用。

(2)积极促进观念更新。2010年举办"再创辉煌——公司方针学习报告会"、2011年举办"感悟2011——公司方针解读论坛"、2012年举办"方针管理大讲堂"。三年三个新形式,深入浅出地在员工中宣传了公司经营方针的要义,更新了干部员工观念。

(3)有效提升员工素质。沈阳鼓风机集团股份有限公司注重将企业文化建设与党群工作相结合。成立了沈鼓文学艺术界联合会,为文艺爱好者建立交流技艺、增进友谊的家园,也给企业文化建设工作增添了新的气息。集团党委创建了"党建在线"网站,包括"文化之窗"、"思想风帆"等多个栏目,让广大党员群众可以随时掌握最新的管理和文化信息。

三、文化力形成推动力,全面提升企业核心竞争力

沈阳鼓风机集团股份有限公司以文化力形成推动力,发挥文化管理作用,全面提升企业核心竞争力,一方面,结合企业实际,构建企业文化理念。理念识别系统是沈阳鼓风机集团股份有限公司实施文化管理的核心和精髓。沈阳鼓风机集团股份有限公司通过对企业生产管理各个流程的梳理,制订了以企业精神和价值观为核心的14大理念。这14大理念,是沈鼓60年来"精神文化"的传承,具有持久成长的力量。经营理念、服务理念、科技理念等企业文化理念,各有侧重,覆盖了企业生产经营的全过程。文化理念的实施,对员工的思想和工作产生了巨大的指导作用,进一步提高了企业管理水平。

另一方面,落实文化理念,发挥文化管理作用。沈阳鼓风机集团股份有限公司通过坚持不懈地宣传企业文化理念,使企业文化理念在员工中入脑、入心,并发挥了巨大的管理功效。如在劳模文化的影响下,沈阳鼓风机集团股份有限公司形成了尊重人才,激励先进的良好氛围,各个领域里的优秀人物层出不穷,他们刻苦钻研技术,磨练本领,在各自岗位上发挥了突出作用,杨建华、徐强、"五朵金花"等也成为享誉全国的先进典型。在"超越领先,创造未来"的科技理念引领下,沈阳鼓风机集团股份有限公司加大自主创新力度,在多个领域内实现了国产重大装备零的突破。

几年来，沈阳鼓风机集团股份有限公司先后研制成功百万吨级乙烯压缩机、AP1000核主泵、西气东输长输管线压缩机等一批世界级产品，谱写了重大装备国产化新的篇章。在廉洁理念的影响下，沈阳鼓风机集团股份有限公司深入开展党风廉政教育，新建成的集警示、休闲与艺术为一体的“清风广场”，被作为辽宁省市纪检监察系统的优秀警示教育景点，有力推进了沈阳鼓风机集团股份有限公司反腐倡廉建设。

在先进文化力的推动下，近年来，企业的核心竞争力得到显著增强，生产经营屡创佳绩。企业工业总产值在复杂经济形势下仍连年大幅攀升，2011年突破110亿元大关，在重大装备国产化道路上竖起了新的里程碑。公司荣获“中国工业大奖表彰奖”、“中国工业经济先锋全国示范单位”等荣誉称号。在打造世界级产品、世界级企业的新一轮发展中，沈鼓人以企业文化强大的“软实力”向着打造具有世界级规模的中国最大通用装备制造基地迈进！

为人类文明创造绿色动力

——西安陕鼓动力股份有限公司

西安陕鼓动力股份有限公司致力于成为绿色能量转换系统领域的解决方案商和服务商，主要服务于冶金、石油、化工、制药、城建和环保等国民经济支柱产业。公司具有能量转换设备制造、能量转换系统服务、能源基础设施运营三大业务板块。能量转换设备主要包括轴流压缩机、工业流程能量回收装置、离心压缩机、离心鼓风机、大型通风机和工业汽轮机等。其中，轴流压缩机和工业流程能量回收装置均属高效节能环保产品。

公司将履行企业社会责任作为“打造世界一流动力装备强企”战略的重要组成部分。在“向上向善，优良风气创未来”的核心价值观指引下，努力将社会责任融入公司运营管理中，成为指导员工工作的重要原则，不断提升企业社会责任绩效表现；以优质的服务不断满足客户需求，与供应商及合作伙伴保持密切关系，持续实现价值共创共享，提升公司社会价值和品牌；不断降低公司生产制造对环境的影响，建设资源节约型和环境友好型企业，打造绿色环保产业；力行公益，扶危济困，关爱弱势群体，支持教育，与各利益相关方共同建设和谐社会，成为一家受人尊敬的企业。

一、科技创新，持续发展

近年来，公司全面推进市场创新、技术创新、体制创新和管理创新等一系列的创新工程，使企业商业模式、运行体制、管理水平和综合竞争力快速提高。公司高度重视技术研发工作，强化与科研院所的产学研合作，不断加大技术研发投入和技改投入，在科技创新、管理创新、QC质量攻关，以及新产品、新技术开发领域方面取得了显著的成效，使公司走向了一条依靠技术研发和产学研合作的可持续发展道路。2011年，公司技术研发投入4.32亿元，占营业收入比重高达8.40%，为公司持续发展提供技术支撑。

2011年，公司共申请专利19项，授权专利24项；截至2011年底，公司共申请专利126项，已授权专利101项。2011年，公司获国家省市科技进步奖一等奖2项，二等奖4项，三等奖3项。2011年，公司顺利通过国家企业技术中心复评、高新技术企业复审，并获得“国家技术创新示范企业”称号。

公司持续进行科技创新，围绕市场需要确定研发课题，不断提升技术研发水平。近年来，公司共下达了4批科技创新项目，在BPRT同轴机组、烧结余热能量回收机组（SHRT）、烧结余热与高炉顶压能量回收联合发电机组（STRT）、硝酸装置成套机组、PTA装置压缩机组、大型空分装置用压缩机组和真实气体压缩机组等国际、国内领先技术领域进行技术开发，取得了自主研发、技术首创的显著效果，有些技术填补了国内空白达到国际领先技术水平。2011年，共完成24个重大科研项目。公司被西安市工信委评为西安市“十一五”企业技术创新先进单位。

2011年，公司积极组织开展技术革新、发明创造、职工技能竞赛、技能减排创意大赛等形式多样的职工科技活动。公司赵进选等3人荣获陕西省杰出能工巧匠；硝酸“四合一”透平机组系统技术开发及应用等21个项目荣获陕西省职工发明创新成果、优秀节能减排、职工先进操作法等奖项；公司大型空分装置国产化开发工作室等3个集体荣获集体荣誉奖。

二、提升管理，服务用户

公司围绕企业发展战略，在质量管理的思路和方法上进行创新和突破，以提高员工的质量意识和质量责任心为切入点，引入先进的质量管理理念方法并取得实效，推动了企业质量管理水平和产品质量的全面提高，使质量管理成为落实企业发展战略的有力支撑。

公司坚持“零缺陷”工程，培养员工认真负责的工作态度、良好的工作习惯和执着的敬业精神。通过有针对性的培训和教育，让员工懂得如何做才是对的，明确每个工作环节的标准和要求，增强员工第一次把事情做正确的能力，不断提升公司质量管理水平。

随着装备制造业市场大型化的发展，公司通过持续不断的技术创新，突破新市场，不断满足客户需求。在国内市场上，公司为客户提供的36万t/a硝酸“四合一”装置机组，占领了当前国内硝酸行业的市场制高点；公司与客户签订的150万t/a PTA项目，其中的向心式尾气膨胀机以及首套大型多轴空压机是首台套，项目的实施对公司后续 PTA 项目和超大型空分（8 万～10 万 m^3/h 等级）多轴增压机的技术开发与升级提供了宝贵经验；在国际市场上，公司与海外客户一次性签约多套介质为丙烷的离心压缩机，开创了公司真实气体机组在石化领域的出口先河。这些业绩的取得正是公司保障客户需求的有力见证。

同时，公司不断拓展行业领域，首次进入超大型煤制天然气领域，具备了为客户提供大型化、多元化空分产品的能力；在冶金行业及其衍生行业余热利用市场上，公司将首创的烧结余热能量回收机组（SHRT）推广应用，将“发电”变为“拖动”，为用户减少了发电机及并网系统，降低了投资。SHRT 技术的推广应用既发挥了公司的技术优势，又增强了为客户提供冶金流程配套项目解决方案的能力。2011 年，公司与客户签订了首个保运服务项目“全托式维修保运服务”合同，为公司走专业化维修保运服务道路迈出了坚实的一大步，不断提升了公司为客户服务的能力。

公司建立“技术＋管理＋服务”的一站式全方位服务体系，为用户机组提供从售前到售后的全生命周期健康管理。为客户量身定做一系列机组健康状态管理档案，对公司生产各类大型机组实施远程监测，提供包括预警、咨询、诊断及现场服务等 6 大方面 20 余项服务，为客户解决问题，创造价值。

三、关注员工，以人为本

公司倡导“以人为本”的管理理念，提倡平等、和谐的家文化。实施人才战略、关注人才培养，为员工提供合适的职业发展平台，积极帮助员工进行职业生涯规划；建立多层次的社会保障机制和员工紧急救助体系，改善员工劳动保护待遇和工作生活环境。并通过一系列文体活动，提高职工及家属的健康水平，陶冶职工情操，增强凝聚力和向心力，实现员工与企业共同成长。

公司实施人才战略，通过建立员工职业发展行政和不同专业多通道平台，帮助员工进行职业生涯的发展规划，并针对性地进行人才培养和激励，使企业得到持续高效发展。

他们关注人才培养，2011 年，企业率先在技术、财务等岗位建立了专业岗位通道，打破了过去只有晋升行政岗位走“独木桥”的现状，让骨干员工根据自己的特长从事专业技术和管理、服务等岗位，企业给予的薪酬和福利待遇等同或高于行政管理干部，这样的举措，在很大程度上激发了员工的岗位自豪感和自信心，有效提高了专业化工作的能力和效果。

同时，根据“两个转变”发展战略以及新兴业务的发展需求，企业制定人才发展规划。对内坚持“自己提拔自己、自己重用自己、自己淘汰自己”的用人理念，坚持“公平、公正、公开”的原则，通过面向全体员工的内部岗位竞聘机制，选拔和培养最适合的优秀人才。对外吸引相关领域的高端人才加盟，进行人才的储备和新业务的拓展。另外，创新培训模式。制定了《陕鼓集团员工培训管理条例》，倡导“人人受培训，人人培训人”，让有能力、想干事的员工走上自己适合的岗位。

同时，公司建立了员工健康保障体系，为员工提供基本医疗保险、社会补充医疗保险（大病统筹）、工伤保险、西安市职工医疗互助保障计划、员工互助会和企业补充医疗保险，并为每名员工制作紧急救助卡，以方便员工遇到紧急情况时相关人员能够第一时间联络到员工家人及公司救助办。通过员工紧急救助预案、员工医疗和困难救助预案、员工日常应急服务预案、困难员工与干部“一帮一”帮扶制度、员工心理健康咨询服务、员工星级服务体系等完善的救助体系对员工实施救助。

四、向上向善，优良风气创未来

企业发展不仅是全体员工共同努力的结晶，更是社会各界关注支持的结果，力行公益，感恩回报社会，是公司全体员工的共识。2011 年，公司在志愿者行动、助残帮困、助学圆梦等公益活动中做出了积极贡献。特别是公司多名青年志愿者赴陕西南部大巴山区的紫阳县焕古镇腊竹村挂职锻炼，深入山区实地帮助贫困地区人民修路建桥、灾后重建，捐资助学、实施智力扶贫帮困计划，展示公司员工心系公益、向上向善的精神风貌。

公司通过了 ISO14001 环境管理体系认证，在日常管理过程中倡导员工节约水电等能源，对废旧物资进行回收利用。公司提倡无纸化办公，使用数字化管理平台进行文件和资料流转，从点滴做起，减少资源消耗，既降低成本又保护了办公环境。

近年来，公司通过不断加大研发投入，开发新技术，采用先进设备等一系列措施来实现节能减排，大大降低了生产过程能耗。2011 年，万元产值能耗仅为 0.011t 标准煤。

公司以“为人类文明创造绿色动力”为使命，以“向上向善，优良风气创未来”为核心价值观，以“同心协力、脚踏实地、永葆激情、与时俱新”为企业精神，全面提升核心竞争力，实现企业、学校、家园的美好愿景。

公司在发展过程中，经过“知、感、悟、行、化”的实践过程，形成了“责任文化、诚信文化、规则文化、创新文化、感恩文化”五大特色文化，并以制度巩固和传承。在践行“五大文化”的同时，为了更好地履行对员工、客户、投资者、合作伙伴社会环境等利益相关方责任，公司开始“价值共创共享”的实践与建设。通过共创共享的文化实践活动，提升企业履行社会责任的能力和品牌形象，使各利益相关方广泛关注、参与并支持公司的发展，从中获得持续、快速、健康发展的不竭动力。

（1）创新博览会。2011 年 1 月，凝聚着员工在企业战略转型、核心技术能力建设、管理水平提升、品牌建设和企业文化建设方面智慧和创意的公司首届职工创新博览会盛大开幕，共展出了来自各基层单位的 105 项典型创新成果，激发了广大员工的创新热情与激情，推动了创新文化的发展。

（2）纠察员全城行动。从 2003 年起，公司在内部推出了“斑马线”交通规则，让每一位员工从走“斑马线”做起，养成良好的规则意识。世界园艺博览会期间，公司与西安晚报联手，推出“强化规则意识 公司纠察员全城行动”系列活动。公司纠察员的全城行动通过媒体多方报道，不仅向市民传播了文明，而且提升了企业的品牌形象。

(3)劳模、党员标杆家属开放日。公司在发展中认识到：企业成长和不断壮大的历程，是企业内部员工和外部各利益关联方紧密协作、实施价值共创和共享的过程。为了肯定公司先进人物和家属为企业发展做出的积极贡献，加快创建“价值共创共享”型企业，2011年分别举办了劳动模范及党员标杆家属“开放日”活动，让劳模及党员标杆与自己的亲人共同分享荣誉和成就的行动，体现了公司对员工更深层次的关怀和尊重，促进公司先进人物家属与企业建立并保持长期的“价值共创和共享”关系。

(4)员工子女开放日。为促使员工子女了解企业发展历程、生产经营状况及企业品牌和文化理念，搭建员工及其子女沟通交流的平台，使子女们实地体会父母的辛苦，进一步激发对父母及企业的感恩情怀，共同为企业发展献计献策，2011年8月，公司举行了主题为“体会父母工作场所，了解企业发展历程，共绘美好明天”的员工子女“开放日”活动。

(5)手拉手公益活动。为实现与社会资源的共创共享，公司积极投身公益事业。不仅为扶贫单位提供资金支持，也在努力增强他们的“造血”机能，增强他们的经济发展实力。2011年，公司选派青年志愿者驻村进行挂职锻炼，深入山区实施智力扶贫，并策划组织“手拉手”爱心结对活动，让大山里的孩子们走出山区，开拓视野，鼓励孩子们今后更加努力学习。

在“向上向善，优良风气创未来”核心价值观引领下，公司在践行五大特色文化的实践中，认真履行对员工、客户、投资者、合作伙伴社会环境等利益相关方责任，促进了公司经济的发展，提升了公司品牌形象，得到了社会广泛认可。

2011年，公司被中国企业联合会授予“全国企业文化示范基地”称号，并获国家级“资源节约型、环境友好型”试点企业、“省质量管理奖”、“节能及绿色工业奖”，及“陕西省履行社会责任先进企业”等多项荣誉；公司第一份社会责任报告获《WTO经济导刊》评选出的“金蜜蜂2011优秀企业社会责任报告·成长型企业奖”，在社会公众中树立起了“有能力、可信赖、负责任”的品牌形象。

坚定信心　顽强拼搏　再破纪录

——上海鼓风机厂有限公司

2011年，上海鼓风机厂有限公司(以下简称上鼓公司)坚定发展信心，顽强拼搏，取得了比较突出的成绩。

一、坚定信心，拼搏市场，咬定目标，再破纪录

近几年，国际金融危机给我国经济的发展带来冲击。温家宝总理多次提出，要坚持发展实体经济，强调“信心比黄金更重要”。上鼓公司面对各种挑战，坚定信心，咬定企业拟定的“十二五”发展目标和2011年工作方向，顽强拼搏。在火电站新上项目减少的情况下，上鼓公司着眼于提高电站风机的中标率，着眼于拓展其他行业。钢厂干法除尘风机在冶金化工行业取了相当不错业绩，共完成21台；煤炭行业的主扇风机实现21台的业绩，也创历史新高。2011年，上鼓公司的出口项目比较多，要求比较高，时间比较紧，难度比较大，面对挑战，在各部门通力合作下，克服种种困难，最终圆满完成了任务。出口合同金额创新高，达到3.488亿元，同比增长155%。为满足节能减排的需要，上鼓公司承接了大量的电站改造风机合同，2011年该项收入超过1.1亿元，同比增长79%。新的增长点——离心压缩机实际完成5台整机。维修服务和备件完成1.02亿元。由于认清形势的变化，努力满足市场需求，积极调整销售结构，企业的产品销售收入完成8.5亿元，同比增长16%，创历史最高纪录。

二、坚持创新，不断提升企业的核心竞争力

1. 技术创新

上鼓公司提出依托技术创新和市场开发逐步调整产业结构，开发具有市场前景的产品，并积极推进压缩机二次创业。一年来，依靠自主创新和产学研结合等方式，在核电高温堆领域和石化领域实现了突破，改造风机、干法除尘风机在市场上的反响也不错。目前，正在研发的电厂脱硫回收硫酸压缩机也是属于国内首创。

2. 推广新产品

开发的干法除尘风机是用于钢厂除尘的新型风机，节约了大量的水资源，能耗仅为湿法除尘的1/3，属于低碳环保型设备。上鼓公司在上海举办了一次产品推介会，邀请了数十家业主单位和设计院，取得了很好的效果。现已承接干法除尘风机23台。

3. 注重利用技术降低成本

近几年，上鼓公司300MW机组的市场占有率不高，主要原因是价格较高，利用技术降低成本是最直接也是最有效改变这种情况的办法。技术部门通过技术攻关，进行了技术设计改良，产品成本下降10%以上，促使300MW机组中标率快速提升。

4. 加大压缩机“二次创业”

在上鼓公司的积极激励和大力支持下，再加上全公司所有车间、部门的支撑，压缩机团队已经完成5台压缩机的整机生产任务，其中包括国内领先的高温堆大型氦回路氦气压缩机、高温堆燃料球输送用氦气压缩机，交出了一份令人满意的答卷。

5. 经营创新

上鼓公司提出要逐步转变经营模式，坚持从“单一制造”走向“制造+服务”，逐步做大做强服务业。公司成立了上鼓公司产品服务中心，主攻产品维修服务和备件生产销售，通过一年多的运行，销售收入已过亿元，成为上鼓公司又一个新的经济增长点。

三、加强管理，提高企业健康运行水平

1. 对标上市公司，努力缩小差距

企业业绩的好坏往往取决于管理是否到位，过去上鼓公司偏重于考核，但这是被动的。上鼓公司应该采取一种更为主动的方式，把领导“要我做”的思想，变为“我要做”的理念，注重领导班子思想意识的统一，注重干部队伍行为的规范，注重员工队伍敬业精神的培养。加强“讲政治、讲责任、讲执行、讲协助、讲学习；美化心灵、美化产品、美化环境、美化文化”等“五讲四美”的正面宣传。同时，加上严格考核，包括质量考核、安全生产考核、设备和现场管理考核、“责任加奖”考核、班组管理工作考核以及干部工作考核，提升了管理效果。

2. 注重各类成本费用的控制

进一步发挥“分供方管理办公室”作用，坚持采购、外协等环节一定要执行货比三家和价格审批手续，包括存货和废旧物资处理都实行招标，要求规范和完善内部审核制度。

同时，加强对“用户指定配套单位”的分析，采取应对措施，降低企业的支出。坚持以效益为中心，通过加强管理来提高效益。技术部门拟制了油站、执行器、电控箱、电动执行器、振动测量装置的选型配置要求，分供方办公室组织各配套厂报价后提供给销售业务员，改善了配套设备采购价格与风机合同中的分项报价倒挂的现象。

3. 注重上鼓公司的形象建设和管理提升

上鼓公司在短短两个月的时间内，对总装车间进行现场改造，最终获得上海市质量协会颁发的上海市现场管理“五星级”的荣誉称号；上鼓公司又开展了“中国机械管理进步示范企业”活动，对照示范企业评选标准，严格要求，不断改进企业管理，经过专家现场评审，通过了全国机械工业“管理进步示范企业”认证。实践证明，质量体系落地的现场星级管理和管理进步示范企业活动，对公司提升内部管理和现场管理起到了促进作用。

4. 注重应收账款的控制

2011 年，资金回笼的难度较 2010 年更为艰难，煤价的上涨和国家银根的紧缩使各电站的资金状况急剧紧张。为此，上鼓公司要求市场技术部门加强预判能力，提前与用户进行沟通；加大货款回笼的考核力度；提前做好回笼计划，积极组织催讨力量。全公司各部门积极配合，建立了处理影响回笼问题的快速通道，最终将应收账款控制在预算内。

5. 注重转变经营模式，提高企业盈利能力

努力跳出“红海”，进入“蓝海”，走一条高端发展之路。上鼓公司的经营目标是“科技高端的上鼓、优质规范的上鼓、整洁和谐的上鼓”，这是上鼓公司立足发展，不被淘汰的必由之路。上鼓公司积极探索“两头在内、中间在外”的经营策略，高端核心的设计、销售、制造、总装试车在厂内，低端加工充分利用社会资源，逐步向外扩散，降低了企业的运营成本，提高了企业的盈利能力。经过一年努力，已走出了一条可持续发展的道路。

四、以“实”为主，以“干”为主，不尚空谈，追求实效

上鼓公司是一个实体经济。实体经济，讲究的就是“实”，要“实干”，才会有实际效益。

2011 年是上鼓公司的“效益之年”，上鼓公司千方百计提高效益。根据“以收定支，量入为出，保证重点，兼顾一般”的原则，在加强货款资金回笼的同时，严格控制可控费用。但是材料、人工费用的不断大幅上升，影响了产品的毛利率，上鼓公司的盈利水平也面临巨大挑战。为了控制全年期间费用，上鼓公司加强了费用监控，对外协费、外包内做费、运输费、配套采购费加强核查，对通信费等报销制度进行了修订，使各项费用控制在合理范围内。全年管理费用、销售费用、财务费用均比上年有所下降。

组织扩大、考核及调整分供方队伍，为企业多争取效益。上鼓公司完善供应商导入与淘汰机制，按《供方选择管理规则》开发供应商，对供应商进行资格审查，2011 年共开发供应商 17 家。编制了《合格供方名录(采购件)》、《合格供方名录(外协件)》、《采购作业指导书》、《外协作业指导书》，有利于提高对外的管理水平。

五、以人为本，做好民生工程，创造和谐环境

完成了清洁生产中的高费项目“5 000kW 试车台位改造”工程，消除了登高作业的安全隐患，试车环境有了很大改善。为提高设备保障水平，更好地满足生产需要，上鼓公司对“精、大、稀、重”29 台复杂系数、自我维修费用高的设备进行外包维修、保养工作，实现了“让专业机构来做专业的事”。

2011 年，上鼓公司完成了总装车间工作场地的整修，新建了耐磨硬化工业地坪。改造了食堂，增添了空调；完成了公司所有厕所的修缮工作。组织全公司员工体检，支持各部门开展有意义的旅游活动，支持和组织家访及帮困助学活动，支持“党员岗位承诺”和党、团、工各种有益活动。落实完成集体合同的相关内容，依法保障职工的合法权益，努力营造和谐的企业氛围。

2012 年，上鼓公司将再度坚定发展信心，不断突破，争取新的业绩。

铸就精品　坚持走品牌建设之路

——山东海福德机械有限公司

2001年3月，山东海福德机械有限公司(以下简称海福德)选择了罗茨鼓风机这个陌生但是具有良好发展前景的产品，走上了一条艰辛创业的道路。

成立之初，国家经济体制改革不断深入，国民经济持续快速发展，鼓风机市场方兴未艾，供方市场的竞争并不算激烈。绝大多数厂家为国有企业，私营企业只有为数不多的几家，还没有形成气候。公司抓住这个历史机遇和难得的市场机会，毅然进入了鼓风机行业，依靠十几个人、几台老设备白手起家。

2002年，公司注册了"海福德"商标，开启了品牌兴企、品牌建设之路。在短短四五年的时间内，"海福德"从一个不知名的小品牌，逐步小有名气，并具有一定的市场知名度。海福德产品被越来越多的客户接受，公司成为当时国内发展速度较快、发展势头较猛、效益较好的几个新兴企业之一。

品牌就是企业的生命，品牌就是企业文化的精髓。海福德坚信品牌发展之路，坚持品牌建设为重，即使在价格战成为市场竞争的主要因素和竞争点，无序竞争阻碍了企业发展的时候，依然坚持以品牌建设为中心，理出了一条"通过不断引进人才、更新设备、技术进步、加强管理、提高产品性价比来发展企业"的发展道路。根据市场及企业的实际情况，制定了"集美聚善，成人达己，打造国内性价比第一品牌"的战略目标，以质量打市场、以信誉求发展、以品牌赢得客户。为此，公司紧紧围绕品牌建设开展了以下各项具体工作：

1. 人才建设方面

人力资源是企业的第一资源，人才是企业发展的基石。近几年来，公司大力引进和培养各类人才，以人品打造产品，以产品创造品牌。

公司以招收大学生为人才引进的主要工作，其中主要招收机械设计与制造专业的本科生，以增强企业的技术力量。大学生进入公司工作一段时间后，都被派往西安交通大学进修学习，已有多名大学生在技术设计、质量检验、物资采购等重要岗位上工作，成为公司的骨干力量。另外，公司还以重金聘请了具有专业特长或管理经验的专家级人才。公司全体人员的知识水平不断提高，年龄结构趋于合理，逐步完成了管理人员的新老交替，逐步打造了一支"充满激情、崇尚务实、敢为人先、智慧理性"的员工队伍，为制造优质产品夯实了知识基础，奠定了人才基础。

为进一步提升企业的人才实力和技术能力，公司与清华大学、山东大学、山东轻工业学院、山东理工大学、山东机械设计研究院、西安交大鼓风机研究所等国内多所大专院校、科研院所保持密切的业务关系，与各位专家教授、行业内的技术专家常年进行技术交流。

2. 设备更新方面

工欲善其事，必先利其器，没有好的加工设备就不可能生产出一流的产品。海福德深谙此理，自2007年来，相继投资数百万元购置了十几台具有国内先进水平的加工设备，如立式加工中心、双向数控曲面刨床、立式铣床、龙门铣床、龙门刨床、卧式镗床、数控车床、动平衡机等。设备更新后，原来由普通设备加工的零部件，尤其是风机机壳、墙板、叶轮三大部件全部实现了数控设备或专用设备加工，极大地提高了加工质量，为提升产品质量打下了良好的基础。

双向数控曲面刨床主要用来加工叶轮，叶轮装夹和分度是关键因素。设备投产后，改进了叶轮装夹方法，分度误差控制在0.02mm，有效保证了叶轮之间的配合间隙。

使用立式铣床、龙门铣床能够将墙板平面的加工由车削改为铣削，平面度达到0.02mm；可以加工40～400型甚至更大型机壳的两个端面，平面度均可达到0.02mm。

加工中心主要加工墙板轴承孔。采用了一面两孔定位方式，零件尺寸偏差只有0.02mm，有效保证了轴承孔的形位公差，减少了累计误差。

数控车床投入生产后，在加工小型风机零件或工艺复杂的零件上凸显作用。如加工密封轴套时，不但有效保证了加工精度，加工效率也比原来提高了一倍。

动平衡机主要检测叶轮的动态平衡，保证风机在运行过程中的平稳状态，减少磕碰，延长产品使用寿命。

3. 工艺改进方面

为进一步发挥新设备的作用，挖掘老设备的潜力，提高加工质量，公司不断改进生产工艺，修改操作规程，主要完成了以下工作：

完成工装设计十余项，如铣床加工墙板的夹具工装、加工中心加工轴承孔的工装、双向刨床加工50～200叶轮的工艺轴、数控龙门刨床加工250型以上叶轮的工装等。

完成工艺改进十余项，主要涉及叶轮、密封套、消声器等关键部件。

修订了部分生产工艺和操作规程，如喷漆修复工艺、铸件检验标准、叶轮热装温控标准、装配工序分开操作规程等。其中，调整叶轮热装轴工艺后，下轴温度由原来的600℃降到380℃，大大降低了温度过高对铸件性能造成的影响，提高了产品质量的稳定性。

经过设备更新、工艺改进，零部件加工和整机组装质量得到较大提升，风机间隙均匀，组装时几乎不用研磨，为叶轮互换创造了条件。试机时风机在运转中的磕碰现象大幅减少，风机噪声降低10dB，试机时间大幅减少。产品质量的提升，减少了电能消耗，大幅降低了售后服务费用，为公司带来较好的经济效益。

4. 技术创新方面

在日益激烈的市场竞争中，要保持企业长期立于不败之地，就要充分发挥企业的技术优势和品牌优势，在提高产品技术含量、研发新产品、提升产品档次上下功夫。近年来，海福德不断加强市场调研，在继续完善原有 HSR、MJ、MD 系列产品的基础上，以市场为导向，向高压力、大流量方向发展，开发了 HSG 系列、罗茨真空泵等新产品。几年来，公司研制了 HSR40、50C、200C、300C 型，MD80、200、250、400 型，MDK100 型，MJ150C、250 型，HSG150、200、250 型和 HSR250V 型负压风机等多个品种的新产品。其中，负压风机已经系列化，主要应用于污水处理、粮食加工、水泥、化工、电力等行业，极大地满足了客户需求，取得了良好的经济效益和社会效益。

5. 产品检验方面

公司加强了工序检验，绝不让一件不合格品流入下道工序。为提高检验的准确性，提升检验水平，公司聘请了专业量具师对所有量具进行日常检验、保养和维修，并且每年都由市质量技术监督局对量具进行现场检验，确保量具示值准确无误，保证产品各项质量指标达到国家标准或行业标准。当前，机加工工废率已从 0.37% 降至 0.21%，整机组装一次检验合格率从 98% 上升到 99.6%，整机入库合格率达到 100%，产品出厂合格率达到 100%，产品故障率也明显降低，客户满意度逐步提高。

6. 物资采购方面

质量从源头抓起，从原材料的质量抓起。为严把质量关，海福德在采购中坚持同等质量比价格、同等价格看质量、货比三家的工作原则，高标准、严要求，不断进行市场考查，选择质量更高的产品。如，铸件毛坯是产品的主要原材料，原来主要从本地进货，但毛坯质量难以达到企业战略发展要求，为此，公司开发了一家山东省 50 强、全国百强铸造企业为主要供应商，其生产的毛坯材质好、性能稳定，质量属国内一流水平，不但减少了不良产品的产生，而且提高了加工效率。此外，公司选用的轴承、齿轮、三角带等主要零部件都是国际或国内名牌产品，质量可靠，对稳定、提高风机质量起到了积极的作用。

7. 营销方面

公司在全国范围内设有 30 多个办事处，建立了完善的销售和服务网络，产品行销国内各省、市、自治区、直辖市，部分产品远销南美、非洲、东欧、东南亚等国家和地区。

近年来，原材料价格、人工成本、管理成本不断上涨，风机生产厂家越来越多，市场竞争越来越激烈，无序竞争加剧，导致产品销售价格不断下滑，企业发展难度加大。面对复杂多变的经营形势，海福德集中精力，密切关注市场、竞争对手的情况，适时做出反应。主要采取了以下措施：

（1）不断优化办事处设置。以末位淘汰为原则，每年成立新的办事处，每年对业务员进行调整，逐步建立起一支与公司同呼吸、共命运、能打硬仗的业务员队伍。

（2）扩大品牌宣传，提升企业形象。公司已经获得了山东省著名商标、山东省守合同重信用企业、济南市名牌产品、济南市级企业技术中心、济南市高新技术企业等称号，此外，公司还是中国通用机械工业协会风机分会会员单位、ISO 9001 质量管理体系认证单位、济南市环保产业营销联盟发起人单位。这些荣誉和资质的获得，极大地提升了公司形象。公司每年都积极参加在国内各大城市召开的产品订货会或展览会，增加与新老客户直接见面的机会，扩大企业的影响。加入了慧聪网、中国招标网、中国水泥网、中国面粉信息网、中国制粉网等相关专业网站，加大了网上宣传力度；保持与风机分会的密切关系，在《风机》、《风机技术》等风机行业权威杂志上刊登广告；在本地繁华地带做大型户外广告。利用电子商务和公司网站及时发布企业新闻、信息，开展百度搜索、谷歌排名等业务，便于客户找到公司，加强与客户的网上交流，直接扩大了网上交易量。公司还积极参加风机分会组织的各项活动。

（3）完善营销渠道建设。稳固传统的营销渠道。传统营销渠道包括办事处直销和代理商销售。办事处直销是指公司在全国各地设置的办事处直接与客户洽谈业务开展的销售活动，占总销售量的 90%；代理商销售是指由公司指定代理商开展的销售活动，其销售量所占份额较小。

建立新型营销渠道。新型营销渠道包括公司自己销售和网上销售。公司自己销售是指由公司自身（除业务员外）主动联系客户或由客户主动到公司联系的业务，网上销售是指由电子商务人员通过网络联系国内、国际客户开展的销售业务。这两种销售方式具有信息量大、成本低、联系方便、操作简便等特点，是公司近年来大力开拓的营销渠道，其销售量不断扩大，2012 年预计可占总销售的 10%。

（4）创新销售模式。办事处销售一直是公司的主要营销模式，现在全国各地已设有 30 多个办事处。但随着市场竞争日益加剧，这种营销模式显现不足：一是每个办事处的业务员对客户资源、客户信息的保密心理很强，公司很难对客户进行全面控制；二是业务员长年在外，每天接受大量外界信息，公司很难统一其思想，增加企业运营成本；三是区域划分的局限性，不利于优秀业务员能力的发挥。

公司积极探索多种营销模式，尽快形成“多条腿”走路和销售格局，提高公司对市场的把控能力。①开展企业自身销售模式。凡公司电子商务人员收集的信息尽量自己去做，凡找到公司的业务一律自己去做，加大自身寻找目标客户的力度，充分利用电子商务的优势，扩大企业的国际知名度，加强与国外客户的业务联系，提高销售量。这种营销模式对扩大产品销售起到了积极的作用。2011 年，国际销售业务已经取得突破性进展，产品成功销往南美、中亚、东南亚等地区，国内网上销售业务逐渐扩大。②开展品牌营销模式。品牌营销是指企业通过创造品牌价值，最终形成品牌效益的营销策略和过程。品牌不仅是企业、产品、服务的标识，更是反映企业综合实力和经营水平的无形资产，在市场竞争中具有举足轻重的地位和作用。对于一个企业而言，唯有运用品牌，操作品牌，才能赢得市场。积极开展品牌营销是企业的当务之急。

(5)调整产品价格，让利于客户。在成本压力不断上涨的情况下，公司始终追求客户价值最大化，坚持通过技术进步、提高工作效率、加强节能降耗等办法降低产品成本，提高产品性价比，挤出更多的利润空间让利于客户。

(6)扩大产品销售领域。产品主要销售领域曾是环保行业，最高时占到总销售量的80%以上。近年来海福德大力开发其他行业市场，成功与国内几所著名的水泥、粮食设计院建立了业务关系，水泥、粮食加工和矿山等领域的销量大幅提升，环保行业的销量已占总销量的50%。

(7)以大项目、大合同的招投标为切入点，大力提升销售业务。公司成立了"招投标管理小组"，由专人制作标书，营销、技术部门提供全过程指导服务。根据不同客户和对手情况，采取更加灵活的价格政策，2011年成功中标20万元以上的大合同30余份，合同金额达1 000万元。

(8)提高售后服务水平。售后服务是提升企业形象、加强品牌建设、促进产品销售的重要手段。公司从加强管理入手，对售后服务人员进行全过程监控、遥控指挥调度，并通过电话回访加强监督，服务态度和服务质量有了较大提高，客户满意度不断提高。

8. 企业管理方面

为不断提升企业管理水平，建设规范化、科学化、系统化的企业管理体系，公司不断派出各级人员到清华大学、山东大学、西安交通大学等国内一流的高等学府进修学习，并与国内著名的企业管理咨询公司——金蓝盟集团、聚成集团、宏道集团、长松集团、瀚文公司等建立了长久的合作关系。

早在2002年公司就通过了ISO 9001:2008国际质量管理体系的认证。为建立一套系统的管理体系，聘请了专业老师长期驻扎公司深入调研，对企业现状及问题进行归纳和梳理，编制了管理制度、程序文件、工艺标准等多个文件，建立了一套切合实际的管理体系，奠定了企业发展的基础。在日常管理中，海福德坚持贯彻"向善持续改进、向上永续发展"的发展理念，不失时机地开展"6S管理"、"二次创业"、"市场营销年"、"质量管理年"、"向先进学习"等各种活动，查找实际工作中存在的问题，认真分析原因，解决实际问题，持续提高企业管理水平。

比同行更快的学习、落实速度是形成企业竞争优势的重要手段。公司严格按照温总理提出的"出手快、出拳重、工作实、措施准"的工作原则，围绕提高产品质量、提高产品性价比、维护品牌生命力开展各项工作。通过坚持走质量创新、品牌创新之路，实现了两个转变：一是从出售单一产品向出售个性化的"海福德"牌三叶罗茨鼓风机及成套问题解决方案和系统服务转变；二是从产品营销向品牌营销转变，为客户提供更优质的产品和更满意的服务，努力打造国内一流的"海福德"品牌，实现百年企业的伟大目标。

牵手强大　共铸辉煌

——石家庄强大泵业集团有限责任公司

石家庄强大泵业集团有限责任公司是集科研、设计、制造于一体的渣浆泵、污水泵、挖泥泵、清水泵和石油化工用泵生产基地。集团下设11个子(分)公司，年生产能力13 000台(套)，主要为环境保护工程、污水处理、城市工厂给排水、各种水利工程、农田排灌、冶金、矿山、电力、煤炭、疏浚、石油化工、建材和火电烟气脱硫等企事业单位提供各种配套泵类产品与系统，同时，提供阀门、旋流器、控制柜等系列产品，产品以国产精品的形象畅销全国各地，主要产品的市场占有率居行业之首，国际市场的占有份额不断提升，产品已出口北美、南美、欧洲、非洲、东南亚、中亚、北亚、东亚和中东等地区的50多个国家。

公司1997年通过了华信技术检验有限公司、美国FM-RC公司的ISO 9001质量管理体系认证以及中国船级社船用泵产品型式认证，2009年1月成功通过质量、环保、安全三体系认证，2009年5月通过了GJB国军标质量保证体系认证；先后荣获部"科技先导示范企业"、"管理优秀企业"、全国机械工业10家"CAD"推广示范企业、"基础管理规范化企业"、"中国机械工业优秀企业"、"中国机械工业最具影响力品牌"、"中国机械行业最具创新力企业"、"中国机械工业创新产品"、"中国机械工业名优新产品"、"河北省质量效益先进企业"、"河北省质量月产品质量放心承诺单位"、"河北省用户满意产品"、"河北省名牌产品"、"河北省诚信企业"、"河北省明星企业"和河北省第五届"最具影响力企业"等称号，并入选"中国机械500强企业"。公司生产的SX单级双吸离心泵荣获"2006第三届国际流体机械展览会"金奖，VXL立时斜流泵荣获"2008第四届国际流体机械展览会"银奖，"KINGDA"牌KSH(L)型系列渣浆泵和61/67/68系列矿用潜水泵被中国通用机械工业协会泵业分会授予"2010年第五届中国国际流体机械展览奖"金奖。

2011年，公司积极拓宽市场，寻找新的突破点，抢抓机遇，真抓实干，通过以下方面的努力取得了一定的成绩。

一、生产精益求精

2011年，公司从生产各环节进行综合平衡。根据车间设备负荷情况，适当调整人员结构，提高工序能力，合理安排，均衡调度，及时调整，保证生产进度。适当调整安全库存点，关注安全库存量的保持与梳理，争取不漏不拖不丢项，并根据工作经验和实际运行情况，对 ERP 加以完善。转变调度工作观念和方法，制订调度工作要求。坚持调度日报制，真实具体反映项目执行情况，保证各节点各类问题有进度有措施有结果，严格对日报制度执行情况进行考核。调度节点控制逐步细化到工序。重视生产前准备工作，缩短不必要生产时间占用。项目调度按节点进行控制，要求技术人员全程跟踪，从模型准备开始，一直到产品定型，提前做好相关工作，要有计划、有实施措施、有过程控制、有反馈汇报。

二、营销系统不断完善

2011 年，面对复杂多变的国家经济形势和国际经济环境，营销系统加强了对各类营销信息收集、整理和分析，充分利用 CRM 系统进行信息传递、处理和项目跟踪，有力地支持了产品订货。2011 年，公司继续加大对河道疏浚、火电脱硫、煤炭、冶金和矿山等领域的开拓，使其在环保、冶金、矿山、疏浚领域上继续保持较大订货量。在海水淡化、核电、煤化工等新兴领域，加大了新产品的投入与应用，并取得突破，国内外订单近 4 亿元；订货与回款的大幅增长，体现了企业在新的市场环境下应变能力的增强，同时，也是回款系统在不断完善的情况下，严格落实回款措施、严细合同条款和严格管理流程的结果，更是广大营销人员克服阻力，努力拼搏的结果。

2011 年，公司出口工作取得了较大成绩，市场营销工作保持良好势头。在抓外贸方面，加大了与国际性工程公司、设计院、研究院的交流。继续加大与国际知名公司的合作力度，先后与几十家公司进行了多次商务洽谈，对公司疏浚泵、脱硫泵、渣浆泵以及备件大量进入国际市场起到了积极的促进作用。

三、加强科研攻关

公司 2011 年新产品开发计划共安排 55 项，实际完成 119 项，其中泵类产品开发 115 项，机械密封开发 4 项。全力推进换代渣浆泵和隔膜泵的开发，完成了换代渣浆泵方案设计及样机开发和 3 种新型隔膜泵的设计鉴定工作。2011 年，公司进行系列新型渣浆泵的开发，效率大大提高，寿命比国外渣浆泵显著提高，结构上比国外渣浆泵更加稳定可靠。公司研发的 TK1200 大型挖泥泵各项性能指标达到或超过国外水平，替代进口，节约外汇，提升了我国泵行业的产品结构。

科研技术方面，重点对公司泵用材料进行了深入研究，耐磨钢及各种泵用材料经过不断完善，其性能和产品质量技术指标已趋于稳定。大型疏浚泵叶轮用材料、大型疏浚用泵耐磨材料，在研究上均取得阶段性进展，为下一步实际应用打下基础。

四、落实制度管理

2011 年，在全公司范围内开展了企业达标工作，搜集确定国内同行业在质量、成本、交货期等方面的先进指标，完成公司达标指标的制定，通过管理下延将指标分解，落实到班组和个人。完善公司制度管理，加大考核力度。制订工作计划，组织检查组进行管理流程、办法和目标、重点工作的落实情况检查。对检查组出现的问题进行协调处理，保证检查工作顺利进行。组织完成管理下延、管理制度内审工作和持续改进、责任追究的检查工作。加强完善 ERP 系统功能，计算机管理又跃上新台阶。完善设备管理网络体系，修订设备管理标准，建立健全集团设备台账。加强能源消耗考核、监督和检查。

五、抓好质量建设

2011 年，公司通过华信技术检验有限公司对 Q/E/O 管理体系的监督审核，保持证书的有效性。组织并完成国军标质量管理体系的现场审核即换版审核工作。完成 2011 年 Q/E/O 管理体系内部审核计划的制定、实施。完成煤安认证 66 种新申办和续办产品的申报、技术审查和样品抽样的性能试验工作。完成 CE 认证及渣浆泵产品的焊接认证，为公司产品的出口创造了有利条件。完成日常公司产品船检认证的相关工作，确保公司船用泵产品的正常销售。

组织对相关管理人员进行新版“四合一”管理体系文件的培训，确保文件的贯彻执行。加强对相关人员过程空白点分析知识的培训。组织有关部门运用过程方法对产品实现各过程的输入进行空白点综合分析，并对发现的空白点进行补充、完善、整改及纠正预防措施的验证，确保体系运行的有效性。组织相关人员进行煤安知识、过程控制理论和方法、管理体系基础知识的培训、考试。组织开展广大员工参加的 QC 小组活动，选派优秀 QC 小组参加市里组织的优秀 QC 小组评选大会并获奖。组织开展“质量月”活动，增强了全体员工的质量意识。

在今后的发展中，公司将不断自我完善，不断创新工作思路和方法，高效运行，厚积薄发，实现企业的稳步发展。

布局“十二五”规划　深化转型谋发展

——上海凯泉泵业(集团)有限公司

上海凯泉泵业(集团)有限公司(以下简称凯泉集团)是集设计、生产、销售泵、给水设备及泵用控制设备于一体的大型综合性泵业公司，是中国泵行业的龙头企业。总资产达 25 亿元，在上海、浙江、河北、辽宁、安徽等省市拥有 7 家企业,5 个工业园区,总占地面积近 67 万 m^2,生产性建筑面积 35 万 m^2。凯泉集团获得了"上海市质量金奖""上海市私营企业百强第四名""上海市科技百强企业""上海市名牌产品""上海市著名商标""中国驰名商标""中国质量信用 AAA 级""全国合同信用等级 AAA 级企业""质量、信誉、服务三优企业""全国企业文化建设先进单位"等称号,"凯泉"商标被评为"中国最具竞争力的商品商标"。2011 年,凯泉集团入选全国机械 500 强,名列泵行业之首。

高端人才和高素质的员工队伍是凯泉发展的动力。集团现有员工 6 000 多人,80% 的员工具有大专以上学历,其中工程技术人员 750 多名,主要由全国知名水泵专家教授、博士硕士、中高级工程师构成,形成了具有创新思维的梯队人才结构。

科技创新是凯泉基业长青的生命之源。集团是上海市高新技术企业、上海市知识产权示范企业和上海市专利示范企业。拥有上海市级"企业技术中心",每年投入销售收入的 5% 用于技术创新和新产品研发。引进了世界先进的 CFD 流体力学专业内流场分析、CAE 有限元理论计算及 CIMATRON 三维 CAD、CAM、CAE、FMS 等研究设计软件系统。与上海交大、江苏大学等近十所高等院校和研究所建立了长期的战略合作关系,形成了以自主知识产权为核心的技术体系。拥有专利近 200 项(其中国家发明专利 5 项),全国建设行业科技成果推广项目 2 项,国家科学技术进步奖二等奖 1 项。

先进完备的研发制造装备体系是凯泉发展的强大保障。凯泉集团拥有力学研究室、水利研究室、材料应用研究室三个先进的基础研究室,建立了热冲击试验台、高精度闭式试验台、大型水利测试中心三个具有国内领先水平甚至达到世界先进水平的测试平台。同时,凯泉集团拥有国内最先进、最完备的制造装备体系,已装备 1 200 台(套)先进的生产和检测设备,其中进口设备 56 台、大型加工设备 240 台、数控加工设备 300 余台(套),如 WFT13 数控镗铣床、KTL－1600 数控立式车床、TK6916 数控镗铣加工中心、8m 数控立式车床、3 台数控龙门铣床、2 台 2.5m 数控立式车床、HD7VS 高速动平衡机等。为全面进军核电、火电用泵领域,凯泉集团投资 1.5 亿元,建造了建筑面积达 1 万 m^2 的重型车间,该车间厂房轨高 24m,配备了单钩起吊 150t 的桥式起重机,具备了核电主泵装配能力。投入 3 亿元从国外进口大批最先进的技术装备,如 Profimill4000/100－T 六轴五联动龙门镗铣加工中心、九轴五联动落地镗铣加工中心、AC46TM－4000 重型高精立式车铣中心、TRT314HS 六轴五联动加工中心、2.5m 重型高精立式车铣中心等,具备国际先进的加工制造能力,保障了核电、火电用泵等高端产品的品质。

创造客户价值,是凯泉不懈的追求。2011 年集团销售额近 30 亿元,超过行业第二名近一倍,连续九年名列全国泵行业销售额第一。集团非常注重服务与技术、服务与业务的结合,300 名技术支持工程师为客户提供专业的全方位的方案支持;运用先进的 ERP 系统和电子商务系统快速响应用户需求,全程控制订单执行流程。拥有覆盖全国的服务网络——32 个销售分公司、361 个办事处,实施"蓝色舰队"服务和 4 小时快速反应机制,随时响应客户需求。凯泉集团自始至终为客户着想,满足客户个性化的需求,打造性能可靠的泵业精品。

凯泉产品无处不在,并成为全国重点工程的典范。凯泉集团顺利通过了质量、环境、职业健康安全管理体系"三体系"认证和美国 RAB 多边国际认证。生产的产品涵盖建筑、市政、电力、石油、化工、矿山、核电数十个大类,近百个系列。如今,"凯泉"产品遍布南水北调工程、巴基斯坦恰希玛核电站、大唐宝鸡热电厂、魏桥长山电厂、北海电厂、黄岛油库、中石化天津 100 万 t 乙烯项目、淮北矿务局、首钢、酒泉卫星发射中心、世博园、浦东国际机场、上海磁悬浮、北京地铁等全国重点工程.

按照"2015 年实现年销售额突破 120 亿元,成为具有国际竞争力的跨国公司,进入世界泵业前十强"的发展战略,2012 年凯泉集团将进一步把握机遇、乘势而为、全面升级、转型发展。

"十二五"期间,随着国家提倡节能减排,淘汰落后产能,广泛应用节能技术,凯泉集团迎来了全新的市场机遇和挑战。用户对产品可靠性要求的提升,高效、高可靠性产品的竞争愈发激烈,对于企业创新和研发方面提出了更高的要求。为此,凯泉集团不断加大研发方面的投入力度。根据规划,2010～2013 年公司在研发经费方面的投入将超过 7 亿元,旨在通过开发具有自主知识产权的新产品以及对现有产品的升级,加强国际竞争力,逐步替代进口产品,开拓国内空白市场。凯泉集团通过不断改进现有产品性能,产品效率不断提高,单级泵、双吸泵等 23 个产品系列通过中标节能产品认证,成为首批节能达标企业。同时,在核电用泵、烟气脱硫泵等节能环保产品的自主国产化方面取得重大突破。2011 年,单级泵、双吸泵、脱硫泵、核泵等市场份额持续增长。凯泉集团注重节能环保,2007 年顺利通过 ISO 14000环境体系认证。

新能源相关技术的开发和应用是当前市场的一大热点。核电、蓄能电站、火电的大发展,为凯泉集团提供了巨大的市场机会。近年来,在国际金融危机和国内调整经济增长方式的大背景下,凯泉集团调整发展战略,不断调整产品结构、进行产品升级,从传统产品制造向三大化工用泵和电站(火电和核电)用泵等高端领域转型发展,先后投入 8 亿元用于以核电、大型火电用泵为核心的高端产品人才引进、技术研发、试验、试制和制造装备体系建设。

(1)引进技术领军人才、中高级技术人才 100 多名,年均成本 3 000 万元。

(2)投入 2.5 亿元组织 50 个重大新产品项目研发,其中 20 项为核电的二、三级用泵和核电常规岛的关键用泵;3 项为百万机组主用泵,部分替代进口产品;8 项为石化用泵,主要是管线输油泵、潜油泵等,用于替代进口的产品。

(3)投入1.5亿元用于研发设施建设。建设完善了力学研究室、水力研究室、材料应用研究室三个先进的基础技术研究室;建立了热冲击试验台、高精度闭式试验台、大型水泵测试台等三个国际领先的测试台,标志集团的水泵测试技术达到国际先进水平。

(4)投入2.5亿元装备了WFT13数控镗铣床、KTL-1600数控立式车床、TK6916数控镗铣加工中心、8m数控立式车床、3台数控龙门铣床、2台2.5m数控立式车床、HD7VS高速动平衡机等先进设备,并从国外引进了Profimill4000/100-T六轴五联动龙门镗铣加工中心、九轴五联动落地镗铣加工中心、AC46TM-4000重型高精立式车铣中心、TRT314HS六轴五联动加工中心、2.5m重型高精立式车铣中心等重大装备。

(5)2011年,凯泉集团成为全国首家获得核二、三级泵民用核安全机械设备设计/制造许可证的民营企业。

集团自主开发的1 000MW核电常规岛主给水泵(含前置泵)、1 000/660MW高压锅炉给水泵(含前置泵)、AP1000余热排出泵样机等顺利通过了中国机械工业联合会组织的专家评审鉴定,标志着凯泉集团在该类产品的研制和生产方面达到了国际先进水平。另外,消防泵、重要厂用水泵、安全壳喷淋泵、二代加余热排出泵、二代加核电站设备冷却水泵、循环水泵均已设计完成,经水力模型测试性能全部合格,并已完成工程样机。其中,化容补水泵、低压安注泵、二代加余热排出泵、凝结水泵等经测试性能超过国际先进水平。当前,一大批具有自主知识产权的重大新产品投入市场,在集团产品中的占比不断增大,切实提升了集团的综合市场竞争力。

随着我国城市化程度不断深入,保障和改善民生成为我国当今及今后一个时期财政工作的重中之重。与居民日常生活息息相关的供热、供水、建筑、水利等民生工程市场必将快速成长。“十二五”期间,全国水利建设总投资规模约2万亿元,其中中央投资1万亿元左右;2011~2015年,我国城市供水行业的投资需求为2 200亿元,污水处理行业的投资需求为7 000亿元,污水再生利用投资需求为300亿元;加上农村水资源治理,预计“十二五”期间,水务领域的投资规模将超过1万亿元。在这些领域,凯泉集团具有既有优势。在巩固原有市场的同时,凯泉集团将进一步加大供热、供水、建筑、水利用泵等方面的投入,不断加大研发设计、生产制造、销售服务的投入,在产品升级、转型发展的同时,进一步提升老产品及新产品的市场份额。

面向未来,凯泉集团把握机遇、乘势而为、全面升级、跨越发展,致力于核电、大型火电、石油化工、军工、海水淡化等领域的高端泵产品的国产化。“十二五”规划步入第二年,凯泉集团为实现2015年战略目标,将进一步加大技术创新力度,促进产品升级,实现转型发展,将上海凯泉建设为优势更加突出、特色更加鲜明、综合实力国内领先、具有国际一流竞争力的世界级中国泵企业,为中国泵工业的崛起,贡献自己的力量。

坚持科学发展 提高创新能力

——湖北省天门泵业有限公司

湖北省天门泵业有限公司始建于1954年,改制于1998年。公司把转变经济发展方式摆在突出位置,把保持经济平稳发展作为首要任务,把优化经济结构、提高自主创新能力作为转变经济发展方式的主攻方向和重点,瞄准“铸造国内一流品牌,建设行业领军企业”的发展目标,弘扬“诚信、敬业、创新、高效”的核心价值观,致力于研究开发高效、节能、环保、耐用的泵产品,为实现“打造一个规模化、专业化、国际化的泵制造企业”的愿景而不懈努力。公司是国内生产渣浆泵、化工泵、脱硫泵、多级泵的重点企业,现已成为国家高新技术企业、国家火炬计划重点高新技术企业、国家重点新产品制造企业、科技部、财政部创新基金项目企业、第四批全国企事业知识产权试点单位、ISO 9001质量认证和中国船级社质量认证企业、湖北省第十届“守合同重信用”企业和2010年湖北省“科技型中小企业创新奖”企业,是中国通用机械工业协会泵业分会成员单位。

一、依靠科技进步提高创新能力

高素质的人才队伍,是企业持续发展的基础。公司把依靠科技创新作为企业加快发展的第一要素。成立了新技术研发委员会,从大专院校聘请专家、教授加盟,组建了一支58人的科研队伍,引领企业创新。与华中科技大学、武汉工业学院、中船集团公司第708研究所等院校、科研单位加强技术合作,聘请硕士、博士、博导等专家20余人,先后引进水力机械制造专业大学生15人,已选派8名机械专业毕业的大学生到江苏理工大学参加半年和一年两种形式的流体机械研修班,选派2名热加工人员到武汉工业学院培训,以解决科研人员青黄不接的问题。此外,还招聘十余名水力机械制造专业工程技术人员,派往江苏理工大学和其他大学培训后,安排到天门泵业生产力促进中心工作,以保证科技创新的连续性。

公司不断运用高新技术改造传统产业,高新技术产品已取代传统产品占领市场制高点。与华中科技大学、武汉工业学院、中船集团公司第708研究所等开展广泛的科研合作,研发的多级泵、石油化工泵在油田使用中取得良好效果;研制的耐磨、耐蚀超低碳双相不锈钢,是船舶工业、泵阀行业的重要新材料；ZB型高效节能渣浆泵、渣浆压滤泵以环保、节能、高效、耐用成为用户首选产品。高新技术产品——渣浆泵广泛适用于冶金、矿山、石油、化工、煤炭、电力、建材、市政和环保等行业，畅销全国并出口加拿大、澳大利亚、越南、印度、伊朗、南非及南美等国家和地区。

针对国家急需的大重型渣浆泵依赖国外进口等问题，湖北省天门泵业有限公司与华中科技大学、武汉工业学院联合，实施了一系列泵类新产品科研项目：深化渣浆泵耐磨材料熔炼工艺研究、研制大重型渣浆泵、研究开发无堵塞环保杂质泵、研制卧式泡沫泵、开发大型橡胶脱硫泵。其中大重型渣浆泵、无堵塞环保杂质泵、卧式泡沫泵为国内首创。与中船集团公司第708研究所深化合作，在成功开发5 000kW喷水推进装置精密铸件的基础上，开发10 000kW喷水推进装置全套铸件，填补了国内空白。

二、依靠科技进步优化产业结构

提高经济质量是破解制约企业发展瓶颈的关键。公司对原有的几十种产品进行大刀阔斧的调整，按照泵行业产品发展趋势，保留了符合国家产业政策而有市场潜力的产品，将获得湖北省技术发明奖的高效、环保、节能、耐用产品渣浆压滤泵、ZB系列渣浆泵在产销总额中的比例提高到90%以上。

在加快发展的实践中，公司坚持走产学研结合之路，每年用于产学研的投入占销售收入的5%以上。

2003年以前，世界上没有专用的压滤机入料泵，只能用普通渣浆泵替代。但是普通渣浆泵结构不适应压滤机的要求，工作中泵的轴封处发生大量泄漏。为此，湖北省天门泵业有限公司发明了一种全新的渣浆泵，命名为渣浆压滤泵，彻底解决了压滤机入料泵的泄漏问题。2008年该产品获得国家知识产权局发明专利、实用新型专利和外观专利三项专利授权，获得天门市科技进步奖发明奖一等奖、湖北省技术发明奖，被科技部、环保部、商务部、国家质量监督检验检疫总局认定为国家级重点新产品。

ZB型高效节能渣浆泵是基础原材料采掘和环保供水工程必需的配套产品。根据中国通用机械行业协会泵业分会提供的资料，GDP每增长7%，泵类产品销售额增长23%。湖北省天门泵业有限公司与武汉工业学院、华中科技大学等单位合作，研制成功的新一代ZB型系列高效节能渣浆泵，整机效率提高10%左右，耐磨件使用寿命提高50%以上，每年可节电60 000～100 000kW·h，达到国内领先水平，可代替进口。

湖北省天门泵业有限公司自2007年始与中船集团公司第708研究所合作，发挥材料技术优势研制高功率船用喷水推进装置关键部件，其终端产品为导叶体等。产品应用于装甲车辆、船舶等重点装备，已完成多种型号喷水推进装置关键部件生产任务。2010年6月，高功率船用喷水推进装置关键部件导叶体被科技部、财政部批准为科技型中小企业技术创新基金项目。2011年9月，该项目在第七届中国湖北产学研合作项目洽谈会上获得“十一五”产学研用重大成果奖。同年，国内首创高功率船用喷水推进装置研制项目，被国家发改委列入国家重点支持的重大装备项目并获资金支持。2011年12月4日，由湖北省天门泵业有限公司承担的“喷水推进装置SS2377超低碳双相不锈钢精密铸件的研制”项目，在武汉通过国家级国防科技成果鉴定。鉴定委员会确认，项目成果达到国内领先水平，填补了国内空白。

这些产学研项目给公司带来了显著的经济效益，推动了发展方式的快速转变。

三、依靠科技进步在行业中领先

机械制造企业要确保长盛不衰，科技创新必须秉承一切以市场为导向的宗旨，不断满足客户提出的新要求。为加快新产品开发速度，公司积极参加各级政府组织的各种商贸洽谈会、博览会，主动与大专院校、科研单位开展技术对接，引进先进人才和先进技术。公司成立了天门泵业生产力促进中心，通过与大专院校、科研院所的合作，缩短了新产品开发周期，复杂产品的设计周期由原来的10周缩短到3周左右，简单产品1周内即可完成。通过增加研发投入，加大新产品、新技术开发力度，争取拥有更多的自主知识产权，公司的自主创新能力不断提高，并已形成良性循环。

一是传统产品创新。面对矿山资源开发集约化、集团化，公司立足现有渣浆泵产品，开发大功率、大口径渣浆泵占领市场；结合市场需求，研究开发新一代渣浆压滤泵，满足各种工矿用户的要求。

二是新型产品做精。从大专院校和科研单位引进技术人员完成全套全系列多级油泵的设计，开发高温硫酸泵、新型泡沫泵、浓浆泵、压滤机配用泵等新型产品。公司与高校合作采用最新材料配方及熔炼工艺，提高石化泵耐腐蚀、耐超高低温的性能，泵的实用寿命提高20%，效率达到国际先进水平，可替代进口。石化泵已取得中石化供应商的资格。

三是高端产品做强。公司与中船集团总公司第708研究所合作开发超低碳双相不锈钢产品，在成功开发5 000kW喷水推进装置铸件的基础上，全力推进10 000kW喷水推进装置铸件的研发和高新技术大型双相不锈钢、特种钢铸造基地（公司）组建，填补了国内空白。

公司已有授权专利和申请授权专利20项，4次获得湖北省科技进步奖，有1项国家重点新产品、3项湖北省自主创新产品、1项国防科研成果填补国内空白。DG型锅炉给水泵获得湖北省科技进步奖三等奖，离心式渣浆泵及其易损件材料的研究获得湖北省科技进步奖二等奖，渣浆压滤泵获得湖北省技术发明奖。

“十二五”期间，湖北省天门泵业有限公司用于科技创新和新产品开发的专项科研经费和技术改造投入资金将达到1亿元，新产品贡献率提高到95%以上。力争在“十二五”末，形成规格品种齐全，生产设施完备，初具规模的创新型泵业集团。

深化改革 奋勇前进

——唐山市水泵厂有限公司

走过了半个多世纪风雨历程的唐山市水泵厂，深化改革，锐意进取，坚持解放思想，转变观念，大胆实践合作合资、融资发展的新路，实现了与天地科技股份有限公司的收购重组，成立了唐山市水泵厂有限公司。如今，新的企业正以崭新的面貌，不断发展壮大。

天地科技股份有限公司隶属中国煤炭科工集团有限公司，是2000年3月由煤炭科学研究总院作为主发起人设立的股份有限公司。公司A股股票于2002年5月15日在上海证券交易所挂牌上市，股票代码：600582。

中国煤炭科工集团有限公司是经国务院批准，由中煤国际工程设计研究总院、煤炭科学研究总院于2008年6月合并组建，是国务院国有资产监督管理委员会直接监管的中央科技型企业。2008年12月31日，经国务院国资委批准，煤炭科学研究总院所持天地科技股份有限公司股份无偿划转到中国煤炭科工集团有限公司。

天地科技股份有限公司主营业务包括：矿山生产过程自动化、机械化、信息化设备开发、制造和系统集成，煤炭洗选设备开发、制造和选煤厂工程总承包；储装运快速定量装车成套装备及工程总承包，地下特殊施工技术开发和地下特殊工程施工承包；煤炭高效生产的技术服务、技术咨询和煤矿经营。

截至2011年底，公司有在职员工10 613人，其中各类专业技术人员2 974人；中国工程院院士1人；高级职称人员629人；中级职称人员930人；博士55人，硕士672人，本科2 231人。

公司自2000年成立以来，共取得科技成果325项，获得国家及省部级以上科技进步奖122项，专利195项（其中发明专利14项），软件著作权39项及专有技术500余项。

公司建立了规范的法人治理结构和科学的决策体系，进行了劳动、用工、人事制度改革，建立了适应公司发展的激励机制。公司于2001年通过了ISO 9001质量管理体系认证。

天地科技股份有限公司以控股收购的方式重组了唐山市水泵厂，成立了唐山市水泵厂有限公司。天地科技股份有限公司的介入，不但为新公司注入了资金，实现新公司的规范管理，更以其技术优势，文化的内涵为新公司注入巨大的活力，同时，以其在国内巨大影响为平台，为新公司今后的生产经营活动提供了广阔的空间。

唐山市水泵厂有限公司具有规范的公司制法人治理结构，其产品在原有市场领域不断扩大的同时，在煤炭行业已崭露头角，展现出良好的发展态势。

2011年，在新公司第一个完整的运营年实现工业总产值1亿元，营业收入9 500万元，利税800万元的佳绩。

2011年，新公司制定了详尽的战略发展规划。在充分客观分析当前市场以及竞争对手的前提下，本着实事求是的态度，利用总公司良好的科技、市场、管理和文化的影响，制定了宏伟的发展目标。公司内的各项管理工作扎实、规范、有序，预示着企业在今后的发展必将实现新的跨越，迈向新的高度。

“岁老根弥壮，阳骄叶更阴”，沐浴着深化改革春风的唐山市水泵厂有限公司，必将焕发青春，奋勇前进。

挺立潮头 做大做强

——武安市宏泰机械泵业有限公司

武安市宏泰机械泵业有限公司坐落在历史悠久、文化底蕴深厚、有蜚声海内外8 000多年历史的“磁山文化”遗址——全国百强县的河北省武安市

1940年抗日战争时期，武安市宏泰机械泵业有限公司始建于邢台市，1946年解放战争初期搬迁至武安，至今已跨越70个春秋。从诞生之日起，她伴随着人民解放的脚步和社会主义建设的步伐，实现了自己的成长与飞跃，从当年八路军创办的一个小小枪械修理所，如今已发展成为集科研、制造、经营与一体的中型企业，热油泵专业生产厂家。

武安市宏泰机械泵业有限公司现为中国通用机械工业协会泵业协会理事单位、河北省机械行业协会团体会员，中国机械工程学会工业炉分会热载体加热技术委员会秘书处单位等。

公司被称为武安工业界的常青树。近几年，公司先后被评为：河北省省级AAA级劳动关系和谐单位、河北省园林式单位、“AAA级商务信用等级”企业、A级纳税信用等级、年度先进科技型企业。公司的北辰牌商标被评为河北省著名商标，产品为河北省重点推荐品牌，热油泵产品被评为河

北省名牌产品，河北省中小企业名牌产品。5种型号的离心式热油泵被国家五部委认定为“国家级新产品”，获“邯郸市第一届市长质量提名奖”等称号。公司董事长王起明先后被国家人力资源和社会保障部、中国机械工业联合会授予“全国机械工业劳动模范”，被河北省委省政府授予“河北省创业功臣”称号。

公司现在占地面积超过7万 m^2，年产以热油泵为主的各类泵产品逾万台。是国内热油泵产品开发早、品种全、质量优的专业生产厂家。产品广泛应用于石油、纺织、印染、化工、油漆、涂料、筑路、纤维、添加剂、木材加工业、制药合成、冶金工业和食品加工等行业和领域。近年又向船用、太阳能、煤化工和原油输送延伸，在国家西气东输项目、太阳能利用项目中均有应用。

公司自1987年与化工部第一设计院联合开发出中国第一台热油泵，填补了国内同类泵产品的空白后，至今20多年，伴随着中国热载体技术的成熟和发展，围绕RY热油泵产品持续不断进行技术创新和开发，当前已拥有200多个规格的热油泵和公司研制开发的化工泵、煤焦化用泵、苯酐泵、磁力泵等其他系列产品投放市场，受到广大用户的青睐。

技术创新不停步，行业领先立潮头。公司始终致力于科技创新，先后与清华大学、中国农业大学、江苏大学、沈阳水泵研究所和合肥通用机械研究院等科研院所建立了长期的合作关系，常年聘请有关专家到公司授课并进行研发和技术指导，同时，选派部分优秀员工进入大专院校进行专项培训和深造。公司有雄厚的技术力量和产品研发团队，遵循研发一代，生产一代，储存一代的方针，采用计算机辅助CAD二维设计和三维实体设计，对产品进行实体模拟，仿真分析，使产品研发、改造的设计水平不断提高，科技含量不断增强，使热油泵研发、改进始终处于国内领先水平。

工欲善其事，必先利其器。为了给客户提供更优质的产品，为了确保零部件加工质量，公司近年将资源向设备和工装倾斜。投巨资对250台(套)铸造、车、铣、刨、磨等生产设备进行了大规模的购置和改造。使工装、设备配置更加科学合理。在加工过程中，对轴、轴体、泵盖和叶轮等主要部件全部采用数控化加工，最大限度地减少人为影响，保证工件精度要求。设备合理配置，使加工能力得到大幅度提高。满足了生产各种规格、型号泵类产品的数量和质量需要。

产品质量是参与市场竞争的基石，是企业发展的生命线。公司遵循“以诚为本，以质取胜，做强做大，追求卓越”的质量方针。已于1998年率先通过了中国船级社ISO 9001质量体系认证。多年来，严格按照体系标准运行，持续不断推进质量管理，树立品牌意识，争创名牌产品，使产品始终保持了旺盛的生命力。为了保证产品质量，公司严格控制整个生产过程，公司理化试验室，对铸钢、铸铁件和外购件按照标准，进行化学分析和物理性能试验。各工艺过程配备有400多件精密测量器具，有效地保证了制造过程的精度要求。公司建有河北南部自动化程度最高、检测数据最全的高标准试验室，对产品性能进行严格试验和检测，确保每台产品都能以可靠的质量投放市场。此外，公司大力实施质量兴企战略，建立健全全员培训制度，高层管理人员以身作则，不间断组织管理和一线工人进行素质培训、理论考试和技能比武。坚持开展质量标兵评选活动，营造出了人人重视质量、追求质量、关注质量的浓厚氛围。

秉承“既有好产品，又有好人品，更有好朋友”的经营方针，靠20多年的拼搏，与200多配套厂家及设计院建立了良好的合作关系，中国纺织设计研究院、中冶焦耐工程技术有限公司、中国天辰工程公司、中国建筑工程总公司、中铁十局集团有限公司、常州能源设备总厂、无锡锡能锅炉集团、河北艺能锅炉有限责任公司和吉林省东方热油炉制造有限责任公司等国内知名的设计院所和锅炉生产厂家。在全国具有完善的营销渠道，产品销售覆盖浙江、内蒙古、山西、广东和东北多个省市以及周边国家和地区。优质的产品、诚信的理念、完善的服务，使“宏泰”饮誉全国，走出国门。

回首过去，公司员工倍感光荣，展望未来，对创造宏泰百年基业充满信心。公司愿诚信待人，与国内外广大新老朋友精诚合作、共同发展。

公司决心把武安市宏泰机械泵业有限公司建成管理规范化，员工知识化，设备自动化，质量卓越化，环境公园化，责任社会化，全面均衡发展的科技型企业，在实现“做大做强”、铸就“百年宏泰”的道路上阔步前进。

紧贴经营管理做技术

——国茂减速机集团有限公司

国茂减速机集团有限公司(以下简称国茂集团)创建于1993年。经过近20年的努力，从最初年销售收入180万元、国内默默无闻的减速机小厂，发展成时下年生产销售减速机超20亿元、职工2 300余人、全国知名的国家级企业集团。

国茂集团的技术故事，如果用一句话来讲，就是“紧贴经营管理做技术”。也就是，在恰当的时候，用恰当的人员，做恰当的产品和技术。

那么，技术如何在经营管理下发挥作用呢？最重要的，就是看企业如何给产品进行定位。国茂集团把产品定位为产品品种、质量、成本三大类别。

一、产品品种

1. 新产品

2002 年之前，国茂集团只生产销售 B/X 系列摆线减速机单一产品，年销售 7 000 万元。但随后，根据市场形势变化和企业发展实力增强，集团董事长徐国忠先生及时分析、正确布局，果断投入大笔资金开发自身有能力、市场适销的新产品。先后成功开发生产了 Z 系列硬齿面减速机（JB/T 8853）、G 系列减速电机、DBY/DCY 系列圆锥圆柱齿轮减速器（JB/T 9002）、ZLYJ 挤出机减速机、PV 系列通用齿轮箱、GM 斜齿轮和锥齿轮减速器、GMC 系列紧凑型通用减速器、GX 系列行星减速器、MBY/JDX 系列边缘传动磨机减速机等。

这其中，有好几个系列产品的销量达到全国第一，年销售额数亿元以上。如 G 系列减速电机、Z 系列硬齿面减速机、ZLYJ 挤出机减速机等。经过近十年的努力，新产品已占国茂集团总销售额的 70% 左右，而且还在高速增长中。

2. 老产品

发展新产品的同时，在遵循“只要市场前景好就大力发展”的原则下，也不放松对老产品的不断升级。传统产品——摆线减速机的发展就是最好的例子。现在，国茂集团的摆线减速机年销售额近 7 亿元，已远远领先于国内同行。摆线减速机的快速健康发展，为国茂集团的整体持续发展打下了良好的基础。

3. 有所为有所不为

在新产品开发时，国茂集团做到了有所为有所不为，即开发适合市场、适合企业的新产品，不唯技术论，不盲目跟风，扎扎实实做好自己企业擅长的适销市场产品。产品的构成和研发进度，基本是和企业发展规模、发展进程相适应的。

二、质量和成本

质量和成本是相关联的。但是，客户需要的是高性价比产品，希望用较少的钱买到较好的产品。要满足这个条件，就要求企业在质量和成本上做好平衡选择。国茂集团的原则是，消除企业内各种不必要的浪费，尽量把成本用在提高产品质量上，让客户得到具有较高性价比的产品。

综合而言，近几年，国茂集团的产品质量越来越接近国外顶级产品水平，但在承载能力、外观、密封、噪声等方面还存在差距。产生此问题的原因是多方面的，如设计技术、制造技术、材料及热处理、质量管理等。在企业装备和国外同行基本没有差距、成本已经达到国外水平的条件下，管理的差距才是真正的差距。为了解决这个问题，国茂集团正在深入探索技术、生产、质量、成本等管理方面的新道路。

国茂集团已在武进高新区拥有全国最大的减速机和电机研发制造基地，并确定了“十二五”百亿元的新目标。今后四年，国茂集团的产品规划是：巩固和提高已有产品的质量；加大力度推介 PV、GM、GMC、GX、SZ 等系列产品；下半年启动 GMY 系列中心传动大型齿轮箱的制作；积极做好高精密传动的前期技术准备，因为高精密传动用于各种数控装置中，当前还是国外公司一统天下的局面；适度加大大、中型非标产品的设计制作力度，以此作为标准系列产品的补充，大、中型非标产品的销售额将占国茂集团年总销售额的 10% 左右。

可以相信，如果这些目标一一实现，国茂集团将更加辉煌！

筚路蓝缕　铸就辉煌

——开山集团

从低端制造，到高端制造，再到一流核心制造，开山集团让世界听到了“中国制造”的时代强音。

开山集团原是一家国有企业，它的前身是成立于 1956 年的衢州凿岩机厂，1994 年实行股份制改造，1998 年完成民营化改制，2001 年底正式组建开山集团。

进入 21 世纪，中国制造企业正在进行一场宏伟的“转型升级”革命。面对中国机械工业“高端失守，低端混战”的现状，曹克坚董事长以高屋建瓴的超前眼光，提出了对企业发展具有重大意义的“4211”战略，率先迈出了转型升级的步伐。短短十余年时间，开山集团已成为世界凿岩机制造领先企业，亚洲最大、世界第三的空气压缩机制造企业和中国最大的钻凿设备制造企业。矢志于自主创新的开山集团成为行业转型升级的先行者和佼佼者，从掌握核心技术，到掌握一流核心技术，不断打破跨国公司的垄断，实现了从“中国制造”到“中国创造”的完美蜕变！

今天的开山集团，已发展成为拥有 33 家成员公司，占地面积 66.7 万 m^2，总资产 56 亿多元，员工近 6 000 人，产品覆盖螺杆式空气压缩机、离心机式空气压缩机、气体（工艺）压缩机、冷煤螺杆压缩机、冷冻螺杆压缩机、螺杆膨胀动力机、螺杆真空泵、螺杆鼓风机、潜孔钻车、凿岩机组以及内燃机缸套、气动工具、橡塑制品、铸造、压力容器等 15 个系列 1 000多个品种的大型现代化企业集团。2008 年，开山集团获国内行业中第一个“中国驰名商标”，2009 年成为浙江省工业行业龙头骨干企业，2010 年跻身“中国机械工业百强”，2011 年名列中国机械工业百强企业第 78 位。此外，开山集团还先后获得国家重合同守信用单位、中国机械工业优秀企业、中国机械工业节能减排创新型企业、浙江省“双强百佳”先进党组织、浙江省先进基层党组织和浙江省最受尊敬企业等多项殊荣。

秉承"构建持续一流的创新能力、为用户创造价值、构建未来"的核心价值观和倡导发展绿色经济的经营理念，开山集团将"为民族工业造芯"、"为节约地球做贡献"作为企业的核心使命，多年来，坚持走自主创新的发展道路，通过引进海内外高端人才，抢占行业技术制高点，建立创新高地，完成了从"规模领先"到"技术领先"的华丽转身。当前，已在北美、上海、衢州建立了三大研发中心和企业研究院，拥有一支由世界顶级技术专家领衔的研发团队和技术先进、产业链完整的先进生产制造体系，推出了一大批拥有自主知识产权、国际领先水平的新产品。开发的螺杆压缩机能效水平已经取得了无可争辩的世界领先地位，从 18.5kW 到 355kW 全谱系达到国家节能标准，大多数都达到了 I 级能效水平，其中的 8 款产品已列入国家《节能机电设备产品推荐目录》，产品畅销国内 30 多个省市和世界 60 多个国家和地区，实现了从掌握核心技术到掌握一流核心技术的飞跃，开始与跨国公司同台竞技。

开山集团始终坚持以人为本的理念，在向员工提供优良工作和生活环境的同时，努力搭建广阔的职业发展平台，制订了一系列员工培训计划，与西安交通大学、合肥通用机械研究院、中国地质大学和衢州职业技术学院等共建校企合作基地，成立了"开山学院"和行业内首个空压机学校，通过"外引内练"，形成了一支高水平、高素质的技术、管理团队，努力打造创新型、学习型、充满凝聚力的和谐企业，为员工自我价值的实现创造条件。

开山集团在为社会提供产品和服务的同时，回报社会的脚步从未停息，努力承担社会责任。除了大力发展绿色经济、生产节能低碳产品、倡导清洁生产、保护生态环境外，还积极改善员工待遇，保护劳动者权益，成立开山员工保障基金、创立衢州市"优秀教研组长"教育基金和西安交大"开山压缩机"奖学金、支持浙江省"彩虹行为"、收购衢州桔农"爱心桔"、为地震和洪水灾区捐款捐物、与贫困村帮扶结对等，以实际行动践行着回报社会的诺言！

开山集团在创新与突破中厚积薄发，综合实力不断攀升，旗下的浙江凯文螺杆机械有限公司、上海维尔泰克螺杆机械有限公司为国家高新技术企业，浙江开山压缩机股份有限公司成功上市，销售收入从 2001 年的 2 亿元以下猛增至 2011 年的 42.8 亿元，实现利润 4 亿多元，上缴税金 2.3 亿多元，跻身中国装备制造业的排头兵，成为在海内外享有盛誉的知名企业。

筚路蓝缕，铸就辉煌。怀抱光荣与梦想的开山人，将继续加快前进的步伐，以专业、精细的文化素养为底蕴，在"五年一流、十年顶尖"的愿景鼓舞下，励精图治，继续谱写更加壮丽的新篇章！

再接再厉　为发展我国稀有气体事业再立新功

——上海启元空分技术发展股份有限公司

上海启元空分技术发展股份有限公司是一家以深冷技术为基础，自行设计、制造气体分离设备的专业公司，是上海市高新技术企业。公司拥有高纯氮精馏塔、透平膨胀机转子、静压切通气圆环气腔式轴承、全精馏制备纯氪和纯氙装置等 11 项授权发明专利、22 项实用新型专利以及 9 项软件著作权证书。

公司专长 170～1 500m^3/h 中小型空分设备的研制，可为用户"量身定制"不同性能和类型的空分设备。公司生产的高纯氮设备市场占有率名列前茅，载誉阿尔及利亚、巴基斯坦、印度等国家，成为我国玻璃行业浮法玻璃线出口的优选设备。随着富氧燃烧技术、全氧燃烧技术的推广，公司与时俱进，设计制造了新颖带压高纯氮同时生产不同压力氧气的空分设备，深获南玻、信义、洛玻、耀华、旗滨等公司的好评。公司率先在国内推出了以 1 000m^3/h 液氧为原料，提取 99.999 5% 高纯氪、99.999 5% 高纯氙的设备。公司为有色冶炼、煤化工行业提供更节能、更高效的低纯氧空分设备。

2010 年 7 月、10 月，上海启元空分技术发展股份有限公司与日照盈德气体有限公司分别签订了氪氙提取设备合同和氪氙充装系统合同，上海启元空分技术发展股份有限公司负责设计制造，日照盈德气体有限公司负责工程材料及安装，共同调试。2011 年 5 月 25 日分期交付完成，随即安装就位。9 月 9 日开始输入原料液氧，进行设备调试。现场色谱分析达标后，2011 年 11 月由上海计量测试技术研究院、华东国家计量测试中心和中国上海测试中心现场采样分析，出具了高纯氪检测报告和高纯氙检测报告，中国科学院上海科技查新咨询中心出具了查新咨询报告。2011 年 12 月 12 日，上海机械工程学会主持组织了 1 000m^3/h 液氧中提取高纯氪、高纯氙设备技术鉴定会，来自宝钢、首钢等一批拥有大型和超大型空分的企业，法液空、普莱克斯、梅塞尔等跨国气体公司及媒体单位的 50 多位代表参加。由高等院校教授、用户专家、业内专家组成的技术鉴定专家组一致认为，该设备为具有自主知识产权的国内首套产品，其技术水平达到国内领先，国际先进。

1 000m^3/h 液氧中提取高纯氪、高纯氙设备具有以下特点：

(1)该设备以 1 000m^3/h 液氧为原料，从液氧中提取了 90% 以上的氪氙，再经低温精馏成 99.999 5% 的高纯氪产品和99.999 5%的高纯氙产品。液氧经贫氪塔预浓缩氪氙后，990m³/h左右的气氧返回用户氧气管道。设备引入的压力氮气，用于吸附再生、仪表气以及各精馏塔冷凝蒸发器的热源，氮气经冷凝成液氮回注到用户液氮贮槽里。全套设备资源循环使用，冷量充分回收，是一套名副其实的低耗节能，长期连续运转的设备。

(2)液氧中提取高纯氪、高纯氙设备开辟了无需对主空分冷箱改造，从液氧中提取生产高纯氪、高纯氙新途径。对已有贫氪氙塔的空分设备具有更高的经济价值，增强了配置灵活性。既能充分发挥已有空分设备的潜力，提高综合利用能力，又保证了主空分设备的稳定安全运行。

(3)设备流程组织合理先进，填料型精馏塔效率高，调节范围大，自控方便。在调试中，各关键节点的各项物流参数比国外引进设备更快地达到设计值。调试过程仅用两个月，氪气超过99.999 5% Kr，优于GB/T 5829—2006《氪气》标准中高纯氪指标；氙气超过99.999 5% Xe，优于GB/T 5828—2006《氙气》标准中高纯氙一等品指标，产品直接从冷箱低温精馏后产出，大大缩短和简化了流程。

(4)该设备采用的在液氧中清除氧化亚氮、二氧化碳技术，高温氧化反应清除碳氢化合物技术，低温精馏法清除液氧中氟化物技术，清除氪氙浓缩物中放射性元素氡的技术，根据温度微调精馏工况的自控技术，开、停车置换分馏塔的氪氙回收技术等均具有自主知识产权，拥有4项发明专利和7项实用新型专利。

(5)设备选用了世界一流的配套设备：Sulzer填料，Cryostar的离心泵、活塞泵，Samson小流量调节阀，Bestobell截止阀，RockWood安全阀，Honeywell的DCS系统，Gow - Mac气相色谱仪以及Servomex多模块气体分析仪等一批国际知名品牌产品，在配套件中充分发挥"多国"先进产品作用，保证了调试质量，使主机达到世界先进水平。

高纯氪、高纯氙提取设备的研发成功，使拥有大型、超大型空分设备和大型液氧贮槽的企业有了国产设备生产高纯氪、高纯氙的可能。被称作"黄金气体"的高纯氪、高纯氙将得到更广泛的应用。氪气充填灯管优于目前的氩气，提高了发光效率；中、高档轿车前大灯采用氙气灯已成趋势，因为氙气灯比卤素灯高三倍光照强度，能耗却仅为其2/3；同时，氙气灯与日光相近的光色，为驾驶创造更佳视觉效果。填充氪气的双层或多层中空玻璃窗，其窗户的绝热效果更好。室内采暖、空调制冷更节省，窗户上能量损失占建筑能耗的37.5%，使用充填氪气的中空玻璃窗是建筑节能主要方向之一（使用充氪的中空玻璃欧盟已成为强制性标准）。2007年，松下、富士通、日立用于PDP等离子显示屏应用氙气达到750m³，氙气蚀刻工艺用于制造超级芯片，2008年世界氙气产量的30%用于蚀刻工艺；氙气除了用于CAT扫描、MRI成像等外，也是最安全的人体麻醉剂，具有诱导快、苏醒快而毒副作用小的优良特性，成为高危病人、孕妇、心脏病人和老年病人的理想麻醉剂。氙气密度约是空气密度的4.5倍，用于卫星发射的离子发动机和离子推进器，进行轨道位置调整和控制。氪氙的应用又促进了氪氙设备的研发和进步。今后，30 000m³/h以上大型空分装置都应考虑粗氪氙回收装置，为氪氙提取设备连续生产创造条件，提高氪氙装置的提取率；革除化学法脱除甲烷等碳氢化合物的工艺，实现全精馏提取纯氪纯氙；在大型和超大型空分设备上提取粗氪氙液，再集中到全国几个精制中心，把采集到的99.9%的氪氙原料气精制成99.999 5%以上高纯氪、高纯氙，以充分利用资源节约投资，降低生产成本，把"小、精、全"的氪氙生产模式转变成"大、精、全"氪氙生产模式。

上海启元空分技术发展股份有限公司将继续发扬"敢为天下先"的拼搏精神，再接再厉，开发高纯氖和高纯氦提取设备，为我国稀有气体事业的发展再立新功。

〔撰稿人：上海启元空分技术发展股份有限公司沈锒〕

全面自主创新　勇创国际一流

——杭州兴源过滤科技股份有限公司

杭州兴源过滤科技股份有限公司（原名杭州兴源过滤机有限公司，以下简称兴源过滤）成立于1992年，是一家依靠科技创新发展起来的专业压滤机制造商、集成商和服务商。2004年10月兴源过滤开始资本重组，借助并购重组实现体制创新和结构治理优化，进而进行技术创新、团队创新、管理创新和文化创新，实施知识产权战略、品牌战略和标准化战略。在产品、场地、设备、人员、资金等基本资源要素没有显著增加的情况下，经过资源整合和全面自主创新实践，兴源过滤从2004年亏损20多万元面临倒闭的企业，一跃成为我国压滤机行业的技术领跑者，企业核心竞争力快速提升，并步入快速发展的良性轨道，2011年完成销售收入31 240万元，上缴税金近1 852万元，实现税后利润4 634万元，成功实现了就地转身、转型升级，形成了颇受各界关注的"兴源现象"。2011年9月27日，位居全国压滤机行业第三、市场占有率不足6%的兴源过滤在深圳创业板成功挂牌上市，成为中国压滤机行业首家上市公司。本文就兴源过滤技术创新、市场推广、知识产权保护和品牌培育作较为系统阐述，希望对中小企业自主创新驱动企业发展有所启发。

一、技术创新模式

作为我国压滤机技术的领跑者，兴源过滤实施“大型化、自动化、专业化、系统化”的技术创新战略，凭借“大型化、自动化”避开同压滤机生产小企业的低水平、低价格竞争，凭借“专业化、系统化”避开与北方大企业的竞争。近年来，兴源过滤不断提升企业的自主创新能力和核心竞争力，相继开发了全自动啤酒麦汁压滤机、全自动悬梁式隔膜压滤机、全自动油脂分提隔膜压滤机、全自动海藻胶隔膜压滤机、全自动快开式隔膜压滤机和污泥深度脱水干化一体机等专业化产品，技术水平达国际先进或国内领先，荣获省部级科技奖励8项，在多个细分市场领域市场占有率第一，取得了良好的经济效益和社会效益。其中，全自动啤酒麦汁压滤机及其污泥深度脱水干化一体机的创新思路和创新路径颇具代表意义。

1. 全自动啤酒麦汁压滤机研发和市场推广

全自动啤酒麦汁压滤机针对啤酒糖化的麦汁过滤工艺，进行创新研究和设计，成为传统麦汁过滤槽的有力替代产品，实现麦汁过滤快速、高效、节能、高质量、全自动，具有过滤速度快、减少麦汁氧化、麦汁浊度低、收得率高等特点，还能提高辅料比例，节省原料成本。在国际上首次采用聚丙烯整体式隔膜滤板用于麦汁过滤，优于比利时莫拉公司麦汁压滤机组装结构橡胶隔膜滤板，居国际先进水平。该产品是啤酒行业麦汁传统过滤工艺的一场技术革命，为糖化车间扩产提供了全新的解决方案。全自动啤酒麦汁压滤机在麦汁过滤方面已成为国内市场第一品牌、国际知名品牌，已批量进入全球最大的啤酒制造商——百威英博集团，进入中国最知名啤酒企业——青岛啤酒股份有限公司，进入中国最大的啤酒生产企业——华润雪花啤酒（中国）有限公司，订单总额超亿元。巴西英博啤酒现场见图1。

图1 巴西英博啤酒现场

“兴源”麦汁压滤机从产学研合作、产品试制、关键人才引进、组建事业部、重点客户的开拓到实现国内第一品牌、国际知名品牌，用了5年时间。兴源过滤从门外汉到最具竞争力的啤酒麦汁压滤机供应商和服务商，较为完整地诠释了自主创新过程：

2005年初，兴源过滤与浙江大学化工机械研究所签署技术开发合同，开展麦汁过滤工艺基础实验研究；2005年10月，兴源过滤与河南漯河奥克啤酒公司签署了麦汁压滤机试制合同，并于2006年4月成功试运行，使兴源过滤在啤酒行业业绩实现“零的突破”。

2006年，兴源过滤引进麦汁压滤机项目关键人才，并从公司内部选拔优秀员工成立专门团队，加快麦汁压滤机项目的产业化进程，显著提高了麦汁压滤机在啤酒行业的竞争实力。

2007年，产品进入世界最大的啤酒企业百威英博集团——平阳英博双鹿啤酒有限公司，并开始批量进入青岛啤酒股份有限公司、华润雪花啤酒（中国）有限公司等知名啤酒厂商。

2010年，产品出口达500万美元，跃居国际啤酒麦汁压滤机竞争实力首位。兴源过滤与国际先进水平麦汁压滤机制造商主要技术指标对比见表1。

表1 兴源过滤与国际先进水平麦汁压滤机制造商主要技术指标对比

莫拉麦汁压滤机指标	兴源麦汁压滤机指标	指标赶超情况
压滤机隔膜滤板采用橡胶隔膜	压滤机隔膜滤板采用聚丙烯隔膜	超过
隔膜滤板采用组装结构	隔膜滤板采用整体熔焊结构	超过
压滤机必须满足最高14批/天、不低于12批/天生产能力的要求	压滤机可以满足最高14批/天、不低于12批/天生产能力的要求	达到
过滤机所要求的谷物粉碎度与锤式粉碎机的粉碎度匹配	压滤机所要求的谷物粉碎度与锤式粉碎机的粉碎度匹配	达到
麦糟收集器、麦糟螺旋及出糟吹气系统可满足每天生产12～14批次的要求	麦糟收集器、麦糟螺旋及出糟吹气系统可满足每天生产12～14批次的要求	达到
投料量能灵活控制	投料量能灵活控制	达到
过滤浊度≤30EBC，麦汁吸氧≤0.2×10^{-6}，洗糟残糖浓度≤1.0°P	过滤后的麦汁平均浊度≤20EBC，麦汁吸氧≤0.2×10^{-6}，洗糟残糖浓度≤1.0°P	超过
大麦芽与实验室100%相同或更高的收得率	大麦芽与实验室100%或更高的收得率	达到
洗糟水温能自动调节	洗糟水温自动调节	达到
出糟速度必须满足14批/天的要求	出糟速度可达到14批/天	达到

在技术创新的同时，兴源过滤注重项目立项、专利申请、标准采用和申报科技奖项：

该项目被列为2007年国家火炬计划、2007年杭州市技术创新项目、2008年浙江省高技术产业发展项目，获2009~2010年度中国食品工业协会科学技术奖一等奖、2011年浙江省科学技术奖三等奖。

该产品被认定为2008年浙江省工业新产品、2007年国内装备制造业重点领域首台（套）重大产品、2007年浙江省装备制造业重点领域首台（套）产品。

获得国家授权专利20件，其中发明专利5件。

2010年取得实质性采用国际先进标准证书。

2. 污泥深度脱水干化一体机研发和市场推广

2010年11月26日，国家环境保护部发布《关于加强城镇污水处理厂污泥污染防治工作的通知》，要求新建、改建和扩建的污水处理厂，污泥处理设施应与污水处理设施同时运行，目前不具备污泥处理能力的，应在该通知发布之日起2年内建成并运行污泥处理设施。污水处理厂以贮存（即不处理处置）为目的将污泥运出厂界的，必须将污泥脱水至含水率50%以下。这标志着以污水处理厂污泥处理为突破口，我国对高效污泥处理设备的使用，开始从政策指导阶段向强制要求使用阶段过渡。

近年来，兴源过滤重点进行了污泥处理技术研究。针对不同污泥性质和后处理处置要求，利用过滤板、隔膜板和滤布组成的过滤单元，在液压缸压紧滤板的条件下，用进料泵压力对污泥进行一次脱水，并在进泥结束后，采用隔膜压榨技术对泥饼进行压榨，显著提高了压滤机脱水效率。脱水后，污泥含水率可以达到40%~58%，处于国际先进水平，实现了污泥机械脱水技术重大突破，解决了污泥处理处置行业中的重大、关键、共性问题，满足现阶段对污泥填埋、土地利用、建筑材料综合利用和焚烧等处置的基本要求，也满足国家对污泥处理处置的政策需求，是把污泥直接深度脱水至含水率60%以下的首选装备。

污泥深度脱水干化一体机已批量进入厦门水务集团下属多个污水处理厂、昆山市自来水集团有限公司、无锡国联华光电站工程有限公司、佛山汾江河道环境疏浚及底泥处置工程、金东纸业（江苏）股份有限公司等城镇污泥、自来水污泥、疏浚污泥、工业污泥的深度脱水工程，在全国范围内建成了多个污泥处理处置示范工程。

（1）厦门水务集团多个污水处理厂——脱水污泥用于填埋，部分园林绿化。从2009年5月开始，厦门水务集团有限公司批量购买全自动高压隔膜压滤机，用于下属的石渭头污水处理厂、筼筜污水处理厂、杏林污水处理厂和集美污水处理厂，用于取代原先使用的进口离心机，以最小的成本降低滤饼含水率。厦门水务集团有限公司某污水处理厂现场见图2。

图2 厦门水务集团有限公司某污水处理厂现场

（2）佛山汾江河疏浚淤泥脱水工程——脱水污泥用作土地回填。2009年6月开始，兴源过滤与浙江疏浚工程有限公司共同合作对河道疏浚淤泥深度脱水进行中试，取得成功。2009年12月，兴源过滤与浙江疏浚工程有限公司共同合作实施的佛山汾江河道环境疏浚及底泥处置工程的疏浚淤泥深度高效脱水固化系统投入正常运行，使我国在疏浚淤泥处理处置技术上获得重大突破，结束了疏浚淤泥只能依靠自然干化的历史。

佛山汾江河道环境疏浚及底泥处置工程由三台XMZG800/2000-UK污泥深度脱水干化一体机及其干泥输送系统等组成。经脱水后滤饼成块状，过滤水较清澈，可以直接排入河道。成块状的脱水干泥见图3。较清澈的过滤水见图4。

图3 成块状的脱水干泥

图4 较清澈的过滤水

(3)上海市白龙港污泥深度脱水工程(脱水污泥用于填埋,远期制砖)。上海市白龙港污水处理厂位于上海浦东合庆镇,是亚洲最大规模的世纪环保项目,总投资22.22亿元,占地面积120万m^2(相当于40个足球场大小),日处理污水200万t,远期增加到280万t。上海白龙港污泥脱水是上海市政府的应急工程,要把带式压滤机脱水后的污泥含水率降低到60%以下,是隔膜压滤机替代带式压滤机的典型案例。上海白龙港污泥深度脱水工程现场见图5。

图5　上海白龙港污泥深度脱水工程现场

除上述的污泥处理处置示范工程外,兴源过滤的污泥深度脱水干化一体机还应用于:昆山自来水集团有限公司(自来水排泥),浙江捷丰环保技术工程有限公司(脱水污泥用作制砖),国家“863”项目(水热预干化—高压隔膜压滤脱水—热解/焚烧示范工程)、浙江清园生态热电有限公司、无锡惠联热电有限公司、常州广泰环保科技有限公司、常州广安环保科技有限公司、金东纸业(江苏)股份有限公司、华新水泥股份有限公司等工程(脱水污泥用作焚烧),大庆市政污泥处理项目、银川市政污泥处理项目(脱水污泥用作堆肥)。

基于技术水平和市场前景,污泥深度脱水干化一体机相关技术被列入多个科技计划项目,并获得了较大的政府补助。污泥深度脱水干化一体机技术立项情况见表2。

表2　污泥深度脱水干化一体机技术立项情况

计划名称	项目名称	立项部门	立项时间
国家高技术研究发展计划(“863”计划)	城市污泥高效脱水关键设备和工艺研发及示范	科技部	2010年
水利部水利先进实用技术指导目录产品	疏浚淤泥深度脱水固化一体机	水利部科技推广中心	2010年
国家火炬计划	污泥深度脱水干化一体机	科技部火炬中心	2011年
浙江省加快发展装备制造业重点领域首台(套)产品	XMZG污泥深度脱水干化一体机	浙江省经济和信息化委员会	2011年
杭州市重大科技创新项目	典型污水处理厂污泥处理处置技术研发与应用	杭州市科技局	2011年
杭州市海洋经济发展引导资金资助项目	海水淡化污泥深度脱水系统	杭州市发展和改革委员会	2010年
杭州市适度发展新型重化项目	城市污泥深度脱水干化一体机	杭州市经济和信息化委员会	2009年

另外,兴源过滤充分利用杭州市院士专家工作站平台开展高端产学研合作,与中科院生态环境研究中心等单位开展污泥处理处置研究,就虚拟制造技术、高分子材料技术和污泥预处理技术等方面与院士及其工作团队寻求合作。2011年,就“典型污水处理厂污泥处理处置及除臭技术研发”开展合作,研制污泥高效浓缩药剂、高效污泥除臭控制工艺,目前,项目进展良好。

二、知识产权保护模式

兴源过滤已建立了包括专利、商标、专有技术、装备技术、著作权等在内的较为完善的企业知识产权体系。截至2011年底,兴源过滤拥有有效发明专利37件、实用新型专利100多件、外观设计专利4件,其知识产权工作在国内分离机械行业处于领先地位。专利在知识产权保护体系中处于极其重要的地位:

第一,专利是企业创新能力的重要指标,尤其是发明专利。如在高新技术企业“核心自主知识产权”评价指标中,明确要求三年有6项实用新型专利授权或1项发明专利授权。

第二,在研发中心、技术中心、创新型企业、科技奖励和荣誉申报等评价指标中,专利尤其是发明专利均是重要指标。

第三,便于申报项目。在申报政府支持资助的项目中,一般都要求具有自主知识产权,而专利权是具有自主知识产权的最好依据。客户招标也越来越重视产品是否有专利权。

第四,保护自身免遭知识产权诉讼。

第五,打击竞争对手或在竞争中获得优势。

在“技术专利化”的同时,兴源过滤也获得了很多荣誉:杭州市专利示范企业、浙江省第一批专利示范企业、全国企事业知识产权试点单位、全国第一批知识产权管理标准贯标试点企业。这些荣誉的取得,充分显示了政府对兴源过滤知识产权工作的肯定。

三、品牌培育模式

兴源过滤实施以“产品质量、标准和服务”为核心的三维品牌战略体系。

品牌培育的基础是产品质量。兴源过滤坚持“兴于品质,源于科技”的经营理念,实施技术和质量“双轮驱动”战术。除了坚持搞好技术创新以外,兴源过滤狠抓质量保证体系建设,建立了较为完善管理体系。已通过 ISO 14001 环境管理体系、ISO 9001 质量管理体系、ISO 1002 计量检测体系以及标准化良好行为和 CE 认证，并实施了“6S“现场管理，

实施“专利标准化”标准发展战略，主导制定行业标准，积极参与国家标准的制定，增强企业在市场上的话语权，提高品牌的美誉度、知名度和影响力。

不断完善对内、对外服务体系。在对内服务上，以兴源过滤利益为最大利益，上游工序为下游工序服务，为下一个班组、车间、部门提供合格的实体和程序；在对外服务上，关注焦点不仅仅集中于客户，还有供应商、服务商、行业机构、政府机关及社会，全方位培育公司品牌。

科技创新是开拓市场和提高市场占有率的前提，知识产权和品牌是开拓市场的基础，开拓市场是全面自主创新的目的，这个有机体共同推动了兴源过滤快速、持续、健康的发展。依靠科技创新，兴源过滤逐渐确立了在国内压滤机行业的领先地位，成为了压滤机行业的技术领跑者和新应用市场的开拓者，勇创国际一流。“百尺竿头，更进一步”，兴源过滤已开始了新的征程，创新致远，立百年“兴源”。

实施品牌战略　培育企业优势

——开封黄河空分集团有限公司

开封黄河空分集团有限公司（以下简称黄河空分）是我国气体分离设备行业中自主设计、制造成套空分设备的重点骨干企业，是国家高新技术企业。

在国家发展民营经济政策的指引下，黄河空分积极面对市场，实实在在做事，实施品牌战略，培育企业优势，走具有黄河空分特色的发展道路，公司综合素质不断提高，在较短的时期内实现了跨越式发展。

企业综合实力不断攀升。资产规模从 2003 年约 300 万元发展到 2011 年的 4.6 亿元，工业总产值从 2003 年约3 000 万元发展到 2011 年的 8 亿元。

跻身高新技术企业行列。黄河空分作为开封市民营企业的首批代表，已进入国家高新技术企业行列。

市场占有率逐年提高。公司研发的 300 多套空分设备全部成功投运，产品遍布国内冶金、石油石化、化工化肥、煤化工、建材等领域，并出口尼日利亚和乌兹别克斯坦等国家。

技术创新增强了企业核心竞争力。公司已经形成了具有黄河空分特色的分馏塔制造工艺以及全精馏制氩技术，并且拥有双层主冷空分装置、双金属接头、高效节能塔、压缩机内翅片管换热器、新型管件轧槽机、透平膨胀机密封结构、可调式偏心可倾瓦瓦块、大翼 T 型固定环等 23 项国家发明专利和实用新型专利。

工程技术队伍逐步壮大。公司拥有享受国务院津贴的专家，不断聚集具有博士、硕士学位的人才，员工队伍中具有大专以上学历的占 50% 以上。

拥有各项国家级资质证书。黄河空分拥有国家质量监督检验检疫总局颁发的 A2 级压力容器设计许可证和制造许可证以及 GC 类压力管道设计许可证、GC2 级压力管道安装改造维修许可证。

技术研发能力不断增强。公司创业初期只能制造小型空分设备，当前已经具备了研发 5 万 m^3/h 等级特大型空分装置的能力，并将技术研发扩展到了新能源和煤化工领域。

质量管理进一步完善。黄河空分通过了 GB/T 19001—2008 质量管理体系认证，建立了全面质量管理体系和质量控制网络，开展了全面质量管理活动。

优质空分产品层出不穷。黄河空分研发的空分设备具有鲜明的技术特色：32 000m^3/h 空分设备集高新技术之大成，28 000m^3/h 空分设备创国产化率最高纪录，15 000m^3/h 系列全精馏制氩空分设备荣获河南省高新技术产品证书，12 000m^3/h 空分设备创氩提取率最高水平，6 500m^3/h 空分氩产品数量多、质量优。

“回头客”用户不断扩大。黄河空分的国内“回头客”用户已达到近 30 家，其中以江阴华西气体有限公司为代表、拥有黄河空分 6 套以上空分设备的“回头客”用户已经达到 6 家。

一、黄河品牌，要做最好

要想在激烈的市场竞争中持续、稳定、健康发展，必须不断提升企业的整体素质，认真实施品牌战略。董事长张西成说：“‘黄河品牌，要做最好’应该成为黄河空分企业文化的核心。要把这一理念贯彻到企业各项工作中，并以这一理念激发员工奋发进取，为打造‘黄河空分’品牌努力工作。”

在实施品牌战略的进程中，黄河空分坚持技术创新、流程先进、质量过硬、产品一流的原则，在提高企业素质上做文章。经过多年的努力，逐步形成了黄河空分的五大优势：

1. 在技术创新上做文章，努力提高企业核心竞争力

黄河空分把技术创新作为企业发展的源动力，成立了黄河空分设计研究院和制造工艺研究中心。拥有工程技术人员 100 多人，具有博士、硕士学位的人才及享受国务院津贴的专家不断加盟黄河空分技术团队。公司不断加大对技术研发的投入，为推动技术创新、技术进步创造了条件。当前，公司已经获得 23 项国家发明专利和实用新型技术专利，大大提高了企业的核心竞争力。

2. 在制氩优势上下功夫，以制氩技术赢得市场

黄河空分将具有行业一流水平的新技术、新工艺应用于产品设计和制造中，形成了具有黄河空分特色的分馏塔制造工艺以及全精馏制氩技术和十大系列制氩产品。由黄河空分研制的带氩空分设备处于行业领先水平，研制的带氩空分设备全部调试出氩产品，满足了用户的需求。其中，为江阴华西气体有限公司研制的12 000m³/h空分设备氩气提取率高达84%，具有当前国内外同类产品最好水平，成为黄河空分系列带氩空分装置成功投运的典范。用户称赞黄河空分“优秀品质，用户放心，制氩技术，国内一流”，这是对黄河空分制氩产品的客观评价。

3. 在节能优势上做文章，产品节能指标行业领先

在空分设备的研发过程中，黄河空分高度重视空分装置的节能减排效果。董事长张西成要求：创“黄河空分”品牌，要在确保设备安全、可靠运行的基础上，把节能降耗作为重点。在节能技术上必须先人一步，逐步形成了黄河空分产品的节能优势。

为提高产品的节能效果，公司在技术研发、设备制造上投入了大量人力、物力和财力，研发出7种制氮流程节能空分和高效节能精馏塔，为空分设备的节能、安全、稳定运行奠定了基础。经市场调查，黄河空分采用节能新工艺研制的成套空分装置，单位能耗平均低于行业指标3～5个百分点。以一套10 000m³/h空分设备计算，一年可节约用电逾170万kW·h，为用户带来了实实在在的效益。黄河空分产品以其节能、低耗的优势备受用户青睐，新产品在富氧喷煤炼铁、有色金属冶炼、部分煤化工领域得到广泛应用。

4. 在质量优势上做文章，300余套空分产品没有质量遗留问题

黄河空分的质量信念是：在任何时候、任何情况下都把产品质量放在第一位，把质量视为企业的生命，确保出厂产品“零缺陷”。公司建立了严格的质量保证体系和质量控制网络，开展了全面质量管理活动，强化了制造工艺研究和现场质量管理。设计制造的300余套空分装置开车成功率达100%，没有质量遗留问题。这些优良业绩使黄河空分的产品在市场上享有良好的声誉。

5. 在区段优势上做文章，努力把特定区段的产品做成行业最好

“4 500～40 000m³/h空分的特定区段内把产品的技术、质量、性能做成行业最好”是黄河空分产品的市场定位。多年来，黄河空分挖掘潜力，苦练内功，提高素质，增强实力，朝着这一目标不断前进。如今，黄河空分设计制造的最大规格的35 000m³/h空分装置已经开车成功，国产化率最高的28 000m³/h内压缩流程空分装置已稳定运行3年，氩提取率最高的12 000m³/h空分设备一直保持优良状态，大型空分技术储备达到了53 000m³/h等级。黄河空分市场形象不断提升，市场占有率逐年提高。在区段优势上做文章，努力把特定区段的产品做成行业最好，这一目标正在变为现实。

黄河空分逐步确立的五大优势，在市场上得到了印证，“黄河”品牌被越来越多的用户认可。张西成董事长自豪地讲：“我们的研发能力和核心竞争力不断增强，我们的用户在扩大，回头客在增加，这说明我们的产品质量是过硬的，是经得起市场检验的。”

二、面对市场，彰显特色

企业的发展离不开科学技术的支撑。为发挥技术进步对企业发展的强大推动力，公司把技术研发与新产品开发紧密结合，使研发成果尽快转化为生产力。面对市场和用户需求，“黄河空分”品牌正彰显自身的技术特色。

黄河空分内压缩流程空分技术已经成熟，成功应用在3万m³/h等级大型空分装置研制上。2008年，黄河空分为华盛江泉管业有限公司提供的内压缩流程28 000m³/h空分设备国产化率达97%；2011年3月，该公司又一次在内压缩流程的35 000m³/h大型空分设备项目上选择了黄河空分产品，当前已投入运行。

多种新型节能制氮工艺流程的开发，可更好地满足用户的需求。黄河空分按照用户不同需求和不同的地理环境条件进行针对性设计，采取不同的工艺流程，进一步挖掘了设备的节能潜力，逐步形成了具有黄河空分特色的高纯氮系列产品，已先后为石化、玻璃、橡胶、建筑板材、多晶硅、有机硅、碳纤维等行业提供20余套节能型高纯氮设备。

为了满足市场对高炉富氧喷煤、有色金属冶炼、富氧造气的需求，黄河空分成功研发了用于高炉富氧炼铁的新流程空分设备投放市场。当前，该项技术专利已获国家批准。

黄河空分在霸州新利钢厂兴建的32 000m³/h大型空分设备采用一系列新技术、新工艺，大大降低了能耗，设备整体节能指标比国内同类空分产品降低5%左右。

离心式空气压缩机和活塞式氧氮压缩机是黄河空分的重要产品。公司在压缩机设计、制造、装配、现场安装等方面有着丰富的经验。长期的运行表明，公司为用户提供的离心式空气压缩机和活塞式氧氮压缩机运行稳定、节能可靠，各项技术性能指标达到行业先进水平。

三、产品转型，持续发展

企业要生存和发展，必须适应新形势的变化，调整产品结构，转变发展方式。近些年，随着我国经济的发展和国际油价的攀升，国内对天然气的需求不断增长，供需矛盾日益突出，为新能源行业带来了无限商机。黄河空分经市场调查认为，依靠自身的技术和制造实力，完全可以在新能源领域有所建树，使之成为企业新的经济增长点。

从2009年开始，黄河空分在吸取发达国家利用沼气提取天然气经验的基础上，组织技术骨干进行沼气净化、提纯技术的研究，并逐步完成了“利用沼气提取生物天然气”的工艺流程设计和设备制造工艺的研究，同时积极开拓“利用沼气提取生物天然气”的市场。

2010年，黄河空分承接了河南洛阳某公司20 000m³/d利用沼气提取生物天然气项目。该项目属于国家可再生能源“十一五”规划示范项目，是科技部“十一五”科技支撑计

划的重点项目的技术提升环节，也是黄河空分研发的首套利用沼气提取生物天然气的成套装置。2010 年 12 月，该项目沼气分离纯化工程一次试车成功，黄河空分在新能源设备研制方面有了新的突破。2011 年，黄河空分与郑州大学、中原石油设计院等单位联合设计建设的河南某公司 100 000m^3/d利用沼气提取生物天然气项目建成投产。

黄河空分集团利用沼气提取生物天然气的技术特点是：原料气经过去除固体杂质，再经压缩机压缩至一定压力范围，然后进行干法脱硫，再经过吸收塔进行喷淋水洗等程序，最后进行吸附干燥脱水，获得生物天然气，产品气达到国家标准《车用压缩天然气》的要求。该技术工艺流程先进、设备运行可靠、对环境无污染、经济高效，市场发展前景可观。黄河空分“利用沼气提取生物天然气技术”已申报国家专利。

为了加快科技成果的转化与产业化，黄河空分成立了新能源公司，并积极拓展市场。黄河空分将为发展绿色能源、缓解许多地区的能源紧张、造福社会做出新的贡献。

四、黄河未来，充满希望

黄河空分从无到有、从小到大、从弱到强，依靠技术进步取得不凡的业绩。企业先后荣膺“开封市优秀民营企业”“改革开放 30 年功勋企业”“开封市企业 50 强”“工业强市科技创新先进企业”称号，董事长张西成多次荣获开封市“工业强市优秀企业家”“改革开放三十年功勋企业家”“优秀中国特色社会主义事业建设者”等称号。然而黄河空分没有陶醉在已有的业绩上，面对激烈的市场竞争，董事长张西成考虑更多的是企业的未来。

“十二五”期间，我国经济的发展将给空分行业带来新的发展机遇，以新能源为代表的新兴产业也将有广阔的发展空间。面对未来，张西成董事长和公司高管层对黄河空分提出了新的发展思路和目标：

一是继续做好空分主业。黄河空分要把现有 3 万 m^3/h 等级以下的空分设备做精，在行业中把区段产品做得更好，使企业成为国内大中型空分设备生产基地。

二是积极研发大型空分。力争用三年时间，实现 4 万 m^3/h 等级空分设备业绩，并向 5 万 m^3/h、6 万 m^3/h 等级的空分设备进军，跻身国内具有特大型空分设备研制能力的企业行列。

三是调整产品结构，寻求新的经济增长点。首先，充分利用黄河空分的制造、技术、管理优势，积极发展工业气体营销产业，力争在一年之内做成两家以上气体运营公司，将黄河空分的气体产品推向市场。其次，积极开发新能源产业，努力在生物能源设备研发、市场开发方面取得重大突破，使之成为黄河空分新的经济增长点。

四是加强与科研院校、科研机构、优势企业间的合作，聚集新的合作伙伴，积极寻找适合共同发展的新产业和新项目，拓宽企业发展空间。

发于溪流而容纳百川，汇于江河而奔腾不息，归于大海而胸襟天下。在创黄河空分品牌的道路上，黄河空分员工追求的是“要做就做最好，品质决定未来”。相信，执着的追求和不懈的努力会使黄河空分集团拥有更加灿烂的明天！

铸阀业巨子　创民族品牌

——良精集团有限公司

良精集团有限公司是一家集阀门设计、铸造、生产、销售为一体的阀门行业龙头企业，是阀门行业的首家无区域集团。

近年来，良精集团有限公司始终围绕“转型、升级”的时代基调，着力科技创新，运用崭新的工业理念和强大的技术力量，调整产品结构和增长方式，推进精品战略，并且以多元化助力集团更好、更快发展，努力为我国民族工业贡献力量。

一、科技创新，推进企业精品战略

良精集团有限公司以振兴民族工业为己任，勇于开拓，大胆创新，推进精品战略，“良精”品牌已成功跻身中国十大阀门知名品牌之列。

良精集团有限公司注册资金 1.5 亿元，占地面积 10 万 m^2，建筑面积 8.2 万 m^2，使用包括进口检测装置在内的 240 余台先进生产、加工、检测设备。公司现有员工 766 人，包括技术人员 347 人，其中，中高级以上职称管理和技术人员 117 人，中高级人才占员工近半数。

以完善的软硬件为坚实基础，良精集团有限公司秉承“科学技术是第一生产力”为企业发展第一要素，加大对人才梯队的培养建设。加大研发的投入，以全年销售总额的 5% 作为企业的研发基金，全力打造企业的核心竞争力。良精集团有限公司获得了“国家高新技术企业”、“浙江省著名商标”和“浙江省名牌产品”等一系列荣誉，不仅是对企业科技创新工作的肯定，同时也成为公司坚持走科技创新的动力。

二、多元化发展，加快企业转型升级

良精集团有限公司作为一家成长型企业，围绕“转型、升级”的企业发展主方向，在做好传统产业发展升级的同时，运用多元化，加快企业转型升级。

自创办以来，历经 14 年的发展，良精集团有限公司逐渐成长为一家泵阀制造、水务处理、光伏太阳能、风电设备制造、船舶设备铸造、手机触控玻璃和房地产开发等领域的大型集团公司。公司旗下拥有良精集团阀门有限公司、南京蓝深制泵集团有限公司、南京中创水务集团有限公司、东泰投资有限公司、温州良精环保管阀有限公司、浙江嘉良科技有限公司、浙江良精新能源股份有限公司和江苏扬远船舶设备铸造有限公司等企业，集团总资产超10亿元。

三、科学管理，提供更好服务

在使用先进设备，储备高技能人才的同时，良精集团有限公司运用科学的管理理念和高效的管理方法，提升企业综合竞争力和知名度。

良精集团有限公司在合同管理、产品质量控制体系、仓储等方面采用ERP综合管理系统，使出厂产品严格按国标、行标、美标、英标和日标等标准检验与试验，达到“0”泄漏要求。产品结构先进，制作工艺精湛，规格齐全，使用可靠，得到了客户的广泛认同。在市场营销上，根据自身品牌优势，通过有效的市场资源整合，逐步形成公司国内销售部、市场营销部、外贸销售部多层次、多方位的销售模式，提高企业知名度和企业销售额，更好地实现了与客户的和谐共赢。

四、坚持以人为本，强调企业与员工共同发展

人才是企业发展的第一资源要素，良精集团有限公司始终着力于探索企业与员工共同发展的道路，以“变革、创新、诚信、责任”为核心价值观，力求员工个人和企业的全面发展。良精集团有限公司每年投入一定资金，举办职前培训、岗位技能培训、管理技能培训、市场营销培训等，帮助员工更好地掌握知识和技能，提高自身能力和市场竞争力，为帮助企业向科技型、创新型企业迈进奠定了坚实的基础。

良精集团有限公司坚持以“扬长避短，以长补短；活用人才，用活人才”的用人方式，“品行于良 质存于精”的企业理念，以“和谐 务实 进取 求新”的企业精神，争创管理一流、人才一流、技术一流、服务一流的世界知名综合性大型集团企业。

五、参与公益事业，履行社会职责

良精集团有限公司积极参与新农村建设和社会公益事业，关爱员工和弱势群体，面对各种自然灾害，热心帮助受灾地区。每年都为贫困学子助学、扶贫、支援灾区等公益事业捐款捐物，并且对结对扶助的贫困乡村采取安置劳动力就业和改造基础设施等方式进行帮扶，受到政府和社会各界的赞誉。农业部乡镇企业局为表彰集团在反哺农业，回报农民、建设新农村中做出的突出贡献，特授予良精集团有限公司“全国新农村建设百强示范企业”的殊荣。

近两年，良精集团有限公司在上级领导的关怀和支持下，取得了长足的进步。良精人将继续秉承“品行于良，质存于精”的企业理念，努力拼搏，锐意进取，为振兴中华民族工业而奋斗。

以数据说话，通过数据了解行业和企业，使您能更好地把握今天，规划明天

Speaking by data, understanding trades and enterprises through data, enabling you to better master today and plan for tomorrow

统计资料

2011 年中国通用机械工业协会泵业分会会员单位经济指标

序号	企业名称	工业总产值（万元）	工业增加值（万元）	从业人员平均人数（人）	年末资产总额（万元）	主营业务收入（万元）	主营业务成本（万元）
1	沈鼓集团核电泵业有限公司	59 559	11 188	525	135 648	61 842	51 158
2	大耐泵业有限公司	63 452	18 362	1 031	78 827	62 470	41 441
3	大连深蓝泵业有限公司	46 495	13 022	743	51 662	33 803	22 738
4	海城三鱼泵业有限公司	30 429	6 989	1 008	17 786	27 647	21 931
5	辽宁恒星泵业有限公司	11 277	4 898	269	12 493	9 297	6 917
6	本溪水泵有限责任公司	6 693	1 950	608	14 274	6 667	4 296
7	沈阳沈泵泵业制造有限公司	844	250	80	2 430	1 044	573
8	大连佳特联轴器有限公司	3 651	1 402	129	7 133	3 651	2 190
9	丹东克隆集团有限责任公司	45 750	23 792	478	78 161	47 283	24 500
10	沈阳工业泵制造厂有限公司	1 828	428	50	2 163	1 563	1 373
11	沈阳第一水泵有限责任公司	4 228	429	115	7 434	3 642	2 749
12	沈阳第三水泵有限公司	860	352	60	1 756	790	622
13	沈阳启源工业泵制造有限公司	22 932	7 249	200	10 155	21 338	19 577
14	中国有色(沈阳)泵业有限公司	49 179	10 772	186	86 840	46 464	38 472
15	埃梯梯水与污水处理系统(沈阳)有限公司	29 000	7 304	160	23 153	25 196	22 465
16	盖州水泵厂	1 456	258	40	3 677	1 456	1 167
17	大连四方电泵有限公司	8 800	1 697	215	11 916	8 700	7 239
18	锦州市劲弓泵业有限责任公司	1 300	647	100	741	830	697
19	兴城市水泵制造有限公司	5 900	1 421	100	5 880	5 830	4 824
20	东港市水泵厂	310	110	40	489	310	237
21	长春水泵制造有限公司	2 480	505	72	5 344	2 272	1 709
22	鹤岗市斯达排沙潜水泵有限公司	5 004	1 752	129	6 184	3 731	1 987
23	沈阳工业泵制造有限公司	14 500	4 800	170	17 745	13 904	12 018
24	沈阳电站泵制造厂有限公司	274	54	30	234	274	255
25	辽源泵业有限责任公司	13 074	5 473	380	9 788	5 448	2 690
26	天津泵业机械集团有限公司	21 743	9 317	573	26 328	24 278	14 640
27	石家庄强大泵业集团有限责任公司	25 667	6 843	1 465	89 934	30 342	18 271
28	唐山市水泵厂	8 605	2 284	424	9 120	8 302	6 207
29	河北恒盛泵业股份有限公司	11 749	5 706	457	9 593	12 638	10 525
30	北京第二水泵厂有限公司	1 100	272	91	1 820	1 210	902
31	北京金龙泉泵业有限公司	1 106	180	38	2 562	1 143	839
32	威乐(中国)水泵系统有限公司	44 289	1 798	400	48 848	70 109	47 444

（续）

序号	企业名称	工业总产值（万元）	工业增加值（万元）	从业人员平均人数（人）	年末资产总额（万元）	主营业务收入（万元）	主营业务成本（万元）
33	天津水利电力机电研究所	1 865	680	59	3 282	1 665	972
34	石家庄工业泵厂有限公司	47 007	14 232	1 112	37 239	51 070	41 334
35	武安市宏泰机械泵业有限公司	4 691	1 648	182	5 562	3 156	2 302
36	河北安吉宏业机械股份有限公司	33 524	12 242	1 600	26 786	31 588	29 768
37	河北省邢台水泵厂	702	292	43	694	642	468
38	保定水泵厂	247	76	89	1 415	249	139
39	邯郸祯源工业水泵制造有限公司	920	250	123	772	780	670
40	阳泉水泵厂有限责任公司	5 090	1 897	741	18 244	5 251	3 677
41	河北博龙泵业有限公司	18 526	5 723	580	11 673	17 507	13 005
42	西安泵阀总厂	23 723	4 744	546	45 156	20 472	13 125
43	宝鸡航天动力泵有限公司	9 332	1 053	365	16 553	10 556	8 169
44	陕西扶龙机电制造有限公司	8 580	3 792	213	4 846	3 943	3 655
45	兰州水泵总厂	7 540	2 262	359	14 173	6 545	5 613
46	新疆新标紧固件泵业有限责任公司	4 151	869	188	6 456	7 527	6 111
47	新疆潜水泵厂	575	256	120	3 998	603	495
48	上海东方泵业(集团)有限公司	210 514	51 998	2 750	69 808	191 169	128 322
49	上海凯士比泵有限公司	93 821	23 244	874	119 063	89 335	66 079
50	上海水泵制造有限公司	18 157	4 104	309	40 083	15 809	12 857
51	上海凯泉泵业(集团)有限公司	287 026	77 176	6 257	247 328	264 814	188 019
52	上海电力修造总厂有限公司	98 021	19 766	537	97 667	95 496	75 690
53	上海上泵(集团)有限公司	38 600	9 210	553	33 332	39 423	34 120
54	上海华联泵业有限公司	9 866	2 851	185	7 523	8 032	5 610
55	上海熊猫机械(集团)有限公司	151 315	37 568	2 113	158 531	158 128	71 369
56	上海莲盛泵业制造有限公司	16 600	3 650	322	18 083	14 938	10 861
57	上海连成(集团)有限公司	183 849	45 291	3 268	98 234	175 497	161 118
58	上海第一水泵厂有限公司	9 617	2 199	219	7 516	9 476	7 245
59	丰球集团有限公司	130 258	28 035	610	160 177	140 398	116 168
60	南方泵业股份有限公司	86 587	21 635	1 256	110 918	86 082	58 467
61	嘉利特荏原泵业有限公司	32 947	12 021	364	41 505	32 022	20 838
62	浙江山河实业有限公司	18 589	4 791	643	32 155	18 411	14 580
63	杭州大路实业有限公司	15 292	5 683	406	33 271	15 941	10 203
64	杭州大潮石化设备有限公司	5 961	1 682	208	2 434	5 961	4 851
65	杭州振兴工业泵制造有限公司	5 477	1 514	130	3 272	5 224	4 003
66	杭州斯莱特泵业有限公司	7 985	1 736	161	12 862	7 715	6 212
67	浙江真空设备集团有限公司	12 542	4 588	488	16 582	10 825	7 421
68	浙江水泵总厂有限公司	6 724	2 017	149	18 793	6 574	3 645
69	浙江新界泵业股份有限公司	77 519	17 286	1 918	103 914	76 451	60 704
70	浙江东航消防泵业有限公司	1 968	578	106	1 866	2 144	1 693

（续）

序号	企业名称	工业总产值（万元）	工业增加值（万元）	从业人员平均人数（人）	年末资产总额（万元）	主营业务收入（万元）	主营业务成本（万元）
71	台州新宏基泵业有限责任公司	2 528	608	106	2 234	2 450	2 108
72	浙江太平洋泵业制造有限公司	5 156	1 289	112	9 087	5 152	4 355
73	浙江利欧股份有限公司	119 308	26 876	2 521	145 843	115 393	93 867
74	宣达实业集团有限公司	34 916	7 980	434	31 418	34 002	27 926
75	中泉集团有限公司	18 328	4 915	258	37 780	18 328	15 448
76	君禾泵业股份有限公司	40 319	8 324	800	30 293	36 214	29 948
77	温州市天成密封件制造有限公司	6 600	1 881	280	2 404	6 477	5 107
78	上海福思特流体机械有限公司	4 300	985	188	4 179	4 515	4 030
79	浙江大江山泵阀制造有限公司	16 000	3 934	230	11 803	13 197	10 203
80	东台市兴达机械密封件厂	1 056	363	45	1 055	1 056	906
81	上海康大泵业制造有限公司	13 351	2 880	146	8 189	10 099	8 163
82	上海阿波罗机械股份有限公司	19 737	6 402	331	34 659	19 558	11 269
83	上海工业泵制造有限公司	2 150	839	87	5 815	1 948	1 165
84	上海深井泵厂有限公司	4 398	1 316	69	3 807	4 597	3 922
85	上海山川泵业制造有限公司	4 492	1 626	74	5 659	4 471	3 380
86	上海申工泵业制造有限公司	726	313	65	1 229	724	618
87	上海电气压缩机泵业有限公司	43 434	10 810	584	49 370	48 869	43 260
88	杭州碱泵有限公司	16 071	4 185	278	10 529	15 359	11 052
89	上海乐合流体机械有限公司	4 000	2 000	70	6 800	3 500	2 500
90	山东博泵科技股份有限公司	103 487	34 151	1 165	80 206	106 028	82 575
91	山东华成集团有限公司	80 838	24 251	1 390	137 628	74 068	63 510
92	山东长志泵业有限公司	61 458	17 737	935	53 570	55 292	45 063
93	山东双轮股份有限公司	57 666	17 504	945	58 950	45 844	31 868
94	山东同泰集团股份有限公司	20 281	4 746	699	22 584	19 622	14 877
95	南京蓝深制泵集团股份有限公司	45 175	17 979	563	38 512	38 298	27 740
96	无锡市锡泵制造有限公司	8 480	1 089	165	20 650	10 880	8 390
97	江苏亚太泵阀有限公司	39 494	6 909	805	24 664	38 892	22 226
98	江苏海狮泵业制造有限公司	29 011	8 788	838	16 680	23 616	17 873
99	安徽三联泵业股份有限公司	99 603	29 887	931	46 034	97 611	60 542
100	安徽莱恩电泵有限公司	30 076	10 206	555	14 983	14 698	8 393
101	常州东申泵业有限公司	8 005	2 514	181	6 671	7 315	5 999
102	江苏航天水力设备有限公司	14 177	2 645	350	25 997	13 500	9 960
103	扬州长江水泵有限公司	8 760	1 077	152	7 813	8 552	6 414
104	宜兴市宙斯泵业有限公司	23 000	4 000	360	12 000	19 100	0
105	泰州泰东泵业有限公司	1 467	427	93	1 171	1 482	1 187
106	合肥华升泵阀有限责任公司	6 397	1 919	139	6 040	4 174	2 203
107	龙岩市九龙水泵制造有限公司	6 702	2 655	105	5 559	6 702	6 369
108	赣州水泵制造有限公司	3 101	548	136	4 922	3 010	2 429

（续）

序号	企业名称	工业总产值（万元）	工业增加值（万元）	从业人员平均人数（人）	年末资产总额（万元）	主营业务收入（万元）	主营业务成本（万元）
109	江西新瑞洪泵业有限公司	5 120	1 262	241	3 856	4 890	3 989
110	山东同汇机械有限公司	2 760	254	114	1 766	2 326	2 148
111	山东省潍坊生建机械厂	73 362	16 099	1 387	84 687	70 971	60 363
112	淄博真空设备厂有限公司	9 707	3 146	368	10 812	11 000	8 437
113	烟台盛泉泵业有限公司	9 500	2 850	370	7 797	9 236	6 903
114	烟台恒邦集团有限公司泵业分公司	18 308	3 319	368	26 640	18 890	15 678
115	烟台阳光泵业有限公司	5 236	1 232	135	6 196	3 968	2 961
116	江苏振华泵业制造有限公司	25 106	10 979	381	34 298	17 644	9 436
117	无锡锡山安达防爆电器设备有限公司	7 954	1 668	120	5 347	7 943	6 435
118	张家港市宏宇橡塑弹簧有限公司	1 094	273	63	1 241	1 084	846
119	江苏双达泵阀集团有限公司	22 650	11 268	352	29 001	20 230	15 295
120	山东星源矿山设备集团有限公司	14 560	4 368	416	20 919	12 133	10 219
121	靖江市亚太泵业有限公司	2 633	790	151	1 991	3 102	2 317
122	山东华力电机集团股份有限公司	204 623	36 832	2 040	102 771	205 782	188 835
123	日立泵制造（无锡）制造有限公司	22 411	6 444	347	67 267	22 666	19 561
124	湖南湘电长沙水泵有限公司	80 008	13 905	1 839	146 233	77 258	59 479
125	广东省佛山水泵厂有限公司	94 734	30 355	942	68 077	91 716	72 582
126	长沙利欧天鹅工业泵有限公司	26 082	5 733	301	33 512	22 879	16 061
127	广州广一泵业有限公司	21 462	2 921	338	19 066	21 363	17 234
128	湖北三峡泵业有限公司	25 148	9 810	513	12 731	17 442	14 720
129	襄樊五二五泵业有限公司	48 823	15 525	709	64 372	48 227	33 204
130	广州市白云泵业集团有限公司	61 484	19 945	950	31 404	52 383	41 486
131	武汉特种工业泵厂有限公司	20 265	6 582	624	34 752	18 764	15 236
132	郑州电力机械厂	20 779	4 322	409	33 455	20 002	19 859
133	河南郑泵科技有限公司	4 500	1 309	280	4 200	4 200	3 680
134	新乡泵厂有限责任公司	4 769	904	152	3 774	4 645	3 848
135	漯河腾龙泵业有限公司	1 378	69	186	2 225	1 044	961
136	武汉水泵厂有限公司	2 010	631	165	1 557	1 766	1 328
137	湖北省天门泵业有限公司	8 831	3 116	338	10 829	9 654	7 992
138	湖北金源特种泵制造有限公司	1 378	409	144	1 870	1 378	1 100
139	湖北扬子江泵业有限责任公司	12 012	3 606	395	7 054	11 017	7 712
140	长沙佳能通用泵业有限公司	20 788	5 469	350	8 914	20 788	16 309
141	广州水泵厂	3 030	1 049	154	2 702	2 600	1 896
142	广东凌霄泵业股份有限公司	58 571	10 927	649	34 422	54 860	44 345
143	开平市开泵泵业制造有限公司	1 345	490	61	872	1 306	1 171
144	桂林市广汇泵业有限责任公司	3 851	1 543	179	33 544	3 567	3 098
145	湖北同方高科泵业有限公司	14 494	3 865	397	13 481	14 743	10 450
146	湖南耐普泵业有限公司	10 154	3 666	225	13 104	8 565	5 415

（续）

序号	企业名称	工业总产值（万元）	工业增加值（万元）	从业人员平均人数（人）	年末资产总额（万元）	主营业务收入（万元）	主营业务成本（万元）
147	广州市番禺区宏拓机械铸造有限公司	3 744	1 026	132	1 875	3 623	2 947
148	广东永力泵业有限公司	9 662	2 703	280	4 418	8 261	7 761
149	重庆水泵厂有限责任公司	46 764	19 412	1 095	85 258	45 131	29 548
150	成都西南水泵厂	14 956	4 874	440	15 895	14 946	10 676
151	重庆明珠机电有限公司	10 300	4 140	166	13 000	9 500	4 800
152	重庆工业泵厂	1 000	270	68	715	800	640
153	重庆第四水泵厂	8 514	1 447	202	5 323	7 806	6 193
154	四川三台剑门泵业有限公司	4 860	1 605	376	8 146	4 203	2 857
155	四川新达泵业有限责任公司	9 870	2 982	510	12 575	10 389	7 028
156	四川省南部嘉陵泵业制造有限公司	15 106	4 285	283	9 650	14 695	11 544
157	重庆新明和耐德机械设备有限公司	458	134	17	946	584	550
158	四川自贡工业泵有限责任公司	18 001	5 722	496	64 674	17 002	10 085
159	自贡凉高山水泵厂	561	140	63	1 650	481	414
160	昆明水泵厂	6 539	1 357	300	8 012	4 948	4 384
161	昆明嘉和科技股份有限公司	16 840	6 918	292	19 943	16 861	9 754
162	成都流体机械密封制造有限公司	5 234	614	113	1 813	3 798	2 999

2011 年中国通用机械工业协会泵业分会会员单位经济效益指标

序号	企业名称	经济效益综合指数（%）	总资产贡献率（%）	资本保值增值率（%）	资产负债率（%）	流动资产周转率（次）	成本费用利润率（%）	全员劳动生产率（元/人）	产品销售率（%）
1	沈鼓集团核电泵业有限公司	174.18	0.82	119.82	88.72	0.61	1.63	213 105	88.36
2	大耐泵业有限公司	224.32	13.26	111.35	73.55	1.28	11.41	178 099	96.91
3	大连深蓝泵业有限公司	267.98	16.33	132.18	50.81	0.90	21.11	175 262	96.39
4	海城三鱼泵业有限公司	153.80	11.06	94.26	36.65	3.12	5.85	69 335	101.13
5	辽宁恒星泵业有限公司	238.72	14.19	152.78	40.85	1.67	10.48	182 082	99.21
6	本溪水泵有限责任公司	76.50	3.54	110.36	71.50	0.68	1.65	32 072	105.08
7	沈阳沈泵泵业制造有限公司	69.88	1.13	99.94	26.26	0.73	0.43	31 250	108.18
8	大连佳特联轴器有限公司	165.12	6.11	106.70	47.29	1.26	9.44	108 682	100.00
9	丹东克隆集团有限责任公司	635.12	33.20	134.18	31.72	1.06	57.58	497 741	101.84
10	沈阳工业泵制造厂有限公司	233.83	7.40			1.20	1.50	85 600	100.00
11	沈阳第一水泵有限责任公司	101.44	2.54	215.30	40.95	0.95	3.12	37 304	90.35
12	沈阳第三水泵有限公司	124.06	2.61	301.99	65.43	0.52	4.08	58 667	91.86

（续）

序号	企业名称	经济效益综合指数（%）	总资产贡献率（%）	资本保值增值率（%）	资产负债率（%）	流动资产周转率（次）	成本费用利润率（%）	全员劳动生产率（元/人）	产品销售率（%）
13	沈阳启源工业泵制造有限公司	379.26	10.64	244.32	39.99	7.63	1.91	362 450	93.05
14	中国有色（沈阳）泵业有限公司	414.41	3.39	112.80	86.97	1.01	3.88	579 140	100.00
15	埃梯梯水与污水处理系统（沈阳）有限公司	313.88	-1.19	93.34	58.27	1.42	-3.33	456 500	100.00
16	盖州水泵厂	105.52	5.18	117.05	82.08	0.68	4.11	64 500	100.00
17	大连四方电泵有限公司	171.32	12.50	98.01	33.46	1.57	12.24	78 930	98.86
18	锦州市劲弓泵业有限责任公司	131.13	11.79	101.38	20.92	2.69	2.43	64 700	63.85
19	兴城市水泵制造有限公司	195.21	6.59	370.40	29.13	1.71	1.36	142 100	98.81
20	东港市水泵厂	44.56	0.55	108.96	114.93	0.65	-2.02	27 500	100.06
21	长春水泵制造有限公司	148.61	6.25	100.00	47.74	1.57	10.88	70 139	92.74
22	鹤岗市斯达排沙潜水泵有限公司	220.28	17.68	102.35	55.68	0.70	16.05	135 814	87.23
23	沈阳工业泵制造有限公司	301.47	6.92	102.33	56.21	7.25	1.91	282 353	95.89
24	沈阳电站泵制造厂有限公司	73.39	3.85	100.00	50.00	1.38	0.74	18 000	100.00
25	辽源泵业有限责任公司	201.99	16.09	104.01	86.76	0.88	12.37	144 026	84.45
26	天津泵业机械集团有限公司	239.86	18.58	110.32	52.13	1.29	14.16	162 600	101.28
27	石家庄强大泵业集团有限责任公司	79.24	3.37	106.03	71.72	0.69	0.34	46 710	102.82
28	唐山市水泵厂	111.46	7.84	107.47	66.06	1.16	3.78	53 868	102.78
29	河北恒盛泵业股份有限公司	200.92	20.65	107.77	25.38	2.54	5.79	124 858	98.50
30	北京第二水泵厂有限公司	92.42	5.58	97.53	56.59	1.03	4.18	29 890	95.45
31	北京金龙泉泵业有限公司	180.07	12.54	104.62	54.96	1.11	20.47	47 368	101.54
32	威乐（中国）水泵系统有限公司	192.95	23.79	138.56	47.94	2.14	13.92	44 950	126.17
33	天津水利电力机电研究所	-219.63	7.24		9.48	0.54	1.62	115 254	89.28
34	石家庄工业泵厂有限公司	163.84	10.80	105.88	55.50	1.69	2.58	127 986	100.00
35	武安市宏泰机械泵业有限公司	140.12	6.53	118.29	58.83	1.23	5.48	90 549	92.13
36	河北安吉宏业机械股份有限公司	161.87	18.29	111.62	59.50	2.04	5.45	76 513	101.46
37	河北省邢台水泵厂	43.31	-2.57	101.11	632.53	0.59	-6.99	67 907	103.68
38	保定水泵厂	-65.75	1.27	102.44	378.80	0.35	-27.57	8 539	100.81
39	邯郸祯源工业水泵制造有限公司	83.45	6.87	100.00	69.43	1.39	2.81	20 325	84.78
40	阳泉水泵厂有限责任公司	59.46	2.63	102.35	66.77	0.73	-1.52	25 601	102.96
41	河北博龙泵业有限公司		26.02		41.82	3.94	6.79	98 672	94.50
42	西安泵阀总厂	133.10	6.07	107.11	71.62	0.67	6.94	86 886	99.60
43	宝鸡航天动力泵有限公司	137.56	11.09	206.08	55.38	0.95	9.33	28 849	113.12
44	陕西扶龙机电制造有限公司	203.15	12.36	128.84	58.42	1.36	4.70	178 028	87.38
45	兰州水泵总厂	92.82	2.42	106.24	81.49	0.99	2.35	63 008	86.80
46	新疆新标紧固件泵业有限责任公司	108.73	8.73	104.12	33.04	1.39	3.07	46 223	97.69
47	新疆潜水泵厂	-25.89	-2.60	85.55	79.93	0.16	-17.64	21 333	100.14
48	上海东方泵业（集团）有限公司	298.81	38.74	109.78	45.24	4.08	8.35	189 084	98.80
49	上海凯士比泵有限公司	228.72	5.47	98.24	64.21	0.91	3.07	265 950	95.59
50	上海水泵制造有限公司	143.62	3.93	100.15	72.57	0.47	4.57	132 816	91.01

（续）

序号	企业名称	经济效益综合指数（%）	总资产贡献率（%）	资本保值增值率（%）	资产负债率（%）	流动资产周转率（次）	成本费用利润率（%）	全员劳动生产率（元/人）	产品销售率（%）
51	上海凯泉泵业（集团）有限公司	188.33	13.09	118.67	47.53	1.29	9.43	123 343	96.00
52	上海电力修造总厂有限公司	294.95	7.13	115.56	53.94	1.27	1.43	368 082	97.42
53	上海上泵（集团）有限公司	219.63	13.66	111.35	35.22	2.27	7.98	166 546	102.13
54	上海华联泵业有限公司	311.45	32.10	90.92	33.70	1.17	29.51	154 108	81.41
55	上海熊猫机械（集团）有限公司	235.32	13.85	120.00	56.99	1.27	12.46	177 795	104.32
56	上海莲盛泵业制造有限公司	156.57	8.39	104.95	21.76	1.01	6.35	113 354	90.36
57	上海连成（集团）有限公司	227.91	23.59	114.26	20.78	2.97	8.05	138 589	95.24
58	上海第一水泵厂有限公司	124.99	6.50	102.66	70.74	1.33	0.81	100 411	98.53
59	丰球集团有限公司	396.70	15.50	47.82	81.05	1.45	13.18	459 590	96.53
60	南方泵业股份有限公司	230.34	11.47	108.12	13.25	1.06	14.43	172 253	97.11
61	嘉利特荏原泵业有限公司	353.54	19.19	115.96	65.85	1.32	17.40	330 247	97.19
62	浙江山河实业有限公司	96.87	5.97	88.85	80.27	0.45	1.31	74 510	99.04
63	杭州大路实业有限公司	160.35	7.65	108.18	76.11	0.72	5.24	139 975	94.06
64	杭州大潮石化设备有限公司	200.12	26.87	100.00	63.27	3.49	7.56	80 865	100.00
65	杭州振兴工业泵制造有限公司	223.20	26.23	128.56	47.59	2.64	9.40	116 462	95.23
66	杭州斯莱特泵业有限公司	135.35	4.11	104.20	45.95	0.93	3.76	107 826	96.53
67	浙江真空设备集团有限公司	133.05	7.22	101.76	46.79	1.65	2.35	94 016	87.64
68	浙江水泵总厂有限公司	167.49	8.53	112.19	82.17	0.51	8.11	135 369	100.00
69	浙江新界泵业股份有限公司	158.72	9.22	110.20	18.71	0.95	9.95	90 125	97.94
70	浙江东航消防泵业有限公司	117.37	11.93	107.63	65.22	1.39	2.65	54 528	100.00
71	台州新宏基泵业有限责任公司	133.41	13.07	116.76	72.56	1.83	5.09	57 358	96.91
72	浙江太平洋泵业制造有限公司	151.55	6.36	102.08	40.07	1.58	4.02	115 089	99.92
73	浙江利欧股份有限公司	219.20	17.32	162.51	30.34	2.16	14.23	106 608	100.00
74	宣达实业集团有限公司	234.26	17.96	128.06	64.84	1.89	7.89	183 871	97.38
75	中泉集团有限公司	187.00	6.85	104.57	68.58	0.82	3.64	190 504	100.00
76	君禾泵业股份有限公司	244.02	18.13	390.49	47.97	1.90	13.43	104 050	100.00
77	温州市天成密封件制造有限公司	191.23	23.54	100.00	42.22	5.41	3.84	67 179	98.14
78	上海福思特流体机械有限公司	122.47	7.85	129.99	58.72	1.55	5.16	52 394	88.14
79	浙江大江山泵阀制造有限公司		22.00	119.14	38.79		13.40	171 043	
80	东台市兴达机械密封件厂		19.15		52.99	1.54	4.60	80 667	100.00
81	上海康大泵业制造有限公司	195.06	7.77	100.00	31.16	1.28	3.38	197 260	75.64
82	上海阿波罗机械股份有限公司	296.75	17.06	127.91	54.94	0.98	25.31	193 414	99.09
83	上海工业泵制造有限公司	119.24	3.99	99.36	43.77	0.45	3.02	96 437	90.60
84	上海深井泵厂有限公司	183.11	5.02	120.69	58.79	1.38	1.23	190 725	87.11
85	上海山川泵业制造有限公司	236.07	9.48	321.38	49.80	1.43	0.75	219 730	98.55
86	上海申工泵业制造有限公司	80.27	1.38	100.58	28.89	0.78	0.51	48 154	99.72
87	上海电气压缩机泵业有限公司	182.73	5.31	108.62	71.81	1.38	2.48	185 103	108.60
88	杭州碱泵有限公司	213.05	19.71	107.67	50.42	2.17	6.45	150 540	95.13

（续）

序号	企业名称	经济效益综合指数（%）	总资产贡献率（%）	资本保值增值率（%）	资产负债率（%）	流动资产周转率（次）	成本费用利润率（%）	全员劳动生产率（元/人）	产品销售率（%）
89	上海乐合流体机械有限公司	243.99	7.23	113.95	27.94	0.92	2.44	285 714	87.50
90	山东博泵科技股份有限公司	287.52	15.71	113.26	43.18	1.61	6.25	293 142	102.98
91	山东华成集团有限公司	165.64	7.08	98.24	84.39	0.79	2.24	174 468	93.17
92	山东长志泵业有限公司	255.23	20.50	123.37	44.75	2.18	10.38	189 701	94.63
93	山东双轮股份有限公司	218.56	9.84	109.69	60.40	1.52	8.50	185 228	105.96
94	山东同泰集团股份有限公司	157.07	12.54	104.21	61.13	1.93	9.20	67 897	97.18
95	南京蓝深制泵集团股份有限公司	307.86	14.95	111.94	50.08	1.39	8.80	319 343	92.69
96	无锡市锡泵制造有限公司	77.28	2.30	80.32	56.10	0.93	-4.30	66 000	127.87
97	江苏亚太泵阀有限公司	173.32	18.13	98.71	45.90	2.78	5.67	85 826	99.25
98	江苏海狮泵业制造有限公司	225.24	28.68	97.14	42.79	1.90	13.64	104 869	95.15
99	安徽三联泵业股份有限公司	398.37	39.65	123.25	48.10	3.60	13.88	321 020	98.80
100	安徽莱恩电泵有限公司	262.39	18.39	115.90	52.97	2.66	13.07	183 892	100.00
101	常州东申泵业有限公司	174.90	9.49	78.77	33.49	1.60	5.92	138 895	91.19
102	江苏航天水力设备有限公司	120.88	4.63	107.52	63.34	0.81	5.35	75 571	95.22
103	扬州长江水泵有限公司	137.62	12.43	107.06	51.59	1.33	4.98	70 855	97.63
104	宜兴市宙斯泵业有限公司	213.63	36.53	150.00	25.00	3.47		111 111	86.96
105	泰州泰东泵业有限公司	78.04	4.86	100.40	57.22	0.17	0.14	45 914	100.00
106	合肥华升泵阀有限责任公司	295.85	24.30	134.22	47.33	1.13	30.30	138 058	83.77
107	龙岩市九龙水泵制造有限公司	260.41	4.20	124.31	30.83	5.56	0.61	252 857	100.00
108	赣州水泵制造有限公司	87.28	7.08	102.82	80.72	0.91	2.12	40 294	97.07
109	江西新瑞洪泵业有限公司	194.75	23.88	102.55	28.01	2.83	13.67	52 365	97.27
110	山东同汇机械有限公司	83.47	5.63	100.25	54.13	1.45	1.94	22 281	91.85
111	山东省潍坊生建机械厂	127.48	5.39	114.81	73.30	1.05		116 071	98.67
112	淄博真空设备厂有限公司	113.18	5.97	55.51	62.90	1.43	1.33	85 489	92.61
113	烟台盛泉泵业有限公司	162.08	12.88	78.93	44.07	2.66	7.79	77 027	97.22
114	烟台恒邦集团有限公司泵业分公司	138.85	10.23	151.68	59.81	1.32	1.80	90 190	96.15
115	烟台阳光泵业有限公司	158.03	10.83	100.00	68.90	1.02	10.07	91 259	86.59
116	江苏振华泵业制造有限公司	347.49	18.65	119.05	38.76	0.72	23.98	288 163	92.25
117	无锡锡山安达防爆电器设备有限公司	178.63	11.83	128.75	78.64	1.79	4.64	139 000	99.86
118	张家港市宏宇橡塑弹簧有限公司	111.49	11.18	117.54	83.80	1.57	3.95	43 333	99.09
119	江苏双达泵阀集团有限公司	280.76	9.07	104.55	57.10	1.12	5.49	320 114	89.32
120	山东星源矿山设备集团有限公司	155.79	8.11	128.98	31.86	0.87	7.40	105 000	83.33
121	靖江市亚太泵业有限公司	138.19	18.16	113.94	28.18	1.91	3.40	52 318	100.99
122	山东华力电机集团股份有限公司	227.42	13.95	112.82	52.61	3.78	3.72	180 549	100.23
123	日立泵制造（无锡）制造有限公司	102.86	-1.72	83.57	72.18	0.62	-12.09	185 706	100.00
124	湖南湘电长沙水泵有限公司	111.81	4.95	119.85	78.74	0.86	3.48	75 612	94.28
125	广东省佛山水泵厂有限公司	320.21	17.37	107.52	42.93	1.87	9.16	322 240	96.81
126	长沙利欧天鹅工业泵有限公司	248.11	15.63	113.88	45.73	0.85	15.35	190 465	73.41

（续）

序号	企业名称	经济效益综合指数（%）	总资产贡献率（%）	资本保值增值率（%）	资产负债率（%）	流动资产周转率（次）	成本费用利润率（%）	全员劳动生产率（元/人）	产品销售率（%）
127	广州广一泵业有限公司	124.41	7.50	71.98	73.50	1.45	3.36	86 420	99.61
128	湖北三峡泵业有限公司	191.14	6.60	75.35	44.38	2.48	0.83	191 228	98.00
129	襄樊五二五泵业有限公司	275.55	17.83	133.21	57.48	1.10	14.71	218 970	98.72
130	广州市白云泵业集团有限公司	265.09	23.12	96.82	41.44	2.62	8.27	209 947	93.68
131	武汉特种工业泵厂有限公司	158.71	7.49	104.26	47.76	2.71	4.13	105 481	92.59
132	郑州电力机械厂	110.06	2.72	103.66	84.75	0.87	0.83	105 672	79.75
133	河南郑泵科技有限公司	115.99	6.92	109.09	42.86	2.00	4.18	46 750	93.33
134	新乡泵厂有限责任公司	151.82	16.05	103.08	45.02	1.77	7.78	59 474	97.40
135	漯河腾龙泵业有限公司	6.50	-0.84	4.85	95.69	0.62	-3.43	3 710	79.10
136	武汉水泵厂有限公司	104.16	4.52	104.85	30.57	2.83	1.79	38 242	87.86
137	湖北省天门泵业有限公司	169.50	12.59	150.35	45.33	2.43	5.78	92 189	90.50
138	湖北金源特种泵制造有限公司	143.33	12.36	94.90	21.34	2.53	10.56	28 403	100.00
139	湖北扬子江泵业有限责任公司	163.53	14.40	95.90	47.76	3.07	3.65	91 291	91.72
140	长沙佳能通用泵业有限公司	250.74	21.32	118.80	34.27	5.10	6.48	156 257	100.00
141	广州水泵厂	133.90	11.44	101.47	18.47	2.35	2.89	68 117	85.81
142	广东凌霄泵业股份有限公司	251.70	23.72	132.43	51.12	1.90	11.49	168 367	99.93
143	开平市开泵泵业制造有限公司	155.18	14.83	121.32	81.08	3.16	3.34	80 328	97.10
144	桂林市广汇泵业有限责任公司	97.57	1.38	101.65	117.31	0.22	4.40	86 201	76.92
145	湖北同方高科泵业有限公司	225.84	23.32	116.32	21.92	1.73	17.19	97 355	101.72
146	湖南耐普泵业有限公司	222.43	15.14	121.63	66.48	0.95	12.64	162 933	89.02
147	广州市番禺区宏拓机械铸造有限公司	166.03	18.90	146.26	83.31	3.19	3.86	77 727	96.39
148	广东永力泵业有限公司	159.95	8.71	100.00	76.19	4.91	0.77	96 536	98.60
149	重庆水泵厂有限责任公司	195.93	8.10	108.26	53.45	0.71	7.11	177 279	96.50
150	成都西南水泵厂	204.83	18.08	104.56	25.98	1.85	12.24	110 773	99.71
151	重庆明珠机电有限公司	357.66	24.86	124.10	20.77	1.41	27.85	249 398	92.23
152	重庆工业泵厂	99.21	8.35	100.00	126.71	1.42	5.66	39 706	80.00
153	重庆第四水泵厂	157.90	19.56	108.98	76.97	2.63	4.57	71 634	98.27
154	四川三台剑门泵业有限公司	126.78	7.33	108.14	36.57	0.73	10.69	42 686	97.74
155	四川新达泵业有限责任公司	197.08	20.52	115.74	51.86	3.76	12.42	58 471	87.65
156	四川省南部嘉陵泵业制造有限公司	212.74	15.85	121.34	31.17	2.93	5.54	151 413	98.61
157	重庆新明和耐德机械设备有限公司	-159.18	-43.74	-9.55	103.59	1.11	-40.18	78 824	123.80
158	四川自贡工业泵有限责任公司	176.84	25.86	79.66	86.43	0.42	6.94	115 363	100.00
159	自贡凉高山水泵厂	48.51	1.62	100.00	92.48	0.35	0.21	22 222	90.02
160	昆明水泵厂	92.40	3.25	79.57	61.35	1.68	2.22	45 233	86.91
161	昆明嘉和科技股份有限公司	304.85	19.16	134.56	54.40	1.35	18.19	236 918	100.12
162	成都流体机械密封制造有限公司	330.59	65.59	96.40	55.65	3.68	26.83	54 336	93.56

2011 年中国通用机械工业协会泵业分会

序号	产品名称	合计			各地区合计					
					东北			华北		
		生产量	销售量	出口量	生产量	销售量	出口量	生产量	销售量	出口量
	合　计	15 364 627	14 583 259	7 731 932	797 632	626 653	18 241	135 151	133 012	3 102
1	单级单吸清水离心泵	2 087 579	2 062 222	549 582	2 158	2 063	17	11 011	11 029	
2	单级双吸清水离心泵	104 348	104 077	5 312	1 025	963	12	2 227	2 232	12
	其中:800mm(32in)以上	7 118	7 241	35	33	178				
3	多级离心泵	667 991	656 471	81 517	2 509	2 421	46	56 425	56 275	
4	轴流泵	11 510	11 496	152	185	166		171	148	
5	混流泵	8 175	8 080	116	2 008	2 002		99	78	
6	斜流泵	476	461	80				7	14	
7	旋涡泵	1 650 494	1 609 055	1 311 111	220 409	217 297		284	288	
8	往复泵	2 449	2 381	9	101	101			2	
	其中:隔膜泵	301	309	9	101	101				
9	齿轮泵	26 458	26 346	1 999	76	84		25 667	25 598	1 496
10	螺杆泵	146 283	139 713	12 757		2		8 975	9 121	376
11	锅炉给水泵	16 959	16 809	196	422	402	27	1 249	1 152	
12	热水泵	64 891	64 532	425	221	218	12	798	729	
13	冷凝泵	5 267	5 209	48	501	497	14	321	310	
14	除磷泵	55	44		5	5				
15	耐腐蚀泵	125 008	117 226	2 857	10 322	10 239	91	631	647	
	其中:化工泵	27 450	28 532	1 631	780	955				
16	潜水电泵	3 604 144	3 499 183	2 500 812	62 886	66 477	10 891	2 217	2 276	10
17	液下泵	22 375	20 795	392	217	220	18	1 194	1 212	103
18	深井泵	341 748	337 611	64 563	165 320	172 793		6		
19	船用泵	15 089	14 033	841	20	18		2 518	1 789	841
20	污水泵	1 682 822	1 647 535	283 603	17 048	17 048	6 736	940	922	22
21	泥浆泵	6 758	6 089		11	11		398	386	
	其中:挖泥泵	123	125					20	22	
22	渣浆泵	30 345	29 083	2 016	82	86		7 080	6 684	236
23	脱硫泵	9 906	9 012	10	10	4	4	1 276	1 275	6
24	喷灌泵	220 409	15 520		220 409	15 520				
25	微型泵	1 049 796	1 021 661	194 123	84 014	110 666		102	102	
26	离心油泵	16 815	16 050	127	1 739	1 764	21	7 480	6 814	
27	水环真空泵	14 003	12 587	207	26	24		62	50	
28	机械真空泵	177 430	176 838	157 387						
29	屏蔽泵	41 891	34 288	13 318	1 300	1 300	50			
30	计量泵	5 249	5 304	332	357	410				
31	管道泵	191 222	176 654	2 676	484	441	2	1 250	1 168	
32	其他泵	3 016 682	2 736 894	2 545 364	3 767	3 411	300	2 763	2 711	

会员单位主要产品产、销、出口情况

（单位:台）

各地区合计											
西 北			华 东			中 南			西 南		
生产量	销售量	出口量	生产量	销售量	出口量	生产量	销售量	出口量	生产量	销售量	出口量
13 163	13 204		12 516 441	11 934 653	7 165 929	1 844 008	1 822 759	544 555	58 232	52 978	105
217	231		418 989	414 292	17 476	1 642 412	1 626 005	532 078	12 792	8 602	11
331	312		70 450	70 262	4 468	22 881	22 654	766	7 434	7 654	54
59	34		5 952	5 952		395	386	35	469	472	
127	123		539 426	532 804	71 558	64 031	59 534	9 899	5 473	5 314	14
			9 002	9 034	152	1 940	1 938		212	210	
			4 418	4 251	10	1 473	1 576	106	177	173	
			119	131		342	308	80	8	8	
			1 421 759	1 383 071	1 310 762	8 042	8 399	349			
556	510		1 535	1 511	9	17	17		240	240	
			175	175	9				25	33	
			702	652	503				13	12	
3 986	3 986		131 992	125 394	12 381				1 330	1 210	
			13 047	13 025	60	2 040	2 040	109	201	190	
65	65		62 377	62 018	408	1 049	1 102	3	381	400	2
			2 864	2 867		1 509	1 465	34	72	70	
						2	2		48	37	
1 666	1 535		100 500	92 883	2 533	10 875	10 953	231	1 014	969	2
1 243	1 107		23 239	24 472	1 610	2 175	1 980	21	13	18	
5 856	6 142		3 507 116	3 397 063	2 489 887	26 069	27 225	24			
14	12		17 400	15 846	248	1 497	1 494	23	2 053	2 011	
			175 740	164 159	64 535	116	100	10	566	559	18
			7 388	7 396		115	80		5 048	4 750	
			1 647 406	1 612 412	276 764	17 303	17 074	81	125	79	
45	50		4 727	4 655		677	657		900	330	
			101	101		2	2				
			20 611	19 735	1 780	2 092	2 131		480	447	
			8 347	7 462		252	252		21	19	
			965 668	910 881	194 123	12	12				
89	74		5 923	5 876	106	1 537	1 480		47	42	
81	69		8 957	8 514	20	4 827	3 879	187	50	51	
			177 430	176 838	157 387						
			40 591	32 988	13 268						
			4 266	4 185	332	5	5		621	704	
17	12		161 081	146 722	2 159	26 635	26 539	515	1 755	1 772	
113	83		2 986 610	2 707 726	2 545 000	6 258	5 838	60	17 171	17 125	4

序号	产品名称	东北地区								
		沈鼓集团核电泵业有限公司			大耐泵业有限公司			大连深蓝泵业有限公司		
		生产量	销售量	出口量	生产量	销售量	出口量	生产量	销售量	出口量
	合　计	371	415		8 184	7 867	91	3 459	3 742	420
1	单级单吸清水离心泵							126	132	11
2	单级双吸清水离心泵							34	22	12
	其中:800mm(32in)以上									
3	多级离心泵	67	82					200	154	27
4	轴流泵							5		
5	混流泵							6		
6	斜流泵									
7	旋涡泵									
8	往复泵									
	其中:隔膜泵									
9	齿轮泵									
10	螺杆泵									
11	锅炉给水泵	48	61					27	7	7
12	热水泵	12	19					87	74	
13	冷凝泵	30	80					151	99	14
14	除磷泵									
15	耐腐蚀泵				8 184	7 867	91	1 366	1 516	
	其中:化工泵							529	615	
16	潜水电泵									
17	液下泵							176	173	18
18	深井泵									
19	船用泵									
20	污水泵							66	14	4
21	泥浆泵									
	其中:挖泥泵									
22	渣浆泵									
23	脱硫泵							10	4	4
24	喷灌泵									
25	微型泵									
26	离心油泵	62	73					1 149	1 197	21
27	水环真空泵									
28	机械真空泵									
29	屏蔽泵									
30	计量泵									
31	管道泵							28	2	2
32	其他泵	152	100					28	348	300

（续）

东北地区											
海城三鱼泵业有限公司			辽宁恒星泵业有限公司			本溪水泵有限责任公司			丹东克隆集团有限责任公司		
生产量	销售量	出口量	生产量	销售量	出口量	生产量	销售量	出口量	生产量	销售量	出口量
752 286	582 108	10 891	2 520	2 009		632	709		998	998	
2 000	2 000										
220 409	217 297										
			76	84							
				2							
			29	19							
			21	25							
		10 891	251	340							
			251	340							
60 084	63 782										
			19	25							
164 970	172 443										
						20	18				
200	200										
			3	3							
						26	30				
220 409	15 520										
84 014	110 666										
			237	204		3	3				
						357	410				
200	200		56	48							
			1 828	1 259		226	248		998	998	

序号	产品名称	东北地区								
		沈阳工业泵制造厂有限公司			沈阳第一水泵有限责任公司			沈阳第三水泵有限公司		
		生产量	销售量	出口量	生产量	销售量	出口量	生产量	销售量	出口量
	合　计	227	227		510	494		1 247	1 075	
1	单级单吸清水离心泵	18	18		78	75		269	203	
2	单级双吸清水离心泵	4	4		65	62		252	217	
	其中:800mm(32in)以上	2	2							
3	多级离心泵	13	13		11	11		204	197	
4	轴流泵									
5	混流泵									
6	斜流泵									
7	旋涡泵									
8	往复泵									
	其中:隔膜泵									
9	齿轮泵									
10	螺杆泵									
11	锅炉给水泵	25	25		93	90				
12	热水泵	14	14		31	30				
13	冷凝泵	14	14		62	60				
14	除磷泵				5	5				
15	耐腐蚀泵	139	139		49	48				
	其中:化工泵									
16	潜水电泵				45	43		174	152	
17	液下泵									
18	深井泵									
19	船用泵									
20	污水泵							32	26	
21	泥浆泵									
	其中:挖泥泵									
22	渣浆泵									
23	脱硫泵									
24	喷灌泵									
25	微型泵									
26	离心油泵				68	67				
27	水环真空泵									
28	机械真空泵									
29	屏蔽泵									
30	计量泵									
31	管道泵							170	161	
32	其他泵				3	3		146	119	

（续）

东北地区											
沈阳启源工业泵制造有限公司			中国有色（沈阳）泵业有限公司			埃梯梯水与污水处理系统（沈阳）有限公司			盖州水泵厂		
生产量	销售量	出口量	生产量	销售量	出口量	生产量	销售量	出口量	生产量	销售量	出口量
800	800	50	101	101		16 701	16 766	6 732	470	470	
168	168										
52	52										
119	119	19									
			101	101							
			101	101							
119	119	19									
12	12	12									
162	162										
52	52										
									120	120	
									350	350	
						16 701	16 766	6 732			
116	116										

序号	产品名称	东北地区								
		大连四方电泵有限公司			锦州市劲弓泵业有限责任公司			兴城市水泵制造有限公司		
		生产量	销售量	出口量	生产量	销售量	出口量	生产量	销售量	出口量
	合　计	1 300	1 300	50	2 151	2 106		1 614	1 556	
1	单级单吸清水离心泵				920	920		340	318	
2	单级双吸清水离心泵				555	547		10	6	
	其中:800mm(32in)以上				25	170				
3	多级离心泵				496	473		950	934	
4	轴流泵				180	166				
5	混流泵									
6	斜流泵									
7	旋涡泵									
8	往复泵									
	其中:隔膜泵									
9	齿轮泵									
10	螺杆泵									
11	锅炉给水泵							20	20	
12	热水泵									
13	冷凝泵									
14	除磷泵									
15	耐腐蚀泵									
	其中:化工泵									
16	潜水电泵							154	154	
17	液下泵									
18	深井泵									
19	船用泵									
20	污水泵							15	8	
21	泥浆泵							8	8	
	其中:挖泥泵									
22	渣浆泵							26	26	
23	脱硫泵									
24	喷灌泵									
25	微型泵									
26	离心油泵									
27	水环真空泵							26	24	
28	机械真空泵									
29	屏蔽泵	1 300	1 300	50						
30	计量泵									
31	管道泵							30	30	
32	其他泵							35	28	

（续）

东北地区											
东港市水泵厂			长春水泵制造有限公司			鹤岗市斯达排沙潜水泵有限公司			沈阳工业泵制造有限公司		
生产量	销售量	出口量	生产量	销售量	出口量	生产量	销售量	出口量	生产量	销售量	出口量
100	75		946	914		2 309	2 226		254	254	7
			142	132					92	92	6
			48	48							
			6	6							
			92	92							
			2	2							
			4	4					37	37	1
			28	28					16	16	
			4	4					73	73	
			276	272							
						2 309	2 226				
			22	22							
			34	34							
			84	84							
100	75		210	192					36	36	

序号	产品名称	东北地区					
		沈阳电站泵制造厂有限公司			辽源泵业有限责任公司		
		生产量	销售量	出口量	生产量	销售量	出口量
	合计	75	75		377	366	
1	单级单吸清水离心泵	5	5				
2	单级双吸清水离心泵	5	5				
	其中:800mm(32in)以上						
3	多级离心泵	10	10		347	336	
4	轴流泵						
5	混流泵						
6	斜流泵						
7	旋涡泵						
8	往复泵						
	其中:隔膜泵						
9	齿轮泵						
10	螺杆泵						
11	锅炉给水泵	20	20				
12	热水泵						
13	冷凝泵	5	5				
14	除磷泵						
15	耐腐蚀泵	5	5				
	其中:化工泵						
16	潜水电泵						
17	液下泵						
18	深井泵						
19	船用泵						
20	污水泵						
21	泥浆泵						
	其中:挖泥泵						
22	渣浆泵				30	30	
23	脱硫泵						
24	喷灌泵						
25	微型泵						
26	离心油泵	20	20				
27	水环真空泵						
28	机械真空泵						
29	屏蔽泵						
30	计量泵						
31	管道泵						
32	其他泵	5	5				

（续）

华北地区											
石家庄强大泵业集团有限责任公司			天津泵业机械集团有限公司			河北恒盛泵业股份有限公司			唐山市水泵厂		
生产量	销售量	出口量	生产量	销售量	出口量	生产量	销售量	出口量	生产量	销售量	出口量
1 965	2 161	389	8 729	8 196	1 427	30 575	30 448	1 286	2 988	2 988	
									587	587	
20	32	12							824	824	
									244	244	
7									59	59	
7	14										
			674	704	210	24 968	24 874	1 286			
			5 539	5 703	376	3 436	3 418				
									251	251	
									98	98	
									145	145	
451	525	10									
268	300	103									
6											
2			2 516	1 789	841						
85	107	22							118	118	
44	46								83	83	
20	22										
906	964	236							418	418	
101	130	6									
									102	102	
1	1					641	636				
									30	30	
67	42					1 530	1 520		29	29	

序号	产 品 名 称	华 北 地 区								
		北京第二水泵厂有限公司			北京金龙泉泵业有限公司			天津水利电力机电研究所		
		生产量	销售量	出口量	生产量	销售量	出口量	生产量	销售量	出口量
	合 计	1 670	1 700		826	859		1 070	1 070	
1	单级单吸清水离心泵	420	560		405	419		300	300	
2	单级双吸清水离心泵									
	其中:800mm(32in)以上									
3	多级离心泵	300	270		63	64		300	300	
4	轴流泵							20	20	
5	混流泵									
6	斜流泵									
7	旋涡泵					7				
8	往复泵									
	其中:隔膜泵									
9	齿轮泵									
10	螺杆泵									
11	锅炉给水泵				3	3		300	300	
12	热水泵							150	150	
13	冷凝泵									
14	除磷泵									
15	耐腐蚀泵									
	其中:化工泵									
16	潜水电泵									
17	液下泵				5	5				
18	深井泵									
19	船用泵									
20	污水泵									
21	泥浆泵									
	其中:挖泥泵									
22	渣浆泵									
23	脱硫泵									
24	喷灌泵									
25	微型泵									
26	离心油泵									
27	水环真空泵									
28	机械真空泵									
29	屏蔽泵									
30	计量泵									
31	管道泵	950	870		170	173				
32	其他泵				180	188				

（续）

华北地区											
石家庄工业泵厂有限公司			武安市宏泰机械泵业有限公司			河北安吉宏业机械股份有限公司			威乐(中国)水泵系统有限公司		
生产量	销售量	出口量	生产量	销售量	出口量	生产量	销售量	出口量	生产量	销售量	出口量
6 329	5 873		6 243	5 757		1 426	1 426		62 407	62 407	
						1 426	1 426		6 056	6 056	
									491	491	
									54 459	54 459	
									1 401	1 401	
5 499	5 063										
830	810										
			6 243	5 757							

序号	产品名称	华北地区								
		河北省邢台水泵厂			保定水泵厂			邯郸祯源工业水泵制造有限公司		
		生产量	销售量	出口量	生产量	销售量	出口量	生产量	销售量	出口量
	合　计	228	179		806	809		1 820	1 350	
1	单级单吸清水离心泵				390	388		520	394	
2	单级双吸清水离心泵				18	20				
	其中:800mm(32in)以上									
3	多级离心泵				37	39				
4	轴流泵	85	69							
5	混流泵	99	78							
6	斜流泵									
7	旋涡泵				284	281				
8	往复泵									
	其中:隔膜泵									
9	齿轮泵							25	20	
10	螺杆泵									
11	锅炉给水泵							200	150	
12	热水泵				31	33		350	260	
13	冷凝泵									
14	除磷泵									
15	耐腐蚀泵				26	28				
	其中:化工泵									
16	潜水电泵									
17	液下泵									
18	深井泵									
19	船用泵									
20	污水泵				11	11		130	106	
21	泥浆泵				9	9				
	其中:挖泥泵									
22	渣浆泵									
23	脱硫泵									
24	喷灌泵									
25	微型泵									
26	离心油泵							595	420	
27	水环真空泵	32	20							
28	机械真空泵									
29	屏蔽泵									
30	计量泵									
31	管道泵									
32	其他泵	12	12							

（续）

华北地区								
阳泉水泵厂有限责任公司			河北博龙泵业有限公司			北京航天石化技术装备工程公司		
生产量	销售量	出口量	生产量	销售量	出口量	生产量	销售量	出口量
1 287	1 222		6 100	5 943		682	624	
227	227		680	672				
4	10		870	855				
462	357		560	542				
	2							
63	38		432	410				
19	40		150	148				
			321	310				
378	392		82	82				
			365	350				
25	32		896	875				
			596	580				
			262	248				
37	19		220	220				
			345	335				
			130	125				
72	105		191	191		682	624	

序号	产品名称	西北地区								
		西安泵阀总厂			宝鸡航天动力泵有限公司			陕西扶龙机电制造有限公司		
		生产量	销售量	出口量	生产量	销售量	出口量	生产量	销售量	出口量
	合　计	1 946	1 788		601	560		5 086	5 290	
1	单级单吸清水离心泵									
2	单级双吸清水离心泵									
	其中:800mm(32in)以上									
3	多级离心泵	34	30							
4	轴流泵									
5	混流泵									
6	斜流泵									
7	旋涡泵									
8	往复泵				556	510				
	其中:隔膜泵									
9	齿轮泵									
10	螺杆泵									
11	锅炉给水泵									
12	热水泵							65	65	
13	冷凝泵									
14	除磷泵									
15	耐腐蚀泵	1 654	1 526							
	其中:化工泵	1 231	1 098							
16	潜水电泵							5 021	5 225	
17	液下泵	14	12							
18	深井泵									
19	船用泵									
20	污水泵									
21	泥浆泵				45	50				
	其中:挖泥泵									
22	渣浆泵									
23	脱硫泵									
24	喷灌泵									
25	微型泵									
26	离心油泵	89	74							
27	水环真空泵	81	69							
28	机械真空泵									
29	屏蔽泵									
30	计量泵									
31	管道泵	17	12							
32	其他泵	57	65							

（续）

西北地区								
兰州水泵总厂			新疆潜水泵厂			耐驰（兰州）泵业有限公司		
生产量	销售量	出口量	生产量	销售量	出口量	生产量	销售量	出口量
709	663		835	917		3 986	3 986	
217	231							
331	312							
59	34							
93	93							
						3 986	3 986	
12	9							
12	9							
			835	917				
56	18							

序号	产品名称	华东地区								
		上海东方泵业(集团)有限公司			上海电力修造总厂有限公司			上海连成(集团)有限公司		
		生产量	销售量	出口量	生产量	销售量	出口量	生产量	销售量	出口量
	合　计	202 975	201 338	2 934	200	198		219 925	218 096	3 453
1	单级单吸清水离心泵	81 467	81 225	1 304				85 752	85 692	1 681
2	单级双吸清水离心泵	9 895	9 891	862				4 702	4 739	122
	其中:800mm(32in)以上	12	12							
3	多级离心泵	26 628	26 631	768				6 602	6 598	176
4	轴流泵	1 276	1 268					1 631	1 639	19
5	混流泵	1 125	1 109					782	702	
6	斜流泵									
7	旋涡泵									
8	往复泵									
	其中:隔膜泵									
9	齿轮泵									
10	螺杆泵									
11	锅炉给水泵				200	198		869	855	
12	热水泵	1 675	1 673					11 780	11 643	398
13	冷凝泵									
14	除磷泵									
15	耐腐蚀泵	1 150	1 148							
	其中:化工泵	943	941							
16	潜水电泵	32 676	32 251							
17	液下泵							4 386	4 189	
18	深井泵							1 785	1 726	74
19	船用泵							432	417	
20	污水泵	41 247	40 428					52 449	52 189	378
21	泥浆泵									
	其中:挖泥泵									
22	渣浆泵									
23	脱硫泵									
24	喷灌泵									
25	微型泵							6 719	6 628	103
26	离心油泵	2 259	2 188							
27	水环真空泵									
28	机械真空泵									
29	屏蔽泵	2 715	2 708							
30	计量泵									
31	管道泵							8 108	8 094	200
32	其他泵	862	818					33 928	32 985	302

（续）

华东地区											
上海莲盛泵业制造有限公司			上海第一水泵厂有限公司			上海华联泵业有限公司			上海凯士比泵有限公司		
生产量	销售量	出口量	生产量	销售量	出口量	生产量	销售量	出口量	生产量	销售量	出口量
93 773	94 001		1 760	1 719		1 487	1 451		7 029	6 098	
12 036	12 052		682	714		130	125		4 839	3 840	
1 385	1 383		69	69		28	25		913	950	
12 728	12 731		614	573					144	130	
1 204	1 201								7	4	
									53	62	
1 560	1 575		14	14							
1 285	1 285										
1 963	1 952					208	203		35	47	
12 836	12 812		212	202		59	54				
						172	162		140	155	
2 610	2 698		85	70							
			85	70							
1 212	1 214		65	58					411	554	
1 286	1 284		7	7							
1 528	1 522										
195	195		2	2		600	596		49	32	
18 536	18 652								29	90	
1 263	1 257										
			10	10							
						290	286				
22 146	22 188										
									409	234	

序号	产品名称	华东地区								
		上海凯泉泵业(集团)有限公司			南方泵业股份有限公司			丰球集团有限公司		
		生产量	销售量	出口量	生产量	销售量	出口量	生产量	销售量	出口量
	合　计	180 499	181 876	1 180	412 979	403 727	75 499	1 247 434	1 244 035	470 641
1	单级单吸清水离心泵	72 962	74 562	560	18 374	18 002	3 135			
2	单级双吸清水离心泵	8 560	8 765	230						
	其中:800mm(32in)以上									
3	多级离心泵	15 200	15 000	80	346 821	341 037	64 181	32 152	32 152	
4	轴流泵	700	800	80						
5	混流泵									
6	斜流泵	35	50							
7	旋涡泵							28 874	28 874	
8	往复泵									
	其中:隔膜泵									
9	齿轮泵									
10	螺杆泵							55 028	55 028	
11	锅炉给水泵	600	650	10						
12	热水泵	250	270							
13	冷凝泵	160	172							
14	除磷泵									
15	耐腐蚀泵	10 025	11 542		871	807	48			
	其中:化工泵	10 025	11 542							
16	潜水电泵	17	25					596 015	594 867	250 786
17	液下泵	650	592							
18	深井泵				16 867	16 747	7 178			
19	船用泵									
20	污水泵	69 200	67 055	200	10 573	8 770	321	535 365	533 114	219 855
21	泥浆泵									
	其中:挖泥泵									
22	渣浆泵	1 200	1 400							
23	脱硫泵									
24	喷灌泵									
25	微型泵									
26	离心油泵	80	90							
27	水环真空泵	510	598	20						
28	机械真空泵									
29	屏蔽泵	350	305							
30	计量泵				1 392	1 311				
31	管道泵				18 081	17 053	636			
32	其他泵									

（续）

华东地区											
嘉利特荏原泵业有限公司			上海水泵制造有限公司			上海上泵（集团）有限公司			上海熊猫机械（集团）有限公司		
生产量	销售量	出口量	生产量	销售量	出口量	生产量	销售量	出口量	生产量	销售量	出口量
1 490	1 457	17	4 069	4 086		8 091	8 552		222 865	222 720	
			88	90		1 066	1 098		42 464	42 445	
			1 725	1 730		615	526		5 938	5 938	
									5 938	5 938	
1 490	1 457	17	902	905		902	916		42 005	41 971	
			25	25							
			198	200					30 576	30 563	
			35	36							
			108	110							
						597	577				
			15	15		459	468				
			155	155		3 068	3 549		101 882	101 803	
			500	502		689	707				
						695	711				
			318	318							

序号	产品名称	华东地区								
		浙江山河实业有限公司			杭州大路实业有限公司			杭州大潮石化设备有限公司		
		生产量	销售量	出口量	生产量	销售量	出口量	生产量	销售量	出口量
	合 计	335 547	330 547	330 547	2 883	2 768		2 646	2 646	332
1	单级单吸清水离心泵				1 019	930				
2	单级双吸清水离心泵				119	114				
	其中:800mm(32in)以上									
3	多级离心泵				11	11				
4	轴流泵									
5	混流泵									
6	斜流泵									
7	旋涡泵	201 328	196 328	196 328						
8	往复泵							256	256	
	其中:隔膜泵							86	86	
9	齿轮泵									
10	螺杆泵									
11	锅炉给水泵									
12	热水泵									
13	冷凝泵									
14	除磷泵									
15	耐腐蚀泵				1 278	1 248				
	其中:化工泵									
16	潜水电泵									
17	液下泵									
18	深井泵	1 200	1 200	1 200						
19	船用泵									
20	污水泵									
21	泥浆泵									
	其中:挖泥泵									
22	渣浆泵									
23	脱硫泵									
24	喷灌泵									
25	微型泵									
26	离心油泵				6	6				
27	水环真空泵									
28	机械真空泵									
29	屏蔽泵									
30	计量泵							2 390	2 390	332
31	管道泵				1	1				
32	其他泵	133 019	133 019	133 019	449	458				

（续）

华东地区											
杭州斯莱特泵业有限公司			浙江真空设备集团有限公司			浙江水泵总厂有限公司			浙江新界泵业股份有限公司		
生产量	销售量	出口量	生产量	销售量	出口量	生产量	销售量	出口量	生产量	销售量	出口量
42 394	41 944		4 520	4 380		2 974	2 890		2 115 570	2 040 057	956 303
									3 554	4 074	327
						729	705		26 844	26 714	6 134
									265 620	254 544	220 738
			46	46							
678	627								66 472	60 095	12 368
						419	399				
						320	312				
						580	565				
									28 460	25 817	
36 203	35 761								739 909	725 251	254 627
									101 423	89 459	41 826
4 086	3 945								135 335	130 507	55 686
									508 340	495 277	194 020
			85	85							
									175 720	175 310	157 309
									37 359	29 808	13 268
591	621								24 678	21 324	
836	990		4 389	4 249		926	909		1 856	1 877	

序号	产品名称	华东地区								
		浙江东航消防泵业有限公司			台州新宏基泵业有限责任公司			浙江太平洋泵业制造有限公司		
		生产量	销售量	出口量	生产量	销售量	出口量	生产量	销售量	出口量
	合　计	3 091	3 091		40 338	39 807		25 126	25 143	435
1	单级单吸清水离心泵	107	107					4 252	4 252	231
2	单级双吸清水离心泵	381	381					2 547	2 547	
	其中:800mm(32in)以上									
3	多级离心泵	203	203		3 220	3 220		3 570	3 562	15
4	轴流泵									
5	混流泵									
6	斜流泵									
7	旋涡泵	276	276					26	52	
8	往复泵							62	62	9
	其中:隔膜泵							62	62	9
9	齿轮泵							152	152	3
10	螺杆泵				8 220	8 050		216	216	13
11	锅炉给水泵							86	86	
12	热水泵							82	82	
13	冷凝泵							126	126	
14	除磷泵									
15	耐腐蚀泵							56	56	
	其中:化工泵									
16	潜水电泵				5 250	5 260		2 062	2 053	18
17	液下泵							861	861	10
18	深井泵				12 108	11 920		980	980	
19	船用泵	2 060	2 060							
20	污水泵				2 530	2 545		4 552	4 560	136
21	泥浆泵							75	75	
	其中:挖泥泵									
22	渣浆泵							6	6	
23	脱硫泵									
24	喷灌泵									
25	微型泵									
26	离心油泵									
27	水环真空泵									
28	机械真空泵									
29	屏蔽泵							20	20	
30	计量泵									
31	管道泵	64	64		1 970	1 900		5 260	5 260	
32	其他泵				7 040	6 912		135	135	

（续）

华东地区											
浙江利欧股份有限公司			宣达实业集团有限公司			君禾泵业股份有限公司			上海福思特流体机械有限公司		
生产量	销售量	出口量	生产量	销售量	出口量	生产量	销售量	出口量	生产量	销售量	出口量
4 707 261	4 406 833	4 318 579	852	844		2 170 950	2 017 053	983 523	706	650	500
			131	129							
			86	86							
			172	170					55	50	
916 041	893 678	893 678									
									550	500	500
									34	34	
			103	100							
1 002 574	1 000 929	1 000 929				1 074 250	983 523	983 523			
			28	28							
12 311	12 311	12 311				24 261	25 026				
			89	88		620 919	599 335				
									55	54	
									12	12	
						450 602	408 969				
			47	47							
			15	15							
460	460		74	74							
2 775 875	2 499 455	2 411 661	107	107		918	200				

序号	产品名称	华东地区								
		浙江大江山泵阀制造有限公司			上海康大泵业制造有限公司			上海阿波罗机械股份有限公司		
		生产量	销售量	出口量	生产量	销售量	出口量	生产量	销售量	出口量
	合计	74 037	59 135		11 250	9 375		198	198	
1	单级单吸清水离心泵	15 100	12 000					34	34	
2	单级双吸清水离心泵									
	其中:800mm(32in)以上									
3	多级离心泵									
4	轴流泵							8	8	
5	混流泵							19	19	
6	斜流泵									
7	旋涡泵									
8	往复泵									
	其中:隔膜泵									
9	齿轮泵									
10	螺杆泵							4	4	
11	锅炉给水泵									
12	热水泵									
13	冷凝泵							4	4	
14	除磷泵									
15	耐腐蚀泵	5 010	4 005					82	82	
	其中:化工泵									
16	潜水电泵							11	11	
17	液下泵							8	8	
18	深井泵							10	10	
19	船用泵									
20	污水泵	6 720	5 370							
21	泥浆泵									
	其中:挖泥泵									
22	渣浆泵									
23	脱硫泵									
24	喷灌泵									
25	微型泵							7	7	
26	离心油泵									
27	水环真空泵									
28	机械真空泵									
29	屏蔽泵							2	2	
30	计量泵									
31	管道泵	47 207	37 760							
32	其他泵				11 250	9 375		9	9	

（续）

华东地区											
上海工业泵制造有限公司			上海深井泵厂有限公司			上海山川泵业制造有限公司			杭州碱泵有限公司		
生产量	销售量	出口量	生产量	销售量	出口量	生产量	销售量	出口量	生产量	销售量	出口量
358	321		507	544		13 043	12 833		6 030	5 939	62
						1 191	1 191				
27	25										
						933	933				
									149	145	
107	97										
						1 326	1 326				
100	94								5 881	5 794	62
100	94								5 350	5 344	49
			58	104							
24	21										
			449	440							
20	14					7 935	7 749				
						1 658	1 634				
80	70										

序号	产 品 名 称	华 东 地 区								
		上海申工泵业制造有限公司			上海电气压缩机泵业有限公司			杭州振兴工业泵制造有限公司		
		生产量	销售量	出口量	生产量	销售量	出口量	生产量	销售量	出口量
	合 计	565	561		67	65			1 050	
1	单级单吸清水离心泵	160	158							
2	单级双吸清水离心泵									
	其中:800mm(32in)以上									
3	多级离心泵									
4	轴流泵									
5	混流泵									
6	斜流泵									
7	旋涡泵									
8	往复泵				67	65				
	其中:隔膜泵				3	3				
9	齿轮泵									
10	螺杆泵									
11	锅炉给水泵									
12	热水泵									
13	冷凝泵									
14	除磷泵									
15	耐腐蚀泵	230	228							
	其中:化工泵									
16	潜水电泵									
17	液下泵	45	45							
18	深井泵									
19	船用泵									
20	污水泵	20	20							
21	泥浆泵									
	其中:挖泥泵									
22	渣浆泵								73	
23	脱硫泵									
24	喷灌泵									
25	微型泵									
26	离心油泵									
27	水环真空泵								30	
28	机械真空泵									
29	屏蔽泵									
30	计量泵									
31	管道泵	110	110							
32	其他泵								947	

（续）

华东地区											
山东博泵科技股份有限公司			山东双轮股份有限公司			南京蓝深制泵集团股份有限公司			山东华成集团有限公司		
生产量	销售量	出口量	生产量	销售量	出口量	生产量	销售量	出口量	生产量	销售量	出口量
32 465	32 456	2 626	30 695	30 113	620	19 389	19 044	139	3 453	3 193	
4 614	4 587	980	7 966	7 731	158				55	55	
11 527	11 492	1 646	6 069	6 043	132						
4 449	4 429		1 261	1 164	65						
						532	502	48			
						160	124	10			
2 509	2 492		324	324							
									2	2	
			35	35							
619	617		2 398	2 167							
			2 197	1 966							
81	81		238	31							
						53	53				
1 388	1 485		10 545	10 763	125	13 875	13 680	63	23	23	
			797	797					1 157	1 157	
									65	185	
71	71		352	348	38						
									2 140	1 760	
4 012	4 009		710	710	102	285	285		11	11	
3 195	3 193					4 484	4 400	18			

序号	产品名称	华东地区								
		无锡市锡泵制造有限公司			安徽莱恩电泵有限公司			山东同泰集团股份有限公司		
		生产量	销售量	出口量	生产量	销售量	出口量	生产量	销售量	出口量
	合　计	1 212	1 183	9	28 212	28 216	10 614	6 050	5 850	370
1	单级单吸清水离心泵	1	1		11 524	11 524	4 526	1 100	980	165
2	单级双吸清水离心泵	31	31		1 638	1 638	626	1 390	1 361	110
	其中:800mm(32in)以上									
3	多级离心泵	16	16		136	136	57			
4	轴流泵	364	364	5	12	12				
5	混流泵	689	655		61	61				
6	斜流泵									
7	旋涡泵									
8	往复泵									
	其中:隔膜泵									
9	齿轮泵									
10	螺杆泵									
11	锅炉给水泵							2 020	2 005	50
12	热水泵				246	246		660	641	10
13	冷凝泵									
14	除磷泵									
15	耐腐蚀泵				4 497	4 497	2 024	201	180	15
	其中:化工泵				3 312	3 312	1 561	61	61	
16	潜水电泵	27	27	4	620	620				
17	液下泵	4	4		275	275	166	75	75	
18	深井泵				2 765	2 765	1 946			
19	船用泵				20	20				
20	污水泵				1 230	1 230		250	252	
21	泥浆泵							54	56	
	其中:挖泥泵									
22	渣浆泵									
23	脱硫泵				782	782				
24	喷灌泵									
25	微型泵									
26	离心油泵				226	226	68	128	130	
27	水环真空泵				18	18				
28	机械真空泵									
29	屏蔽泵									
30	计量泵									
31	管道泵				2 270	2 274	1 201	172	170	20
32	其他泵	80	85		1 892	1 892				

（续）

华东地区											
山东长志泵业有限公司			江苏海狮泵业制造有限公司			江苏亚太泵阀有限公司			安徽三联泵业股份有限公司		
生产量	销售量	出口量	生产量	销售量	出口量	生产量	销售量	出口量	生产量	销售量	出口量
3 006	3 006		7 648	7 592		10 074	10 056		55 261	53 609	7 057
789	789		6 128	6 092					11 675	11 205	4 409
									10 417	10 197	720
390	390		1 520	1 500					6 067	5 945	57
						2 515	2 513				
						1 391	1 385				
278	278										
203	203								2 905	2 771	
198	198										
123	123								726	726	64
						6 168	6 158				
210	210								3 017	2 956	27
117	117								5 118	4 779	
									3 175	3 111	
									101	101	
									7 284	7 138	1 780
									94	94	
698	698										
									4 783	4 687	

序号	产品名称	华东地区								
		宜兴市宙斯泵业有限公司			赣州水泵制造有限公司			山东同汇机械有限公司		
		生产量	销售量	出口量	生产量	销售量	出口量	生产量	销售量	出口量
	合 计	46 500	39 400		1 918	1 727		6 160	5 965	
1	单级单吸清水离心泵				809	751		2 480	2 320	
2	单级双吸清水离心泵				159	143		1 670	1 645	
	其中:800mm(32in)以上									
3	多级离心泵				660	579		590	598	
4	轴流泵				6	15				
5	混流泵									
6	斜流泵									
7	旋涡泵									
8	往复泵									
	其中:隔膜泵									
9	齿轮泵									
10	螺杆泵									
11	锅炉给水泵									
12	热水泵				55	38				
13	冷凝泵									
14	除磷泵									
15	耐腐蚀泵	30 000	25 000		56	42				
	其中:化工泵				56	42				
16	潜水电泵									
17	液下泵	5 000	4 000							
18	深井泵									
19	船用泵									
20	污水泵									
21	泥浆泵							80	78	
	其中:挖泥泵									
22	渣浆泵	10 000	9 000							
23	脱硫泵	1 500	1 400							
24	喷灌泵									
25	微型泵									
26	离心油泵									
27	水环真空泵							750	736	
28	机械真空泵							590	588	
29	屏蔽泵									
30	计量泵									
31	管道泵				67	61				
32	其他泵				106	98				

（续）

华东地区											
江西新瑞洪泵业有限公司			江苏振华泵业制造有限公司			扬州长江水泵有限公司			泰州泰东泵业有限公司		
生产量	销售量	出口量	生产量	销售量	出口量	生产量	销售量	出口量	生产量	销售量	出口量
46 081	43 490		10 507	11 042		459	459		3 339	3 339	
13 000	12 100		982	1 021					2 784	2 784	
			65	65		217	217		555	555	
5 100	4 820		2 717	2 717							
			21	21							
			79	79							
			54	54							
81	70										
			156	156							
			3 527	3 562							
5 800	4 900										
			86	86							
						242	242				
22 100	21 600										
			2 820	3 281							

序号	产品名称	华东地区								
		烟台恒邦集团有限公司泵业分公司			淄博真空设备厂有限公司			江苏双达泵阀集团有限公司		
		生产量	销售量	出口量	生产量	销售量	出口量	生产量	销售量	出口量
	合　计	3 423	3 319		2 078	1 817	78	3 286	3 161	403
1	单级单吸清水离心泵	443	436					320	300	
2	单级双吸清水离心泵	146	139					150	145	20
	其中:800mm(32in)以上							2	2	
3	多级离心泵	235	207					60	58	
4	轴流泵	28	28					120	115	
5	混流泵							56	52	
6	斜流泵							32	28	
7	旋涡泵	45	45					98	96	18
8	往复泵				315	305		30	30	
	其中:隔膜泵							15	15	
9	齿轮泵									
10	螺杆泵									
11	锅炉给水泵							145	140	
12	热水泵							120	118	
13	冷凝泵									
14	除磷泵									
15	耐腐蚀泵	1 956	1 908					1 200	1 160	320
	其中:化工泵							1 110	1 100	
16	潜水电泵							80	78	
17	液下泵	476	470					300	280	45
18	深井泵									
19	船用泵									
20	污水泵							150	145	
21	泥浆泵							80	78	
	其中:挖泥泵									
22	渣浆泵							70	68	
23	脱硫泵							50	45	
24	喷灌泵									
25	微型泵									
26	离心油泵	32	32							
27	水环真空泵				671	600				
28	机械真空泵				878	698	78			
29	屏蔽泵									
30	计量泵									
31	管道泵	41	38					200	200	
32	其他泵	21	16		214	214		25	25	

（续）

华东地区											
山东星源矿山设备集团有限公司			常州东申泵业有限公司			江苏航天水利设备有限公司			合肥华升泵阀有限责任公司		
生产量	销售量	出口量	生产量	销售量	出口量	生产量	销售量	出口量	生产量	销售量	出口量
8 755	7 586		542	524		450	420		602	602	
			300	285							
			190	186							
						450	420				
			52	53							
									32	32	
									12	12	
									9	9	
8 755	7 586										
									484	484	
									74	74	

序号	产品名称	华东地区								
		龙岩市九龙水泵制造有限公司			日立泵制造(无锡)制造有限公司			烟台盛泉泵业有限公司		
		生产量	销售量	出口量	生产量	销售量	出口量	生产量	销售量	出口量
	合计	8 589	8 589		28	28	8	2 501	2 501	
1	单级单吸清水离心泵	8 589	8 589							
2	单级双吸清水离心泵									
	其中:800mm(32in)以上									
3	多级离心泵				28	28	8	200	200	
4	轴流泵									
5	混流泵									
6	斜流泵									
7	旋涡泵									
8	往复泵									
	其中:隔膜泵									
9	齿轮泵									
10	螺杆泵									
11	锅炉给水泵									
12	热水泵									
13	冷凝泵									
14	除磷泵									
15	耐腐蚀泵							1 593	1 593	
	其中:化工泵									
16	潜水电泵									
17	液下泵							257	257	
18	深井泵									
19	船用泵									
20	污水泵									
21	泥浆泵									
	其中:挖泥泵									
22	渣浆泵									
23	脱硫泵									
24	喷灌泵									
25	微型泵									
26	离心油泵							291	291	
27	水环真空泵									
28	机械真空泵									
29	屏蔽泵									
30	计量泵									
31	管道泵									
32	其他泵							160	160	

（续）

华东地区									中南地区		
烟台阳光泵业有限公司			靖江市亚太泵业有限公司			山东省潍坊生建机械厂			湖南湘电长沙水泵有限公司		
生产量	销售量	出口量	生产量	销售量	出口量	生产量	销售量	出口量	生产量	销售量	出口量
2 181	2 181		5 927	5 996		161	161		2 885	2 485	167
22	22								225	199	
73	73								1 314	1 339	68
									322	320	32
114	114		938	934					55	59	
57	57								18	18	
									165	139	60
			28	20							
			726	714							
						89	89				
98	98		3 214	3 219					138	139	
91	91								76	72	
									165	143	34
1 001	1 001								99	106	
172	172										
29	29								78	41	
32	32										
44	44										
168	168								11	11	
130	130										
110	110										
40	40		1 021	1 109		72	72		541	219	5

序号	产品名称	中南地区								
		广东省佛山水泵厂有限公司			长沙利欧天鹅工业泵有限公司			广州广一泵业有限公司		
		生产量	销售量	出口量	生产量	销售量	出口量	生产量	销售量	出口量
	合　计	65 072	61 147	12 062	3 637	3 652		40 337	39 437	1 008
1	单级单吸清水离心泵	32 720	30 268	10 346	452	513		3 914	2 944	1 008
2	单级双吸清水离心泵	5 548	5 418	124	725	572		1 299	1 312	
	其中:800mm(32in)以上	210	219							
3	多级离心泵	3 025	2 928	470	287	222		3 427	3 375	
4	轴流泵	35	35							
5	混流泵									
6	斜流泵				57	49				
7	旋涡泵	726	843	349				7 134	7 374	
8	往复泵									
	其中:隔膜泵									
9	齿轮泵									
10	螺杆泵									
11	锅炉给水泵							5	5	
12	热水泵							95	174	
13	冷凝泵				51	43			1	
14	除磷泵									
15	耐腐蚀泵	1 744	1 552	21				481	502	
	其中:化工泵	1 744	1 552	21						
16	潜水电泵									
17	液下泵							96	96	
18	深井泵							72	60	
19	船用泵							2	4	
20	污水泵	2 242	2 046	81				10 780	10 756	
21	泥浆泵								7	
	其中:挖泥泵									
22	渣浆泵									
23	脱硫泵									
24	喷灌泵									
25	微型泵									
26	离心油泵									
27	水环真空泵	4 265	3 298	187				325	351	
28	机械真空泵									
29	屏蔽泵									
30	计量泵									
31	管道泵	12 127	12 473	484	1 103	1 026		12 505	12 208	
32	其他泵	2 640	2 286		962	1 227		202	268	

（续）

中南地区											
广州市白云泵业集团有限公司			武汉特种工业泵厂有限公司			湖北三峡泵业有限公司			襄樊五二五泵业有限公司		
生产量	销售量	出口量	生产量	销售量	出口量	生产量	销售量	出口量	生产量	销售量	出口量
112 903	112 779		1 741	1 706		2 315	2 281		4 861	5 155	210
44 100	44 080					966	951				
11 453	11 483										
23 401	23 350		702	687		1 349	1 330				
1 201	1 214		659	644							
950	931										
843	837										
700	685										
870	857								4 861	5 155	210
25 401	25 387										
240	234										
3 104	3 087										
640	634		380	375							

序号	产品名称	中南地区								
		郑州电力机械厂			河南郑泵科技有限公司			新乡泵厂有限责任公司		
		生产量	销售量	出口量	生产量	销售量	出口量	生产量	销售量	出口量
	合计	217	223		560	522		1 980	1 900	
1	单级单吸清水离心泵				65	59		500	480	
2	单级双吸清水离心泵							300	290	
	其中:800mm(32in)以上									
3	多级离心泵				225	220		1 000	980	
4	轴流泵									
5	混流泵									
6	斜流泵									
7	旋涡泵									
8	往复泵									
	其中:隔膜泵									
9	齿轮泵									
10	螺杆泵									
11	锅炉给水泵	217	223					30	30	
12	热水泵							100	80	
13	冷凝泵									
14	除磷泵									
15	耐腐蚀泵				35	30				
	其中:化工泵									
16	潜水电泵									
17	液下泵									
18	深井泵									
19	船用泵									
20	污水泵									
21	泥浆泵									
	其中:挖泥泵									
22	渣浆泵				120	115				
23	脱硫泵									
24	喷灌泵									
25	微型泵									
26	离心油泵									
27	水环真空泵									
28	机械真空泵									
29	屏蔽泵									
30	计量泵									
31	管道泵				75	59		50	40	
32	其他泵				40	39				

（续）

中南地区											
漯河腾龙泵业有限公司			武汉水泵厂有限公司			湖北省天门泵业有限公司			湖北金源特种泵制造有限公司		
生产量	销售量	出口量	生产量	销售量	出口量	生产量	销售量	出口量	生产量	销售量	出口量
1 220	2 563		301	292		3 825	3 916		689	689	
100	124		40	40							
150	177		53	51							
			2	2							
			10	10							
350	472										
						15	15				
									221	221	
									468	468	
600	1 770										
			5	5		863	894				
			16	16							
						35	35				
20	20					680	692				
						640	613				
						1 367	1 442				
						225	225				
			177	170							

序号	产品名称	中南地区								
		湖北扬子江泵业有限责任公司			长沙佳能通用泵业有限公司			广州水泵厂		
		生产量	销售量	出口量	生产量	销售量	出口量	生产量	销售量	出口量
	合　计	932	890		11 238	11 238		2 895	2 804	899
1	单级单吸清水离心泵				605	605		353	353	189
2	单级双吸清水离心泵				398	398		1 025	1 009	562
	其中:800mm(32in)以上									
3	多级离心泵	300	289		4 984	4 984				
4	轴流泵									
5	混流泵									
6	斜流泵									
7	旋涡泵							167	167	
8	往复泵							17	17	
	其中:隔膜泵									
9	齿轮泵									
10	螺杆泵									
11	锅炉给水泵				581	581		133	133	109
12	热水泵				707	707		3	3	3
13	冷凝泵				329	329		39	39	
14	除磷泵									
15	耐腐蚀泵				2 073	2 073		193	159	
	其中:化工泵							431	428	
16	潜水电泵									
17	液下泵	27	27							
18	深井泵							1	1	
19	船用泵									
20	污水泵				426	426		27	27	
21	泥浆泵							35	35	
	其中:挖泥泵									
22	渣浆泵	605	574							
23	脱硫泵									
24	喷灌泵									
25	微型泵							12	12	
26	离心油泵									
27	水环真空泵									
28	机械真空泵									
29	屏蔽泵									
30	计量泵									
31	管道泵							570	550	16
32	其他泵				1 135	1 135		320	299	20

（续）

中南地区											
广东凌霄泵业股份有限公司			开平市开泵泵业制造有限公司			广东永力泵业有限公司			桂林市广汇泵业有限责任公司		
生产量	销售量	出口量	生产量	销售量	出口量	生产量	销售量	出口量	生产量	销售量	出口量
1 448 149	1 453 215	466 692	3 098	3 030	2 234	132 976	110 815	61 150	689	620	
1 448 149	1 453 215	466 692	2 244	2 176	2 134	107 863	89 886	51 704	74	70	
			420	420					79	68	
									45	38	
			25	25		24 812	20 677	9 423	165	150	
			15	15							
			125	125	100						
			15	15							
			28	28					52	51	
									47	45	
			23	23					28	28	
						142	119	3	85	80	
						25	21	10			
									22	18	
			60	60							
			23	23		134	112	10	14	14	
			120	120					123	96	

序号	产品名称	中南地区					
		湖北同方高科泵业有限公司			湖南耐普泵业有限公司		
		生产量	销售量	出口量	生产量	销售量	出口量
	合　计	872	784		616	616	133
1	单级单吸清水离心泵				42	42	5
2	单级双吸清水离心泵				117	117	12
	其中:800mm(32in)以上				26	26	3
3	多级离心泵	241	225		33	33	6
4	轴流泵				20	20	
5	混流泵				30	30	6
6	斜流泵				120	120	20
7	旋涡泵						
8	往复泵						
	其中:隔膜泵						
9	齿轮泵						
10	螺杆泵						
11	锅炉给水泵				13	13	
12	热水泵				6	6	
13	冷凝泵				4	4	
14	除磷泵				2	2	
15	耐腐蚀泵						
	其中:化工泵						
16	潜水电泵				68	68	24
17	液下泵				39	39	20
18	深井泵				2	2	
19	船用泵						
20	污水泵				2	2	
21	泥浆泵				2	2	
	其中:挖泥泵				2	2	
22	渣浆泵						
23	脱硫泵				27	27	
24	喷灌泵						
25	微型泵						
26	离心油泵						
27	水环真空泵	506	460				
28	机械真空泵						
29	屏蔽泵						
30	计量泵				5	5	
31	管道泵				34	34	5
32	其他泵	125	99		50	50	35

（续）

西南地区											
重庆水泵厂有限责任公司			成都西南水泵厂			重庆第四水泵厂			重庆工业泵厂		
生产量	销售量	出口量	生产量	销售量	出口量	生产量	销售量	出口量	生产量	销售量	出口量
1 270	1 314	6	2 141	2 109	18	1 592	1 640		850	780	
						259	326		100	23	
			382	376		3	27				
			324	324							
102	84	6	372	370		854	794		750	757	
171	174		69	66							
25	33										
13	12										
			38	38		57	49				
			59	57		195	233				
			72	70							
48	37										
33	30					2	2				
13	18										
			306	302		35	41				
4	3		547	541	18						
						51	44				
			64	64							
			42	40		2	2				
621	704										
			160	155		64	85				
278	270		30	30		70	37				

序号	产品名称	西南地区								
		四川三台剑门泵业有限公司			四川新达泵业有限责任公司			四川省南部嘉陵泵业制造有限公司		
		生产量	销售量	出口量	生产量	销售量	出口量	生产量	销售量	出口量
	合　计	14 345	9 314	4	5 105	5 396	60	22 980	22 570	
1	单级单吸清水离心泵	4 227			942	1 055		4 910	4 720	
2	单级双吸清水离心泵	635	619		3 667	3 874	52	1 490	1 470	
	其中:800mm(32in)以上				92	97				
3	多级离心泵	64			283	275	8	1 590	1 580	
4	轴流泵									
5	混流泵									
6	斜流泵									
7	旋涡泵									
8	往复泵									
	其中:隔膜泵									
9	齿轮泵									
10	螺杆泵									
11	锅炉给水泵				39	35				
12	热水泵									
13	冷凝泵									
14	除磷泵									
15	耐腐蚀泵									
	其中:化工泵									
16	潜水电泵									
17	液下泵							530	510	
18	深井泵									
19	船用泵	128						4 920	4 750	
20	污水泵	37								
21	泥浆泵	556			107	92				
	其中:挖泥泵									
22	渣浆泵									
23	脱硫泵									
24	喷灌泵									
25	微型泵									
26	离心油泵	3								
27	水环真空泵				44	41				
28	机械真空泵									
29	屏蔽泵									
30	计量泵									
31	管道泵	519	519		23	24		970	970	
32	其他泵	8 176	8 176	4				8 570	8 570	

（续）

西南地区								
重庆明珠机电有限公司			四川自贡工业泵有限责任公司			自贡凉高山水泵厂		
生产量	销售量	出口量	生产量	销售量	出口量	生产量	销售量	出口量
1 300	1 180		1 715	1 653		824	825	
			48	47		261	259	
			74	73		417	416	
			53	51				
			39	39		67	68	
			191	189				
			145	141				
			8	8				
1 300	1 180		30	30				
			16	16		51	52	
			4	4		27	29	
			317	303				
			211	204				
			15	15				
			33	31		1	1	
			235	233				
			262	240				
			21	19				
			19	19				
			47	42				

（续）

序号	产品名称	西南地区					
		昆明水泵厂			昆明嘉和科技股份有限公司		
		生产量	销售量	出口量	生产量	销售量	出口量
	合　计	4 472	4 586	17	1 638	1 611	
1	单级单吸清水离心泵	2 045	2 172	11			
2	单级双吸清水离心泵	766	799	2			
	其中:800mm(32in)以上						
3	多级离心泵	1 352	1 347				
4	轴流泵				21	21	
5	混流泵				32	32	
6	斜流泵						
7	旋涡泵						
8	往复泵						
	其中:隔膜泵						
9	齿轮泵						
10	螺杆泵						
11	锅炉给水泵						
12	热水泵	96	77	2			
13	冷凝泵						
14	除磷泵						
15	耐腐蚀泵	123	103	2	539	531	
	其中:化工泵						
16	潜水电泵						
17	液下泵	17	19		954	935	
18	深井泵						
19	船用泵						
20	污水泵	3	3				
21	泥浆泵	2	5				
	其中:挖泥泵						
22	渣浆泵	62	51		92	92	
23	脱硫泵						
24	喷灌泵						
25	微型泵						
26	离心油泵						
27	水环真空泵	6	10				
28	机械真空泵						
29	屏蔽泵						
30	计量泵						
31	管道泵						
32	其他泵						

2011年中国通用机械工业协会风机分会会员单位经济指标

序号	企业名称	工业总产值（万元）	工业增加值（万元）	从业人员平均人数（人）	年末资产总额（万元）	主营业务收入（万元）	主营业务成本（万元）
1	沈阳鼓风机集团股份有限公司	1 100 698	231 093	6 737	1 237 886	1 028 877	872 349
2	沈阳风机厂有限公司	6 006	1 141	253	15 847	6 773	5 895
3	沈阳正双环通用设备制造有限公司	1 176	308	110	4 020	1 176	866
4	沈阳通风机有限公司	1 508	300		2 287	1 375	1 184
5	航空工业沈阳发动机研究所风机厂	4 939	638	90	5 362	4 939	4 546
6	沈阳大隆机器制造有限公司	3 540	1 168	80	2 482	2 772	2 439
7	鞍山风机集团有限责任公司	20 728	3 133	243	32 379	18 516	13 955
8	营口市风机耐酸泵厂	386	88		263	386	305
9	锦州新锦化机械制造有限公司	8 042	2 052	247	12 507	8 004	6 061
10	吉林市亚星电站辅机有限公司	673	111	94	866	673	338
11	四平鼓风机股份有限公司	34 110	10 432	702	41 029	32 126	23 820
12	长春花园机械有限公司	2 567	513	80	2 065	2 044	1 835
13	肇东市风机制造总厂	1 390	372	93	1 758	1 284	886
14	陕西鼓风机(集团)有限公司	625 038	196 295	4 908	1 551 518	532 428	356 906
15	西安凯瑟鼓风机有限公司	2 265	587	96	2 630	2 229	1 626
16	西安交大流体压缩国家工程中心咸阳风机厂	2 050	512	381	1 748	1 616	1 172
17	西安重装韩城煤矿机械有限公司	610	154	20	852	610	502
18	北京风机二厂	746	223	98	4 078	1 309	798
19	北京华怡净化科技研究所有限公司	110	23	15	319	123	71
20	北京新安特风机有限公司	10 736	3 113	252	11 925	9 840	8 123
21	北京鼓引风机有限公司	1 660	465	98		1 160	860
22	天津市鼓风机总厂	1 815	363	392	12 780	1 806	3 268
23	天津津鼓风机有限责任公司	7 649	1 887	191	2 032	7 272	6 643
24	天津市通风机厂	2 435	555	120	6 245	2 360	1 572
25	天津市荣光特种风机有限公司	5 960	890	70	4 669	4 246	3 910
26	天津中隧通风机有限公司	3 846	640	116	5 257	1 895	1 152
27	石家庄市风机厂有限责任公司	4 157	1 540	196	2 682	4 292	3 353
28	河北同心风机配件有限公司	9 800	2 050	330	6 747	9 730	8 226
29	宣化通风设备有限公司	350	109	30	429	364	233
30	邯郸市东方风机制造有限公司	4 800	1 180	300	6 100	4 100	3 100
31	原平鼓风机有限责任公司	2 150	525	260	1 110	1 748	1 318

（续）

序号	企业名称	工业总产值（万元）	工业增加值（万元）	从业人员平均人数（人）	年末资产总额（万元）	主营业务收入（万元）	主营业务成本（万元）
32	山西省运城安瑞节能风机有限公司	28 423	5 615	440	27 337	25 137	15 082
33	内蒙古天福风机有限公司	689	114	30	2 333	742	607
34	包头市爱科风机技术有限责任公司	2 080	511	130	2 066	2 120	1 992
35	包头市田力环发机电有限公司	1 746	450	91	3 345	1 867	1 351
36	赤峰华茂风机制造有限责任公司	3 759	920	150	3 643	3 965	3 085
37	宁夏宁朔集团银川银风风机有限责任公司	2 307	692		4 022	3 039	1 993
38	甘肃省白银风机厂有限责任公司	5 013	1 590	227	7 161	5 077	3 944
39	新疆风机有限责任公司	2 982	298	98	2 531	2 913	2 214
40	上海鼓风机厂有限公司	87 158	15 212	876	106 617	86 436	68 170
41	上海长征鼓风机有限公司	812	308	81	3 007	1 258	845
42	上海通用风机股份有限公司	26 442	8 987	378	19 591	23 485	16 790
43	上海德惠特种风机有限公司	10 423	3 062	221	7 404	10 094	7 304
44	上海应达风机有限公司	8 028	1 873	331	6 308	7 628	6 323
45	上海诺地乐通用设备制造有限公司	20 210	4 613	460	11 110	16 954	8 796
46	上海哈龙风机电器有限公司	16 222	2 712	546	7 621	13 865	9 952
47	上海大速电机有限公司	66 285	3 371	978	9 955	72 040	65 700
48	南京鼓风机厂有限公司	2 235	278	134	1 144	2 235	1 931
49	江苏金通灵流体机械科技股份有限公司	81 837	22 637	1 109	133 511	73 700	56 026
50	南通市恒荣机泵厂有限公司	9 200	3 190	142	4 680	9 010	6 486
51	江苏苏风通风机有限公司	4 000	760	99	1 850	3 500	2 870
52	无锡耀新通用机械有限公司	2 149	380	120	1 529	2 149	1 768
53	江苏一鼓风机有限公司	10 132	1 167	165	9 356	8 565	6 475
54	宜兴市侨联风机有限公司	3 316	702	93	2 916	3 092	2 431
55	百事德机械（江苏）有限公司	18 835	6 279	200	26 900	17 938	11 726
56	常熟市鼓风机有限公司	8 956	2 392	274	9 486	9 048	7 553
57	张家港市英德利空调风机有限公司	8 236	1 647	186	2 905	8 244	7 158
58	徐州风机有限公司	1 920	307	120	2 196	1 593	1 253
59	盐城市赛格机械有限公司	9 000	2 250	225	8 744	9 300	7 206
60	宁波风机有限公司	9 987	1 368	210	18 277	10 565	7 811
61	杭州科星鼓风机有限公司	3 332	628	65	2 682	3 265	2 152
62	余姚风机总厂	5 824	1 065	157	4 957	5 824	4 615
63	浙江上风实业股份有限公司	114 560	24 060	600	137 028	96 741	84 718
64	浙江明新风机有限公司	14 603	3 405	293	17 949	14 589	9 390
65	上虞通风机有限公司	7 456	1 907	278	6 976	6 373	5 190
66	上虞专用风机有限公司	57 870	15 486	460	69 734	56 536	44 058
67	浙江风神风机制造有限公司	5 133	1 739	179	5 672	5 008	3 892

（续）

序号	企业名称	工业总产值（万元）	工业增加值（万元）	从业人员平均人数（人）	年末资产总额（万元）	主营业务收入（万元）	主营业务成本（万元）
68	浙江双阳风机有限公司	8 927	2 431	198	11 816	8 662	6 497
69	浙江金盾风机风冷设备有限公司	26 496	4 575	285	36 577	23 212	19 193
70	浙江大丰风机电器有限公司	1 215	365	80	1 305	1 246	977
71	中国兴益控股集团(浙江兴益风机电器有限公司)	19 512	3 996	412	13 061	19 210	16 293
72	浙江格凌实业有限公司	17 364	5 322	204	12 557	17 249	12 272
73	浙江义乌星耀风机有限公司	27 228	4 032	413	28 162	27 228	22 314
74	浙江亿利达风机有限公司	63 234	18 121	782	44 699	65 832	50 017
75	济南风机厂有限责任公司	8 088	2 667	395	10 537	8 398	6 101
76	山东铭润电站装备有限公司	9 806	3 359	263	8 235	9 520	8 587
77	青岛风机厂有限公司	4 954	991	208	3 910	4 063	2 767
78	青岛纺机绿环工程有限公司	2 518	428	47	1 122	2 587	2 323
79	山东省章丘鼓风机股份有限公司	63 078	18 918	1 065	93 283	64 727	45 533
80	山东章晃机械工业有限公司	7 000	2 781	99	8 679	6 755	3 978
81	山东海福德机械有限公司	3 150	680	170	3 020	3 118	1 864
82	山东中昊民防设备有限公司	6 197	1 115	345	6 373	6 197	5 364
83	山东新风股份有限公司	7 567	2 077	395	10 631	7 317	5 573
84	山东格瑞德集团有限公司	85 150	10 217	1 100	84 756	84 731	68 990
85	山东淄博科鸿风机有限公司	3 127	715		866	2 673	2 474
86	淄博风机厂有限公司	5 600	1 366	116	3 560	5 600	4 330
87	山东省临风鼓风机有限公司	9 200	1 373	235	12 566	6 980	5 990
88	山东美陵美力达风机有限公司	10 626	1 594	172	6 539	10 626	9 816
89	文登市威力风机有限公司	10 236	2 559	242	6 949	7 620	6 452
90	威海克莱特菲尔风机股份有限公司	22 941	7 341	460	22 863	23 072	15 866
91	福建成达鼓风机有限公司	2 254	567	118	2 587	2 208	1 463
92	安徽安风风机有限公司	20 049	5 689	381	17 478	16 166	11 719
93	武汉鼓风机有限公司	17 126	4 110	428	95 008	12 132	9 060
94	武汉和平风机有限责任公司	826	109	45	2 159	321	209
95	武汉瑞丰暖通设备制造有限公司	3 002	690	188	1 503	3 002	2 551
96	湖北省风机厂有限公司	50 879	16 281	500	23 778	49 147	34 257
97	湖北新流鼓风机有限公司	1 615	262	65	684	1 256	921
98	湖北双剑鼓风机制造有限公司	39 347	10 050	529	23 126	37 676	28 702
99	中意机电(湖北)鼓风机制造有限公司	26 465	6 590	283	15 079	23 305	19 620
100	长沙鼓风机厂有限责任公司	29 183	8 286	966	28 498	31 145	22 465
101	长沙赛尔机泵有限公司	32 300	7 117	222	26 667	25 855	21 734
102	长沙市湘华通风设备有限公司	360	54	45	348	466	430
103	长沙久旋风机制造有限公司	298	75	32	216	299	240

（续）

序号	企业名称	工业总产值（万元）	工业增加值（万元）	从业人员平均人数（人）	年末资产总额（万元）	主营业务收入（万元）	主营业务成本（万元）
104	湘潭平安电气有限公司	41 692	15 635	523	33 323	33 081	20 244
105	重庆通用工业（集团）有限责任公司	130 241	43 880	3 792	274 607	124 675	92 190
106	重庆鼓风机厂	5 400	1 350	217	4 729	4 287	3 418
107	重庆两江鼓风机有限责任公司	945	236	49	1 523	850	828
108	成都电力机械厂	34 546	11 753	395	85 203	83 058	73 564
109	四川望江风机制造有限公司	2 405	750	83	1 802	2 405	2 002
110	四川省鼓风机制造有限责任公司	15 432	4 614	390	14 126	16 671	11 056
111	新乡西玛鼓风机有限公司	11 199	2 854	210	5 540	10 168	6 936
112	新乡市风机总厂有限公司	3 200	1 095	188	3 050	3 313	2 121
113	洛阳北玻台信风机技术有限责任公司	5 082	1 235	160	3 010	5 062	3 641
114	南阳防爆集团股份有限公司	253 504	76 813	3 624	221 551	248 511	171 219
115	广州永诚风机制造有限公司	961	231	46	342	821	651
116	佛山市三水迪尔迅风冷设备厂	5 101	961		3 600	4 600	3 894
117	佛山市南海九洲普惠风机有限公司	34 506	11 042	856	12 148	25 683	20 412
118	南方风机股份有限公司	36 410	11 599	515	108 387	44 866	28 366
119	北海鼓风机实业公司	2 100	525	101	5 198	1 580	1 222
120	大理通用机械厂有限责任公司	438	88	43	2 332	843	751

2011年中国通用机械工业协会风机分会会员单位经济效益指标

序号	企业名称	经济效益综合指数（%）	总资产贡献率（%）	资本保值增值率（%）	资产负债率（%）	流动资产周转率（次）	成本费用利润率（%）	全员劳动生产率（元/人）	产品销售率（%）
1	沈阳鼓风机集团股份有限公司	297.27	8.36	183.84	74.29	1.13	4.93	343 021	86.88
2	沈阳风机厂有限公司	83.62	2.47	101.90	97.30	0.67	4.07	45 099	112.77
3	沈阳正双环通用设备制造有限公司	26.29	-1.37	100.00	83.96	0.38	-6.23	28 000	100.00
4	沈阳通风机有限公司		2.40		70.92	0.92	1.18		91.18
5	航空工业沈阳发动机研究所风机厂	95.91	5.33	100.89	83.01	1.08	0.25	70 889	95.00
6	沈阳大隆机器制造有限公司	146.27	1.88	98.34	59.39	1.42	0.55	146 000	95.25
7	鞍山风机集团有限责任公司	188.01	7.75	181.92	48.90	0.77	9.01	128 930	104.51
8	营口市风机耐酸泵厂		33.08	92.86	85.17	2.54	7.89		100.00
9	锦州新锦化机械制造有限公司	111.28	5.78	108.06	87.57	1.00	2.29	83 077	99.53
10	吉林市亚星电站辅机有限公司	220.82	51.71	114.70	58.55	2.88	13.11	11 809	84.25

（续）

序号	企业名称	经济效益综合指数（%）	总资产贡献率（%）	资本保值增值率（%）	资产负债率（%）	流动资产周转率（次）	成本费用利润率（%）	全员劳动生产率（元/人）	产品销售率（%）
11	四平鼓风机股份有限公司	175.03	10.34	124.95	61.00	1.03	3.90	148 604	91.56
12	长春花园机械有限公司	113.86	7.18	113.43	81.60	1.73	2.98	64 125	93.14
13	肇东市风机制造总厂	118.89	11.40	95.05	50.85	1.09	6.53	40 000	97.55
14	陕西鼓风机（集团）有限公司	370.46	7.85	108.80	61.44	0.45	18.39	399 949	99.44
15	西安凯瑟鼓风机有限公司	113.60	8.52	109.69	72.02	0.92	4.04	61 146	98.41
16	西安交大流体压缩国家工程中心咸阳风机厂	203.81	19.70	363.64	33.64	1.85	15.82	13 438	92.24
17	西安重装韩城煤矿机械有限公司	138.57	10.33	140.77	31.10	1.84	0.69	77 000	91.80
18	北京风机二厂	70.54	0.50	99.41	33.89	0.46	0.76	22 755	112.73
19	北京华怡净化科技研究所有限公司		-6.19		81.82	0.56	-18.67	15 333	111.82
20	北京新安特风机有限公司	193.21	9.84	106.36	15.31	1.43	8.96	123 532	91.65
21	北京鼓引风机有限公司			121.88		3.22	13.25	47 449	69.88
22	天津市鼓风机总厂	-152.61	-10.68	5.68	99.44	2.02	-45.56	9 260	94.55
23	天津津鼓风机有限责任公司	188.04	18.72	105.76	54.82	4.99	0.86	98 796	95.72
24	天津市通风机厂	69.15	1.85	100.08	78.93	0.49	0.13	46 250	93.96
25	天津市荣光特种风机有限公司		9.94		73.93	1.30	4.81	127 143	83.36
26	天津中隧通风机有限公司	196.47	8.18	100.55	44.23	1.21	24.93	55 172	85.80
27	石家庄市风机厂有限责任公司	153.36	12.47	101.04	38.33	2.96	2.30	78 571	92.98
28	河北同心风机配件有限公司	175.49	20.00	122.12	36.10	2.55	6.97	62 121	100.00
29	宣化通风设备有限公司	100.02	10.70	125.53	86.25	0.91	3.72	36 333	104.00
30	邯郸市东方风机制造有限公司	254.02	21.08	103.85	11.48	1.64	32.42	39 333	87.50
31	原平鼓风机有限责任公司	139.19	19.23	113.25	28.38	1.91	6.33	20 192	86.28
32	山西省运城安瑞节能风机有限公司	289.23	23.45	317.96	40.36	1.37	21.80	127 614	88.44
33	内蒙古天福风机有限公司	74.49	1.54	101.33	80.45	0.81	0.96	38 000	130.33
34	包头市爱科风机技术有限责任公司	84.11	1.54	86.53	60.21	1.53	1.34	39 308	101.92
35	包头市田力环发机电有限公司	164.78	9.75	121.24	48.46	1.20	15.55	49 451	106.93
36	赤峰华茂风机制造有限责任公司	215.21	18.86	100.00	38.76	3.33	17.30	61 333	95.88
37	宁夏宁朔集团银川银风风机有限责任公司		5.93	68.35	59.62	1.19	0.63		103.68
38	甘肃省白银风机厂有限责任公司	103.60	5.33	104.42	67.67	1.24	0.42	70 044	101.30
39	新疆风机有限责任公司	97.58	4.87	116.08	58.08	1.26	4.24	30 408	100.00
40	上海鼓风机厂有限公司	170.97	5.40	110.34	79.79	1.04	3.01	173 653	97.87
41	上海长征鼓风机有限公司		5.45		74.23	0.89	1.85	38 025	106.65
42	上海通用风机股份有限公司	295.52	20.83	119.20	37.23	2.10	11.40	237 751	103.91
43	上海德惠特种风机有限公司	296.62	34.07	150.56	38.47	2.26	20.49	138 552	80.12
44	上海应达风机有限公司	185.03	20.64	137.94	41.44	2.20	11.03	56 586	95.02
45	上海诺地乐通用设备制造有限公司	212.60	29.39	126.30	65.29	1.82	10.68	100 283	83.89
46	上海哈龙风机电器有限公司	149.88	16.12	106.83	21.78	2.47	4.25	49 670	85.47
47	上海大速电机有限公司	270.53	39.84	153.51	36.48	10.96	3.74	34 468	99.12

（续）

序号	企业名称	经济效益综合指数（%）	总资产贡献率（%）	资本保值增值率（%）	资产负债率（%）	流动资产周转率（次）	成本费用利润率（%）	全员劳动生产率（元/人）	产品销售率（%）
48	南京鼓风机厂有限公司		7.67		93.18	3.79	0.45	20 746	101.83
49	江苏金通灵流体机械科技股份有限公司	236.05	9.25	107.35	35.97	0.80	10.97	204 121	90.06
50	南通市恒荣机泵厂有限公司	323.68	31.54	106.94	11.75	3.60	10.34	224 648	97.93
51	江苏苏风通风机有限公司	171.49	22.56	103.80	55.68	2.24	5.74	76 768	87.50
52	无锡耀新通用机械有限公司	137.41	12.20	90.95	45.45	1.76	9.55	31 667	100.00
53	江苏一鼓风机有限公司	122.87	9.56	107.85	68.42	1.27	3.26	70 727	98.90
54	宜兴市侨联风机有限公司	119.95	7.33	100.00	65.71	1.81	1.70	75 484	93.24
55	百事德机械（江苏）有限公司	346.65	14.17	112.31	31.95	0.77	19.61	313 950	95.24
56	常熟市鼓风机有限公司	139.45	10.72	101.46	58.31	1.35	3.69	87 299	97.61
57	张家港市英德利空调风机有限公司	210.38	19.53	120.46	23.58	3.95	7.60	88 548	100.10
58	徐州风机有限公司		11.59		13.43	1.76	12.45	25 583	97.08
59	盐城市赛格机械有限公司	167.98	9.53	101.87	28.90	2.06	5.37	100 000	103.33
60	宁波风机有限公司	74.47	6.89	-59.54	101.42	0.48	3.11	65 143	103.80
61	杭州科星鼓风机有限公司	151.60	15.69	108.44	67.41	1.60	2.76	96 615	97.90
62	余姚风机总厂	183.12	17.82	111.62	32.96	2.34	9.82	67 834	100.00
63	浙江上风实业股份有限公司	344.38	7.88	111.00	26.70	2.22	4.12	401 000	91.22
64	浙江明新风机有限公司	186.50	14.13	106.02	56.21	1.31	9.51	116 212	99.90
65	上虞通风机有限公司	160.33	1.45	151.01	22.76	1.77	11.06	68 597	100.00
66	上虞专用风机有限公司	352.89	15.56	115.03	50.85	1.59	16.08	336 652	98.49
67	浙江风神风机制造有限公司	195.94	15.20	117.19	34.50	1.71	11.47	97 151	97.56
68	浙江双阳风机有限公司	224.73	17.74	100.50	30.69	0.74	16.56	122 778	97.03
69	浙江金盾风机风冷设备有限公司	270.44	21.17	138.73	55.19	1.17	20.73	160 526	87.61
70	浙江大丰风机电器有限公司	118.70	10.76	104.20	48.66	1.27	4.03	45 625	102.55
71	浙江兴益风机电器有限公司	177.92	20.91	105.85	62.17	2.09	5.45	96 990	99.05
72	浙江格凌实业有限公司	418.00	44.65	143.80	56.39	5.52	20.24	260 882	97.97
73	浙江义乌星耀风机有限公司	194.52	15.04	109.64	25.62	1.94	9.96	97 627	100.00
74	浙江亿利达风机股份有限公司	296.20	23.15	114.11	44.99	2.44	11.39	231 726	101.30
75	济南风机厂有限责任公司	125.14	8.26	101.70	73.32	1.12	5.95	67 519	101.61
76	山东铭润电站装备有限公司	171.77	12.16	102.53	49.78	1.28	4.46	127 719	98.95
77	青岛风机厂有限公司	98.14	7.79	104.76	74.12	1.46	1.73	47 644	89.20
78	青岛纺机绿环工程有限公司		20.07	105.43	13.46		2.60	91 064	102.34
79	山东省章丘鼓风机股份有限公司	303.26	18.03	278.56	27.16	1.32	20.13	177 634	102.61
80	山东章晃机械工业有限公司		28.91	105.56	8.93	1.05	47.76	280 909	85.71
81	山东海福德机械有限公司	127.28	14.10	110.94	45.93	1.42	4.85	40 000	98.98
82	山东中昊民防设备有限公司	115.97	6.46	125.98	38.44	3.01	1.53	32 319	100.00
83	山东新风股份有限公司	180.06	15.01	135.31	46.22	1.32	15.97	52 582	93.21
84	山东格瑞德集团有限公司	195.81	13.09	111.15	43.42	3.90	8.30	92 882	99.51

（续）

序号	企业名称	经济效益综合指数（%）	总资产贡献率（%）	资本保值增值率（%）	资产负债率（%）	流动资产周转率（次）	成本费用利润率（%）	全员劳动生产率（元/人）	产品销售率（%）
85	山东淄博利鸿风机有限公司		19.75	100.00	13.86	7.09	3.91		95.30
86	淄博风机厂有限公司	209.74	18.85	117.58	39.33	2.62	7.92	117 759	100.00
87	山东省临风鼓风机有限公司	135.26	3.89	448.24	54.45	1.09	-1.31	58 426	98.70
88	山东美陵美力达风机有限公司	149.59	7.94	110.31	56.49	2.41	3.59	92 674	100.00
89	文登市威力风机有限公司	142.46	12.39	49.82	84.47	1.55	4.47	105 744	86.43
90	威海克莱特菲尔风机股份有限公司	279.39	25.65	123.32	36.81	1.46	18.89	159 587	100.57
91	福建成达鼓风机有限公司	255.07	26.50	103.27	24.31	2.58	26.81	48 051	97.96
92	安徽安风风机有限公司	252.97	19.75	111.83	33.62	1.85	15.81	149 318	94.34
93	武汉鼓风机有限公司	-1.31	-1.96	66.78	90.53	0.26	-22.16	96 028	99.20
94	武汉和平风机有限责任公司	49.59	1.93	126.37	94.67	0.15	1.61	24 222	38.86
95	武汉瑞丰暖通设备制造有限公司	155.16	22.73	101.27	9.98	2.18	3.95	36 702	100.00
96	湖北省风机厂有限公司	372.91	32.17	150.73	51.08	2.77	10.69	325 620	95.77
97	湖北新流鼓风机有限公司	121.94	15.41	102.29	34.80	2.05	0.81	40 308	90.28
98	湖北双剑鼓风机制造有限公司	293.36	29.40	153.14	45.45	2.94	11.67	189 981	99.10
99	中意机电（湖北）鼓风机制造有限公司	286.08	19.58	164.57	28.93	2.71	7.00	232 862	88.06
100	长沙鼓风机厂有限责任公司	143.58	9.74	100.85	50.23	2.09	2.73	85 776	103.92
101	长沙赛尔机泵有限公司	272.28	6.82	108.02	58.28	1.19	3.69	320 586	93.65
102	长沙市湘华通风设备有限公司	61.80	2.99	94.29	62.07	1.89	-1.90	12 000	100.00
103	长沙久旋风机制造有限公司	82.48	0.50	516.67	114.35	1.65	-7.19	23 438	100.34
104	平安电气股份有限公司	383.99	29.03	135.82	39.80	1.46	22.64	298 948	92.83
105	重庆通用工业（集团）有限责任公司	144.93	3.45	108.33	59.73	0.74	5.60	115 717	99.03
106	重庆鼓风机厂	97.49	5.39	106.44	78.68	1.05	1.59	62 212	94.44
107	重庆两江鼓风机有限责任公司	85.23	3.69	115.44	69.07	1.02	0.59	48 163	89.95
108	成都电力机械厂	249.24	4.91	104.44	66.51	1.23	2.22	297 544	112.52
109	四川望江风机制造有限公司	126.98	7.05	104.35	78.69	2.18	0.97	90 361	100.00
110	四川省鼓风机制造有限责任公司	184.09	15.39	100.96	46.89	1.77	6.41	118 308	92.85
111	新乡西玛鼓风机有限公司	193.56	13.90	117.32	67.47	3.15	4.08	135 905	98.37
112	新乡市风机总厂有限公司	289.84	35.08	190.87	19.08	1.43	29.43	58 245	103.53
113	洛阳北玻台信风机技术有限责任公司	302.03	47.60	142.02	18.70	2.55	22.33	77 188	99.61
114	南阳防爆集团股份有限公司	300.77	24.36	122.09	48.69	1.59	17.49	211 956	98.81
115	广州永诚风机制造有限公司	219.30	26.63	227.84	35.38	7.40	0.74	50 217	100.00
116	佛山市三水迪尔迅风冷设备厂		12.09	90.28	31.61	2.01	8.16		92.14
117	佛山市南海九洲普惠风机有限公司	227.62	26.23	110.26	60.53	3.47	7.82	128 995	74.54
118	南方风机股份有限公司	338.26	12.52	142.02	2.72	0.55	28.64	225 223	123.22
119	北海鼓风机实业公司	99.75	3.65	96.46	65.91	0.52	5.36	51 980	96.00
120	大理通用机械厂有限责任公司	37.16	-1.10	98.07	69.47	0.66	-4.32	20 465	106.16

2011 年中国通用机械工业协会

序号	企业名称	风机合计		离心压缩机		轴流压缩机		能量回收透平机组	
		产量（台）	销量（台）	产量（台）	销量（台）	产量（台）	销量（台）	产量（台）	销量（台）
1	沈阳鼓风机集团股份有限公司	838	1 026	258	243	1	1		
2	沈阳风机厂有限公司	408	405						
3	沈阳正双环通用设备制造有限公司	1 573	1 573						
4	沈阳通风机有限公司	624							
5	航空工业沈阳发动机研究所风机厂	23	23						
6	沈阳大隆机器制造有限公司	423	398						
7	鞍山风机集团有限责任公司	1 603	1 603						
8	营口市风机耐酸泵厂	245	215						
9	锦州新锦化机械制造有限公司	37		37					
10	吉林市亚星电站辅机有限公司	156	156						
11	四平鼓风机股份有限公司	2 312	2 140						
12	肇东市风机制造总厂	1 187	1 178						
13	陕西鼓风机（集团）有限公司	1 174	1 004	104	95	127	150	92	90
14	西安凯瑟鼓风机有限公司	1 645	1 636						
15	西安交大流体压缩国家工程中心咸阳风机厂	5 086	4 968						
16	西安重装韩城煤矿机械有限公司	67	60						
17	北京华怡净化科技研究所有限公司	1 079	1 079						
18	北京新安特风机有限公司	11 134	9 925						
19	北京鼓引风机有限公司	1 210	1 202						
20	天津津鼓风机有限责任公司	9 732	9 557						
21	天津市通风机厂	853	1 027						
22	天津市荣光特种风机有限公司	800	800						
23	天津中隧通风机有限公司	2 280	2 230						
24	石家庄市风机厂有限责任公司	8 944	8 309						
25	河北同心风机配件有限公司								
26	邯郸市东方风机制造有限公司	2 780	2 780						
27	原平鼓风机有限责任公司	1 304	1 425						
28	山西省运城安瑞节能风机有限公司	2 362	2 188						
29	包头市爱科风机技术有限责任公司	1 454	1 391						
30	包头市田力环发机电有限公司	348	336						
31	赤峰华茂风机制造有限责任公司	1 771	1 782						
32	宁夏宁朔集团银川银风风机有限责任公司	716							
33	甘肃省白银风机厂有限责任公司	2 015	1 874						

风机分会会员单位产品产销情况

（续）

离心鼓风机		罗茨鼓风机		离心通风机		轴流通风机		其他风机		风机配件	
产量（台）	销量（台）	产量（台）	销量（台）	产量（台）	销量（台）	产量（台）	销量（台）	产量（台）	销量（台）	产值（万元）	产量（件/套）
166	217			290	312	123	253			26 971	133
				393	390	15	15			480	345
				1 129	1 129	444	444			47	245
				414		210				757	2 145
						23	23				
2				275	252	146	146			478	1 019
		139	139	1 388	1 388	76	76			1 837	2 021
				210	185	35	30			76	40
17	17			21	21	86	86	32	32	47	107
35	32			2 277	2 108					5 298	1 333
				1 009	1 000	178	178			136	367
230	238	5		475	420	141	11			72 889	
33	27			299	443	1 174	1 045	139	121	28	168
				96	96	4 990	4 872			326	980
						67	60				
				1 079	1 079						
				3 600	3 288	4 316	3 697	3 218	2 940	546	1 851
				860	852	350	350				
				6 732	6 611	2 212	2 196	788	750	624	675
				416	455	198	317	239	255	157	157
				500	500	300	300			500	
				640	640	1 466	1 420	174	170		
				8 469	7 834	447	447	28	28	514	502
										9 800	84 900
				2 122	2 122	658	658			300	800
		115	120	933	965	256	340			300	2 000
						2 362	2 188				
				1 325	1 281	121	102	8	8	176	217
				313	301	35	35			156	
				576	561	850	876	345	345	206	1 650
		46		612		58				293	
				1 795	1 682	29	29	191	163	436	391

序号	企业名称	风机合计		离心压缩机		轴流压缩机		能量回收透平机组	
		产量（台）	销量（台）	产量（台）	销量（台）	产量（台）	销量（台）	产量（台）	销量（台）
34	新疆风机有限责任公司	2 937	587						
35	上海鼓风机厂有限公司	1 141	1 101	5	5				
36	上海长征鼓风机有限公司	127	132						
37	上海通用风机股份有限公司	13 590	13 590						
38	上海德惠特种风机有限公司	16 346	16 346						
39	上海诺地乐通用设备制造有限公司	44 600	44 000						
40	上海哈龙风机电器有限公司	37 738	37 738						
41	上海大速电机有限公司	3 772	3 607						
42	南京鼓风机厂有限公司	900	0						
43	江苏金通灵流体机械科技股份有限公司	1 751	1 675						
44	南通市恒荣机泵厂有限公司	3 508	3 500						
45	江苏苏风通风机有限公司	4 078	4 001						
46	无锡耀新通用机械有限公司	2 510	2 510						
47	江苏一鼓风机有限公司	1 179	1 167						
48	宜兴市侨联风机有限公司	2 250	1 716						
49	百事德机械(江苏)有限公司	11 022	9 249						
50	常熟市鼓风机有限公司	3 984	3 926						
51	张家港市英德利空调风机有限公司	32 212	32 000						
52	徐州风机有限公司	250	225						
53	盐城市赛格机械有限公司	11 920	7 420						
54	宁波风机有限公司	1 949	2 065						
55	杭州科星鼓风机有限公司	220	220						
56	余姚风机总厂	14 921	13 565						
57	浙江上风实业股份有限公司	46 850	45 390						
58	浙江明新风机有限公司	78 550	78 310						
59	上虞通风机有限公司	51 500	51 000						
60	上虞专用风机有限公司	3 400	3 315						
61	浙江风神风机制造有限公司	25 610	25 000						
62	浙江双阳风机有限公司	6 457	6 360						
63	浙江金盾风机风冷设备有限公司	7 300	7 300						
64	浙江大丰风机电器有限公司	25 000							
65	中国兴益控股集团(浙江兴益风机电器有限公司)	163 580	160 966						
66	浙江格凌实业有限公司	168 768	168 835						
67	浙江义乌星耀风机有限公司	5 120	5 120						
68	浙江亿利达风机有限公司	6 052 738	6 339 059						
69	济南风机厂有限责任公司	517	955						
70	山东铭润电站装备有限公司	68	83						
71	青岛风机厂有限公司	7 418	7 418						
72	青岛纺机绿环工程有限公司	1 018	1 019						

（续）

离心鼓风机		罗茨鼓风机		离心通风机		轴流通风机		其他风机		风机配件	
产量（台）	销量（台）	产量（台）	销量（台）	产量（台）	销量（台）	产量（台）	销量（台）	产量（台）	销量（台）	产值（万元）	产量（件/套）
				2 350		513	513	74	74	324	
14	14	56	53	660	658	406	371			8 734	1 180
		127	132								
				12 575	12 575	1 015	1 015			796	3 810
		139	139	9 569	9 569	1 497	1 497	5 141	5 141		
				28 500	28 000	12 100	12 000	4 000	4 000		
				20 650	20 650	16 088	16 088	1 000	1 000		
		536	528	2 160	2 016	1 050	1 037	26	26	378	5 800
				565		50		285		100	
178	152			1 573	1 523					6 826	1 683
		3 508	3 500								
				3 849	3 772	229	229			350	477
								2 510	2 510		
221	223			853	838			105	106	652	
				630	580	1 350	950	270	186		
90	74	5 000	4 184					5 932	4 991	125	819
				1 255	1 230	1 108	1 086	1 621	1 610	328	291
				32 212	32 000						
90	85			120	110	40	30			200	
				3 500	3 460	4 000	3 960	4 420		2 000	
				1 949	2 065					385	706
				220	220					72	110
				14 487	13 170			434	395	275	44 666
				16 397	15 263	30 453	30 127				
								78 550	78 310		
				6 000	6 000	44 000	44 000	1 500	1 000	1 379	5 500
				1 010	975	850	840	1 540	1 500	253	185
				8 940	8 900	10 095	10 038	6 575	6 062	793	5 011
				2 683	2 617	3 774	3 743			532	766
				300	300	6 000	6 000	1 000	1 000		
						25 000					
				112 389	110 398	51 191	50 568				
								168 768	168 835	318	
2 370	2 370			1 788	1 788	962	962				
				6 039 111	6 324 297	4 786	5 682	8 841	9 080	10 478	
				517	955					1 003	
				68	83					693	320
				4 700	4 700	2 718	2 718			211	2 371
						1 018	1 019				

序号	企业名称	风机合计		离心压缩机		轴流压缩机		能量回收透平机组	
		产量（台）	销量（台）	产量（台）	销量（台）	产量（台）	销量（台）	产量（台）	销量（台）
73	山东省章丘鼓风机股份有限公司	8 844	8 531						
74	山东章晃机械工业有限公司	7 000	6 500						
75	山东海福德机械有限公司	1 450	1 431						
76	山东新风股份有限公司	56 247	51 131						
77	山东格瑞德集团有限公司	33 160	34 210						
78	山东淄博科鸿风机有限公司	4 086							
79	淄博风机厂有限公司	1 700							
80	山东省临风鼓风机有限公司	3 749	3 493						
81	山东美陵美力达风机有限公司	25 000							
82	文登市威力风机有限公司	2 555	2 632						
83	威海克莱特菲尔风机股份有限公司	102 390	101 370						
84	福建成达鼓风机有限公司	2 848	2 821						
85	安徽安风风机有限公司	5 086	4 968						
86	武汉鼓风机有限公司	222	220						
87	武汉和平风机有限责任公司	2 315	2 315						
88	武汉瑞丰暖通设备制造有限公司	13 100	13 100						
89	湖北省风机厂有限公司	4 358	4 174						
90	湖北新流鼓风机有限公司	1 213	1 105						
91	湖北双剑鼓风机制造有限公司	1 812	1 890						
92	中意机电（湖北）鼓风机制造有限公司	2 289	2 289						
93	长沙鼓风机厂有限责任公司	4 096	4 430						
94	长沙赛尔机泵有限公司	39	36	34	33				
95	长沙市湘华通风设备有限公司	800							
96	长沙久旋风机制造有限公司	1 643							
97	湘潭平安电气有限公司	12 551	12 240						
98	重庆通用工业（集团）有限责任公司	954							
99	重庆鼓风机厂	2 525	2 394						
100	重庆两江鼓风机有限责任公司	220	212						
101	成都电力机械厂	440	452						
102	四川望江风机制造有限公司	3 778							
103	四川省鼓风机制造有限责任公司	1 263	1 309						
104	新乡西玛鼓风机有限公司	6 173	6 203						
105	新乡市风机总厂有限公司	3 500	3 100						
106	洛阳北玻台信风机技术有限责任公司	1 773	1 773						
107	南阳防爆集团股份有限公司	59	68						
108	广州永诚风机制造有限公司	918	918						
109	佛山市三水迪尔迅风冷设备厂	9 656	7 822						
110	佛山市南海九洲普惠风机有限公司	204 687	201 288						
111	北海鼓风机实业公司	1 726	1 655						
112	大理通用机械厂有限责任公司	37	37						

（续）

离心鼓风机		罗茨鼓风机		离心通风机		轴流通风机		其他风机		风机配件	
产量（台）	销量（台）	产量（台）	销量（台）	产量（台）	销量（台）	产量（台）	销量（台）	产量（台）	销量（台）	产值（万元）	产量（件/套）
146	126	8 698	8 405							1 525	
		7 000	6 500								
		1 450	1 431								
				55 279	50 183	968	948				
				18 960	17 810	12 100	13 700	2 100	2 700	142	2 310
				1 486		2 600				1 368	
				790		510		400			
29	28	384	359	2 487	2 337	820	740	29	29	470	
				25 000							
				2 555	2 632					576	
				1 640	1 640	80 750	79 730	20 000	20 000	100	6 000
		992	983	1 031	1 025	40	40	785	773	233	
				4 990	4 872	96	96			3 268	980
30	30			186	184	6	6			4 552	
				132	132	2 177	2 177	6	6		
				5 900	5 900	7 200	7 200				
1 971	1 882			2 247	2 158	100	96	40	38	9 413	
				651	592	377	355	185	158	98	293
1 151	1 158			614	677			47	55	986	1 536
1 037	1 037			1 252	1 252					5 235	
		3 485	3 722	569	640	42	68			1 038	
5	3									2 330	55
				600		200					
				1 643						47	234
						12 551	12 240				
		11		943						3 186	423
		60	44	2 095	2 016	267	231	103	103	740	1 005
				202	194	18	18			160	90
				131	131	309	321			11 691	5 427
		50		3 633		50		45		124	860
69	89	781	762	413	458					770	
				3 979	3 979	2 114	2 144	80	80	804	1 630
				2 560	2 300	940	800				
				1 761	1 761	12	12				
						59	68				
				760	760	120	120	38	38		
				7 766	7 822	1 890				520	
		1 342	1 205	49 938	47 990	148 662	147 823	4 745	4 270	2 843	7 134
		52	47	1 467	1 423	207	185			285	182
				37	37					11	48

2011年中国通用机械工业协会阀门分会会员单位经济指标

序号	企业名称	工业总产值（万元）	工业增加值（万元）	从业人员平均人数（人）	年末资产总额（万元）	主营业务收入（万元）	主营业务成本（万元）
1	安徽方兴实业有限公司	17 709	4 839	178	9 546	17 432	15 790
2	安徽金源流体控制技术有限公司	7 711	1 952	105	9 598	7 460	5 729
3	安徽省白湖阀门厂有限责任公司	12 551	3 523	854	12 412	12 659	9 942
4	安徽省屯溪高压阀门有限公司	15 763	4 491	325	13 503	15 885	13 165
5	北阀科技集团股份有限公司	41 975	12 387	405	43 156	46 112	39 124
6	北京航天石化技术装备工程公司	45 252	14 927	278	50 546	39 456	39 456
7	北京市阀门总厂（集团）有限公司	60 182	8 767		53 412	57 362	51 415
8	伯特利阀门集团有限公司	59 671	7 882	617	27 771	41 071	33 044
9	长春高中压阀门有限责任公司	2 748	806	83	2 861	2 933	2 449
10	常州电站辅机总厂有限公司	17 200	7 055			15 745	10 160
11	常州兰陵阀门控制有限公司	8 650		100	5 713	8 629	6 483
12	成都乘风阀门控股集团有限公司	31 543	14 777	555	72 079	41 130	29 341
13	成都航利阀门成套设备有限公司	10 022		167	13 127	9 589	7 993
14	承德高中压阀门管件集团有限公司	53 412	13 969	680	34 222	50 869	41 913
15	大连大高阀门股份有限公司	57 500	25 464	838	91 219	58 925	38 890
16	丹阳中核苏阀蝶阀有限公司	4 518	1 105	75	4 997	4 179	3 189
17	方圆阀门集团有限公司	22 307	6 022	345	31 162	21 860	16 814
18	福建菲达阀门有限公司	12 388	3 860	153	5 341	12 388	10 548
19	甘肃省监狱企业集团兰州阀门有限责任公司	4 612	1 293	967	5 089	4 722	3 826
20	赣州赣阀阀门有限公司	738	152	43	2 104	1 243	1 127
21	广东明珠流体机械有限公司	9 650	2 538	227	8 844	9 273	6 648
22	哈电集团哈尔滨电站阀门有限公司	24 010	9 555	409	47 640	29 781	22 651
23	海安阀门厂有限公司	7 945	2 364	208	3 924	8 168	5 697
24	杭州华惠阀门有限公司	16 453	2 800	240	13 533	16 091	12 195
25	河北光德不锈钢阀业有限公司	7 953			9 017	9 675	7 953
26	河北宏业永泰流体机械股份有限公司	9 512	2 798	365	5 020	8 948	7 324
27	河南航天压力元件有限公司	11 800	3 507	360	14 831	18 469	14 652
28	河南黑马实业有限公司	18 349	4 687	360	9 529	16 328	11 580
29	河南开封高压阀门有限公司	147 053	85 222	3 767	174 529	143 840	80 694
30	河南省高山阀门有限公司	59 202	19 345	1 016	16 236	56 838	43 539
31	湖北高中压阀门有限责任公司	16 500	4 400	445	14 716	13 232	9 772
32	湖北三江航天红峰控制有限公司	66 372	17 071	1 324	76 467	66 669	58 235
33	环球阀门集团有限公司	44 681	8 312	588	21 352	44 628	36 605
34	黄山良业阀门有限公司	3 100	456	89	2 410	3 000	2 310

（续）

序号	企业名称	工业总产值（万元）	工业增加值（万元）	从业人员平均人数（人）	年末资产总额（万元）	主营业务收入（万元）	主营业务成本（万元）
35	江南阀门有限公司	82 114	20 528	456	75 972	81 021	67 427
36	江苏华英阀业有限公司	6 803		48	5 824	7 036	6 545
37	江苏江恒阀业有限公司	5 350	1 499	138	5 742	5 279	3 693
38	江苏涟水阀门厂有限公司	7 209	2 451	229	2 945	6 832	3 983
39	江苏神通阀门股份有限公司	51 776	10 355	606	108 766	40 604	25 797
40	江苏宇达电站辅机阀门制造有限公司	19 587	3 182	245	29 827	17 017	12 957
41	江苏竹箦阀业有限公司	37 609	4 127	1 897	14 906	32 062	23 053
42	昆山维萨阀门有限公司	8 742	812	150	5 873	7 242	6 152
43	兰州高压阀门有限公司	39 082	8 295	629	48 870	40 422	36 457
44	乐山长仪阀门制造有限公司	5 252	1 984	138	9 377	4 852	2 579
45	明珠阀门集团有限公司			350	15 700	20 444	16 764
46	南方阀门集团制造有限公司	13 258	5 383	131	17 126	13 105	10 217
47	南京华宁阀门有限公司	7 265	2 889	183	6 658	6 527	5 887
48	南通高中压阀门有限公司	4 093	973	199	4 763	3 955	3 587
49	南通捷瑞阀门有限公司	3 800	880	228	3 680	3 710	3 611
50	南通市电站阀门有限公司	8 200	4 824	180	11 965	8 195	5 510
51	能发伟业铁岭阀门股份有限公司	7 847	1 492	391	44 228	12 725	10 884
52	宁波一机阀门制造有限公司	11 880	2 963	418	8 711	11 286	7 562
53	蓬莱金创精铸阀业有限公司	10 260	4 207	450	9 403	10 129	8 082
54	青岛电站阀门有限公司	13 908	2 167	640	21 831	14 234	12 530
55	青岛高压阀门有限公司	12 643	3 669	296	10 974	12 643	9 919
56	青岛伟隆阀门有限公司	28 113	8 853	622	29 731	27 711	18 574
57	球豹阀门有限公司	35 464	7 076	549	22 554	35 638	30 283
58	山东泉城阀门有限公司	4 500	1 200	135	5 127	4 164	3 728
59	山东天成阀门制造有限公司	16 524	2 216	279	19 288	13 770	9 579
60	山东益都阀门集团股份有限公司	71 066	19 200	637	38 140	70 268	60 724
61	陕西航天泵阀科技集团有限公司	30 501	7 518	190	11 297	30 001	25 801
62	陕西锦瀚稀贵金属有限公司	3 005	616	102	3 549	2 780	2 479
63	上海电站阀门厂	1 220	247	32	2 367	1 183	929
64	上海阀门二厂有限公司	7 007		321	6 533	8 646	7 489
65	上海高中压阀门股份有限公司	31 390	5 886	205	11 954	29 896	25 412
66	上海冠龙阀门机械有限公司	41 838	46 081	720	35 451	39 046	28 290
67	上海沪工阀门厂（集团）有限公司	21 807		217	17 100	21 630	19 035
68	上海华通阀门有限公司	9 597	9 086	300	9 727	8 886	7 902
69	上海开维喜阀门集团有限公司	58 198	6 020	576	126 612	57 812	47 144
70	上海凯科阀门制造有限公司	63 552	15 724	736	48 532	60 725	48 582
71	上海科发泵阀制造有限公司	1 057	924	35	1 594	975	854
72	上海科科阀门集团有限公司	45 116		865	49 710	41 260	35 914
73	上海良工阀门厂有限公司	41 285	6 392	425	32 912	41 203	36 358
74	上海耐腐阀门集团有限公司	11 566	369	250	9 484	11 566	9 134

（续）

序号	企业名称	工业总产值（万元）	工业增加值（万元）	从业人员平均人数（人）	年末资产总额（万元）	主营业务收入（万元）	主营业务成本（万元）
75	上海耐莱斯·詹姆斯伯雷阀门有限公司	25 579	1 473	290	34 395	26 513	20 446
76	上海浦东汉威阀门有限公司	26 500	16 965	200	33 168	26 000	17 000
77	上海日泰阀门制造有限公司	1 642	1 657	56	6 020	1 642	1 220
78	上海桑特斯阀门有限公司	3 150	861	76	4 500	3 374	2 999
79	上海双高阀门(集团)有限公司	43 810	13 857	813	28 331	44 273	35 562
80	上海增欣机电设备制造有限公司	5 000	860	73	3 730	3 786	2 613
81	上海正丰阀门制造有限公司	13 100	3 200	330	9 740	8 600	6 500
82	上海自动化仪表股份有限公司自动化仪表七厂	10 469	2 723	218	24 918	10 002	6 778
83	上正阀门集团有限公司	35 750	8 938	832	26 226	35 680	28 935
84	沈阳盛世高中压阀门有限公司	9 819	6 408	507	26 178	10 198	6 743
85	慎江阀门有限公司	34 309	11 512	432	52 481	27 144	21 685
86	石家庄阀门一厂股份有限公司	17 681	6 466	452	35 480	17 482	15 463
87	石家庄三环阀门股份有限公司	23 254	16 109	1 093	40 001	17 386	11 923
88	四川广汉阀门厂	2 967	784	128	2 350	2 429	1 942
89	四川精控阀门制造有限公司	11 000	1 620	188	11 354	10 543	8 118
90	四川凯茨阀门制造有限公司	10 835	3 473	211	13 769	10 319	8 016
91	苏州奥村阀门有限公司	5 255		67	3 863	5 065	4 142
92	苏州德兰能源科技有限公司	5 000		63	11 511	3 846	3 077
93	苏州高中压阀门厂	25 037	1 433	181	20 581	25 144	23 557
94	苏州纽威阀门股份有限公司	231 141	60 759	1 845	244 572	193 452	133 149
95	苏州市燃气设备阀门制造有限公司	6 965	1 163	118	5 750	6 476	4 781
96	特福隆集团有限公司	30 896	7 109	307	33 087	30 201	22 542
97	天津百利二通机械有限公司	6 515	2 745	209	12 157	8 162	6 783
98	天津百利展发集团有限公司	14 499	5 158	377	13 420	14 499	9 302
99	天津大站集团有限公司	8 100		591	26 551	15 370	14 824
100	天津汇华阀业有限公司	11 200		80	4 601	7 148	6 371
101	天津津伯仪表技术有限公司	6 149	1 950	162	8 061	5 672	3 513
102	天津精通控制仪表技术有限公司	8 363	2 884	256	9 663	8 017	5 365
103	天津市北方阀门控制设备有限公司	3 306	1 185	102	3 523	4 370	3 453
104	天胜阀门集团有限公司	30 037	12 098	458	36 864	30 156	22 527
105	铁岭阀门(集团)特种阀门有限责任公司	28 994	5 052	328	18 684	26 538	20 505
106	铜陵市兴达阀门总厂	5 825	1 541	143	8 643	9 895	7 847
107	潍坊裕川内燃机配件有限公司	46 387	11 596	650	20 041	46 069	38 735
108	无锡富盛阀业有限公司	8 150		74	5 306	7 883	6 085
109	无锡锡山阀门厂有限公司		3 274	329	5 311	8 618	7 583
110	吴江市东吴机械有限责任公司	8 253	3 174	175	13 573	7 261	4 594
111	吴江市永胜密封制品有限公司	1 140		78	1 533	998	821
112	五洲阀门有限公司	45 215	12 658	392	35 260	43 216	27 659
113	武汉锅炉集团阀门有限责任公司	8 915	4 770	266	24 105	8 060	6 107
114	西安泵阀总厂有限公司	23 723	4 744	546	45 156	20 472	13 125

（续）

序号	企业名称	工业总产值（万元）	工业增加值（万元）	从业人员平均人数（人）	年末资产总额（万元）	主营业务收入（万元）	主营业务成本（万元）
115	西安三高阀门有限公司	7 017	526	70	9 786	7 243	6 230
116	宣达实业集团有限公司	34 916	7 980	434	31 418	34 002	27 926
117	扬中市阀门厂有限公司	16 955	4 232	326	12 019	16 930	13 343
118	扬州电力设备修造厂	45 444	8 263	473	26 870	45 567	38 882
119	扬州双良阀门有限公司	8 650	1 651	275	16 312	8 672	7 745
120	阳泉阀门股份有限公司	10 013	2 133	422	13 720	15 239	12 655
121	永康市良工阀门有限公司	2 194	422	118	2 652	2 181	1 883
122	永一阀门集团有限公司	21 359	5 105	390	32 645	21 281	17 061
123	浙江宝龙阀门制造有限公司	7 233		160	8 171	7 444	6 335
124	浙江超达阀门股份有限公司	37 686	11 081	475	33 382	37 605	29 238
125	浙江盾安阀门有限公司	65 580	10 951	1 659	70 139	65 243	51 648
126	浙江高中压阀门有限公司	8 646	1 888	180	9 568	8 636	6 344
127	浙江凯斯通阀门有限公司	7 328		240	12 150	6 215	5 052
128	浙江石化阀门有限公司	58 108	12 989	279	45 352	51 035	40 383
129	浙江万能阀门有限公司	6 667	692	28	1 369	6 108	5 321
130	镇江市铸造阀门厂有限公司	24 493	6 936	412	14 322	23 065	19 921
131	郑州市郑蝶阀门有限公司	40 485		450	29 360	39 675	23 788
132	中核苏阀横店机械有限公司	8 386		227	20 036	5 778	5 407
133	中核苏阀科技实业股份有限公司	71 350	17 695	965	156 515	70 520	54 030
134	中南焦作氨阀股份有限公司	3 971	470	252	6 093	3 113	2 417
135	自贡高压阀门股份有限公司	19 971	4 877	524	40 676	26 016	20 536
136	自贡工业阀门制造有限公司	1 523	470	104	1 515	1 442	1 193
137	自贡新地佩尔阀有限公司	6 085	1 221	106	4 984	6 082	4 506
138	浙江黄特阀门有限公司	771	186	45	2 779	721	533
139	远大阀门集团有限公司	72 496	36 973	3 288	42 756	95 387	79 967
140	鞍山亨通阀门有限公司	5 502	813	310	33 529	7 172	4 228

2011年中国通用机械工业协会阀门分会会员单位经济效益指标

序号	企业名称	经济效益综合指数（%）	总资产贡献率（%）	资本保值增值率（%）	资产负债率（%）	流动资产周转率（次）	成本费用利润率（%）	全员劳动生产率（元/人）	产品销售率（%）
1	安徽方兴实业有限公司	198.72	6.10	131.08	65.93	5.85	1.22	271 854	98.44
2	安徽金源流体控制技术有限公司	153.71	16.17	142.01	41.60	0.85	16.48	185 867	96.10
3	安徽省白湖阀门厂有限责任公司	148.10		126.64	66.37	1.28	5.52	41 253	98.77
4	安徽省屯溪高压阀门有限公司	299.11		177.29	53.43	1.66		138 185	100.72

（续）

序号	企业名称	经济效益综合指数（%）	总资产贡献率（%）	资本保值增值率（%）	资产负债率（%）	流动资产周转率（次）	成本费用利润率（%）	全员劳动生产率（元/人）	产品销售率（%）
5	北阀科技集团股份有限公司	231.54	3.56	119.72	7.20	3.03	8.54	305 854	107.25
6	北京航天石化技术装备工程公司	109.51	14.25	131.49	55.71	9.86	13.85	536 942	87.19
7	北京市阀门总厂(集团)有限公司	462.45	27.63	112.03	53.76		5.11		95.27
8	伯特利阀门集团有限公司	131.90		115.36	31.15	2.23	8.79	127 747	87.17
9	长春高中压阀门有限责任公司	87.84		140.11	47.75	1.72	3.86	97 108	97.82
10	常州电站辅机总厂有限公司		10.26				14.86		93.02
11	常州兰陵阀门控制有限公司	116.89		195.77	22.18	2.18	9.88		99.76
12	成都乘风阀门控股集团有限公司	241.47	23.93	109.36	60.15	0.75	15.07	266 249	146.75
13	成都航利阀门成套设备有限公司	147.01	13.19		55.92	0.87	1.04		
14	承德高中压阀门管件集团有限公司	143.95	6.23	114.79	21.68	4.10	10.06	205 426	95.00
15	大连大高阀门股份有限公司	219.20	24.55	108.23	58.10	1.04	16.46	303 866	114.11
16	丹阳中核苏阀蝶阀有限公司	122.32	13.59	118.53	53.65	1.08	14.19	147 333	101.35
17	方圆阀门集团有限公司	153.35	13.14	110.17	30.11	1.27	12.21	174 551	98.00
18	福建菲达阀门有限公司	130.60	14.12		30.16	4.81	1.84	252 288	100.00
19	甘肃省监狱企业集团兰州阀门有限责任公司	103.17	14.35	149.14	47.14	1.37	10.38	13 371	101.06
20	赣州赣阀阀门有限公司	127.51	17.34	84.36	79.04	0.87	0.49	35 295	87.75
21	广东明珠流体机械有限公司	131.46	2.18	96.63	52.83	1.64	0.67	111 789	99.44
22	哈电集团哈尔滨电站阀门有限公司	239.73	6.83	122.94	47.32	0.81	7.00	233 619	124.04
23	海安阀门厂有限公司	192.74	8.32	70.70	72.27	3.47	9.55	113 654	97.48
24	杭州华惠阀门有限公司	82.49	35.86	132.23	58.43	1.48	7.75	116 667	98.11
25	河北光德不锈钢阀业有限公司	122.43	15.85	106.24	50.79		3.20		121.65
26	河北宏业永泰流体机械股份有限公司	160.45		104.92	26.16	3.22	3.25	76 658	94.07
27	河南航天压力元件有限公司	176.23	15.98	104.74	57.12	1.96	4.20	97 417	81.19
28	河南黑马实业有限公司	129.23	11.35	105.88	29.68	2.97	3.90	130 194	88.99
29	河南开封高压阀门有限公司	331.62		191.70	18.22	1.53	35.66	226 233	97.82
30	河南省高山阀门有限公司	198.52	35.34	102.72	32.36	4.43	9.23	190 404	96.01
31	湖北高中压阀门有限责任公司	189.22	33.85	112.65	36.21	1.22	12.74	98 876	80.19
32	湖北三江航天红峰控制有限公司	119.62	16.52	134.77	58.30	1.26	6.63	128 935	97.21
33	环球阀门集团有限公司	150.24	6.56	101.39	40.61	3.93	8.85		99.99
34	黄山良业阀门有限公司	186.12	23.51	113.02	23.15	2.31	5.33	51 236	93.55
35	江南阀门有限公司	194.43	17.92	99.73	54.58	1.32	7.79	450 175	97.93
36	江苏华英阀业有限公司	192.34	11.77	100.63	64.08	20.51	0.68		95.78
37	江苏江恒阀业有限公司	119.20	34.60	270.15	31.59	1.25	6.29	108 623	98.67
38	江苏涟水阀门厂有限公司	199.13		92.37	50.70	5.37	17.24	107 031	94.77
39	江苏神通阀门股份有限公司	237.63	48.97	103.79	27.88	0.48	17.75	170 875	94.96
40	江苏宇达电站辅机阀门制造有限公司	124.86	8.18	109.98	59.66	1.03	9.38	129 878	86.88
41	江苏竹箦阀业有限公司	138.28	7.54	100.00	66.46	2.93	8.04	21 755	86.49
42	昆山维萨阀门有限公司	160.92	27.53		62.08	2.17	2.37	54 133	82.84
43	兰州高压阀门有限公司	189.21	5.38	101.93	68.60	1.30	4.58	131 876	99.71
44	乐山长仪阀门制造有限公司	66.97	5.18	108.29	31.46	0.70	23.26	143 783	92.44

（续）

序号	企业名称	经济效益综合指数（%）	总资产贡献率（%）	资本保值增值率（%）	资产负债率（%）	流动资产周转率（次）	成本费用利润率（%）	全员劳动生产率（元/人）	产品销售率（%）
45	明珠阀门集团有限公司	126.55	17.10		36.92		7.32		
46	南方阀门集团制造有限公司	254.31		108.97	46.71	0.88	8.37	410 916	98.85
47	南京华宁阀门有限公司	63.88		104.58	33.06	1.59	1.45	157 869	92.99
48	南通高中压阀门有限公司	69.14	3.97	90.75	54.46	1.01	-5.09	48 894	96.63
49	南通捷瑞阀门有限公司	150.84	-3.64	105.64	13.04	1.77	1.30	38 596	100.00
50	南通市电站阀门有限公司	99.05		115.07		1.40	12.12	268 000	100.00
51	能发伟业铁岭阀门股份有限公司	128.78	12.08	107.35	58.45	0.51		38 164	164.46
52	宁波一机阀门制造有限公司	192.48	0.71		46.00	2.00	11.20	70 885	98.00
53	蓬莱金创精铸阀业有限公司	67.73	20.54	117.71	44.68	1.53	11.78	93 489	97.47
54	青岛电站阀门有限公司	158.06	11.66	92.54	84.03	0.96	-7.26	33 859	104.73
55	青岛高压阀门有限公司	147.48	-3.54	106.21	20.22	3.05	7.34	123 953	100.00
56	青岛伟隆阀门有限公司	203.89	13.65	68.04	46.87	1.16	24.51	142 331	98.57
57	球豹阀门有限公司	179.86	22.28	112.29	57.45	2.43	5.32	128 889	100.49
58	山东泉城阀门有限公司	130.15	19.63	101.35	64.77	14.77	1.50	88 889	84.44
59	山东天成阀门制造有限公司	203.40		104.57	33.76	1.52	9.29	79 427	83.33
60	山东益都阀门集团股份有限公司	266.14	8.91	91.29	33.06	4.30	7.80	301 413	98.88
61	陕西航天泵阀科技集团有限公司	207.95	24.00	104.48	35.84	3.51	6.87	395 679	98.36
62	陕西锦瀚稀贵金属有限公司		63.89		53.42	0.94	5.15	60 392	92.51
63	上海电站阀门厂	51.22	22.17	104.81	43.85	0.74	3.67	77 188	96.97
64	上海阀门二厂有限公司	195.63	4.81	103.02	78.08		1.02		66.69
65	上海高中压阀门股份有限公司	365.11	10.96	105.20	30.91	4.28	6.84	287 122	95.24
66	上海冠龙阀门机械有限公司	454.15		107.31	64.35	1.28	2.29	640 014	93.35
67	上海沪工阀门厂（集团）有限公司	155.46	7.21	108.27	46.35	2.24	3.86		99.19
68	上海华通阀门有限公司	151.45	9.66		26.41	1.12	3.73	302 867	92.02
69	上海开维喜阀门集团有限公司	338.11	5.88	180.98	81.29	0.46	4.95	104 514	100.00
70	上海凯科阀门制造有限公司	153.66	3.21	117.67	40.48	1.53	14.04	213 641	95.55
71	上海科发泵阀制造有限公司	93.54	21.31	103.43	28.04	1.70	1.47	264 000	85.53
72	上海科科阀门集团有限公司	169.16	2.11	219.22	39.31	1.97	5.58		88.94
73	上海良工阀门厂有限公司	81.02	8.96	101.91	51.81	1.80	1.53	150 400	101.56
74	上海耐腐阀门集团有限公司	113.88	6.29	101.67	38.50	1.58	2.63	14 760	100.00
75	上海耐莱斯·詹姆斯伯雷阀门有限公司	423.77	11.36	103.82	58.79	1.20	2.76	50 793	103.65
76	上海浦东汉威阀门有限公司	290.36	5.44	217.69	21.94	1.38	41.21	848 250	98.11
77	上海日泰阀门制造有限公司	121.56	32.03	100.83	11.05	0.34	3.58	295 893	100.00
78	上海桑特斯阀门有限公司	203.17		109.23	54.76	0.98	0.93	113 289	104.76
79	上海双高阀门（集团）有限公司	205.77	3.75	118.60	9.72	3.17	10.85	170 443	94.91
80	上海增欣机电设备制造有限公司	174.64	27.94	164.89	73.43	1.99	12.18	117 808	75.72
81	上海正丰阀门制造有限公司	175.34	18.56	115.55	41.27	1.43	8.55	96 970	82.44
82	上海自动化仪表股份有限公司自动化仪表七厂	160.14	9.67	109.71	64.23	0.74	8.94	124 908	96.60
83	上正阀门集团有限公司	161.29	8.18	122.90	56.23	1.99	5.03	107 428	99.80
84	沈阳盛世高中压阀门有限公司	188.65	12.52	133.05	49.85	0.76	3.34	126 391	99.43

（续）

序号	企业名称	经济效益综合指数（%）	总资产贡献率（%）	资本保值增值率（%）	资产负债率（%）	流动资产周转率（次）	成本费用利润率（%）	全员劳动生产率（元/人）	产品销售率（%）
85	慎江阀门有限公司	158.89	2.34	154.19	57.62	0.96	4.12	266 481	79.12
86	石家庄阀门一厂股份有限公司	174.83	6.90	85.55	6.37	0.76	6.81	143 053	99.42
87	石家庄三环阀门股份有限公司	138.17	17.75	101.87	65.10	1.00	1.31	147 383	80.38
88	四川广汉阀门厂	174.27	6.48	125.02	29.57	2.54	7.73	61 250	89.52
89	四川精控阀门制造有限公司	203.02	15.65	152.44	34.35	1.42	10.28	86 147	94.58
90	四川凯茨阀门制造有限公司	81.57	17.17	135.32	48.28	1.09	6.59	164 597	95.24
91	苏州奥村阀门有限公司	88.25		132.47	31.22	2.16	6.17		96.37
92	苏州德兰能源科技有限公司	194.72	8.10		66.57		12.62		90.00
93	苏州高中压阀门厂	185.40	59.58	141.90	65.12	1.75	0.65	79 155	101.45
94	苏州纽威阀门股份有限公司	289.50	3.35	115.08	57.81	1.25	15.63	329 317	83.69
95	苏州市燃气设备阀门制造有限公司	171.63	15.49	145.83	71.10	2.00	3.29	98 559	90.60
96	特福隆集团有限公司	206.07	10.64	108.18	48.85	1.48	15.74	231 564	97.75
97	天津百利二通机械有限公司	185.60	20.20	107.20	71.59	0.90	3.10	131 340	126.08
98	天津百利展发集团有限公司	73.66	6.16	101.43	120.79	0.73	18.95	136 822	108.40
99	天津大站集团有限公司	108.02	8.60	104.64	79.88	0.88	1.43		100.00
100	天津汇华阀业有限公司		2.47	114.81	76.44	2.92	8.07		100.00
101	天津津伯仪表技术有限公司	179.35	15.87	90.78	27.96	0.71	7.88	120 370	94.23
102	天津精通控制仪表技术有限公司	196.93	8.12	91.55	43.12	0.94	14.61	112 656	78.27
103	天津市北方阀门控制设备有限公司	125.45	15.11	112.24	27.62	1.59	11.70	116 176	132.18
104	天胜阀门集团有限公司	198.34	21.92	115.75	36.48	1.04	20.73	264 148	100.40
105	铁岭阀门(集团)特种阀门有限责任公司	194.66	19.59	120.25	35.77	2.62	5.67	154 024	100.00
106	铜陵市兴达阀门总厂	145.55	18.80	105.50	27.85	1.97	11.07	107 762	99.00
107	潍坊裕川内燃机配件有限公司	116.34	14.73	129.47	28.56	2.66	12.50	178 400	99.57
108	无锡富盛阀业有限公司	180.67		134.38	41.95	2.61	13.56		96.72
109	无锡锡山阀门厂有限公司	161.98	21.96	135.96	64.36	2.08	3.80	99 514	98.96
110	吴江市东吴机械有限责任公司	64.95	17.74	94.12	32.40	1.09	20.20	181 371	94.29
111	吴江市永胜密封制品有限公司	154.20		118.31	38.03	1.27	4.55		87.54
112	五洲阀门有限公司	417.30		114.67	43.15	3.41	23.31	322 908	95.58
113	武汉锅炉集团阀门有限责任公司	131.69	37.22	146.73	92.00	0.36	2.88	179 323	94.40
114	西安泵阀总厂有限公司	201.37	2.02	107.11	71.62	0.67	7.04	86 886	99.60
115	西安三高阀门有限公司	152.25	6.07	107.24	92.86	8.27	1.88	75 143	93.26
116	宣达实业集团有限公司	169.25	27.10	128.05	64.84	1.66	8.08	183 871	97.38
117	扬中市阀门厂有限公司	202.52		190.36	38.41	2.72	4.56	129 816	99.86
118	扬州电力设备修造厂	124.80	16.43	116.95	40.61	2.54	0.91	174 693	101.26
119	扬州双良阀门有限公司	108.00	13.01	188.38	45.73	1.53	0.31	60 036	100.25
120	阳泉阀门股份有限公司	116.72	2.12	134.63	89.15	1.57	3.09	50 545	77.49
121	永康市良工阀门有限公司	167.69	9.27	109.90	51.85	1.90	5.43	35 763	99.41
122	永一阀门集团有限公司	84.95	11.80	100.90	38.55	1.69	3.96	130 897	99.63
123	浙江宝龙阀门制造有限公司	141.34	6.73	102.85	59.85	1.53	4.67		102.92
124	浙江超达阀门股份有限公司	135.70	11.58	139.92	28.84	1.58	6.57	233 284	99.79

（续）

序号	企业名称	经济效益综合指数（%）	总资产贡献率（%）	资本保值增值率（%）	资产负债率（%）	流动资产周转率（次）	成本费用利润率（%）	全员劳动生产率（元/人）	产品销售率（%）
125	浙江盾安阀门有限公司	157.22	11.20	110.63	75.43	1.54	4.30	66 010	99.73
126	浙江高中压阀门有限公司	74.26	8.77	106.01	62.74	1.18	6.85	104 889	96.77
127	浙江凯斯通阀门有限公司	189.71	10.96		42.18	1.00	6.36		84.81
128	浙江石化阀门有限公司	395.29	7.09	118.23	62.39	1.55	10.31	465 556	87.83
129	浙江万能阀门有限公司		21.85	99.51	10.88	6.17	-0.09	247 143	93.07
130	镇江市铸造阀门厂有限公司	181.48			41.77	3.18	7.57	168 350	99.29
131	郑州市郑蝶阀门有限公司		26.71		16.21	2.41	24.10		100.17
132	中核苏阀横店机械有限公司	183.06		99.57	66.52	0.81	2.59		68.89
133	中核苏阀科技实业股份有限公司	90.68		98.71	38.56	0.73	8.07	183 368	98.84
134	中南焦作氨阀股份有限公司	145.15	4.03	115.78	86.82	1.21	3.85	18 647	92.75
135	自贡高压阀门股份有限公司	73.71	5.84	100.97	69.40	0.70	6.89	93 073	130.15
136	自贡工业阀门制造有限公司	171.39		100.44	57.75	1.09	0.20	45 181	73.32
137	自贡新地佩尔阀有限公司	97.35		115.01	38.34	2.23	11.43	115 189	99.06
138	浙江黄特阀门有限公司	183.48	19.95	99.81	24.00	0.38	0.12	41 333	93.51
139	远大阀门集团有限公司		3.41	63.56	57.04	3.23	38.11	112 448	99.24
140	鞍山亨通阀门有限公司	175.29	89.00	104.11	60.63	0.57	6.25	26 229	136.96

2011年中国通用机械工业协会压缩机分会会员单位经济指标

序号	企业名称	工业总产值（万元）	工业增加值（万元）	从业人员平均人数（人）	年末资产总额（万元）	主营业务收入（万元）	主营业务成本（万元）
1	沈阳透平机械股份有限公司往复机事业部	54 718	7 137	344	63 825	51 073	41 489
2	沈阳远大压缩机股份有限公司	58 191	13 733	421	54 310	56 054	40 674
3	沈阳申元气体压缩机有限责任公司	13 677	13 014	280	19 330	13 677	9 750
4	阜新金昊空压机有限公司	25 128	9 171	245	27 610	26 993	20 530
5	大连金山压缩机制造有限公司	1 810	471	87	3 463	1 778	1 462
6	长春天航特种材料有限责任公司	804	191	45	716	772	468
7	北京京城环保产业发展有限责任公司	55 510	9 732	483	65 369	89 132	67 671
8	北京金凯威通用机械有限公司	12 765	4 270	55	7 094	10 910	8 911
9	天津市空气压缩机有限公司	8 740	2 297	95	5 035	7 847	5 885
10	北京天高隔膜压缩机有限公司	1 599	286	46	1 734	1 693	1 506
11	北京汇知机电设备有限责任公司	1 200	330	44	560	1 220	850
12	天津市舒塔克压缩机有限公司	1 700	575	74	1 163	1 580	1 426

（续）

序号	企业名称	工业总产值（万元）	工业增加值（万元）	从业人员平均人数（人）	年末资产总额（万元）	主营业务收入（万元）	主营业务成本（万元）
13	宣化冶金工业有限责任公司	9 030	2 433	150	35 204	8 364	6 313
14	河北省吴桥空压机有限责任公司	2 636	572	143	3 210	2 800	2 049
15	山西正华压缩机制造有限公司	1 485	309	373	8 071	1 651	1 120
16	山西省平陆县阀片厂	641	297	80	2 183	342	265
17	上海大隆机器厂有限公司	43 434	3 451	584	49 370	48 869	43 260
18	上海飞和实业集团有限公司	89 382	27 731	520	48 554	76 396	56 234
19	博莱特(上海)压缩机有限公司	41 571	11 840	250	22 788	35 531	26 777
20	上海佳力士机械有限公司	20 222	5 185	275	21 449	18 218	14 386
21	上海优耐特斯压缩机有限公司	23 230	10 789	102	15 318	22 827	16 103
22	上海浪潮机器有限公司	18 508	8 231	359	32 744	18 282	12 781
23	托格(上海)压缩机有限公司	3 500	810	72	1 855	3 200	1 800
24	江西气体压缩机有限公司	12 355	2 046	666	17 428	11 637	9 135
25	开山集团	423 357	91 404	5 431	556 505	428 050	367 004
26	浙江红五环集团股份有限公司	107 545	26 796	1 080	52 093	118 505	109 454
27	浙江鸿友压缩机制造有限公司	17 218	3 152	404	13 738	16 549	15 477
28	温岭市空压机有限公司(原浙江鑫磊压缩机有限公司)	37 000	8 962	800	93 675	26 540	26 364
29	杭州杭氧压缩机有限公司	7 687	2 371	157	13 266	7 746	6 155
30	宁波欣达螺杆压缩机有限公司	10 002	3 128	180	9 532	10 049	8 147
31	宁波德曼压缩机有限公司	6 383	1 518	138	3 315	6 429	4 950
32	温州固耐化机制造有限公司	46 817	8 912	386	17 022	42 598	34 052
33	宁波鲍斯能源装备股份有限公司	26 740	2 105	172	24 777	18 795	11 615
34	上海东方压缩机制造有限公司	8 306	1 167	86	10 145	5 424	4 310
35	阿特拉斯·科普柯(上海)贸易有限公司	587 376	199 708	2 334		416 673	266 326
36	上海东方威尔压缩机有限公司	1 559	485	58	1 180	1 618	1 254
37	杭州杭空压缩机有限公司	1 683	576	65	1 050	1 698	1 448
38	余姚捷华压缩机有限公司	2 064	863	100	3 669	1 983	1 457
39	江西惟思特科技发展有限公司	1 200	492	140	23 799	725	495
40	台州环天机械有限公司	15 408	10 156	350	18 378	12 327	9 658
41	余姚市大隆空压机配件有限公司	1 364	578	90	1 713	1 401	1 013
42	温州市建庆实业公司	3 995	2 091	109	2 002	3 122	2 495
43	江西第二气体压缩机制造厂	5 621	1 732	146	3 010	5 046	4 284
44	九江恒升曲轴有限公司	1 924	584	99	5 104	1 646	1 003
45	宁波超超安全阀制造有限公司	6 724	1 463	180	8 421	6 544	5 046
46	宁波星箭航天机械厂	13 750	6 789	389	16 931	12 023	7 350
47	乐清市威雷特电气有限公司	1 103	346	54	4 435	1 069	910
48	无锡压缩机股份有限公司	57 230	11 909	831	81 386	74 012	59 436
49	南京压缩机股份有限公司	17 959	5 538	630	39 764	17 995	12 659

（续）

序号	企 业 名 称	工业总产值（万元）	工业增加值（万元）	从业人员平均人数（人）	年末资产总额（万元）	主营业务收入（万元）	主营业务成本（万元）
50	南京华冠压缩机有限公司	7 386	1 492	124	21 172	7 448	5 594
51	江苏超力机械有限公司	28 000	7 846	312	19 653	27 494	25 517
52	山东省潍坊生建集团	73 362	16 099	1 387	84 687	70 971	60 363
53	济南压缩机厂有限公司	4 402	1 298	360	7 333	4 649	3 599
54	安瑞科（蚌埠）压缩机有限公司	24 071	5 529	656	44 088	24 018	18 556
55	中国人民解放军第四八一二工厂	12 528	6 633	713	21 324	10 237	6 989
56	江阴开益特种压缩机有限公司	6 916	1 383	202	2 806	6 924	5 731
57	中国石油集团济柴动力总厂	51 154	11 122	714	63 702	46 849	39 868
58	无锡力源压缩机有限公司	3 561	1 035	116	4 019	3 484	3 110
59	无锡五洋赛德压缩机有限公司	3 487	1 344	89	5 044	3 507	2 186
60	无锡杰尔压缩机有限公司	1 163	445	23	3 952	1 080	798
61	济南格蓝压缩机有限公司	5 800	2 050	340	4 010	5 100	4 313
62	江苏劲风压缩机制造有限公司	2 510	917	104	1 742	2 020	1 435
63	江苏恒久机械有限公司	1 243	534	135	24 713	1 120	751
64	马鞍山正棱压缩机有限责任公司	286	70	62	2 183	266	179
65	苏州鸿本机械制造有限公司	27 157	4 889	584	24 751	25 898	24 853
66	苏州爱德空分设备有限公司	656	164	24	573	656	571
67	无锡市顺昌塑料厂	1 284	349	70	857	1 347	1 136
68	扬州成功机械有限公司	2 092	866	170	2 347	2 354	1 843
69	扬州市云环压缩机部件有限公司	959	313	65	651	940	765
70	扬州宝华气阀有限公司	1 350	392	86	949	1 350	1 120
71	姜堰市华宇轴瓦有限公司	1 725	493	65	1 241	1 540	957
72	无锡锡山安达防暴电器设备有限公司	7 954	1 668	120	5 347	7 943	6 435
73	江苏锡安达防爆股份有限公司	37 880	13 152	441	44 466	37 112	29 326
74	重庆气体压缩机厂有限责任公司	21 829	5 922	736	36 251	20 105	15 466
75	四川大川压缩机有限责任公司	48 107	13 951	746	28 818	38 737	32 333
76	四川金星压缩机制造有限公司	42 319	8 634	488	50 661	42 085	32 276
77	自贡通达机器制造有限公司	71 660	18 370	442	53 215	70 900	49 544
78	自贡东方通用压缩机有限公司	8 834	2 540	280	7 783	8 655	6 112
79	自贡机一装备制造有限公司	21 833	6 926	339	17 205	17 251	13 767
80	自贡山川气体压缩机有限公司	3 338	1 063	228	4 729	3 481	2 904
81	四川南方气体压缩机公司	1 919	824	43	595	1 158	950
82	柳州压缩机总厂	5 618	1 900	525	44 263	10 701	9 055
83	广东正力精密机械有限公司	26 010	5 720	370	21 728	26 010	16 760
84	柳州柳二空机械股份有限公司	2 798	707	302	40 534	3 350	2 461
85	柳州市金象机械制造有限公司	15	2	14	270	14	13
86	武汉气体压缩机有限责任公司	580	70	100	1 034	580	550

2011年中国通用机械工业协会压缩机分会会员单位经济效益指标

序号	企业名称	经济效益综合指数（%）	总资产贡献率（%）	资本保值增值率（%）	资产负债率（%）	流动资金周转率（次）	成本费用利润率（%）	全员劳动生产率（元/人）	产品销售率（%）
1	沈阳透平机械股份有限公司往复机事业部	200.97	6.44		97.30	0.96	5.57	207 471	117.56
2	沈阳远大压缩机股份有限公司	359.82	21.55	137.69	60.76	1.69	16.43	326 200	96.33
3	沈阳申元气体压缩机有限责任公司	442.94	11.03	374.09	52.54	2.89	9.72	464 773	100.00
4	阜新金昊空压机有限公司	345.18	15.38	126.09	33.60	2.32	6.43	374 327	100.00
5	大连金山压缩机制造有限公司	129.43	8.17	120.15	81.23	2.00	7.08	54 138	98.23
6	长春天航特种材料有限责任公司	185.92	24.51	39.07	88.27	2.08	18.99	42 444	100.00
7	北京京城环保产业发展有限责任公司	257.41	19.39	114.08	43.55	1.73	10.85	201 491	102.17
8	北京金凯威通用机械有限公司	560.63	9.48	109.53	57.25	2.28	3.09	776 364	85.47
9	天津市空气压缩机有限公司	252.84	15.75	95.01	47.86	2.01	5.35	241 789	89.78
10	北京天高隔膜压缩机有限公司	118.89	11.00	112.90	79.82	1.31	3.25	62 174	105.88
11	北京汇知机电设备有限责任公司	149.87	14.55	101.96	7.14	3.54	0.85	75 000	100.00
12	天津市舒塔克压缩机有限公司	154.31	12.87	103.86	39.81	2.72	4.52	77 703	98.82
13	宣化冶金工业有限责任公司	227.00	4.24	166.31	23.17	2.29	13.12	162 200	107.26
14	河北省吴桥空压机有限责任公司	109.52	6.31	101.45	78.26	3.57	0.98	40 000	106.98
15	山西正华压缩机制造有限公司	65.27	1.85	292.12	78.86	0.45	0.03	8 284	50.91
16	山西省平陆县阀片厂	43.03	0.38	95.82	87.40	0.35	−2.28	37 125	62.40
17	上海大隆机器厂有限公司	106.32	5.31	108.62	71.81	1.38	2.48	59 091	108.60
18	上海飞和实业集团有限公司	513.52	28.98	113.91	10.79	3.85	15.73	533 288	85.47
19	博莱特(上海)压缩机有限公司	431.46	22.17	142.55	60.33	2.32	9.44	473 600	100.00
20	上海佳力士机械有限公司	216.22	10.80	107.88	39.75	1.53	7.44	188 545	90.09
21	上海优耐特斯压缩机有限公司	836.07	31.23	123.17	34.68	1.69	20.72	1 057 745	98.27
22	上海浪潮机器有限公司	231.26	5.87	148.95	43.82	0.89	7.25	229 289	98.78
23	托格(上海)压缩机有限公司	319.17	46.11	115.75	35.04	1.97	27.96	112 500	91.43
24	江西气体压缩机有限公司	78.41	4.07	102.02	66.89	1.00	1.55	30 721	95.60
25	开山集团	254.37	11.51	368.77	21.41	1.77	10.32	168 300	98.07
26	浙江红五环集团股份有限公司	270.66	8.46	174.66	60.66	4.86	1.71	248 111	110.19
27	浙江鸿友压缩机制造有限公司	113.00	3.96	104.68	69.72	1.68	1.50	78 020	96.11
28	温岭市空压机有限公司(原浙江鑫磊压缩机有限公司)		−1.73	91.15	82.27	1.53	−4.53	112 025	82.35
29	杭州杭氧压缩机有限公司	153.67	4.62	103.55	71.63	0.94	2.23	151 019	100.00
30	宁波欣达螺杆压缩机有限公司	212.70	13.58	109.46	37.23	1.76	6.48	173 778	100.47
31	宁波德曼压缩机有限公司	203.74	23.29	112.59	30.79	3.13	5.87	110 007	100.00
32	温州固耐化机制造有限公司	338.89	44.28	103.37	83.40	4.17	11.44	230 881	96.87
33	宁波鲍斯能源装备股份有限公司	324.20	29.87	145.45	51.50	2.58	33.86	122 384	70.29
34	上海东方压缩机制造有限公司	178.37	6.81	103.45	68.39	0.58	11.68	135 698	76.40

（续）

序号	企业名称	经济效益综合指数（%）	总资产贡献率（%）	资本保值增值率（%）	资产负债率（%）	流动资金周转率（次）	成本费用利润率（%）	全员劳动生产率（元/人）	产品销售率（%）
35	阿特拉斯·科普柯（上海）贸易有限公司	759.43					53.33	855 647	70.94
36	上海东方威尔压缩机有限公司	113.53	5.49	114.62	87.37	1.56	1.07	83 621	103.78
37	杭州杭空压缩机有限公司	136.00	8.45	97.81	78.76	3.19	0.53	88 615	100.89
38	余姚捷华压缩机有限公司	111.92	4.66	100.37	56.20	1.10	0.60	86 300	91.67
39	江西惟思特科技发展有限公司	62.69	-1.78	151.02	63.89	0.12	1.64	35 143	47.50
40	台州环天机械有限公司	234.72	7.11	104.22	86.17	1.32	0.96	290 171	80.00
41	余姚市大隆空压机配件有限公司	132.37	14.03	110.41	76.47	1.15	5.12	64 222	109.46
42	温州市建庆实业公司	224.05	14.61	113.60	67.03	3.29	2.81	191 835	91.64
43	江西第二气体压缩机制造厂	185.08	15.71	100.00	25.95	3.03	3.97	118 630	100.00
44	九江恒升曲轴有限公司	190.85	11.11	110.24	26.80	0.72	23.24	58 990	94.65
45	宁波超超安全阀制造有限公司	148.16	10.50	131.91	50.00	1.31	6.26	81 255	97.32
46	宁波星箭航天机械厂	216.83	14.75	103.07	62.16	1.41	8.19	174 524	99.87
47	乐清市威雷特电气有限公司	99.97	1.91	103.79	61.67	0.30	4.28	64 074	96.92
48	无锡压缩机股份有限公司	170.00	7.07	109.20	64.34	1.14	4.21	143 309	129.32
49	南京压缩机股份有限公司	107.80	3.24	101.66	79.00	1.31	0.64	87 905	97.66
50	南京华冠压缩机有限公司	147.12	3.30	103.28	50.30	0.54	6.22	120 323	99.35
51	江苏超力机械有限公司	235.87	7.02	41.72	63.92	2.18	5.08	251 474	98.20
52	山东省潍坊生建集团	127.43	5.39	114.81	73.30	1.05		116 071	98.67
53	济南压缩机厂有限公司	80.28	4.03	100.32	44.25	0.95	0.54	36 056	104.07
54	安瑞科（蚌埠）压缩机有限公司	136.53	7.44	112.32	68.74	0.86	6.57	84 284	102.67
55	中国人民解放军第四八一二工厂	119.35	3.22	98.13	57.66	1.13	2.10	93 029	94.64
56	江阴开益特种压缩机有限公司	163.48	18.47	102.83	59.84	4.05	2.18	68 465	100.12
57	中国石油集团济柴动力总厂	165.91	6.55	103.58	49.72	1.19	2.47	155 770	91.57
58	无锡力源压缩机有限公司	175.76	1.65	99.80	74.55	8.65	0.20	89 224	85.48
59	无锡五洋赛德压缩机有限公司	184.37	8.38	107.62	38.82	0.96	7.38	151 011	100.00
60	无锡杰尔压缩机有限公司	87.53	-5.48	119.12	50.66	0.36	-16.83	193 478	92.86
61	济南格蓝压缩机有限公司	131.20	9.12	95.61	54.41	3.29	2.25	60 294	87.93
62	江苏劲风压缩机制造有限公司	170.23	18.32	101.20	41.68	1.39	8.00	88 173	97.01
63	江苏恒久机械有限公司	300.96	3.53	168.91	27.04	0.09	58.99	39 556	91.07
64	马鞍山正棱压缩机有限责任公司	58.73	2.57	100.74	62.57	0.48	1.18	11 290	97.90
65	苏州鸿本机械制造有限公司	82.59	-4.05	90.69	51.69	1.97	-4.50	83 716	95.36
66	苏州爱德空分设备有限公司	101.73	7.29	101.79	40.31	1.73	1.08	68 333	0.00
67	无锡市顺昌塑料厂	139.73	16.98	98.49	61.96	2.17	5.02	49 857	95.02
68	扬州成功机械有限公司	117.39	13.43	110.58	73.29	1.30	3.22	50 941	100.86
69	扬州市云环压缩机部件有限公司	130.84	17.45	108.82	77.27	2.48	2.64	48 154	98.02
70	扬州宝华气阀有限公司	120.64	11.18	101.50	72.80	2.90	2.18	45 616	100.00
71	姜堰市华宇轴瓦有限公司	184.02	27.14	116.63	56.97	2.14	6.82	75 917	95.31
72	无锡锡山安达防暴电器设备有限公司	180.96	13.08	128.75	78.64	1.79	4.64	139 000	99.86
73	江苏锡安达防爆股份有限公司	292.47	13.45	110.98	29.83	1.47	8.47	298 231	97.97
74	重庆气体压缩机厂有限责任公司	113.77	3.89	103.95	52.36	0.90	2.47	80 462	101.08

（续）

序号	企业名称	经济效益综合指数（%）	总资产贡献率（%）	资本保值增值率（%）	资产负债率（%）	流动资金周转率（次）	成本费用利润率（%）	全员劳动生产率（元/人）	产品销售率（%）
75	四川大川压缩机有限责任公司	233.05	12.51	326.70	78.52	2.14	3.13	187 011	98.53
76	四川金星压缩机制造有限公司	198.85	8.90	88.78	63.60	0.95	7.83	176 931	98.25
77	自贡通达机器制造有限公司	415.34	22.40	88.40	79.88	2.42	17.54	415 611	100.64
78	自贡东方通用压缩机有限公司	146.29	11.66	101.00	68.73	1.68	4.45	90 714	97.96
79	自贡机一装备制造有限公司	271.82	19.72	121.30	44.60	1.49	14.90	204 312	88.76
80	自贡山川气体压缩机有限公司	105.79	5.15	104.00	46.16	1.41	3.70	46 623	104.58
81	四川南方气体压缩机公司	220.93	17.60	113.91	33.95	1.97	4.53	191 628	60.34
82	柳州压缩机总厂	36.67	-0.28	72.28	80.92	0.32	-4.85	36 190	111.25
83	广东正力精密机械有限公司	180.44	10.67	100.22	81.34	2.19	3.35	154 595	100.00
84	柳州柳二空机械股份有限公司	-0.73	-0.42	89.65	79.39	0.12	-12.46	23 411	100.11
85	柳州市金象机械制造有限公司	-12.35	-0.36		107.41	0.15	-7.30	1 429	100.00
83	武汉气体压缩机有限责任公司	4.14	-1.84		174.85	0.63	-4.35	7 000	100.00

2011年中国通用机械工业协会减变速机分会会员单位经济指标

序号	企业名称	工业总产值（万元）	工业增加值（万元）	从业人员平均人数（人）	年末资产总额（万元）	主营业务收入（万元）	主营业务成本（万元）
1	浙江顺天减速机制造有限公司	3 014	603	84	2 225	2 798	2 378
2	泸州三联集团有限公司	23 716	7 020	461	29 667	23 564	20 024
3	宁波市浙东变速器有限公司	533	107	20	539	533	419
4	宁波市莱斯特传动设备制造有限公司	1 952	630	76	1 857	1 944	1 507
5	宁波市镇海减变速机制造有限公司	998	200	33	814	1 009	788
6	瑞安市华星减速机实业有限公司	1 356	319	40	715	1 339	1 158
7	台州市通宇变速机械有限公司	9 200	2 116	190	4 436	9 170	7 702
8	杭州嘉诚机械有限公司	7 200	1 656	210	3 905	6 900	6 052
9	山东柳杭减速机有限公司	7 700	1 155	250	7 465	7 060	5 988
10	淄博市博山奥博机械有限公司	1 790	358	76	2 122	1 600	1 449
11	淄博银丰机械有限公司	790	158	30	611	675	575
12	德州奥力机械有限公司	5 652	1 300	210	5 500	5 015	4 852
13	荆州市巨鲸传动机械有限公司	18 726	6 629	685	37 324	18 783	12 744
14	佛山市星光传动机械有限公司	12 887	2 577	385	6 334	11 232	9 257
15	西安环力传动机械股份有限公司	244	39	65	2 505	320	241
16	兰州西腾润工装备制造有限公司	1 286	485	133	5 496	1 487	596
17	江苏迪邦三星轴承有限公司	10 552	1 817	563	18 282	10 849	9 234
18	宁波人和机械轴承有限公司	20 902	4 806	515	14 745	19 280	17 031

（续）

序号	企业名称	工业总产值（万元）	工业增加值（万元）	从业人员平均人数（人）	年末资产总额（万元）	主营业务收入（万元）	主营业务成本（万元）
19	永嘉大力精密机械有限公司	1 210	279	49	840	1 150	980
20	广东江门电机股份有限公司	6 177	1 251	415	8 373	7 097	5 838
21	天津减速机股份有限公司	8 500	1 068	791	38 241	9 581	8 412
22	河北北方减速机有限公司	1 985	298	70	2 358	2 253	1 846
23	石家庄科一重工有限公司	14 002	3 481	425	14 333	13 356	10 347
24	吴桥县志远减速机械有限责任公司	2 930	674	130	2 782	2 750	2 532
25	山西省平遥减速器厂	12 307	1 077	606	13 148	12 202	9 726
26	上海减速机械厂有限公司	2 662	532	120	23 692	2 662	2 215
27	上海永宏减速机械制造有限公司	841	153	37	490	722	617
28	苏州市优耐特机械制造有限公司	2 741	938	115	2 788	2 400	1 957
29	泰隆减速机股份有限公司	191 012	46 810	3 162	120 914	182 416	134 792
30	泰州市琼花传动机械总厂	31 211	3 236	765	18 087	31 243	27 777
31	泰星减速机股份有限公司	96 522	29 747	2 038	76 573	95 527	66 931
32	无锡金辉减速机制造有限公司	1 864	518	115	1 274	2 374	2 144
33	国茂减速机集团有限公司	250 851	23 077	2 021	227 983	250 382	218 971
34	浙江通力重型齿轮股份有限公司	40 035	11 181	509	45 135	38 830	29 849
35	浙江双联机械有限公司	4 672	934	108	3 013	4 651	3 681
36	浙江科瑞达传动有限公司	287	83	18	888	287	230
37	浙江午马减速机械有限公司	5 654	1 363	145	4 401	5 601	4 810
38	浙江东方传动机械有限公司	6 006	2 617	150	4 895	6 006	4 999
39	浙江江南减速机有限公司	2 909	844	81	10 770	2 470	1 733
40	浙江东霸传动有限公司	3 080	708	83	3 482	3 065	2 684
41	浙江飞龙传动有限公司	3 148	630	100	5 750	2 814	2 429
42	浙江通达传动有限公司	2 907	581	90	1 107	2 478	1 856
43	哈尔滨智达测控技术有限公司	695	129	26	545	695	618
44	浙江奇力电机有限公司	5 700	1 311	108	9 700	5 200	4 640
45	平遥减速器有限公司	11 365	877	99	19 179	10 187	8 551

2011 年中国通用机械工业协会减变速机分会会员单位经济效益指标

序号	企业名称	经济效益综合指数（%）	总资产贡献率（%）	资本保值增值率（%）	资产负债率（%）	流动资产周转率（次）	成本费用利润率（%）	全员劳动生产率（元/人）	产品销售率（%）
1	浙江顺天减速机制造有限公司	145.40	11.38	107.50	45.89	3.11	2.92	71 786	92.83
2	温州三联集团有限公司	176.49	10.79	99.51	79.41	1.15	5.24	152 278	99.36
3	宁波市浙东变速器有限公司	168.09	17.50	115.19	25.42	1.05	13.70	53 500	100.00

（续）

序号	企 业 名 称	经济效益综合指数（%）	总资产贡献率（%）	资本保值增值率（%）	资产负债率（%）	流动资产周转率（次）	成本费用利润率（%）	全员劳动生产率（元/人）	产品销售率（%）
4	宁波市莱斯特传动设备制造有限公司	168.49	15.19	94.02	66.13	1.42	10.51	82 895	99.59
5	宁波市镇海减变速机制造有限公司	158.92	18.70	126.36	65.72	1.70	7.87	60 515	101.09
6	瑞安市华星减速机实业有限公司	182.41	23.20	102.98	48.26	3.13	5.52	79 625	98.64
7	台州市通宇变速机械有限公司	234.03	16.55	169.79	18.67	6.46	6.28	111 368	99.67
8	杭州嘉诚机械有限公司	199.34	25.28	112.91	36.39	3.50	7.72	78 857	100.00
9	山东柳杭减速机有限公司	116.77	11.01	62.43	74.60	1.65	6.12	46 200	95.00
10	淄博市博山奥博机械有限公司		4.32	109.96	30.30		2.05	47 105	91.06
11	淄博银丰机械有限公司		25.86		62.52	1.74	2.60	52 667	98.73
12	德州奥力机械有限公司	355.57	5.65	105.68	2.58	25.59	4.22	61 905	95.63
13	荆州市巨鲸传动机械有限公司	158.69	10.13	111.76	65.82	1.01	8.55	96 774	101.20
14	佛山市星光传动机械有限公司	128.73	11.20	112.62	77.48	2.56	2.23	66 943	87.16
15	西安环力传动机械股份有限公司	-42.78	-2.94	68.83	93.21	0.42	-19.65	6 000	131.97
16	兰州西腾润工装备制造有限公司	377.40	14.20	174.90	84.15	0.71	74.23	36 466	100.00
17	江苏迪邦三星轴承有限公司	75.15	6.24	68.00	71.62	0.99	0.58	32 274	106.15
18	宁波人和机械轴承有限公司	164.20	13.94	154.15	64.75	1.77	5.31	93 315	95.73
19	永嘉大力精密机械有限公司	134.99	11.79	149.12	59.88	2.25	3.05	56 939	95.04
20	广东江门电机股份有限公司	72.14	2.35	100.22	67.59	1.09	0.10	30 145	112.89
21	天津减速机股份有限公司	-3.41	-7.00	317.04	71.47	0.50	-18.40	13 496	111.98
22	河北北方减速机有限公司	81.57	3.43	69.25	89.40	2.45	0.04	42 571	93.02
23	石家庄科一重工有限公司	150.95	12.93	128.02	63.15	1.54	5.43	81 906	98.44
24	吴桥县志远减速机械有限责任公司	154.93	0.74	131.04	34.15	8.09		51 846	94.88
25	山西省平遥减速器厂	31.99	0.31	70.62	87.99	1.10	-4.39	17 772	98.33
26	上海减速机械厂有限公司	5.11	-0.88	81.84	89.16	1.99	-17.87	44 333	100.00
27	上海永宏减速机械制造有限公司	73.94	0.18	101.46	71.63	1.42	0.14	41 351	88.11
28	苏州市优耐特机械制造有限公司	110.49	7.02	102.89	79.59	1.06	0.99	81 565	102.44
29	泰隆减速机股份有限公司		20.28	116.36	45.38		6.26	148 039	98.35
30	泰州市琼花传动机械总厂	133.93	13.73	108.45	35.55	2.64	4.39	42 301	100.10
31	泰星减速机股份有限公司	235.31	18.01	100.55	20.39	2.94	11.99	145 962	99.69
32	无锡金辉减速机制造有限公司	101.80	6.31	103.64	68.13	1.85	1.02	45 043	127.36
33	国茂减速机集团有限公司	196.83	14.28	218.62	69.08	2.69	5.94	114 186	100.00
34	浙江通力重型齿轮股份有限公司	271.74	16.86	93.54	58.11	2.13	12.84	219 666	96.99
35	浙江双联机械有限公司	156.37	14.35	108.60	60.60	2.53	3.28	86 481	99.55
36	浙江科瑞达传动有限公司	100.71	4.91	101.35	22.14	0.64	4.83	46 111	100.00
37	浙江午马减速机械有限公司	134.79	8.83	94.09	66.35	1.86	1.83	94 000	99.06
38	浙江东方传动机械有限公司	249.53	19.83	84.39	57.59	3.10	10.42	174 467	100.00
39	浙江江南减速机有限公司	102.52	1.46	101.19	90.51	0.46	1.13	104 198	84.91
40	浙江东霸传动有限公司	135.01	8.16	161.16	69.73	1.78	1.71	85 301	99.51
41	浙江飞龙传动有限公司		12.83	79.99	9.08		3.07	63 000	89.39
42	浙江通达传动有限公司	281.77	57.81	118.54	19.15	3.09	17.15	64 556	85.24
43	哈尔滨智达测控技术有限公司	98.84	5.79	123.53	65.32	1.67	0.28	49 615	100.00
44	浙江奇力电机有限公司	135.30	4.19	135.71	52.99	0.80	0.94	121 389	91.23
45	平遥减速器有限公司	141.13	4.98	106.14	49.80	1.09	7.73	88 586	88.94

2011 年中国通用机械工业协会气体分离设备分会会员单位经济指标

序号	企业名称	工业总产值（万元）	工业增加值（万元）	从业人员平均人数（人）	年末资产总额（万元）	主营业务收入（万元）	主营业务成本（万元）
1	杭州制氧机集团有限公司	642 927	140 130	4 621	1 197 328	684 894	550 637
	其中：江西制氧机有限公司	26 653	4 565	446	24 577	25 303	22 039
2	四川空分设备(集团)有限责任公司	269 790	84 228	3 378	421 646	253 041	206 224
3	开封空分集团有限公司	143 451	19 837	2 587	281 372	156 615	135 976
4	液化空气(杭州)有限公司	118 440		756	273 120	123 584	
5	河南开元空分集团有限公司	103 854	31 141	503	70 340	101 819	93 664
6	林德工程(杭州)有限公司	76 167	26 645	260	117 619	76 167	58 389
7	开封黄河空分集团有限公司	68 524	12 060	450	30 793	66 321	59 852
8	开封东京空分集团有限公司	55 016	14 172	538	35 316	56 018	52 516
9	杭州福斯达实业集团有限公司	62 269	11 185	290	61 041	50 730	41 785
10	苏州制氧机有限责任公司	22 947	4 329	364	40 439	22 947	17 442
11	邯单制氧机厂	11 130	1 135	613	18 621	10 890	8 097
12	上海启元空分技术发展股份有限公司	8 009	2 756	160	17 029	10 374	7 208
13	哈尔滨哈氧制氧机有限公司	5 687	1 103	182	4 534	2 230	2 055
14	上海瑞气气体设备有限公司	15 247		229	17 734	12 129	8 842
15	北大先锋科技有限公司	26 200	8 398	238	53 578	29 500	23 100

2011 年中国通用机械工业协会气体分离设备分会会员单位经济效益指标

序号	企业名称	经济效益综合指数（%）	总资产贡献率（%）	资本保值增值率（%）	资产负债率（%）	流动资产周转率（次）	成本费用利润率（%）	全员劳动生产率（元/人）	产品销售率（%）
1	杭州制氧机集团有限公司	293.00	8.2	127.4	46.9	1.1	11.2	303 246	99.0
	其中：江西制氧机有限公司	144.48	7.7	107.8	79.4	1.8	4.1	102 354	95.0
2	四川空分设备(集团)有限责任公司	248.03	7.8	112.4	63.3	0.9	9.1	249 344	91.4
3	开封空分集团有限公司	120.17	3.5	185.8	78.7	1.1	2.7	76 680	101.4
4	液化空气(杭州)有限公司		1.8						100.0
5	河南开元空分集团有限公司	440.50	4.5	109.4	84.4	1.8	1.5	619 105	98.0
6	林德工程(杭州)有限公司	714.61	8.9	108.3	91.4	0.9	9.7	1 024 808	100.0
7	开封黄河空分集团有限公司	266.24	12.5	104.9	63.7	2.9	3.4	268 000	100.0

（续）

序号	企业名称	经济效益综合指数（%）	总资产贡献率（%）	资本保值增值率（%）	资产负债率（%）	流动资产周转率（次）	成本费用利润率（%）	全员劳动生产率（元/人）	产品销售率（%）
8	开封东京空分集团有限公司	268.67	14.5	121.5	70.6	2.8	3.8	263 420	98.8
9	杭州福斯达实业集团有限公司	414.60	14.7	100.0	75.5	9.6	6.7	385 690	89.1
10	苏州制氧机有限责任公司	200.28	9.2	157.9	51.4	0.8	15.3	118 929	100.0
11	邯单制氧机厂	-25.61	-4.1	112.7	170.5	0.9	-11.9	18 515	90.8
12	上海启元空分技术发展股份有限公司	187.08	14.9	108.5	56.6	1.0	21.3	172 256	45.9
13	哈尔滨哈氧制氧机有限公司	186.99	1.1	11.1	96.5	0.6	0.1	60 604	97.6
15	上海瑞气气体设备有限公司	278.11	5.0	104.1	75.3	1.0	1.9		111.1
16	北大先锋科技有限公司	198.87	13.8	100.0	69.8	0.6	5.7	352 857	129.5

产品与项目

公布行业名牌产品及获奖项目，推荐行业新产品、节能产品

Announcing the industrial famous-brand products, recommending industrial new products and energy-saving products

产品与项目

2011 年通用机械行业名牌产品

序号	企业名称	商标	产品名称	获奖等级
1	襄樊五二五泵业有限公司	五二五	特种工业泵	湖北省名牌产品
2	上海东方泵业(集团)有限公司	EAST	离心泵、成套给水设备	上海市名牌产品
3	武安市宏泰机械泵业有限公司	北辰	离心式热油泵	河北省名牌产品
4	石家庄工业泵厂有限公司	石工泵	杂质泵	河北省名牌产品
5	湖北省天门泵业有限公司	柘江	渣浆泵	湖北省名牌产品
6	陕西鼓风机(集团)有限公司	陕鼓	工业流程能量回收发电设备	陕西省名牌产品
		陕鼓	B 系列离心压缩机	西安市名牌产品
7	四平鼓风机股份有限公司	四风	水泥用高温离心通风机	吉林省名牌产品
8	甘肃省白银风机厂有限责任公司	金扇	离心通风机	甘肃省名牌产品
9	浙江金盾风机股份有限公司	金盾	风机	绍兴市名牌产品
10	青岛风机厂有限公司	崂山	通风机	青岛市名牌产品
11	山东海福德机械有限公司	海福德	三叶罗茨鼓风机	济南市名牌产品
12	湖北省风机厂有限公司	三峰	C、D 系列离心鼓风机	湖北省名牌产品
13	湖北双剑鼓风机制造有限公司	双剑	离心鼓风机	湖北省名牌产品
14	中意机电(湖北)鼓风机制造有限公司	中意	离心鼓风机	湖北省名牌产品
15	长沙鼓风机厂有限责任公司	长风	罗茨鼓风机	湖南省名牌产品
16	四川省鼓风机制造有限责任公司	蜀峰	L 系列罗茨鼓风机	四川省名牌产品

2011 年通用机械行业获奖项目

序号	企业名称	项目名称	获奖名称
1	广东省佛山水泵厂有限公司	KHP 系列卧式中开多级泵	中国机械工业科学技术奖三等奖、佛山市科技进步奖三等奖
2	大连深蓝泵业有限公司	百万千瓦级压水堆核电站用核安全二级泵	中国机械工业科学技术奖三等奖
		立式多级低温液氧泵	中国机械工业科学技术奖三等奖
3	襄樊五二五泵业有限公司	新型大功率大流量磁力驱动泵	襄樊市科技进步奖一等奖、湖北省科技进步奖三等奖
4	辽宁恒星泵业有限公司	KSR 热网泵	丹东市科技进步奖一等奖
5	上海阿波罗机械股份有限公司	辅助给水汽动泵	中国核能行业协会科技进步奖三等奖

（续）

序号	企业名称	项目名称	获奖名称
6	上海凯泉泵业(集团)有限公司	盐类溶液输送泵阀关键技术研究及工程应用	中国机械工业科学技术奖一等奖
7	上海电气压缩机泵业有限公司	国际上最大转子直径816大型螺杆压缩机研制	中国机械工业科学技术奖二等奖
8	湖南湘电长沙水泵有限公司	百万千瓦级核电站海水循环泵双相不锈钢叶轮技术开发项目	中国机械工业科学技术奖二等奖
9	淄博水环真空泵厂有限公司	智能型煤矿井下移动式瓦斯抽放泵站	中国机械工业科学技术奖三等奖
10	浙江超达阀门股份有限公司	煤气化装置用锁渣阀的开发	中国机械工业科学技术奖二等奖
11	大连大高阀门有限公司	核一级电动无锆模块截止阀	中国机械工业科学技术奖三等奖
12	兰州高压阀门有限公司	抗高硫天然气集输工程用高压平板闸阀(含高压截止阀)	中国机械工业科学技术奖三等奖
13	沈阳鼓风机集团股份有限公司	大型芳烃装置用离心压缩机关键技术开发及装备研制	中国机械工业科学技术奖一等奖、辽宁省科学技术奖二等奖
		大型丙烯制冷离心压缩机组	中国机械工业科学技术奖二等奖、辽宁省科学技术奖三等奖
		新型煤化工装置用系列压缩机	辽宁省科学技术奖二等奖
		新型煤化工装置用透平压缩机装备研制及产业化	沈阳市科技进步奖一等奖
		西气东输长输管线压缩机	沈阳市科技进步奖一等奖
		大型乙烯装置用乙烯压缩机	沈阳市科技进步奖二等奖
		大型丁基橡胶装置用离心压缩机组	沈阳市科技进步奖三等奖
14	西安陕鼓动力股份有限公司	硝酸“四合一”透平机组系统技术开发及应用	中国机械工业科学技术奖二等奖、中国产学研合作创新成果奖、“十一五”期间陕西省产学研联合开发优秀项目
		透平压缩机组及能量回收机组远程在线监测及故障诊断系统	中国机械工业科学技术奖二等奖
		5 000m^3 大型高炉焊接机壳TRT制造技术研究	中国机械工业科学技术奖二等奖
		PTA工艺空气压缩机组开发	中国产学研合作创新成果奖、“十一五”期间陕西省产学研联合开发优秀项目
		4万m^3/h空分装置压缩机组开发	“十一五”期间陕西省产学研联合开发优秀项目
		高精度顶压控制技术(3H－TRT)	“十一五”期间陕西省产学研联合开发优秀项目
		5 000m^3 大型高炉煤气余压透平发电装置关键技术研究及应用	“十一五”期间陕西省产学研联合开发优秀项目
15	山西省运城安瑞节能风机有限公司	超大功率矿用主通风机及高压变频控	中国煤炭工业科学技术奖一等奖

（续）

序号	企业名称	项目名称	获奖名称
		制技术研究与应用	
16	甘肃省白银风机厂有限责任公司	MQ9－19№14D 煤气离心通风机	甘肃省机械工程学会科学技术奖二等奖
17	上海通用风机股份有限公司	PCF 型系列排料离心通风机	上海市高新技术成果转化项目
18	浙江金盾风机股份有限公司	地铁隧道智能通风系统	浙江省科技成果一等奖、绍兴市科技成果一等奖
19	威海克莱特菲尔风机股份有限公司	新型超低噪轴流风机	山东省技术创新项目
		R3G500 高效低噪控制器嵌入式无刷直流外转子集成一体化风机	山东省技术创新项目
20	湖北省风机厂有限公司	高压氮气循环风机研发及产业化	国家火炬计划项目
		单吸耐磨防腐转炉煤气鼓风机	湖北省科技进步奖三等奖
		C(N)系列高压氮气循环风机	随州市科技进步奖一等奖
		多级高效污水处理离心鼓风机	湖北省重大科技成果
		烧结烟气余热回收循环风机	湖北省重大科技成果
		单吸入双支撑脱硫增压离心鼓风机	湖北省自主创新产品
		高压氮气循环风机	湖北省自主创新产品
21	中意机电（湖北）鼓风机制造有限公司	三元流离心鼓风机系列产品开发	湖北省科技型中小企业创新奖
		煤化工三元流高效节能离心鼓风机	国家重点新产品
22	重庆通用工业（集团）有限责任公司	CGI 93P3 风电机(2MW)叶片	重庆市重点新产品
		LDCS－P 系列离心式制冷机	重庆市重点新产品
		化工用大型氨工质离心制冷机(KLDA)	重庆市重点新产品
23	南阳防爆集团股份有限公司	压水堆核电站中低压核级三相异步电动机关键技术研究与应用	南阳市科技进步奖特等奖
		YBZ1 系列隔爆型超高效率铸铜转子三相异步电动机	南阳市科技进步奖二等奖
		4 极高压燃汽轮发电机	南阳市科技进步奖二等奖
		YXn 系列高压高效率三相异步电动机	南阳市科技进步奖二等奖
		YB3E 系列超高效率隔爆型三相异步电动机	南阳市科技进步奖二等奖
24	安瑞科（蚌埠）压缩机有限公司	井口气回收系统	中国机械工业科学技术奖三等奖
25	上海启元空分技术发展股份有限公司	KDN 高纯氮设备关键制造技术	中国机械工业科学技术奖三等奖
26	杭州制氧机集团有限公司	冶金型 6 万 m^3/h 空分设备	杭州市科技进步奖一等奖
		900m^3/h 反罐式流程高纯氮空分设备	杭州市科技进步奖二等奖
		福建 80 万 t/a 乙烯冷箱	杭州市科技进步奖三等奖
27	山东景津环保设备有限公司	节能高效快速压滤机	中国机械工业科学技术奖二等奖
28	重庆江北机械有限责任公司	GKH1800－N 卧式虹吸刮刀卸料离心机	中国机械工业科学技术奖二等奖
29	杭州兴源过滤科技股份有限公司	全自动油脂分提隔膜压滤机	中国机械工业科学技术奖三等奖

2011年通用机械行业节能新产品

序号	企业名称	产品名称	产品主要特点	主要应用领域
1	沈鼓集团核电泵业有限公司	安全壳喷淋泵	核安全二级泵，能承受热冲击，可靠性要求高	核电站
2	襄樊五二五泵业有限公司	磁力驱动泵	无泄漏	石油、石化、化工
		重型渣浆泵	泵的输送效率较高，抗汽蚀性能良好，安装拆卸方便，充分保证了后期备件的互换性	矿山、冶金、电力、煤炭、化工、建材等
		循环轴流泵	稳定的传动系统	30万t/a及以上磷酸项目
3	辽宁恒星泵业有限公司	KSR系列热网泵	由于该系列产品采用汽轮机拖动，改变了原设备依靠电动机驱动的方式，节能效果显著	城中集中供暖的热网循环水泵
4	江苏双达泵阀集团有限公司	大型波纹管式隔膜泵	体积小，效率高，运行平稳，应用范围广	电力、煤化工、有色冶金、钢铁、环保和石油化工等行业中高浓度固液两相流介质的输送
		大型盐化工循环泵	流量大，效率高，替代进口	氯碱和纯碱工业
		核电冷却水循环泵	流量大，效率高，替代进口	CAP1400核电机组
5	湖北省天门泵业有限公司	NJ系列浓浆泵	节电节材	电力、煤炭、化工、冶金、建材、矿山
6	西安陕鼓动力股份有限公司	5 000m^3以上高炉用能量回收装置	不消耗任何燃料，同时回收能量相当于高炉鼓风所需能量的30%；替代减压阀组高精度顶压控制；提高煤气品质；无污染、低噪声	冶金企业高炉煤气管道中用于回收高炉煤气所具有的热能及压力能，驱动发电机发电
		硝酸装置“四合一”机组	硝酸“四合一”透平装置主要由汽轮机、轴流压缩机、NOx压缩机和硝酸尾气透平膨胀机组成，尾气透平膨胀机在机组中起能量回收的作用，可回收能量占压缩机组能耗的60%以上；技术含量高，填补国内空白；经运行验证，性能优良可靠，达到世界先进水平	化工行业的硝酸生产装置
7	上海鼓风机厂有限公司	FAF、SAF、PAF型电站动叶可调轴流风机	风机在运行中液压动叶可调，性能范围宽广，最高效率高，高效率区域大，变工况效率变化小，平均运行效率高，调峰工况时节能效果明显，技术经济性好。噪声低，达到环保要求	大型火电机组
		RAF型电站动叶可调脱硫增压轴流风机	研发了适应脱硫工艺要求的大流量系数、低压力系数的新叶型，效率高，适应性广；改进了主关键配套零部件，提升了各工况下风机的运行效率，降低了风机耗电量	大型火电机组脱硫装置

（续）

序号	企业名称	产品名称	产品主要特点	主要应用领域
		PTF型静叶可调脱硫增压轴流风机	静叶运行中可远程操控，与系统工况动态匹配；风机结构合理牢固，运行安全可靠；可满足风机运行效率高、降低风机耗电量、实现大型风机节能环保的应用要求	电力、冶金、石化
		2008B型火电站锅炉配套离心风机	改进风机整体流动场设计要求，在设计构思上突破了风机单一结构模式，将动调风机和离心风机各自优点融合在一起，使工况点落在特性曲线最佳位置，实现运行高效；使离心风机在流量、压力都能满足现场运行要求下，降低风机耗电量，实现大型离心风机节能环保要求	电力、冶金、石化
8	四平鼓风机股份有限公司	静叶可调轴流风机	低压大流量，高效区宽广，曲线平坦	冶金、电力
9	吉林市亚星电站辅机有限公司	SXD/T、SXD/G系列离心通风机	低能耗，低噪声（运行噪声不大于78dB）	适用于小型热力发电
10	北京华怡净化科技研究所有限公司	HY-GG系列高速高压风机	高风压，小流量，体积小，重量轻，无级调速。现有技术与原有技术相比，耗电仅为原来的1/20，耗材仅为原来的1/10	可做小型风机更新换代并可为高精尖技术配套
		TXYC超高效稀土永磁三相同步电动机	效率达93.2%，异步电动机效率为79%，节电效果显著	可替代异步电动机
		HY-1.46S高效小型智能风机	采用高效小型无刷电机作动源，并配有智能电机驱动器，无级变速智能控制，任意调节风压风量。与进口产品相比，节电60%，噪声下降3dB。人体感应调节风压、风量、速度	医院病房、手术室、洁净室等要求恒温、恒压、高洁净且自动控制场所
11	上海通用风机股份有限公司	BL系列建材行业用离心通风机	结构紧凑，重量轻，运输方便	玻璃
12	浙江金盾风机股份有限公司	地铁隧道轴流风机	高效节能，防喘振作用显著，耐高温性能优良，智能控制。排热风机的叶片材料采用ZL114A，具有强度高等优点，确保间歇性运转的安全可靠。叶型经过全新优化模拟设计。经试验证明，整机效率可提高2~4个百分点	地铁、隧道
13	山东省章丘鼓风机股份有限公司	单级高速离心鼓风机	该项目离心风机叶轮采用国际先进的三元流动理论设计，半开式叶轮无前盘，多变效率高达82%，能耗小、重量轻、噪声低；叶轮与高速轴用拉杆连接，通过锁紧螺母将叶轮固定，风机轴无键设计，保证高速运行可靠；采用轴向进口导叶及扩压器联运系统，流量调节范围为额定流量的60%~110%，运行效率高	污水处理、电力、钢铁、石化以及铸造、核电等
		连续干法自磨机	采用干法自身冲击破碎研磨机理，不采用钢衬而采用石衬，无研磨体，避免水及铁污染；出料端筒体周边均匀分布多个出料口，并用带有锥形篦缝的篦板封堵，解决过粉磨现象；采用适于大块物料的圆锥套方式给料代替常规磨机螺旋给料，实现连续进料，提高了效率；超常规的长径比大于2.0，增加了破碎研磨时间，效率高	石英砂粉磨

（续）

序号	企业名称	产品名称	产品主要特点	主要应用领域
14	威海克莱特菲尔风机股份有限公司	R3G500高效低噪控制器嵌入式无刷直流外转子集成一体化风机	风机无位传感，风机效率提高6%～7%。以2.3kW电动机为例，电动机效率为87%，以年运行6 000h计，每年节约电量1 387.9kW，约节省电费1 110元	中央空调
15	武汉鼓风机有限公司	ML－H1－R220/498（BUF）等动叶可调轴流通风机	具有体积小、效率高、易检修、运行稳定可靠及调节灵活方便的特点	600MW以上的火力发电机组烟气脱硫、增压输送等
16	湖北省风机厂有限公司	5－55新型高效节能通风机	采用三元流技术优化叶型，具有较高的全压效率，且高效区宽广	冶金、电力、化工
		6－35新型高效节能通风机	采用三元流技术优化叶型，具有较高的全压效率，且高效区宽广	冶金、电力、化工
		6－24新型高效节能通风机	采用三元流技术优化叶型，具有较高的全压效率，且高效区宽广	冶金、电力、化工
		7－28新型高效节能通风机	采用三元流技术优化叶型，具有较高的全压效率，且高效区宽广	冶金、电力、化工
		4－73单板叶型通风机	根据原4－73叶型改进，在保证原风机效率的同时，将叶片改为单板式叶片，以适应含尘量较大的工况	冶金、电力、化工
17	湖北双剑鼓风机制造有限公司	C型烟气脱硫风机	采用单吸双级双支撑设计，进气室与机壳呈45°夹角，风机的使用效率比普通风机提高3%～5%，具有结构简单、安装操作维护方便及造价低等特点	火电厂燃煤锅炉和有色冶金行业烟气脱硫工程，10万～20万t/a的制酸工艺
		三元流高速高压风机	叶轮采用三元流理论设计制造，转子组为三级压缩，壳体采用消失模模型、优质铸铁加厚浇铸，保证了风机大风量、高压力的需要。具有噪声小、运行平稳、使用寿命长等特点	冶炼、制氧等行业空气输送
18	中意机电（湖北）鼓风机制造有限公司	D850－2.141/0.948煤化工用二级高速离心鼓风机组	该鼓风机采用三元流技术设计，总效率比二元流鼓风机提高10%。鼓风机、汽轮机、供油站在公共底座上，机组布局紧凑，安装占地面积小	煤化工
19	长沙鼓风机厂有限责任公司	ASD－145NSE核废液用水蒸气罗茨压缩机	选用不锈钢材质，四机械密封防泄漏，循环冷却降温，三叶降噪，耐高温，PLC自动系统监控	电力、石油、化工、冶金、钢铁、化肥、建材、核废液等
		S系列高效节能型罗茨鼓风机	三叶降噪；转速高，体积小，重量轻，无水冷却，无油输送；关键零部件优质、优材，高精度设计与制造；安装、操作、维护简便，控制、保护功能齐备	石油、化工、冶金、电力、化肥、建材、矿山、港口、轻纺、造纸、食品、医药、环保、空分、气力输送及城市燃气等

大事记

记载2011年通用机械行业重大事件

Recording the major events of general machinery industry in 2011

2011年中国通用机械工业大事记

1月

6日 沈阳鼓风机集团股份有限公司承担的“十一五”国家科技支撑计划项目——百万吨级乙烯装置用裂解气压缩机组、丙烯制冷压缩机组研制课题通过验收，我国百万吨级乙烯装置用大型离心压缩机组核心技术取得全面突破，拥有自主知识产权，彻底打破了国外公司的技术和市场垄断。

16日 由中国企业联合会主办的2010年度“中国企业十大新闻”暨“最具影响力企业”等推选活动在北京揭晓，沈阳鼓风机集团股份有限公司当选2010年度“最具影响力企业”。

18日 陕西省名牌战略推进委员会办公室发布了《关于2010年陕西省质量管理奖获奖企业名单公示的通告》。省内3家企业获此荣誉，西安陕鼓动力股份有限公司位居榜首，省政府对获奖的企业给予100万元奖励。

2月

16日 “全国企业文化现场会暨陕鼓感恩节大会”在陕西鼓风机（集团）有限公司生产区俱乐部隆重召开。来自中国企业联合会、陕西省及西安市的相关领导、专家、记者、企业代表等千余人参加会议，陕西鼓风机（集团）有限公司被授予“全国企业文化示范基地”称号。会上，印建安董事长作了“陕鼓的知与行”文化专题报告。

19日 济南市召开科技进步暨创新型城市建设表彰大会，山东省章丘鼓风机股份有限公司荣获山东省创新型企业、中国驰名商标、济南市科技进步奖三等奖等荣誉。

22日 中国国际贸易促进委员会吉林省委员会暨中国国际商会吉林商会第二届会员代表大会在吉林省召开，四平鼓风机股份有限公司董事长、党委书记施云蛟参加会议，并当选中国国际商会吉林商会第二届理事会副会长。

24日 中国机械工业企业管理协会在北京铁道大厦召开了全国机械工业企业管理工作会中机企协六届四次理事（扩大）会议，四平鼓风机股份有限公司董事长、党委书记施云蛟参加了会议，并被授予“第五届中国机械工业优秀企业家”称号。

3月

2日 在“全市工业经济及信息化工作会议”上，山东省章丘鼓风机股份有限公司被授予“发展工业和信息化创新型企业”、“发展工业和信息化明星企业”称号，公司董事长方润刚被授予“发展工业和信息化明星企业家”称号，鼓风机厂安装工段王彬被授予“爱岗敬业杰出员工”称号。

5日 四川空分设备（集团）有限责任公司制造的全板翅式换热结构的天然气提氦装置顺利交付用户。这是当前国内粗氦纯度最高、处理量最大的天然气提氦装置，外形尺寸15m×3.5m×3.2m，设计处理能力为40万m^3/d，出冷箱粗氦浓度达68.3%。

8日 山西省运城安瑞节能风机有限公司承担的国家创新基金项目“弯掠组合正交型铝合金叶片”通过了国家科技部和山西省科技厅组织的项目验收。

10日 湖北省广水市召开科技工作暨第八届科技进步奖励大会，湖北省风机厂有限公司被评为2009～2010年度科技工作先进单位，单吸耐磨转炉煤气鼓风机被评为广水市科技进步奖一等奖。

12日 在山东省德州市召开了中国通用机械工业协会风机分会2011年统计信息网协调组会议。会议完成了风机行业2010年度会员单位各项经济技术指标和产品产量明细汇总工作，完成了企业经济效益综合指数和其他6项主要经济指标排序工作。

4月

2日 湖北双剑鼓风机制造有限公司自主研发的“S型下水平进出气烟气脱硫制酸高速风机”被湖北省科学技术厅、发展和改革委员会、财政厅共同认定为湖北省自主创新产品。

7日 在章丘市政协主席岳庆林、科技局局长陈祥运陪同下，济南市政协副主席冯光文一行到山东省章丘鼓风机股份有限公司参观调研，参观了厂区车间，了解该公司在科技创新、投入、研发等方面的情况。

9日 第四届“中国杰出质量人”经推荐、网络投票、专家评审等环节最终产生结果——陕西鼓风机（集团）有限公司董事长印建安等10位在质量领域做出突出贡献的企业家荣膺第四届“中国杰出质量人”。

16日 中共中央政治局常委、中央纪委书记贺国强到沈阳鼓风机集团股份有限公司调研，希望沈阳鼓风机集团股份有限公司抓住机遇、再铸辉煌，勉励劳模搞好传帮带。

18日 西安交通大学校长郑南宁、沈阳鼓风机集团股份有限公司董事长苏永强就联合建立沈鼓－西安交大研究院共同郑重签约。

20日 江苏金通灵流体机械科技股份有限公司与中信集团江阴兴澄特钢签订了首台（套）小型离心式空气压缩机试用协议，这是公司与美国ETI合作进行小型空气压缩机研制成功以来，首次签订商业订单。这台小型离心式空气压缩机是江阴兴澄钢铁公司为制氧分厂订购的，以高效节能的离心式空气压缩机替代现有的活塞式压缩机。兴澄钢铁项目的实施，标志着江苏金通灵流体机械科技股份有限公司小型离心空气压缩机成功进入商业运用阶段，将进一步巩固和提升公司在流体机械领域的技术领先优势。

26日 山东省章丘鼓风机股份有限公司组织召开产学研、厂校合作座谈会。章丘市委书记毕筱奇，市委常委、办公室主任孟学峰，市委常委、组织部长杨高峰，市经济和信息化局局长李兴贵出席了座谈会。清华大学、西安交通大学、浙江大学、中国矿业大学、中国石油大学、上海交通大学等全国十几家院校的20位专家教授应邀参加了座谈会。

28日 根据中国通用机械工业协会风机分会理事长苏永强提议，经全体理事审议，报中国通用机械工业协会批准，由陈凤义（沈阳鼓风机研究所常务副所长）担任中国通用机械工业协会风机分会秘书长，龚伟担任副秘书长。

★ “中国工业大奖”表彰大会在北京人民大会堂隆重举行。沈阳鼓风机集团股份有限公司荣获第二届“中国工业大奖表彰奖”，董事长苏永强出席大会，并代表获奖单位发言。

29日 由山东省荣成市政府、沈阳鼓风机集团股份有限公司、中国大唐集团共同投资设立的荣成－沈鼓新能源科技有限公司在荣成经济开发区三期工业园奠基。

月内 山西省运城安瑞节能风机有限公司实施的“矿用可逆抗喘振防爆轴流节能通风机高新技术产业化项目”被列为山西省重点节能项目。

5月

12日 江苏省总工会副主席杨星芸，在南通市人大常委会副主任、总工会主席陆玉明等陪同下，到江苏金通灵流体机械科技股份有限公司调研指导工资集体协商工作。江苏金通灵流体机械科技股份有限公司常务副总裁徐焕俊、党委副书记兼工会主席顾月萍参加了调研会议。在调研会上，徐焕俊就企业的发展历程、经营状况、预期目标作了详细介绍；顾月萍具体汇报了企业工资集体协商工作，并就工资集体协商开展中的有关问题展开会谈。杨主席高度评价了江苏金通灵流体机械科技股份有限公司的工资集体协商工作，公司作为一家高新技术企业，工资集体协商工作开展得有特色，一是把高管、业主、一线职工的工资分配具体化、透明化，把各个岗位的职工的工资都在工资协商文本中呈现，透明度非常高，民主管理工作能够有效落到实处；二是注重工资的良性增长，通过不断提高劳动生产率的办法从源头提高职工的工资水平，值得总结和推广。杨主席也对今后开展工资协商工作提出了意见和要求。指出工资集体协商工作要从格式化到个性化推进，要注重提质、注重整合；要着重抓好行业性和区域性工资协商工作，努力做到行业中有区域，区域中有行业，要因地制宜，因势利导。

月内 沈阳鼓风机集团股份有限公司圆满完成了私募工作，得到了市长办公会对企业核心层及重要技术、管理人员持股方案的批准；成功引入12家机构作为沈鼓集团的私募投资者；完成了12家机构及136名自然人入股注资、验资及工商变更工作。此次变更后，沈鼓集团拥有150名股东。

★ 沈鼓集团核电泵业有限公司拥有精良设备的现代化泵类产品生产制造基地核电新厂区建成，并完成了核电泵业有限公司的整体搬迁工作。

★ 四川空分设备（集团）有限责任公司研制成功国内最大的双混合冷剂工艺流程板式换热器，外形尺寸为8.8m×1.3m×1.1m，压力为6.0MPa。

★ 北大先锋科技有限公司与中色国际贸易有限公司签订的赞比亚谦比希制氧项目圆满竣工，各项性能指标均超出合同要求。这是该公司在非洲大陆的首套应用装置。

6月

8日 中国通用机械工业协会风机分会在南通召开了通风机能效标识制度宣贯会。会议邀请了中国标准化研究院能效标识管理中心、沈阳鼓风机研究所的有关领导和专家，就风机生产企业如何取得能效标识分别作了“通风机能效标准和相关政策”、“通风机能效标识制度”、“通风机能效标识实施规则”、“能效标识备案流程及实验室备案”、“GB19761—2009通风机能效限定值及能效等级”等方面的讲解；邀请了江苏金通灵流体机械科技股份有限公司介绍了企业在通风机能效标识实施过程中的经验；在宣贯会中，还对企业在申请办理能效标识存在的疑问进行了现场答疑。

到会全体代表一致认为：①能效标识管理制度是我国规范节能市场、加强节能管理、推动节能技术进步、提高能源效率的强有力的措施。通风机能效标识制度的全面开展将会促进风机行业企业的技术进步，提升行业的通风机产品的能效水平，从而进一步提高行业企业的技术创新能力和市场竞争力。②能效标识管理制度的实施，可以促进通风机产品市场的公平竞争，建立统一的能效标识管理制度，发布统一的产品目录、统一的实施规则、统一的技术标准、统一的标识样式和规格，制定最低必须达到的通风机能效等级，实施能效标识制度的监督管理创造了公平竞争的市场环境。③能效标识管理制度的实施，可以规范企业行为，促进风机行业稳步健康的发展，不具备生产条件、技术条件，不具规模的企业通过能效标识制度的开展，将促使企业强制改进，不具备能效资质的企业将会被市场淘汰。

23日 南通市政府召开专题会议，全面启动质量强市战略。南通市以提升全市质量总体水平和综合竞争力为目标，以促进经济发展方式转变为主线，将“质量兴市”工程提升为“质量强市”战略。南通市委副书记、代市长张国华，副市长徐辉及南通质量技术监督局局长王庆煊等到会，并作了重要讲话。在此次会议上，江苏金通灵流体机械科技股份有限公司作为质量管理优秀企业代表，荣获“江苏省

(首批)质量信用A级企业”、“南通市质量标兵企业”荣誉称号,生产的大型工业离心鼓风机、通风机续获“江苏名牌”产品、“南通名牌”产品称号,ISO9001/ISO14001/OHSAS18001三体系获方圆认证集团授予的“优秀获证组织”称号,公司的产品质量、环境质量、安全质量和服务质量位居全省先进行列。

27~28日 中国通用机械工业协会压缩机分会第六届会员代表大会在辽宁沈阳召开,共130余人参加了会议。国家能源局能源节约和科技装备司副司长黄鹂,中国机械工业联合会总工程师、中国通用机械工业协会会长隋永滨,中国通用机械工业协会副会长兼秘书长张雨豹到会并发表了重要讲话。压缩机分会理事长李晓峰代表压缩机分会作了第五届理事会工作报告。他分析了“十一五”期间压缩机行业经济运行情况,回顾了四年来理事会工作情况,总结了秘书处工作,并对新一届理事会工作提出了7点建议,希望新一届理事会继续发扬第五届理事会的优良传统,引领行业取得更大的发展。

7月

4日 中共中央政治局常委、国务院总理温家宝考察沈阳鼓风机集团股份有限公司,称赞沈阳鼓风机集团股份有限公司改革振兴发生巨变,殷切勉励沈鼓集团建设世界一流企业。

7日 山东省章丘鼓风机股份有限公司在深圳证券交易所正式挂牌上市(股票代码002598),该公司此次公开发行人民币普通股4 000万股,发行后总股本为15 600万股,新股价为10元。

11日 章丘市市委书记毕筱奇,市委副书记、市长江林率领全市半年工作检查组莅临山东省章丘鼓风机股份有限公司检查指导工作,公司董事长方润刚、总经理高玉新陪同。检查组听取了方润刚董事长对公司半年经营指标的汇报,重点查看了公司离心风机新车间。检查组对该公司的发展情况给予了高度评价,希望公司以上市为契机,积极推进科技创新,优化发展环境,从而继续保障企业健康稳定发展。

★ 重庆通用工业(集团)有限责任公司被全国高新技术企业认定管理工作领导小组认定为“2011年度重庆市第一批认定高新技术企业”。

15日 第十七届湖北省优秀企业及优秀企业家颁奖典礼在武汉市洪山宾馆礼堂隆重举行。武汉鼓风机有限公司荣获“第十七届湖北省优秀企业(金鹤奖)”,董事长徐杰荣获“第十七届湖北省优秀企业家(金牛奖)”。

18~22日 沈阳透平机械股份有限公司通过API Spce Q1标准现场审核,沈鼓离心压缩机得到国际石油化工行业最高标准协会的认可,获得了打开通向国际市场大门的“金钥匙”。

19日 中国企业联合会、中国企业家协会举办“2011年全国企业文化年会”。会议以“深化企业价值体系建设,增强企业文化驱动力”为主题,探讨了以企业文化建设,促进企业健康发展的综合治理之道。陕西鼓风机(集团)有限公司董事长印建安获“全国企业文化突出贡献人物”奖。

★ 山东省章丘鼓风机股份有限公司成立山东章鼓透平机械有限公司。离心风机新车间已经落成,车间占地面积12 000m^2,投资2 000多万元,是集生产、检测、管理、仓储、试验为一体的综合车间。主要满足焊接结构及铸造结构离心风机、单级高速风机、工业用通风机及压缩机的生产要求。山东章鼓透平机械有限公司的成立,将为离心风机的发展提供了广阔的空间,促进公司的快速发展。

26日 德州市庆云县党政考察团在县委书记、县人大常委会主任刘长民的带领下到山东省章丘鼓风机股份有限公司考察。市委副书记、市长江林,市委常委、副市长王继民陪同。考察团参观了渣浆泵车间、710车间及风机主车间,听取了公司近几年发展情况的有关汇报后,对公司近几年来的新产品开发、科技创新方面取得的成绩给予了高度评价。

27日 沈阳鼓风机集团股份有限公司举行了承制中石化武汉分公司80万t/a乙烯项目乙烯“三机”的投产誓师大会,开启了大型乙烯装置机组“三机”成套国产化新征程。国家能源局能源节约和科技装备司副司长黄鹂、中国通用机械工业协会会长隋永滨、中国机械工业联合会重大装备办主仕叶大蓉、中石化武汉分公司总经理崔光磊、中石化物资装备部动设备处处长吴伟,以及中石化武汉分公司有关部门、中石化工程建设公司、中石化宁波工程公司、南京三方化工设备监理有限公司、上海众深石化设备科技有限公司的负责人及专家应邀出席大会。集团总经理孔跃龙作了动员报告,着重从三个方面阐述了承接国家重点工程和湖北省“一号工程”的武汉“乙烯三机”,对于促进我国中部崛起、国民经济快速发展的重大意义和深远影响。强调指出了这一项目对于沈鼓集团具有历史性的非凡意义:第一次为一个项目提供整套大型乙烯“三机”,第一次成为国产化大型乙烯机组总成套商,第一次在乙烯项目中拿到三大类产品全部设计制造合同。

29日 国家质量监督检验检疫总局、江苏省质量技术监督局、中国质量认证中心、南通质量技术监督局一行9人对江苏金通灵流体机械科技股份有限公司推行“首席质量官”制度情况进行调研,公司总裁季伟、副总裁徐焕俊、总工程师曹萍、首席质量官王霞参与调研,并作了专题汇报。调研会上,季伟总裁就企业的生产经营、技术创新、质量管理、品牌建设等进行了汇报,介绍了公司两年来推进“首席质量官”的做法、取得的成效和工作体会,及“十二五”期间公司的质量战略。国家质量监督检验检疫总局综合管理处李宣庆处长充分肯定了公司质量管理工作取得的成绩,认为企业充分落实了质量主体责任,对建立“首席质量官”制度认识非常到位,“首席质量官”利用专业优势,对推进企业质量工作发挥了积极作用。同时,对公司不断对质量管理体系进行拓展和延伸、加强质量文化建设和推行卓越绩效管理的做法和取得的效果表示赞赏，鼓励企业为南通经济社会发展做出更大的贡献。

月内 沈阳鼓风机集团股份有限公司积极运作“大型透平压缩机研发中心和试验试车基地”项目。这是沈鼓集团打造装备制造业航母，选择“出海口”和新一轮发展重点的战略性布局。

★ 四平鼓风机股份有限公司被中国建材机械工业协会授予“十一五”建材机械行业领军企业最具价值品牌奖、企业信用评价AAA级信用企业、中国建材机械二十强等荣誉称号。

★ 中国空分设备有限公司与四川同凯能源科技发展有限公司签订了大型天然气汽车清洁燃料项目一期工程30 000m^3 LNG储罐设备设计和安装承包合同。该项目采用由中国空分设备有限公司自主开发并取得工程实践的技术设计、建造，是公司迄今为止承接的最大容积的储罐，标志着公司低温储罐的技术又上了一个新台阶。

8月

13日 开封空分集团有限公司为华能(天津)煤气化发电有限公司承制的华能天津国家首座IGCC电站示范工程4.6万m^3/h空分装置工艺流程全线打通，一次开车成功，产出合格氧气、氮气产品。

15日 全国构建和谐劳动关系先进表彰暨经验交流会在人民大会堂召开。党和国家领导人习近平、王兆国、刘云山、张德江出席表彰大会，为357家全国模范劳动关系和谐企业、43个全国模范劳动关系和谐工业园区颁奖。江苏金通灵流体机械科技股份有限公司被评为“全国模范劳动关系和谐企业”。公司一直以来坚持尊重劳动、尊重创造，发挥工会桥梁作用，建立平等集体协商制度，共同构建企业和谐发展；坚持以“以人为本、诚实守信、持续创新、和谐共赢”核心价值观指导企业各项工作的开展，实现了企业与员工共同创造财富，同步公平共享企业发展成果。此次荣誉的取得，极大地鼓舞了员工士气，推动企业和员工为实现“树百年企业，创世界一流”的共同愿景而努力奋斗，为经济繁荣、社会发展做出新的贡献。

18日 由中国机械工业联合会组织的上海凯泉泵业(集团)有限公司1 000MW核电机组常规岛主给水泵(含前置泵)和1 000MW/660MW超超临界火电机组高压锅炉给水泵(含前置泵)设计评审会在北京举行。与会专家一致通过了以上两种给水泵的设计评审。

30日~9月1日 在青海省西宁市召开中国通用机械工业协会风机分会技术发展工作委员会成立大会，到会代表61名。会议完成了以下议程：沈阳鼓风机集团股份有限公司总工程师王学军作前一时期技术发展和技术管理工作总结；讨论通过了中国通用机械工业协会风机分会技术发展工作委员会组织工作条例；选举产生了主任委员1名、副主任委员10名及秘书长1名；组建了设计研发、制造工艺、技术标准、检验与试验等4个专业工作组，任命了各组组长；讨论制定了委员会2011年下半年和2012年工作计划；分组讨论了专业活动方案，分别提出了建议和意见；沈阳鼓风机集团股份有限公司、陕西鼓风机(集团)有限公司、江苏金通灵流体机械科技股份有限公司、浙江大学流体工程研究所、清华大学流体机械研究所、西安交通大学流体机械研究所等6个单位作技术交流和技术发展工作经验交流。

与会代表一致认为，通过组织开展各项技术活动，促进了风机行业的技术发展和提高，中国通用机械工业协会风机分会技术发展工作委员会的成立，将使风机分会技术发展和技术管理进入了一个新的阶段，风机行业要达到和超过世界先进水平，必须依靠行业力量，不断创新，要跟踪世界先进水平，任务艰巨，责任重大。

月内 沈阳鼓风机集团股份有限公司“石化设备智能故障诊断和远程安全生产监测预警技术开发与推广应用”项目被列为国家首批两化融合促进安全生产重点推进项目。

★ 沈阳鼓风机集团股份有限公司再次入选中国制造业企业500强。

★ 山西省运城安瑞节能风机有限公司年产装机20万kW高压变频矿用防爆对旋节能通风机生产线项目被列为“国家资源节约和环境保护2012年财政备选项目”。

9月

15日 济南市科技局党组书记、副局长郑应德率局办公室、组织人事处有关人员到山东省章丘鼓风机股份有限公司开展“5150”高层次科技人才专题调研活动。章丘市科技局局长陈祥运、公司董事长方润刚陪同进行了调研。方润刚董事长就公司人才建设及科技创新等方面的情况作了汇报，并重点介绍了“5150”工程人才的相关情况。郑应德副局长在听取汇报后，对公司的科技创新及人才工作给予了高度评价，并对公司上市后的大发展寄予了殷切期望。

15~17日 在沈阳召开风机行业高效节能离心通风机系列化基本模型研发第三次会议。参加会议的除了参与项目研发试制工作的15家单位外，还邀请了中国通用机械工业协会风机分会技术发展工作委员会14个委员单位的有关人员参加了会议。会议由西安交通大学流体机械研究所的3位老师分别介绍了新系列离心通风机联合设计总体进展情况、样机制造情况、样机测试实验报告等。会议根据汇报情况以及会后所要开展的工作，对西安交通大学和参加研制单位所做的工作给予了充分肯定，对存在的一些问题提出了许多宝贵的改进意见。最后由陈凤义秘书长结合大家的意见和建议，对新系列离心通风机研发工作提出了16项工作要求，计划在2012年底全面完成试制任务。

通过本次会议，使各参与试制单位对新系列离心通风机试制进展情况有了进一步的了解，明确了下一步所分担的工作任务。尽管新系列离心通风机系列化基本级研发项目取得了初步成绩，但是按所规划的20个系列模型的预期指标还有一定的差距，后期的试制研发任务更加艰巨，所有参加研制单位要全力以赴，通力合作，扎扎实实的开展好每一项工作，加快研发进度，提高研发工作效率，争取尽快尽早的获得研发项目的圆满成功。

16日 西安陕鼓动力股份有限公司在徐州投资建设的气体厂顺利完成空分装置的联动试车，该项目移交陕鼓动力子公司——徐州陕鼓工业气体有限公司进行运营管理，标志着陕鼓动力向工业气体系统解决方案综合服务商的角色转变迈出了一大步。

22～23日 在中国机械工业联合会组织召开的中国机械工业主题宣传活动报告会上，沈阳鼓风机集团股份有限公司荣获"装备中国功勋企业"奖，苏永强董事长荣获"装备中国功勋企业家"奖。

23日 武汉鼓风机有限公司生产的 AY－FR245SW 和 AY－FR240SW 型风机通过欧盟 CE 认证。

25日 中国通用机械工业协会风机分会在青岛召开了通风机能效标识制度宣贯会第二次会议。通过通风机能效标识制度的宣贯，一部分企业开始认识到能效标识的重要性，并积极付诸行动逐步实施。

27～29日 沈阳鼓风机集团股份有限公司国产化首台 20MW 级高速直连变频电驱机组(产品代号 H1240)联调带负荷 72h 厂内试验成功。

28日 上海鼓风机厂有限公司承担设计制造的国家科技重大专项研发课题——高温气冷堆核电站用大型氦回路 HTL 氦气压缩机圆满通过清华大学核研院的出厂验收。高温气冷堆是世界上第四代大型核电站技术，具有高安全性，在机组失稳、失水、控制棒失控的情况下，也不会出现核电泄漏情况，是里程碑式的堆型，国际上正推荐选用这种核电新堆型。我国主要技术研发牵头单位是清华大学核能技术设计研究院及中核能源公司，许多技术研发课题具有自主创新性质，已走在世界前列。本次试验回路装置的主要设备氦回路 HTL 氦气压缩机由上海鼓风机厂有限公司承担设计制造。

月内 辽宁省科技厅正式批准沈阳鼓风机集团股份有限公司研究院产品实验室为"辽宁省透平压缩机研发重点实验室"。

★ 在沈阳举办的"2011 中国装备工业高峰论坛"上，沈阳鼓风机集团股份有限公司入选"中国装备工业品牌价值 50 强"。

10月

11日 陕西鼓风机(集团)有限公司和临潼区基础建设投资公司关于临潼污水处理厂特许经营权转让(TOT)项目举行签约仪式。该项目是陕西鼓风机(集团)有限公司践行"两个转变"发展战略的重要项目之一，也是公司在水务运营业务迈出的第一步，对临潼区政府和陕鼓实施战略合作具有重要意义。

12～14日 中国通用机械工业协会风机分会在丹东市召开了"十一五"统计资料汇总审核会议，有 20 家企业的 22 名综合统计参加了会议，会议由风机分会统计信息网协调组组长董瑾主持。

此次会议讨论了编制风机行业"2006～2010 年统计资料汇编第七集"；审核了风机行业会员单位 5 年来汇总的各项经济技术指标；对风机行业"十一五"经济运行情况分析进行了补充；研究了当前风机行业统计报表工作；讨论制定 2012 年风机行业统计工作计划。风机分会秘书长陈凤义到会并作了会议总结，要求全体会员单位在今后的统计工作中，要继续发挥统计协调组的带头作用，各地区的组长企业要认真负责，及时完成本地区的各项统计工作。同时，协会要做好各会员单位 2011 年度经济技术指标、产品产量统计报表的收集、审核、汇总工作，要求全体会员单位要认真及时填报统计报表，为上级领导和企业提供真实有效的行业数据。协会要针对风机行业中、小企业统计报表存在的问题组织专题培训，同时对统计工作较好的单位开展行业内经验交流互访活动，进一步加大统计协调组的骨干力量，对符合上级协会要求的会员单位，风机分会将推荐进入中通协重点联系企业。对长期不按照要求填报统计资料的重点联系企业将进行调整。

15～17日 沈阳鼓风机集团股份有限公司计量理化中心检验实验室通过中国合格评定国家认可委员会(CNAS)现场评审。

18日 受国家能源局委托，中国机械工业联合会和中石油集团公司在沈阳鼓风机集团股份有限公司主持召开了"天然气长输管线压缩机"新产品鉴定会，专家认定该机组填补了国内空白，实现了技术重大突破，达到国际领先水平。

28日 青岛风机厂有限公司与日本大西电机工业株式会社和日本邮船商事株式会社签订了三方 OEM 协议，开启了三方共同开发国际国内市场，全球服务的新篇章。

29～30日 "2011 压缩机技术学术论坛"在江西省丰城市召开。压缩机及配套设备制造行业的 80 多位专家学者、技术研发人员参加了论坛。机械工业节能与资源利用中心副主任程琦、江西省丰城市人民政府副市长兼工业园管委会主任熊晓群到会并作了重要讲话。江西省丰城市工信委主任廖绍华到会并听取了专家报告。中国通用机械工业协会压缩机分会钱家祥秘书长深入分析了当前通用机械产品的节能形势，节能的必要性及其意义，指出了通用机械产品节能途径。论坛上，来自浙江大学、西安交通大学、广西大学、中国石油大学(华东)的多位教授学者就各自研究领域所取得的成果及未来研究方向作了专题报告，并就当前仍存在的未攻克的问题及与会代表关心的各种问题进行了互动式交流。

论坛结束后，全体与会代表参观了江西惟思特科技发展有限公司的生产车间及涡旋压缩机研发中心。

31日 集精益文化传播、精益知识传授、精益技能培养为一体的综合性人才育成基地——爱波瑞沈鼓精益管理学院东北研修基地在沈阳鼓风机集团股份有限公司正式落成。

月内 开封黄河空分集团有限公司为华盛江泉公司提供的35 000m^3/h内压缩空分设备进入安装阶段。该套空分设备的研制，为公司研发4万m^3/h等级以上大型空分设备奠定了基础。

11月

12日 沈阳鼓风机集团股份有限公司荣获"2011中国工业行业排头兵企业"和"科技创新"两个奖项，董事长苏永强荣获"领军人物"奖。

14日 江苏省副省长史和平来到江苏金通灵流体机械科技股份有限公司视察，南通市委书记丁大卫，市委副书记、代市长张国华，副市长徐辉，崇川区委书记吴旭，区委副书记、区长葛玉琴等陪同视察。在参观了公司先进生产线后，史和平副省长详细询问了近期企业在资金供应、市场销售上遇到的问题，希望企业能准确分析研判形势，密切跟踪市场变化，把握好科技创新、市场开拓、资金保障、质量效益等重点环节，通过转型升级、自主创新实现更大发展。并要求地方各级政府部门要主动关心、积极服务企业，加强经济运行调节和要素保障，积极创新扶持政策，切实帮助中小企业解决实际困难。

22日 中共中央政治局委员、国务院副总理张德江到江苏金通灵流体机械科技股份有限公司视察。江苏省委书记罗志军、省长李学勇，工业和信息化部部长苗圩，中央统战部副部长、全国工商联党组书记、第一副主席全哲洙，以及国务院有关部门负责人陪同视察。张德江副总理一行参观了压缩机车间，询问了公司研发、生产、销售等方面情况，对公司的发展给予了充分肯定，希望公司要加大技术创新，加快转型升级，加强品牌建设，不断增强市场竞争能力。

29日 中国通用机械工业协会压缩机分会六届二次理事工作会议在上海市松江区召开。压缩机分会理事单位代表及部分会员单位代表共计60余人参加了会议。压缩机分会理事长、沈阳鼓风机集团股份有限公司副总经理李晓峰代表协会传达了"中国通用机械工业协会2011年会长办公会"的会议精神，并就2012第六届中国(上海)国际流体机械展览会工作进行了再次动员。压缩机分会秘书长钱家祥就中国通用机械工业及压缩机行业"十二五"发展规划作了解读。

月内 沈阳鼓风机集团股份有限公司被国家科技部认定为"国家火炬计划重点高新技术企业"。

★ 沈阳鼓风机集团股份有限公司申报的"大型芳烃装置用离心压缩机关键技术开发及装备研制"项目，被中国机械工业联合会和中国机械工程学会评为中国机械工业科学技术奖一等奖。

★ 沈阳鼓风机集团股份有限公司荣获"2011年度全国企业文化建设优秀单位"称号。

★ 山西省运城安瑞节能风机有限公司实施的"超大功率矿用主通风机及高压变频技术研究与应用"项目获中国煤炭工业科学技术奖一等奖。

12月

3日 中共中央政治局委员、国务院副总理王岐山到沈阳鼓风机集团股份有限公司考察，了解企业转方式、调结构、促发展情况，听取董事长苏永强关于集团发展概况及研制百万吨乙烯机组、大型PTA、长输管线压缩机等世界级产品，推进重大技术装备国产化的工作汇报。王岐山希望企业充分发挥主体作用，加快技术创新，培育品牌，以更优质的产品和服务持续拓展国际市场。

3~6日 中国通用机械工业协会风机分会第七届理事会第二次会议在海南省三亚市召开，到会25名理事。国家能源局能源节约和科技装备司副司长黄鹂，中国通用机械工业协会隋永滨会长、张雨豹秘书长应邀参加了会议，并对中国能源产业近期和远期形势及通用机械行业面临的机遇和挑战，"十二五"能源发展思路、主要目标，影响能源经济可持续发展的突出矛盾和问题，风机行业面临的任务等作了重要讲话，同时对风机行业技术进步和行业发展规划、国企改革、产业结构调整、建立研发体系、开展技术交流、提高风机技术含量等提出了具体要求。

会议由中国通用机械工业协会风机分会副理事长、陕西鼓风机(集团)有限公司董事长印建安和上海鼓风机厂有限公司总经理蔡精毅主持，苏永强董事长作了题为"充分发挥协会组织作用，促进风机行业整体水平的不断发展和进步"的工作报告；陈凤义秘书长汇报了2012第六届中国国际流体机械展览会风机分会参展工作计划；陕西鼓风机(集团)有限公司、上海鼓风机厂有限公司、武汉鼓风机有限公司等副理事长单位和风机分会秘书处汇报了对本地区申请入会单位的考察情况，并提出了推荐意见；讨论吸收了第17批新会员和部分会员除名；西安交通大学流体机械研究所所长秦国良教授介绍了"风机企业技术发展的几个方面"，清华大学流体力学研究所李嵩教授介绍了"离心通风机现代设计方法及应用"，上海交通大学流体机械研究所谷传纲教授介绍了"离心压缩机气动设计新方法的探讨"，美国硕英威科技公司崔苡凡经理和美方代表鲁尼先生介绍了"高效风机设计新技术和应用"，浙江明新风机有限公司董明祥总经理介绍了企业"NZF风筒直缝专用焊接机的应用"。

经全体理事审议，同意沈阳大隆机器制造有限公司、锦州新锦化机械制造有限公司、上海哈龙风机电器有限公司、上海大速电机有限公司、浙江格凌实业有限公司、福建成达鼓风机有限公司、长沙赛尔机泵有限公司、洛阳北波台信风机技术有限责任公司、广州永诚风机制造有限公司等9个单位为风机分会第17批新会员。

最后，由风机分会理事长苏永强作了会议总结，并提出了五点意见：第一，要加强协会服务功能。加强行业研发工作，走产学研的道路；做好市场分析、政策咨询、风机信息工作；开展企业家沙龙、高层论坛活动，增进企业之间、企业家之间的感情；开展国内外同行业的交流，建立行业信息发布机制；组织好节能改造和技术升级，挖掘潜力，增加内涵，争取国家政策支持。第二，理事会要为企业办实事，互帮互助，解决企业在生产管理、技术管理及市场运营过程中遇到的实际困难。第三，要增强协会凝聚力，积极促进行业及企业经济的持续健康发展，每年选择好大家感兴趣的主题及风机行业共性的问题，进行深层次、多角度、全方位的探讨与交流。第四，要加强对内和对外合作，要开拓视野，走出去、请进来，通过组织国外考察，开辟新的发展路径。与国内大学、研究院所紧密合作，加强研发，提高创新能力，形成自主品牌和世界名牌。第五，要认真落实风机分会2012年工作计划，全面完成好各项任务。

4日 湖北省天门泵业有限公司的“喷水推进装置SS2377超低碳双相不锈钢精密铸件的研制”在武汉通过国家级鉴定。鉴定委员会认为，该项目成果达到国内领先水平，填补了国内空白。

6日 国家能源局在沈阳鼓风机集团股份有限公司装配试验车间举行“天然气长输管道关键设备国产化”成果汇报会暨合同签署及首套20MW电驱压缩机组出厂仪式，到场人员共同见证了首套20MW电驱压缩机组出厂。

★ 山东海福德机械有限公司承担的章丘市2011年科技创新项目“三叶罗茨鼓风机提效降噪技术”鉴定会在山东海福德机械有限公司召开。鉴定会邀请了山东大学、山东省机械研究院、山东交通学院汽车工程学院、山东建筑大学、山东轻工业学院等5名专家教授组成鉴定委员会。与会专家经过听取报告、现场考察、专家质询、技术答辩、现场讨论，最终形成鉴定意见，一致认为该技术项目的研制是成功的，在三叶罗茨鼓风机的结构设计和制造工艺方面有创新，主要性能指标达到了同类产品的国内领先水平。

10日 中国通用机械工业协会在沈阳主持召开了“1 500kN大型往复压缩机”方案论证会。会议邀请了清华大学、西安交通大学、合肥通用机械研究院、中石化工程建设公司、中石化洛阳石化工程公司、中石化长岭分公司、中石化金陵分公司等单位的专家听取了方案论证，审查了产品技术文件及主要图样，并考察了工厂。会议由中国通用机械工业协会副秘书长钱家祥主持。沈阳鼓风机集团股份有限公司教授级高工于晓昆从产品设计、动力计算、热力计算、有限元分析和重要承载部件强度校核、气流脉动、管道应力分析以及沈鼓集团的生产制造能力等方面论证了1 500kN大型往复压缩机国产化的可行性。专家们认为，沈阳鼓风机集团股份有限公司引进德国BORSIG公司大型往复压缩机专有技术，特别是在引进德国1 250kN机组的基础上，为用户提供了100多台(套)大型往复压缩机，为1 500kN大型往复压缩机的开发研制奠定了良好基础，具备可靠的技术依托和保障。提出的技术方案可行，可以投入样机试制，尽快实现1 500kN大型往复压缩机组国产化，满足大型石油化工和煤化工发展的需要。

★ 湖北省科技厅在武汉主持召开了由湖北省风机厂有限公司完成的“烧结烟气余热回收循环风机”和“多级高效污水处理离心鼓风机”项目技术成果鉴定会。鉴定委员会听取了工作报告和技术报告等，审阅了相关鉴定资料，经质询和讨论，认为该公司两项成果已取得具有自主知识产权的创新性成果，产品技术符合国家节能、降耗、减排和环保发展方向，对提升我国该类风机的设计与制造技术水平具有重要作用，市场前景广阔。鉴定委员会一致同意通过两项成果鉴定，并认为烧结烟气余热回收循环风机其整体技术处于国际先进水平，多级高效污水处理离心鼓风整体技术处于国内领先水平。

20日 上海鼓风机厂有限公司承担设计制造的国家科技重大专项研发课题，高温气冷堆核电站燃料球输送用氦气压缩机经过72h连续运转试验达标后，圆满通过了清华大学核研院的型式试验的出厂验收。上海市核电办、清华大学、上海交通大学、上海发电设备成套设计研究院等领导和专家见证了这一时刻。

20~22日 中国通用机械工业协会风机分会第17批新会员会议在沈阳召开。来自沈阳大隆机器制造有限公司、锦州新锦化工机械制造有限公司、上海哈龙风机电器有限公司、上海大速电机有限公司、浙江格凌实业有限公司、福建成达鼓风机有限公司、长沙赛尔机泵有限公司、洛阳北玻台信风机技术有限责任公司、广州永诚风机制造有限公司等9个新会员单位及风机分会秘书处的共18名代表参加了会议。

风机分会秘书长陈凤义在会上强调了协会工作要充分发挥桥梁、纽带作用，为企业搭建密切联系的平台，认真做好“双向服务”工作。会议由风机分会秘书处介绍了风机行业发展概况及风机分会的主要工作；介绍行业统计工作及统计报表的有关要求；向新会员颁发了会员证书。

会议期间，全体代表座谈了行业工作如何开拓创新、企业如何发展、对协会工作有哪些建议和要求等。会后全体代表参观了沈阳鼓风机集团股份有限公司。

28日 湖北省副省长郭生练及省科技厅的相关人员，高新企业、投资机构、高校及科研院所的负责人和专家，到湖北省天门泵业有限公司新厂区视察和调研，对公司在科技成果转化方面取得的成绩给予了充分的肯定。

29日 威海克莱特菲尔风机有限公司实现了股份制改制，公司正式更名为威海克莱特菲尔风机股份有限公司。

31日 《解放日报》刊登了上海市名牌推荐委员会通告，“上鼓牌电站轴流式、离心式风机组”再度荣获“上海名牌”称号。上海鼓风机厂有限公司为外高桥第三电厂100万kW火电机组提供了全部所需的三大主力风机，即送风机、一次风机、脱硫增压风机，共计12台，均为动叶可调式轴流风机。叶轮直径分别是2m、2.8m和

3.8m，配套电机功率分别为 3 300kW、3 700kW 和 4 200kW。上海外高桥第三电厂从 2008 年投产发电以来，先后研发实施了 12 项世界首创技术和 6 项国内首创技术，其中包括了“零能耗脱硫技术”，使两台大型机组实现了每度电煤耗只有 276g 的业绩，成为世界上第一个敲开每度电最低煤耗 280g 关口的火电厂。

月内 沈阳鼓风机集团股份有限公司被工业和信息化部、财政部认定为“国家技术创新示范企业”（辽宁仅 2 家企业）。

★ 沈阳鼓风机集团股份有限公司申报的“新型煤化工装置用透平压缩机装备研制”、“西气东输长输管线压缩机研制”项目，获得沈阳市科技进步奖一等奖。

★ 沈阳鼓风机集团股份有限公司申报的“大型芳烃装置用循环氢压缩机组”项目，获得沈阳市科技振兴奖。

★ 沈阳鼓风机集团股份有限公司蝉联全国实施用户满意工程先进单位（企业类）称号，并获得“用户满意企业”奖牌及荣誉证书。

★ 沈阳市“百千万技能人才培育工程”和职工职业技能竞赛成绩揭晓，沈阳鼓风机集团股份有限公司摘得电焊工、机修钳工与金属热处理工三项桂冠，168 名沈鼓人在 14 项赛事中获奖。

★ 武汉鼓风机有限公司顺利通过日本三菱重工供应商重新评审，成为三菱集团在亚洲地区更加稳固的长期合作伙伴。

年内 湖北省天门泵业有限公司被评为 2011 年国家火炬计划重点高新技术企业，有效期 3 年。